Rudolf Louis
**Harmonielehre**

SEVERUS

**Louis, Rudolf:** Harmonielehre
**Hamburg, SEVERUS Verlag 2012**
Nachdruck der Originalausgabe von 1913

ISBN: 978-3-86347-306-8
Druck: SEVERUS Verlag, Hamburg, 2012


Der SEVERUS Verlag ist ein Imprint der Diplomica Verlag GmbH.

**Bibliografische Information der Deutschen Nationalbibliothek:**
Die Deutsche Nationalbibliothek verzeichnet diese Publikation in der
Deutschen Nationalbibliografie; detaillierte bibliografische Daten sind im
Internet über http://dnb.d-nb.de abrufbar.

© **SEVERUS Verlag**
http://www.severus-verlag.de, Hamburg 2012
Printed in Germany
Alle Rechte vorbehalten.

Der SEVERUS Verlag übernimmt keine juristische Verantwortung oder
irgendeine Haftung für evtl. fehlerhafte Angaben und deren Folgen.

seVerus

# HARMONIELEHRE

VON

## RUDOLF LOUIS

UND

## LUDWIG THUILLE

VIERTE DURCHGESEHENE AUFLAGE

Motto:

„Weil nichts was uns in der Erfahrung erscheint, absolut angesprochen und ausgesprochen werden kann, sondern immer noch eine limitierende Bedingung mit sich führt, so daß wir Schwarz nicht Schwarz, Weiß nicht Weiß nennen dürften, insofern es in der Erfahrung vor uns steht: so hat auch jeder Versuch, er sei wie er wolle und zeige was er wolle, gleichsam einen heimlichen Feind bei sich, der dasjenige, was der Versuch *a potiori* ausspricht, begrenzt und unsicher macht. Dies ist die Ursache, warum man im Lehren, ja sogar im Unterrichten, nicht weit kommt; bloß der Handelnde, der Künstler entscheidet, der das Rechte ergreift und fruchtbar zu machen weiß."  Goethe.

# Vorwort zur ersten Auflage.

Das vorliegende Buch verdankt seine Entstehung einem Bedürfnisse, das sich den Verfassern bei ihrer **Unterrichtstätigkeit** von Jahr zu Jahr in dringlicherer Weise fühlbar gemacht hat. Und die Überzeugung, daß dieses Bedürfnis nach einer zugleich **praktisch brauchbaren und den modernen Anforderungen genügenden** Harmonielehre kein vereinzelt empfundenes, sondern ein allgemeines sei, gab ihnen den Mut, mit ihrer Arbeit an die Öffentlichkeit zu treten.

Unsere Harmonielehre will ein **praktisch-theoretisches** Lehrbuch sein. Dadurch unterscheidet sie sich einerseits von allen **rein wissenschaftlichen** Bearbeitungen des Gegenstandes, die ohne Rücksicht auf praktische Zwecke das theoretische Interesse allein im Auge haben, anderseits aber auch von allen jenen Methoden, für die der Harmonieunterricht in nichts anderem besteht als im mechanischen Eintrichtern einer **rein handwerksmäßigen Technik** und die, alle rationale Begründung und Herleitung verschmähend, überhaupt ohne jegliche Theorie im eigentlichen Sinne des Wortes glauben auskommen zu können.

Zweierlei hat die Harmonielehre für die Ausbildung des angehenden Musikers zu leisten. Einerseits ist sie **Theorie** und als solche lehrt sie Wesen und Sinn der harmonischen Verhältnisse **verstehen**. Anderseits ist sie **Technik** und leitet dazu an, die harmonischen Kunstmittel praktisch zu **gebrauchen**. Es war nun das Verhängnis der Lehrbücher älteren Schlags, daß sie über dem technischen Handfertigkeitsunterricht die theoretische Seite der Harmonielehre durchaus vernachlässigten. Anderseits begreift man aber auch bis zu einem gewissen Grade die Abneigung der Praktiker gegen alles und jedes Theoretisieren, wenn man bedenkt, daß harmonische Theorie bisher fast einzig und allein unter der Form harmonischer **Speculation** aufgetreten war, d. h. als jene dogmatisch unkritische Art des Theoretisierens, deren Resultate schon deshalb für die Praxis, wenn nicht ganz unbrauchbar, so doch nur mit allervorsichtigster Auswahl zu benutzen sind, weil ihr jene „Ehrfurcht vor den Tatsachen" mangelt, die es verhindert, daß der menschliche Geist willkürliche Gedankenconstructionen an die Stelle der realen Dinge setze und statt diese zu erklären mit den Ausgeburten seiner eigenen ausschweifenden Phantasie sich beschäftige.

Demgegenüber waren wir mit ganz besonderem Eifer darauf bedacht, einen streng **empirischen** Standpunct einzunehmen und aufs ängstlichste zu wahren. Für die Harmonik, wie wir sie fassen, ist der Ausgangspunct die möglichst treue und erschöpfende, durch keinerlei theoretisches Vorurteil beeinflußte Analyse dessen, was der Musiker unserer Zeit und unserer Cultur bei den musikalischen Zusammenklängen und ihren Verbindungen tatsächlich hört. Die unmittelbaren Aussagen des wirklichen musikalischen Empfindens und Auffassens liefern das Tatsachenmaterial, dessen vollständigste und einfachste „zusammenfassende Beschreibung" (vergl. Hans Cornelius, Psychologie als Erfahrungswissenschaft, Seite III) die eigentliche Aufgabe der theoretischen Harmonielehre ist. Diese

„Beschreibung" bekommt nun einen „rationalen" Charakter, d. h. sie wird zur „Erklärung" und „Deutung" eben dadurch, daß sie „zusammenfassend" verfährt und so eine Bewältigung der unerschöpflichen Fülle des Tatsächlichen durch das methodische Mittel der „Herleitung" bezw. „Zurückführung" ermöglicht. Indem sie Ähnlichkeiten entdeckt, Analogien auffindet, Gleichartiges zusammenstellt, identificiert, trennt und verbindet, gelingt es ihr, den ganzen Stoff auf eine verhältnismäßig geringe Anzahl von einfachen Formeln zu bringen, die erdrückende Menge von concreten Tatsachen auf einige wenige paradigmatische Grundtatsachen (Goethes „Urphänomene") zurückzuführen, aus denen auf umgekehrtem Wege jene dann wieder hergeleitet werden können. Daß dieser Proceß der vereinfachenden Zusammenfassung so wenig als nur irgend möglich in so etwas wie eine „Fälschung" der Tatsachen ausarte, das ist unsere angelegentliche Sorge gewesen. Aber daß die Wirklichkeit, wenn sie zur „Theorie" wird, sich gar nicht verändere, daß es irgend eine Theorie gebe, die dem Realen völlig gerecht werde, das ist ja durch die Natur des Verhältnisses von Subject und Object von vornherein ausgeschlossen: denn die eigentümliche Macht unsres Geistes liegt eben darin, daß er das Einzelne im Allgemeinen, das Viele im Einen zu denken vermag, während jedes, auch das geringste Einzelne sein eigentliches Wesen daran hat, ein Einziges und Unvergleichliches zu sein, etwas, was strenggenommen sofort aufhört das zu sein, was es ist, wenn wir es unter einen Allgemeinbegriff subsumieren. Insofern ist alles Theoretisieren ein problematisches Unternehmen. Und daß auch uns dieses Problematische lebhaft zum Bewußtsein gekommen ist, das wollten wir mit den Goetheschen Worten bekennen, die wir unsrer Harmonielehre als Motto beigegeben haben.

Diese kurzen Andeutungen über unsere Auffassung des theoretischen Elements der Harmonielehre mögen noch einige wenige Bemerkungen über deren praktischen Teil ergänzen.

Wenn wir im Gegensatz zu den meisten älteren Lehrbüchern die theoretische Seite der Harmonielehre mehr betont und namentlich auch durch die Heranziehung und genaue Analyse zahlreicher Literaturbeispiele zu einem lebendigen Verständnis der harmonischen Beziehungen im concreten musikalischen Kunstwerke auzuleiten uns bemüht haben, so sollte darüber doch die andere Seite des Harmonielehre-Unterrichts, die Anleitung zur Fertigkeit im schlicht harmonischen Satze nicht vernachlässigt werden. Hier waren es nun zwei Anforderungen, die sich concurrierend geltend machten. Einerseits sollte unser Buch den modernen Bedürfnissen genügen und demgemäß alles veraltete, durch die neuzeitliche freie Fortentwicklung des musikalischen Hörens und Gestaltens dementierte Regelwesen über Bord werfen. Anderseits waren wir aber auch keineswegs gewillt, nunmehr die ganze Satz- und Stimmführungslehre anarchischer Willkür und Zügellosigkeit auszuliefern. Einen Ausgleich dieser beiden widerstreitenden Forderungen glaubten wir erreichen zu können, indem wir principiell zwar anerkannten, daß man, wie in der Politik, so auch in der Musiktheorie nie „niemals" sagen dürfe, daß es tatsächlich nichts „Verbotenes" gibt, was nicht irgendwo bei einem Meister der Tonkunst als factisch vorkommend nachzuweisen wäre. Den Schluß, den wir aus dieser unleugbaren Tatsache zogen, war aber nicht der, daß dieser Ausnahmefälle wegen die Regeln nun zum alten Eisen zu werfen seien, sondern wir glaubten einzusehen, daß es nur der **Rationalisierung des Regelwesens** bedürfe, um die **Gültigkeit der Regel und die Berechtigung der Ausnahme widerspruchslos nebeneinander behaupten zu können**. Denn wenn bei jeder Regel danach gefragt wird, was wohl zu ihrer Aufstellung Veranlassung gegeben und welchen Anforderungen des musikalischen Hörens und Verstehens mit ihrer Befolgung genügt werde, so wird sich zeigen, daß in den allermeisten Fällen die gute alte Tradition mit geringen Modificationen aufrecht erhalten werden kann, wenn man nur die überlieferten Gebote und Verbote ihrer Absolutheit entkleidet und sie **hypothetisch** statt kategorisch formuliert.

Obgleich wir also mit unsern theoretischen Aufstellungen und praktischen Anweisungen voll „auf der Höhe der Zeit" zu stehen glauben, wird man einen gewissen „conservativen" Zug in unsrer Behandlung des eigentlich pädagogischen Teils der Harmonielehre nicht verkennen wollen. Wir halten ihn für durchaus berechtigt, und zwar nicht nur als ausgleichendes Gegengewicht zu dem Bestreben, eine „moderne" Harmonielehre zu schreiben, sondern vor allem auch als einfachen Ausdruck der Tatsache, daß in der Kunst das Vorangehen die Sache des Praktikers, das bedächtige Folgen die des Theoretikers ist, und daß es noch niemals zum Segen geschah, wenn beide ihre Rollen vertauschten und der Antrieb zum Weiterschreiten von der Reflexion des Denkers statt von dem lebendigen Instinct des Genius ausging.

München, im Januar 1907.

**Die Verfasser.**

## Aus dem Vorwort zur zweiten Auflage.

Daß ich heute, nachdem wenig mehr als ein Jahr seit dem ersten Erscheinen dieses Buches verflossen ist, in der Lage bin, der zweiten Auflage das Geleitwort zu schreiben, dieser ganz ungewöhnliche und unerwartete Erfolg könnte mich mit freudiger Genugtuung erfüllen, wenn nicht jedes andere Gefühl in diesem Augenblick zurückgedrängt würde durch das Empfinden herben Schmerzes darüber, daß der, ohne den diese Harmonielehre vielleicht gar nicht entstanden und jedenfalls nicht so geworden wäre, wie sie geworden ist, heute nicht mehr unter den Lebenden weilt.

Unser Buch war im Drucksatz vollständig fertiggestellt, aber noch nicht erschienen, als Ludwig Thuille am 5. Februar 1907 im Alter von 45 Jahren einem plötzlichen Tode erlag. Wie ein Blitzstrahl aus heiterem Himmel traf diese Katastrophe die Angehörigen und Freunde des Mannes, den man immer nur als Urbild unverwüstlicher Lebenskraft gekannt, dessen nahes Ende niemand auch nur im entferntesten geahnt hatte. Wem das Glück der persönlichen Bekanntschaft mit Thuille vergönnt war, der weiß, wie Unersetzliches wir alle an diesem großen Künstler und prächtigen Menschen verloren haben. Aber auch der Fernerstehende wird in etwas mitfühlen können, welche Bedeutung dieser Verlust für mich — abgesehen vom rein Persönlichen — gerade auch als Mitverfasser des vorliegenden Buches gehabt hat. — — —

München, im Frühjahr 1908.

**Rudolf Louis.**

## Aus dem Vorwort zur dritten Auflage.

Dreiundeinhalb Jahre nach dem ersten Erscheinen unsrer Harmonielehre ist eine dritte Auflage nötig geworden. Für diese habe ich dem Buche eine Gestalt gegeben, die nun wohl als endgültige Fassung unserer Methode gelten darf. Von der zweiten Auflage unterscheidet sie sich vor allem darin, daß die Neuerungen der 1908 zuerst erschienenen Schülerausgabe (Grundriß der Harmonielehre von Rudolf Louis, Stuttgart, Carl Grüninger) nun auch in das große Buch übergegangen sind, nämlich die Zugabe eines einleitenden Capitels, das die „Vorbegriffe" der Harmonielehre behandelt und die Umstellung im Capitel von den Dreiklangsumkehrungen, derzufolge die Theorie der vorhalt- und durchgangartig gebrauchten Sext- und Quartsextaccorde jetzt erst vorgetragen wird, nachdem der Gebrauch der als eigentliche Dreiklangsumkehrungen auftretenden Sext- und Quartsextaccorde bereits praktisch geübt ist.

Außerdem habe ich für außerordentlich zahlreiche kleinere Verbesserungen in Text und Beispiel alle die Erfahrungen zu nützen gesucht, die sowohl ich wie befreundete Fachgenossen bei ihrem Unterricht mit dem Buche inzwischen gemacht haben, überdies die Zahl der illustrierenden Beispiele noch weiter vermehrt, namentlich auch um solche aus der allerneuesten Literatur (Straußens „Elektra" u. a.). Schließlich wird ein jeder dankbare Verehrer Ludwig Thuilles — und welcher Benützer dieses Buches wäre das nicht? — das als Anhang gegebene vollständige Verzeichnis der im Druck erschienenen Compositionen des früh verblichenen Meisters als eine wertvolle Bereicherung einschätzen.

Riedering, im August 1910.

**Rudolf Louis.**

## Vorwort zur vierten Auflage.

Die vierte Auflage dieses Buches ist bis auf ganz wenige Verbesserungen und Ergänzungen ein getreuer Abdruck der dritten Auflage. Daß eine neue Auflage schon nach zweiundeinhalb Jahren wieder nötig geworden ist, gibt mir die freudige Gewißheit, daß unsere Harmonielehre so, wie sie ist, als das sich erwiesen hat, was die Gegenwart auf diesem Gebiete brauchte.

Inzwischen ist das den praktischen Teil des Lehrbuches ergänzende **Aufgabenbuch** und kürzlich nun auch der **Schlüssel** erschienen, der die Lösungen der Aufgaben sowohl des Lehrbuchs wie des Aufgabenbuchs enthält. Damit ist der Kreis unsrer Veröffentlichungen zur Harmonielehre geschlossen und namentlich alles geschehen, um (soweit das überhaupt möglich ist) unsre Methode auch für den **Selbstunterricht** brauchbar zu machen.

München, im März 1913.

**Rudolf Louis.**

# Inhaltsverzeichnis.

### Vorbegriffe.

Was ist Harmonielehre? — Consonanz und Dissonanz. — Dur- und Molldreiklang. — Intervallenlehre. — Verwandtschaft der Dreiklänge    1

### Erster Teil: Die Diatonik.

#### I. Capitel. Die Hauptdreiklänge der Tonart.

| | | |
|---|---|---|
| § 1. | Einleitendes. — Aufstellung der Durtonart in ihren Hauptdreiklängen | 7 |
| § 2. | Charakterisierung der wechselseitigen Beziehungen der Hauptdreiklänge | 10 |
| § 3. | Verbindung der Hauptdreiklänge. — Vierstimmiger Satz | 13 |
| § 4. | Die verschiedenen Gestalten und Lagen des Dreiklangs | 15 |
| § 5. | Arten der Bewegung. — Stimmführungsregeln. — Verbindung der Tonica mit ihren beiden Dominanten | 17 |
| § 6. | Fortschreiten von der Unterdominant zur Oberdominant. — Einklangs- und Octavenparallelen | 19 |
| § 7. | Quintenparallelen. — Antiparallelen. — Licenzen | 22 |
| § 8. | Aufstellung der Molltonart in ihren Hauptdreiklängen | 27 |
| § 9. | Die drei Arten der Mollscala | 30 |

#### II. Capitel. Sextaccorde und Quartsextaccorde.

| | | |
|---|---|---|
| § 10. | Die Entstehung der Sext- und Quartsextaccorde durch Umkehrung von Dreiklängen | 33 |
| § 11. | Die Anwendung von Sext- und Quartsextaccorden als Dreiklangsumkehrungen | 35 |
| § 12. | Harmoniefremde Töne. — Wechselnoten. — Vorhalte. — Entstehung von Sext- und Quartsextaccorden durch Vorhalte | 43 |
| § 13. | Effektive und Auffassungsdissonanz (Scheinconsonanz) | 46 |
| § 14. | Entstehung von Sext- und Quartsextaccorden durch Wechsel- und Durchgangsnoten | 48 |
| § 15. | Consonanter Accord und consonantes Intervall. — Sext und Quart als Consonanz und Dissonanz | 50 |

§ 16. Die Anwendung von Quartsext- und Sextaccorden als Vorhaltsbildungen . . . . . . . . . . . . . . . . . . . . . . . 53
§ 17. Die Anwendung von Quartsext- und Sextaccorden als Durchgangsbildungen . . . . . . . . . . . . . . . . . . . . . . . 61

### III. Capitel. Der Dominantseptaccord und Dominantseptnonaccord.

§ 18. Die Bildung des Dominantseptaccords. — Auflösung der Sept. — Die verschiedenen Lagen und Umkehrungen des Dominantseptaccords . . . . . . . . . . . . . . . . . . . . . . . 67
§ 19. Vorbereitung der Dominantsept. — Stimmführungsregeln für das Eintreten und Fortschreiten des Dominantseptaccords. — Unregelmäßigkeiten bei der Auflösung des Tonicaleittons und der Dominantsept . . . . . . . . . . . . . . . . . . . 72
§ 20. Praktische Anwendung des Dominantseptaccords und seiner Umkehrungen. — Vollkommener und unvollkommener authentischer Schluß . . . . . . . . . . . . . . . . . . . . . 78
§ 21. Die Bildung des Dominantseptnonaccords. — Die Dissonanz der None 84
§ 22. Die verschiedenen Lagen und Umkehrungen des Dominantseptnonaccords. — Seine Vorbereitung und Auflösung . . . . . 87

### IV. Capitel. Die Nebenharmonien in Dur.

§ 23. Die II. Stufe in Dur . . . . . . . . . . . . . . . . . . 92
§ 24. Die III. Stufe in Dur . . . . . . . . . . . . . . . . . 100
§ 25. Die VI. Stufe in Dur . . . . . . . . . . . . . . . . . 105
§ 26. Die VII. Stufe in Dur . . . . . . . . . . . . . . . . . 110
§ 27. Die Septaccorde über der Tonica und Unterdominante in Dur. — Sequenzen. — Zusammenfassender Überblick . . . . . . . . 116

### V. Capitel. Die Nebenharmonien in Moll.

§ 28. Die II. Stufe in Moll . . . . . . . . . . . . . . . . . 126
§ 29. Die III. und VI. Stufe in Moll . . . . . . . . . . . . . 130
§ 30. Die VII. Stufe in Moll . . . . . . . . . . . . . . . . 135
§ 31. Die Septaccorde über der Tonica und Unterdominante in Moll. — Sequenzen. — Zusammenfassender Überblick . . . . . . . . 140

### VI. Capitel. Erweiterung des Tonartbegriffs.

§ 32. Das natürliche (äolische) und das dorische Moll . . . . . . . . 145
§ 33. Die Accorde des äolischen und dorischen Moll. — Anwendung des äolischen Moll. — Zusammenfassender Überblick . . . . . . 150
§ 34. Anwendung des dorischen Moll. — Zusammenfassender Überblick 155
§ 35. Das Molldur und seine Anwendung . . . . . . . . . . . . 158

Inhaltsverzeichnis. XIII

### VII. Capitel. Zufällige Harmoniebildungen.

§ 36. Recapitulierung und Erweiterung des Begriffs Vorhalt und seiner Anwendung .................... 162
§ 37. Die verschiedenen Arten des Vorhalts und seiner Auflösung ... 170
§ 38. Der Durchgang .................... 181
§ 39. Wechselnote und Vorausnahme ............... 185

### VIII. Capitel. Die diatonische Modulation.

§ 40. Das Wesen und die verschiedenen Arten der Modulation. — Modulation durch diatonische Substitution ........... 193
§ 41. Übersicht der diatonischen Substitutionsmöglichkeiten ...... 196
§ 42. Die consonierenden Dreiklänge als Mittel zur diatonischen Modulation 199
§ 43. Die Umkehrungen consonierender Dreiklänge und dissonierende Accorde als diatonische Modulationsmittel ......... 207

## Zweiter Teil: Die Chromatik und Enharmonik.

### I. Capitel. Die chromatische Fortschreitung.

§ 44. Wesen und Begriff der chromatischen Fortschreitung ....... 213
§ 45. Der Querstand .................... 216

### II. Capitel. Die alterierten Accorde.

§ 46. Wesen und Zweck der Alterierung. — Die Hochalterierung der Unterdominante .................... 220
§ 47. Verminderte Terz und übermäßige Sext. — Die Accorde mit übermäßiger Sext .................... 224
§ 48. Die Auflösung der übermäßigen Sext. — Accorde mit verminderter Terz. — Der verminderte Septaccord mit hochalterierter Quint. — Zigeunertonleiter .................... 228
§ 49. Die Hochalterierung der 2. Stufe. — Möglichkeit weiterer Hochalterierungen .................... 233
§ 50. Die Tiefalterierung der 2. Stufe ............... 235
§ 51. Der neapolitanische Sextaccord ............... 240
§ 52. Die Tiefalterierung der Unterdominante in Moll. — Combination mehrerer Alterierungen in einem Accord ......... 247

### III. Capitel. Die Chromatik als Modulationsmittel.

§ 53. Begriff der chromatischen Modulation. — Der Geschlechtswechsel des consonierenden Dreiklangs ............ 255
§ 54. Weitere chromatische Veränderungen des consonierenden Dreiklangs 261
§ 55. Die chromatische Veränderung dissonierender Accorde ...... 264
§ 56. Fortsetzung .................... 269

IV. Capitel. Chromatische Wechselnoten, Vorhalte und Durchgänge. — Weitere Arten zufälliger Harmoniebildung.

§ 57. Die chromatische Bildung von Wechselnoten, Vorhalten und Durchgängen . . . . . . . . . . . . . . . . . . . . . . . 278
§ 58. Orthographie der chromatischen Tonleiter . . . . . . . . . . . 282
§ 59. Das Zusammentreffen chromatisch verschiedener, derselben Stufe angehörender Töne . . . . . . . . . . . . . . . . . . . 286
§ 60. Eingeschobene Accorde. — Aufeinanderfolge gleichartiger Harmonien im chromatischen Durchgang . . . . . . . . . . . . . . . . 291
§ 61. Der Orgelpunct . . . . . . . . . . . . . . . . . . . . . . . 298
§ 62. Regeln für die Anwendung des Orgelpuncts. — Liegende Stimme . 302
§ 63. Synkopierung. — Doppelharmonien . . . . . . . . . . . . . . 308

V. Capitel. Die enharmonische Modulation.

§ 64. Enharmonische Verwechslung und enharmonische Umdeutung. — Modulation durch enharmonische Verwechslung . . . . . . 312
§ 65. Die enharmonische Umdeutung des verminderten Septaccords . . . 318
§ 66. Die enharmonische Umdeutung des übermäßigen Dreiklangs . . . 323
§ 67. Die enharmonische Umdeutung des übermäßigen Quintsextaccords 326
§ 68. Weitere enharmonische Umdeutungen . . . . . . . . . . . . . 331

VI. Capitel. Zusammenfassender Überblick.

§ 69. Die Verbindung consonierender Dreiklänge untereinander (Tabellarisch) 337
§ 70. Über Terzverwandtschaft . . . . . . . . . . . . . . . . . . . 342
§ 71. Über die Ganztonreihe . . . . . . . . . . . . . . . . . . . . 348
§ 72. Die Verbindung des Dominantseptaccords mit consonierenden Dreiklängen (Tabellarisch) . . . . . . . . . . . . . . . . . 351
§ 73. Der verminderte Septaccord in seinen Beziehungen zum consonierenden Dreiklang und Dominantseptaccord (Tabellarisch) . . . 356

Anhang.

I. Literaturbeispiele zur Chromatik und Enharmonik . . . . . . . . . . 361
II. Zum Parallelenverbot . . . . . . . . . . . . . . . . . . . . . . . 391
III. Über Kirchentonarten und Exotik . . . . . . . . . . . . . . . . . 402

Die Seitenzahlen der 2. Auflage, nach der im „Grundriß" und im „Aufgabenbuch" citiert ist, sind der gegenwärtigen Auflage in eckigen Klammern [] beigefügt.

Inhaltsverzeichnis. XV

## Verzeichnis der Aufgaben.

1. Darstellung sämtlicher Durtonarten (Dreiklänge der Tonica, Dominante und Subdominante). [§ 1] . . . . . . . . . . . 10
2. Vierstimmige Darstellung von (Dur- und Moll-) Dreiklängen in den verschiedenen Lagen: in enger und weiter, Octav-, Terz- und Quintlage. [§ 4] . . . . . . . . . . . . . . . 17
3. Verbindung der Tonica mit ihren beiden Dominanten. [§ 5] . . . . 19
4. 8 kurze Melodiesätzchen in Dur (Soprane) mit ausschließlicher Anwendung der Dreiklänge I, IV, V (in der Grundlage) vierstimmig zu harmonisieren. [§ 7] . . . . . . . . . . . 26
5. Wie No. 1, aber in Moll. [§ 8] . . . . . . . . . . . . . . 30
6. 6 Melodiesätzchen in Moll, wie No. 4. [§ 9] . . . . . . . . . 32
7. Bilden von Sext- und Quartsextaccorden. [§ 10] . . . . . . . . 35
8. 16 bezifferte und unbezifferte Bässe und Soprane vierstimmig zu harmonisieren. I, IV und V in der Grundlage und Umkehrungen. [§ 11] . . . . . . . . . . . . . . . . . 39
9. 15 Aufgaben wie No. 8 mit Anwendung von vorhaltartigen Sext- und Quartsextaccorden. [§ 16] . . . . . . . . . . . . 58
10. 8 Aufgaben wie No. 8 mit Anwendung von vorhaltartigen und durchgehenden Sext- und Quartsextaccorden. [§ 17] . . . . 65
11. Bilden von Dominantseptaccorden. (V$^7$, $^6_5$, $^4_3$, $^2$.) [§ 18] . . . . . . 71
12. 12 bezifferte und unbezifferte Bässe und Soprane zur Anwendung von Dominantseptaccorden und ihren Umkehrungen. [§ 20] . . 82
13. 6 Aufgaben mit Anwendung des Dominantseptnonaccordes. [§ 22] . 91
14. 13 Aufgaben zur Anwendung von Nebendreiklängen und Nebenseptaccorden in ihren Grundlagen und Umkehrungen in Dur. [§ 27] 124
15. 12 dto. in Moll. [§ 31] . . . . . . . . . . . . . . . . 143
16. 14 Aufgaben zur Anwendung von äolischen und dorischen Mollharmonien sowie Molldur. [§ 35] . . . . . . . . . . . . . . 160
17. 15 Aufgaben zur Anwendung von Vorhalten. [§ 37] . . . . . . . 177
18. 12 Aufgaben zur Anwendung von durchgehender diatonischer Stimmbewegung. [§ 39] . . . . . . . . . . . . . . . 189
19. Diatonische Modulationen. [§ 42] . . . . . . . . . . . . . 200
20. 24 Aufgaben zur Anwendung von alterierten Accorden in Moll, Dur und Molldur. [§ 52] . . . . . . . . . . . . . . . 252
21. a) Chromatische Modulationen . . . . . . . . . . . . . . 273
    b) 23 Aufgaben mit chromatischen Ausweichungen. [§ 56] . . . . 274
22. 12 Aufgaben zur Anwendung von chromatischer Durchgangsbewegung. [§ 60] . . . . . . . . . . . . . . . . . . . 294

# Vorbegriffe.

1. Gegenstand der Harmonielehre sind die musikalischen Zusammenklänge (Accorde). Sie ist Theorie (d. h. Beschreibung und Erklärung) der Accorde, ihrer Bildung und Zusammensetzung, ihrer gegenseitigen Beziehungen, der Art und Weise ihrer Aufeinanderfolge („Fortschreitung"). Sie lehrt die Accorde kennen und anwenden.

2. Alle überhaupt denkbaren musikalischen Zusammenklänge sind entweder consonierend oder dissonierend (consonant oder dissonant). Man nennt einen Zusammenklang consonierend, wenn seine Bestandteile für unser Ohr derart zu einer Klangeinheit verschmelzen, daß wir den Eindruck von Tönen haben, die zusammengehören, zueinander passen, sich miteinander vertragen. Umgekehrt sprechen wir von einem dissonierenden Zusammenklang, wenn die gleichzeitig bestehenden Töne nicht „zusammen"-, sondern „auseinander"-klingen (lateinisch: *con-sonare*, *dis-sonare*), d. h. wenn sie sozusagen miteinander streiten und die Empfindung wecken, als ob einer den andern verdrängen wolle.

3. Es gibt nur zwei Arten von consonierenden Zusammenklängen: den

Durdreiklang

 und den

Molldreiklang

## Vorbegriffe.

Jeder Accord, der nicht ein Dur- oder Molldreiklang (bezw. in der gleichen Weise oder aus denselben Tönen wie ein solcher zusammengesetzt) ist, gehört zu den dissonierenden Zusammenklängen.

4. Über die Art der Zusammensetzung eines Accords belehren uns die **Tonhöhenunterschiede** seiner einzelnen Bestandteile. Damit man sich über diese Zusammensetzung verständigen könne, bedarf es für die Tonhöhenunterschiede eines feststehenden **Maßes**. Man nennt den Abstand zweier Töne voneinander **Intervall**, und den Maßstab für die Messung der Intervalle gibt die **siebenstufige** (diatonische) **Grundscala** (Grundtonleiter).

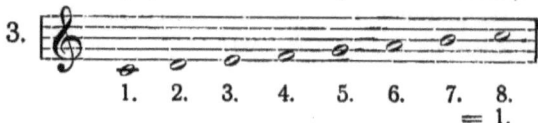

Man benutzt zur Bezeichnung der Intervalle, die den einzelnen Stufen dieser Scala entsprechen, die **lateinischen Ordnungszahlen** und nennt demgemäß den Abstand

  von der 1. zur (1. Stufe: **Prime**)
  „ „ „ „ 2. Stufe: **Secunde**
  „ „ „ „ 3. Stufe: **Terz**
  „ „ „ „ 4. Stufe: **Quarte**
  „ „ „ „ 5. Stufe: **Quinte**
  „ „ „ „ 6. Stufe: **Sexte**
  „ „ „ „ 7. Stufe: **Septime** („Sept")
  „ „ „ „ 8. Stufe: **Octave**.

Die 9. Stufe entspricht dann wieder der 2., die 10. der 3. usw., so daß sich auch die Intervallverhältnisse und -benennungen in der höheren Octave auf gleiche Weise wiederholen. Trotzdem kann es unter Umständen nötig werden, auch diese über die Octave hinausgehenden Tonabstände durch besondere Namen auszuzeichnen. Es heißt dann das Intervall

  von der 1. zur 9. Stufe: **None**
  „ „ „ „ 10. Stufe: **Decime**
  „ „ „ „ 11. Stufe: **Undecime**
  „ „ „ „ 12. Stufe: **Duodecime**
  „ „ „ „ 13. Stufe: **Tredecime** (oder, wie man früher sprachlich richtiger sagte: Tertiadecima).

## Intervallenlehre.

**5. Umkehrung der Intervalle.** — Ein Intervall wird umgekehrt, wenn man seinen oberen Ton durch Versetzung in die tiefere Octave zum unteren, oder seinen unteren Ton durch Versetzung in die höhere Octave zum oberen macht.

Durch Umkehrung wird aus der Prim eine Octave, aus der Secunde eine Septime, aus der Terz eine Sexte, aus der Quarte eine Quinte, aus der Quinte eine Quarte, aus der Sexte eine Terz, aus der Septime eine Secunde, aus der Octave eine Prim.

Man findet das aus einem bestimmten Intervall zu gewinnende Umkehrungsintervall, indem man von der dem ursprünglichen Intervall entsprechenden Zahl zu 9 aufzählt, wie folgende Aufstellung zeigt:

```
  1 2 3 4 5 6 7 8
+ 8 7 6 5 4 3 2 1
  ─────────────────
  9 9 9 9 9 9 9 9
```

**6.** Wie man alle in unserer Musik gebräuchlichen Töne, die durch die Grundscala selbst nicht gegeben sind, dadurch gewinnt, daß man sie aus den Tönen dieser Grundscala durch chromatische Veränderung (Erhöhung oder Erniedrigung) herleitet, so können auch alle überhaupt denkbaren Intervalle aus den Tonabstandsverhältnissen hergeleitet werden, die uns die Grundscala darbietet. Man nennt demgemäß eine Terz z. B. nicht nur das Intervall von c zu e, sondern auch den Abstand eines jeden von c hergeleiteten zu einem jeden von e hergeleiteten Ton, also auch die Intervalle: c—es, cis—es, c—eis usw. Gibt es auf diese Weise verschiedene Arten von Terzen, Secunden, Sexten usw., so bedürfen wir kennzeichnender Beiwörter, um diese Unterarten, d. h. Intervalle, die verschieden sind, obwohl sie der gleichen Stufe angehören, auseinanderzuhalten. Solche Beiwörter sind: rein, groß, klein, übermäßig, vermindert.

4  Vorbegriffe.

7. Eine Übersicht über alle in harmonischen Verhältnissen überhaupt vorkommenden Intervalle gibt die folgende Tabelle:

8. Der richtige Gebrauch der die verschiedenen Intervalle kennzeichnenden Beiwörter: rein, groß, klein, übermäßig, vermindert bereitet dem Anfänger erfahrungsgemäß gewisse Schwierigkeiten. Man merke sich:

  a) Bei der Umkehrung werden aus reinen Intervallen wieder reine, aus großen kleine, aus kleinen große, aus übermäßigen verminderte und aus verminderten übermäßige Intervalle.

  b) Wie die Accorde, so sind auch die Intervalle entweder consonierend oder dissonierend. Consonierend sind diejenigen Intervalle, die zwischen den einzelnen Tönen eines Dur- oder Molldreiklangs vorkommen können (reine Prim, reine Octave, reine Quinte, reine Quarte, große und kleine Terz, kleine und große Sexte), dissonierend alle übrigen.

c) Die Bezeichnung: rein kann nur bei consonierenden, die Bezeichnung: übermäßig oder vermindert nur bei dissonierenden Intervallen vorkommen. Dagegen wendet man die Bezeichnung: groß und klein sowohl bei consonierenden als auch bei dissonierenden Intervallen an.

d) Unter den consonierenden Intervallen scheiden sich wieder diejenigen, die im Durdreiklang und dem auf demselben Grundton errichteten Molldreiklang genau gleich sind, von denen, die in den beiden Dreiklangsgattungen in verschiedener Gestalt vorkommen.

1. Gleich.     2. Verschieden.
                     a) Dur      b) Moll

Gleich sind im Dur- und Molldreiklang die (Prim und die) Quinte nebst der als Umkehrungsintervall auftretenden Quarte (und Octave). Man kennzeichnet diese dem Dur- und Molldreiklang gemeinsamen Intervalle (die „vollkommenen" Consonanzen, wie man sie früher nannte) als rein.

Verschieden sind dagegen im Dur- und Molldreiklang die Terzen (und ihre Umkehrungen, die Sexten). Man kennzeichnet die den Unterschied zwischen dem Dur- und Molldreiklang begründenden Intervalle (die früher sogenannten „unvollkommenen" Consonanzen) je nachdem als groß oder klein. (Vergl. a. S. 16.)

Die der Summe von 4 Halbtönen entsprechende Durterz heißt groß: sie findet sich im Durdreiklang zwischen dem Grundton und dessen Terz, im Molldreiklang zwischen der Terz und der Quinte des Grundtons. Die der Summe von 3 Halbtönen entsprechende **Mollterz** heißt klein: sie findet sich im Molldreiklang zwischen dem Grundton und dessen Terz, im Durdreiklang zwischen der Terz und Quint des Grundtons.

e) Ein Intervall wird **erweitert** (vergrößert) dadurch, daß man entweder seinen oberen Ton chromatisch erhöht oder seinen unteren Ton chromatisch erniedrigt; es wird **verengt** (verkleinert), indem man entweder seinen oberen Ton chromatisch erniedrigt oder seinen unteren Ton chromatisch erhöht.

| | |
|---|---|
| Aus einem **reinen** Intervall entsteht durch { Erweiterung ein | **übermäßiges** |
| Verengung „ | **vermindertes** |
| „ „ **großen** „ „ { Erweiterung „ | **übermäßiges** |
| Verengung „ | **kleines** |
| „ „ **kleinen** „ „ { Erweiterung „ | **großes** |
| Verengung „ | **vermindertes** |
| „ „**übermäßigen**„ „ „ Verengung ein | **großes** oder **reines** |
| „ „**verminderten**„ „ „ Erweiterung „ | **kleines** oder **reines**. |

9. Consonierende Dreiklänge, die einen oder mehrere Töne **gemeinsam** haben, nennt man **verwandt**. Zwei Arten von Verwandtschaft sind zu unterscheiden: die **Quintverwandtschaft** und die **Terzverwandtschaft**. Bei dieser stehen die Grundtöne der verwandten Dreiklänge zueinander im Verhältnis einer (großen oder kleinen) **Terz**, bei jener im Verhältnis einer (reinen) **Quint**.

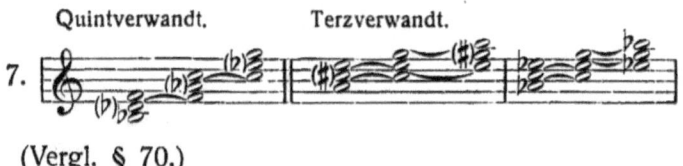

(Vergl. § 70.)

# Erster Teil. Die Diatonik.

## I. CAPITEL.
### Die Hauptdreiklänge der Tonart.

§ 1. [*1*] Damit die Aufeinanderfolge der innerhalb eines musikalischen Kunstwerks zur Anwendung gelangenden Harmonien (Zusammenklänge) nicht des sinnvollen Zusammenhangs entbehre, ist es erforderlich, daß über der Mannigfaltigkeit des Verschiedenartigen Einheit und Zusammengehörigkeit nicht verloren gehe. Die Einheit in der Mannigfaltigkeit aller Harmonie wird gewährleistet durch das Gesetz der Tonalität. Dieses sagt aus, daß irgendwelche Folgen von Harmonien nur dann musikalisch verständlich wirken können, wenn jeder (selbständig auftretende) Accord in einem bestimmten Verhältnis der Abhängigkeit von einem dem ganzen harmonischen Zusammenhang zugrunde liegenden Hauptaccord aufgefaßt wird. Wie die melodische Folge, so bedarf auch die Accordfolge eines Centrums, eines ruhenden Pols, um den sich alles „dreht und wendet". Für die melodischen Beziehungen ist dieser feststehende Mittelpunct die Tonica, der Ton, dessen centrale Stellung im Schema der Tonleiter dadurch zum Ausdruck gebracht wird, daß wir deren melodische Bewegung von ihm ausgehen und zu ihm wieder zurückkehren lassen. Dieselbe Rolle eines fixen Mittel- und Ruhepuncts, die innerhalb der melodischen Einheit der Tonica zufällt, spielt in harmonischer Hinsicht der Tonica-Accord: der consonierende Dreiklang, der die Tonica zum Grundton hat.

Der Umstand, ob der Tonica-Dreiklang durch eine große oder durch eine kleine Terz charakterisiert ist, entscheidet über das Tongeschlecht: Dur oder Moll.

8      Die Hauptdreiklänge der Tonart.

[2] Consonierend (im harmonischen Sinne) heißt ein accordliches Gebilde eben dann, wenn es fähig ist, als Tonica zu fungieren, d. h. wenn es eine derartig abgeschlossene und in sich selbst beruhigte Klangeinheit darstellt, daß es in dem angegebenen Sinne als harmonischer Mittel- und Ruhepunct zu dienen vermag. Das der Erfahrung zu entnehmende Kennzeichen (das „empirische Kriterium") für die harmonische Consonanz ist die Schlußfähigkeit: d. h. nur solche Accorde sind für unser harmonisches Empfinden consonant, mit denen ein Tonstück in voll befriedigender Weise abgeschlossen werden kann. Jeder dissonierende Accord weckt eine Erwartung. Der consonierende Accord allein bringt Erfüllung und mit ihr das Gefühl absoluter Beruhigung im Sinne einer restlosen Lösung aller schwebenden Conflicte.

Primäre harmonische Consonanzen gibt es für das Ohr des Menschen unserer Zeit und unserer musikalischen Cultur nur zwei: den aus Grundton, großer Terz und reiner Quint bestehenden Durdreiklang

und den aus Grundton, kleiner Terz und reiner Quint bestehenden Molldreiklang

Alle außerdem existierenden harmonischen Consonanzen sind als secundär (abgeleitet) anzusehen, weil sie nur dann und nur da vollkommen consonant wirken, wenn und wo sie als Derivate („Abkömmlinge") eines Dur- oder Molldreiklangs („im Sinne" eines solchen) aufgefaßt werden können bezw. müssen. Vergl. S. 50 f.

Die am leichtesten verständlichen und zugleich wichtigsten harmonischen Elementarverhältnisse ergeben sich dadurch, daß der Tonica-Dreiklang mit solchen Harmonien in Beziehung tritt, die einerseits einen deutlich ausgesprochenen Gegensatz zu ihm selbst bilden, anderseits aber auch wieder durch enge Verwandtschaft mit ihm verbunden sind. Dieser doppelten Anforderung, sich sowohl gegensätzlich als auch verwandtschaftlich zur Tonica zu verhalten, genügen am vollkommensten die beiden im Verhältnis der Quintverwandtschaft zu ihr stehenden Dominantdreiklänge. Der auf der Oberquint der Tonica sich aufbauende Dreiklang heißt Oberdominant-Dreiklang oder Dominant-

[3] Dreiklang schlechtweg, der auf der Unterquint der Tonica sich aufbauende **Unterdominant-** (**Subdominant-**) Dreiklang.\*

Die **Durtonart** entsteht dadurch, daß einer **Durtonica** ihre beiden **Dominanten** im gleichen Geschlecht, also ebenfalls als **Duraccorde** gegenübertreten.

Wir bezeichnen die Durtonart mit dem großen, die Molltonart mit dem kleinen lateinischen Buchstaben ihrer Tonica, die Accorde mit römischen Ziffern nach der Stellung ihres Grundtons innerhalb der Tonleiter. Also: A = A dur, g = g moll, FI = Tonica-Accord (Accord auf der 1. Stufe der Tonleiter) in F dur.

Durch die drei **Dreiklänge der Tonica, Dominante** und **Unterdominante** ist die Tonart vollständig und erschöpfend

. \* Der Ausdruck „**Dominante**" („herrschender") für den nächst der Tonica wichtigsten Ton der Scala wurde schon zur Zeit der Kirchentonarten gebraucht. Doch hieß Dominante damals meist die sogenannte Repercussa, d. h. derjenige Ton, der neben dem Grundton der Tonart (der Finalis) besonders häufig in den gregorianischen Melodien vorzukommen pflegt, ein Ton, der in einigen, aber keineswegs in allen Kirchentonarten mit der Quinte (bezw. bei den plagalen Tonarten mit der Quarte) der Tonica zusammenfiel. (Vergl. Anhang III.) J. Ph. Rameau (1683—1764), der Begründer der neueren Harmonielehre, war es, der zuerst die 4. Stufe der Scala (also die plagale Dominante in der Terminologie derjenigen, die — wie z. B. Salomon de Caus in seiner 1615 erschienenen *Institution harmonique* — den Ausdruck Dominante durchweg im modernen Sinne auf die Kirchentonarten anwandten), „**Unterdominante**" *(sous-dominante)* nannte. Doch war man sich lange nicht recht im klaren darüber, wie dieser Ausdruck zu verstehen sei: ob nämlich die 4. Stufe deshalb Unterdominante zu heißen habe, weil sie eine Stufe unterhalb der 5., der Dominante, liegt — oder darum, weil sie, nach unten gerechnet, ebensoweit von der Tonica absteht wie die Dominante, nach oben gerechnet. (Vergl. für diese Unsicherheit der Auffassung z. B. J. J. Rousseau, *Dictionnaire de musique s. v. „Sous-médiante".)* Heutigentags will man mit der Gegenüberstellung von (Ober-)Dominante und Unterdominante einzig und allein jenes **polare** Verhältnis bezeichnen, demzufolge beide Dominanten in **entgegengesetzter** Richtung gleich weit von der Tonica abstehen.

## Die Hauptdreiklänge der Tonart.

bestimmt. Indem wir, von der Tonica ausgehend, die von diesen Dreiklängen dargebotenen Töne stufenweise aneinanderreihen, erhalten wir die **diatonische Tonleiter** des reinen Dur.

11.
C: I   V⁵  I³  IV  V   IV³  V³  I
  (IV⁵)         (I⁵)

IV⁵ bedeutet hier Quint der Unterdominant, I³ Terz der Tonica usw.

[*4*] Eine nur diese Töne benutzende (rein diatonische) Melodie könnte also zur Not mit diesen Accorden, den drei **Hauptdreiklängen** der Tonart, allein harmonisiert werden.

**Aufgabe:** Der Schüler stelle sämtliche Durtonarten des Quinten- und Quartencirkels (auch die ungebräuchlichen: also von C dur einerseits bis His dur, anderseits bis Deses dur) dar, indem er in der oben (Beisp. 10) für C dur angegebenen Weise die Dreiklänge der Tonica, Dominante und Unterdominante aufschreibt.

§ 2. Die **Terz des Dominantdreiklangs** hat innerhalb der Tonart eine **melodische** Bedeutung eigener Art. Sie ist die 7. Stufe der Tonleiter, hat also in der melodischen Folge der Scala ihren Platz unmittelbar vor der Tonica und leitet zu dieser über. Nur durch einen Halbtonschritt von der Tonica getrennt, gewinnt die 7. Stufe den Charakter eines **Leittons** zur Tonica, d. h. eines Tons, in dem die scharf ausgesprochene Tendenz zu erkennen ist, in die Tonica überzugehen, sich in die Tonica **aufzulösen**. Der Umstand, daß dieser Leitton dem **Dominantaccord** als dessen Terz angehört, ist nun auch mitbestimmend für das harmonische Verhältnis der **Dominante zur Tonica**. Wenn wir vom Dreiklang der Tonica zu dem der Dominante übergegangen sind, haben wir die Empfindung, daß wir uns zwar von der Tonica entfernt, in und mit dieser Abkehr aber zugleich auch schon wieder die Rückwendung zur Tonica vorbereitet und eingeleitet haben. Denn die **Dominantharmonie trägt in sich selbst die Tendenz ihrer Auflösung nach der Tonica**.

Anders verhält es sich mit der **Unterdominante**. Bei der Folge: Tonica-Dominante ist es, nachdem wir die Dominante erreicht haben, schon so gut wie entschieden, daß wir sofort zur Tonica wieder zurückzukehren haben. In der Unterdominante kommt dagegen nicht in gleicher Weise eine ausgesprochene Tendenz zur Rückkehr nach der Tonica zur Geltung. Wir k ö n n e n zwar von der Unterdominante uns wieder zur Tonica zurückwenden, aber wir b r a u c h e n es nicht; es liegt nicht die geringste Nötigung dazu vor. Ein Weitergehen von der Unterdominante zur Oberdominante ist [5] ebensogut möglich, ja unter Umständen wirkungsvoller. Wollte man aber umgekehrt a u f die Oberdominante die U n t e r d o m i n a n t e folgen lassen, so müßte man der ausgesprochenen Tendenz der Oberdominante zur Rückkehr nach der Tonica zuwiderhandeln. Wir erwarten von der Terz der Dominante nicht nur, daß sie zur Tonica fortschreitet, sondern empfinden auch einen gewissen Zwang, diese Tonica nun im Sinne des Tonica a c c o r d s, d. h. also als Grundton des Tonicadreiklangs (und nicht etwa als Quinte des Unterdominantdreiklangs) zu hören. Darum klingt die Folge V—IV (als selbständiger Harmonieschritt betrachtet) für unsere Ohren fremd und gezwungen. Sie gehört nicht zu den elementaren und natürlichen Accordverbindungen, die dem harmonischen Empfinden ohne weiteres eingehen, und es wird späterhin zu erörtern sein, unter welchen Bedingungen sie trotzdem auftreten kann. (Vergl. S. 48, 50, 56, 64, 81, 292 f. u. ö.)

Wir haben also f ü n f Möglichkeiten, Hauptdreiklänge der Tonart miteinander zu verbinden: I—V; I—IV; V—I; IV—I; IV—V. Der eigentümliche Charakter dieser fünf Schritte ließe sich etwa folgendermaßen veranschaulichen. Mit dem Schritte I—V entferne ich mich von der Tonica, aber gewissermaßen ohne mich u m z u d r e h e n: ich bleibe mit dem Angesicht der Tonica zugewendet, behalte den Blick auf sie gerichtet, und, weil ich sie nicht aus dem Auge verliere, behält s i e auch die Kraft, mich sofort wieder zu sich zurückzuziehen. Bei I—IV erfolgt mit der Entfernung von der Tonica gleichzeitig auch so etwas wie eine **Kehrtwendung**, die mir den Anblick der Tonica entzieht und mich von ihrem Banne emancipiert. Lasse ich auf die Unterdominante die Dominante folgen (IV—V), so nähere ich mich damit zwar noch nicht eigentlich der Tonica, aber ich mache sozusagen „Front" nach ihr hin, ich wende mich ihr wieder zu, so daß sie von neuem die ihr eigene Anziehungskraft betätigen kann. Die Folge V—I trägt den Charakter einer unter unentrinnbarem Zwang erfolgenden, IV—I den einer durchaus freiwilligen, deshalb aber auch einigermaßen willkürlichen und unmotivierten Rückkehr zur Tonica.

Die Rückwendung von einer der Dominanten zur Tonica wirkt als harmonischer Schluß („Cadenz"). Nachdem mit der Dominante oder Unterdominante ein Fremdes zu der Tonica in Gegensatz getreten, ein Conflict gesetzt war, bringt die Rückkehr zur Tonica die Auflösung dieses Conflicts, nach der Spannung die Beruhigung, nach der [6] Erwartung die Befriedigung. Der Umstand, daß die Oberdominante enger als die Unterdominante auf die Tonica bezogen ist (insofern nämlich der mit der Oberdominante gesetzte Conflict schärfer und heftiger zur sofortigen Lösung drängt), dieser Umstand verleiht der Folge V—I eine stärkere und stringentere Schlußkraft, als sie der weit weniger energischen Folge IV—I eigen ist; und wie es die Wirkung des Schlusses V—I erhöht, wenn die Unterdominante der Dominante vorangeht, so pflegt umgekehrt der Schluß IV—I gern auf den V—I zu folgen, gewissermaßen als dessen Bestätigung und Bekräftigung, wie eine Art von harmonischem „Amen". Der Schluß V—I trägt die alte Bezeichnung: authentischer Schluß. Ebenso heißt der Schluß IV—I: plagaler Schluß (Plagalschluß, Kirchenschluß).

Die Ausdrücke „authentisch" und „plagal" sind dem System der Kirchentonarten entnommen. In ihm steht einer als primär und ursprünglich angesehenen authentischen Tonart (griechisch-lateinisch: authenticus soviel wie „original") jeweils eine abgeleitete, secundäre Nebentonart, die plagale, zur Seite (griechisch: πλάγιος = obliquus, „seitlich"). Vergl. S. 9 Anm. Den Namen „Kirchenschluß" hat die plagale Cadenz von A. B. Marx und anderen wegen ihrer häufigen Anwendung in der Kirchenmusik erhalten.

Der mit schlußähnlicher Wirkung erfolgende Eintritt der (Ober-) Dominante heißt Halbschluß, und zwar sowohl in der Folge I—V wie in der IV—V. Im Gegensatz zu dem voll abschließenden Ganzschluß (V—I oder IV—I) kommt er vorzugsweise bei Teilschlüssen zur Anwendung. (Schluß „zweiter Ordnung".)

Mit den fünf Schritten: I—V, I—IV, V—I, IV—I, IV—V sind alle Möglichkeiten einer natürlichen Verbindung der Grundharmonien erschöpft. In ihnen gelangen die Wechselbeziehungen der Tonica zu ihren Dominanten allseitig zum Ausdruck. Sie sind die Typen, die Vorbilder für alle überhaupt möglichen Harmonieschritte, die, soweit sie selbständige Geltung haben, sich als nichts anderes denn als Varianten und Modifikationen dieser harmonischen Urverhältnisse darstellen.*

§ 3. [7] Wir gehen nun daran, die Verbindung der Hauptdreiklänge miteinander praktisch zu versuchen. Dabei bedienen wir uns des vierstimmigen Satzes, weil diese Satzart praktisch am wichtigsten ist und sich deshalb schon aus pädagogischen Gründen für unsere Übungen am meisten empfiehlt. Die einzelnen Stimmen des Satzes bezeichnen wir herkömmlicherweise mit den Namen der vier Stimmen des gemischten Vocalchors als Sopran, Alt, Tenor und Baß. Der Sopran ist Oberstimme, der Baß Unterstimme (Grundstimme); ihnen beiden, den sogenannten äußeren Stimmen, stehen Alt und Tenor als die Mittelstimmen gegenüber.

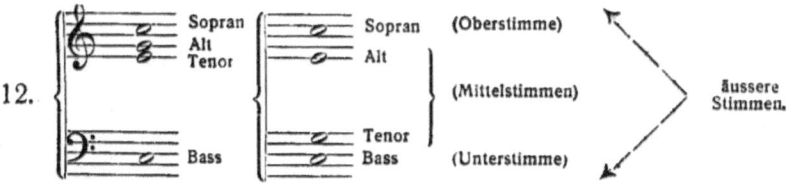

12.

---

* Daß zu diesen natürlichen und selbständigen Verbindungen der Grundharmonien der Schritt V—IV nicht gehört, läßt sich in sehr überzeugender Weise u. a. auch daraus ersehen, daß alle Folgen von Hauptdreiklängen, mit Ausnahme dieses einen Schrittes V—IV, in irgend welchem Sinne Cadenz-

14   Die Hauptdreiklänge der Tonart.

Der Umfang der vier Stimmen des Vocalchors ist annäherungsweise:

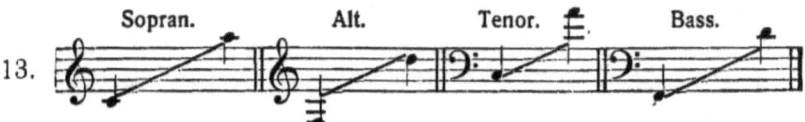

Damit sind auch ungefähr die Grenzen angegeben, innerhalb deren die einzelnen Stimmen bei unseren Übungen sich zu bewegen haben werden: sich für alle Fälle ängstlich daran gebunden zu halten, hätte freilich, zumal für den Anfang, keinen Wert, und am wenigsten natürlicherweise bei solchen Übungsaufgaben, die ausgesprochen **instrumentalen** Charakter tragen. —

Der Anfänger — namentlich wenn er vom Clavier herkommt — wird zunächst eine Neigung haben, jeden Accord als einen ungeschiedenen Complex, als ein nicht näher analysiertes Ganzes zu hören und aufzufassen, als eine Klangmasse, die nur in ihrer Gesamtfärbung, nicht aber auch in ihrer Einzelzusammensetzung genauerer Beurteilung unterliegt. **Dieser Neigung muß gleich von vornherein kräftig entgegengearbeitet werden.** Zwar sieht die **Harmonielehre** (im Gegensatz zum **Contrapunct**) die Zusammenklänge **theoretisch** als Einheiten an: sie sind ihr „Accorde" und als solche ein fertig Gegebenes. In **praktischer** Hinsicht zielt aber auch diese Disciplin (eben als Vorstufe zum Contrapunct) von allem Anfang an schon auf [8] Übung und Fertigkeit im **real mehrstimmigen (polyphonen) Satze** ab, dessen Wesen darin besteht, daß in ihm und für ihn die Auffassung der Accorde als fertig gegebener Complexe eine bloße Abstraction, ja, im Grunde genommen, sogar eine **Fiction** ist. In Wahrheit sind hier die Accorde nicht fertig gegeben, sondern, wo und wann immer sie im polyphonen Satze auftreten, **entstehen sie neu**, und zwar entstehen sie als ein **Product** aus dem Gang und Zusammentreffen der einzelnen Stimmen. Man darf daher bei der praktischen Ausführung und Beurteilung von Accordverbindungen sich nie darauf beschränken, die Folge der Accordcomplexe als solche zu betrachten. Vielmehr hat man sich stets zu vergegenwärtigen, daß jede Stimme ein relativ Selbständiges, ein **Individuum** darstellt, dessen Gang — sowohl für sich als auch in seinem Verhältnis zum Gang der übrigen Stimmen — zu beurteilen von der allergrößten Wichtigkeit ist; daß es nicht allein darauf ankommt, ob z. B. an einer bestimmten Stelle der G dur-Dreiklang auf den F dur-Dreiklang folgen kann, sondern vor allem auch darauf, **wie** der zweite Dreiklang vom ersten aus er-

---

schritte sind, wogegen die Unterdominante, wenn sie auf die Dominante folgt, nicht einmal als **Etappe**, geschweige denn als **Ruhepunct** innerhalb des tonal-harmonischen Fortschreitens zu wirken vermag.

## Verschiedene Darstellungsformen und Lagen des Dreiklangs.

reicht wird, welchen Weg die einzelnen Stimmen dabei machen und wie die von ihnen ausgeführten Schritte sich untereinander verhalten.

Wenn also im real mehrstimmigen Satz die einzelnen Stimmen, deren gleichzeitiges Erklingen Accorde bildet, als relativ selbständige, obwohl eng auf einander bezogene Individuen betrachtet werden sollen, so wird der Schüler gut tun, seine Übungen sich auch tatsächlich von vier verschiedenen Personen, vier Singstimmen oder vier Instrumenten ausgeführt zu denken, ja, wo die Möglichkeit dazu vorhanden ist, sie gelegentlich factisch so ausführen zu lassen. — Bei der Ausarbeitung seiner Übungsaufgaben überlege der Schüler bei jedem Harmoniewechsel immer zunächst, welchen Accord er ü b e r h a u p t in Anwendung bringen will. Durch die Entscheidung dieser Frage gewinnt er die Fortschreitung des B a s s e s. Nun sieht er zu, in welchen Ton des gewählten Accords er eine jede der andern drei Stimmen (bezw. bei gegebener Oberstimme: die beiden Mittelstimmen) zu führen habe, indem er jeweils genau prüft, ob der beabsichtigten Führung nicht irgendwelche Bedenken entgegenstehen.

§ 4. Wenn ein Dreiklang vierstimmig dargestellt werden soll, muß ein Accordton verdoppelt werden. Bei Hauptdreiklängen empfiehlt sich zur Verdopplung in erster Linie der Grundton, in zweiter Linie die Quint. Hat die Terz des Dreiklangs Leittoneigenschaft, so wird man ihre Verdopplung in der Regel vermeiden. In Sonderheit wird die Terz der Dominante als *subsemitonium modi* (aufwärtsführender Tonica-Leitton) im nicht mehr als vierstimmigen Satze niemals verdoppelt. (Die Begründung dieses Verbots siehe S. 20 f.)

[9] Manchmal wird es notwendig sein, einen Ton des Dreiklangs wegzulassen. Das kann selbstverständlich niemals mit dem Grundton geschehen, ohne daß der Dreiklang selbst dadurch aufgehoben und etwas ganz anderes an seine Stelle gesetzt würde. Dagegen kann die Quint sehr wohl entbehrt werden, da die bloße Terz als vollkommen genügender Repräsentant des Dreiklangs zu wirken vermag. Ein Dreiklang ohne Terz ist gleichfalls möglich, klingt aber leer und läßt überdies die geschlechtliche Charakterisierung vermissen, so daß es zweifelhaft bleiben kann, ob die leere Quint einen Dur- oder einen Molldreiklang vertreten soll. Man wird daher die Terz eines Dreiklangs nur dann weglassen, wenn man diese leere und zugleich unbestimmte Wirkung

beabsichtigt. (Man denke etwa an die Anfangstacte von Beethovens IX. Symphonie, an den Anfang der Ouverture zum „Fliegenden Holländer", an den Schluß des ersten Satzes von Liszts „Dante" und von Bruckners IX. Symphonie u. a. m.)

Eine Folge der Tatsache, daß die antike Musiktheorie die Consonanz der großen und kleinen Terz nicht kannte, klingt noch nach in der früher üblichen Unterscheidung von vollkommenen Consonanzen (Einklang, Octav, Quint, Quart) und unvollkommenen Consonanzen (große und kleine Terz, große und kleine Sext). Die angebliche „Unvollkommenheit" der Terzconsonanz hielt die Meister der älteren Kirchenmusik davon ab, mit dem vollständigen, auch die Terz enthaltenden Dreiklang zu schließen. So hat sich die eigentümliche Wirkung des Schlusses auf der leeren Quint für uns mit dem Begriff des archaisch Kirchlichen associiert, und der archaisierende Kirchenstil der neueren Zeit (Liszt, Cäcilianer) hat sich gerade auch diese Wirkung wieder vielfach zunutze gemacht.

Ein Accord kann in verschiedenen Lagen, d. h. in verschiedener Anordnungsweise der einzelnen Stimmen zur Darstellung gebracht werden. Zunächst unterscheidet man enge und weite Lage: bei jener erscheinen die Stimmen so nahe aneinander gerückt, daß kein Ton desselben Accords zwischen je zwei einander benachbarten Stimmen mehr Platz finden könnte; bei dieser treten die einzelnen Stimmen weiter auseinander. Doch wird man auch dann noch von enger Lage sprechen, wenn nur der Baß allein [10] sich weiter vom Tenor entfernt, während die übrigen Stimmen enge Lage im strengen Sinne des Wortes einhalten. Gemischt ist die Lage eines Accords, wenn gleichzeitig zwischen einem Teile der vier Stimmen enge, zwischen einem andern Teile weite Lage besteht.

14.

Arten der Stimmenbewegung. 17

Aus klanglichen Gründen empfiehlt es sich, den Abstand zwischen zwei benachbarten Stimmen nicht allzu groß werden zu lassen. Zwischen Sopran und Alt sollte das Intervall der Decime, zwischen den beiden Mittelstimmen das der Octave nicht überschritten werden, wogegen der Baß sich sehr wohl noch weiter vom Tenor entfernen kann.

Weiterhin kann dann entweder der Grundton, oder die Terz, oder die Quint des Dreiklangs in der Oberstimme liegen. Danach unterscheidet man Octav-, Terz- und Quintlage des Accords. In dem obigen Beispiel (14) haben wir den C dur-Dreiklang bei a und c in Octavlage, bei b und d in Terzlage, bei e, f und g in Quintlage.

Dagegen muß der Baß immer den Grundton haben, wenn nicht etwas anderes als ein Dreiklang (im eigentlichen und engeren Sinne des Wortes) entstehen soll. (Vergl. S. 33.)

**Aufgabe:** Der Schüler übe sich im vierstimmigen Darstellen von (Dur- und Moll-) Dreiklängen in den verschiedenen Lagen: in enger und weiter, Octav-, Terz- und Quintlage.

§ 5. Bei jeder Accordfolge muß mindestens eine Stimme fortschreiten, d. h. in einen andern Ton übergehen. Das kann geschehen entweder aufwärts oder abwärts (steigend oder fallend), und nach beiden Richtungen hin entweder stufenweise oder sprungweise. Bei allen diesen Arten der Fortschreitung ist [*11*] zwischen zwei Stimmen ein dreifaches Verhältnis möglich: entweder bewegen sich beide Stimmen in gleicher Richtung (gerade Bewegung, *motus rectus*), oder die eine steigt, während die andere fällt (Gegenbewegung, *motus contrarius*), oder aber es bewegt sich nur eine Stimme, während die andere auf dem gleichen Tone liegen bleibt (Seitenbewegung, *motus obliquus*).

1. Gerade Bewegung.

## Die Hauptdreiklänge der Tonart.

### 2. Gegenbewegung.

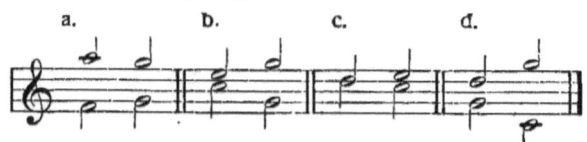

### 3. Seitenbewegung.

Parallelbewegung entsteht, wenn bei der geraden Bewegung zweier Stimmen ihr Intervallabstand der gleiche bleibt (wie in Beispiel 15¹ᵃ und 15¹ᵇ), Antiparallelbewegung, wenn dies bei Gegenbewegung zweier Stimmen der Fall ist (wie in 15²ᵈ).

Zwei aufeinanderfolgende Accorde werden entweder einen bezw. mehrere Töne miteinander gemeinsam haben, oder aber der zweite Accord wird nur aus solchen Tönen bestehen, die im ersten noch nicht enthalten waren. Da in den gemeinsamen Tönen die Verwandtschaft zweier Accorde zutage tritt, empfiehlt es sich, bei der Accordfolge etwaige gemeinsame Töne dann immer in derselben Stimme beizubehalten („liegen zu lassen"), wenn es ohne anderweitige Rücksichten (etwa melodischer Art) lediglich darauf ankommt, zwei Accorde als solche miteinander zu „verbinden", d. h. ihre wechselseitige Bezogenheit in der Accordfolge möglichst sinnenfällig aufzuzeigen. Wie die Verwandtschaft, so wird man in solchem Falle auch die Nachbarschaftsbeziehung der [12] beiden zu verbindenden Accorde dadurch betonen, daß man diejenigen Stimmen, die fortzuschreiten haben, jeweils in den Ton des zweiten Accords übergehen läßt, den sie stufenweise oder mit dem kleinsten Sprung erreichen können. Dabei wird es die Wirkung einer engen Verbundenheit der beiden aufeinanderfolgenden Accorde wesentlich erhöhen, wenn man, soweit irgend möglich, keine Gelegenheit zu halbtonweisem Fortschreiten (Leittonschritten) sich entgehen läßt. Namentlich verlangt die Terz der Dominante die Auflösung in die Tonica, eine Forderung, von der nur unter ausreichender Motivierung gelegentlich abgegangen werden kann. (Vergl. S. 25 und 75 f.)

**Aufgabe.** Der Schüler führe in verschiedenen (Dur-) Tonarten und Lagen die Verbindung der Hauptdreiklänge aus, die jeweils einen Ton miteinander gemein haben; also: I—V—I; I—IV—I.

§ 6. Die Lösung der vorstehenden Aufgabe wird gezeigt haben, daß die Verbindung dieser quintverwandten Dreiklänge keine weiteren Schwierigkeiten bietet. Anders der Versuch, zwei nicht direct verwandte Dreiklänge, wie Unterdominante und Dominante, miteinander zu verbinden: er gibt Veranlassung zu einigen wichtigen Bemerkungen.

Wollte man die Folge IV—V etwa folgendermaßen

16.

ausführen, so würden alle Stimmen in gerader Bewegung derart gleichmäßig fortschreiten, daß auch ihre gegenseitigen Intervallverhältnisse genau dieselben blieben, wie sie vor der Fortschreitung gewesen waren: auf einen Durdreiklang folgte ein ebensolcher in ebenderselben Lage.

[*13*] Wenn zwei Stimmen, die im Verhältnis des (reinen) Einklangs zueinander stehen, sich stufenweise oder springend in gleicher Richtung so fortbewegen, daß sie wieder in einem Einklang zusammentreffen,

17.

so entstehen die sogenannten Einklangsparallelen. Man sieht leicht, daß die zwei Stimmen hierbei nicht verschiedene Schritte machen, sondern einen und denselben, daß wir es also in Wahrheit gar nicht mit zwei, sondern nurmehr mit einer einzigen verdoppelten Stimme zu tun haben. Überall, wo mehrere Stimmen selbständig fortschreiten sollen, also in jedem real mehrstimmigen Satze (vergl. S. 14 f.) sind Einklangsparallelen durchaus fehlerhaft, weil eben bei der parallelen Einklangsbewegung zwei Stimmen in eine verschmelzen, eine Stimme ihre Selbständigkeit verliert und zu einem bloß klangverstärkenden, aber nicht mehr als stimmliches „Individuum" wirkenden Dublierpart herabsinkt. In dem Augenblick, wo z. B. innerhalb eines real vierstimmigen Satzes zwei Stimmen im Einklang sich fortbewegen,

hört tatsächlich die Vierstimmigkeit auf und es tritt Dreistimmigkeit an deren Stelle, was dem Begriff des vierstimmigen Satzes selbst widerspricht.

Die Consonanz der (reinen) Octav ist so stark, daß zwei im Octavverhältnis stehende Töne unserem Empfinden für identisch gelten. Obgleich c' tatsächlich ein anderer Ton ist als c, sprechen wir von beiden Tönen als von einem und demselben Tone in verschiedener Lage. Eine Folge der Identität von Octavtönen ist nun die, daß Octavenparallelen, d. h. Fortschreitungen, die zwei Stimmen in gerader Bewegung aus einer (reinen) Octav [*14*] in eine (reine) Octav führen, den Einklangsparallelen vollkommen gleichzuachten und im real mehrstimmigen Satze zu meiden sind.

Töne, die eine stark ausgesprochene Leitton-Eigenschaft besitzen, treten eben wegen dieser Eigenschaft aus jedem Zusammenklang besonders stark hervor. Die ihnen innewohnende Fortschreitungs-Tendenz lenkt unwillkürlich die Aufmerksamkeit auf sie; und schon deshalb: weil jeder Leitton ein „empfindlicher", ganz besonders in die Sinne fallender Ton ist *(note sensible* im Französischen), erscheint seine Verdopplung wenig angebracht. Außerdem hat man aber auch zu bedenken, daß die Verdopplung eines Leittons, d. h. eines Tons, der dem mehr oder minder starken Zwang einer ganz bestimmten

Fortschreitung unterliegt, stets die Gefahr von **Einklangs-** bezw. **Octavenparallelen** heraufbeschwört. Aus diesen beiden Gründen wird die **Terz der Dominante** im nicht mehr als vierstimmigen Satze **niemals** verdoppelt.

Wenn zwei Stimmen aus irgend einem **andern** Intervall in einen **Einklang** oder eine **Octav** in gleicher Richtung fortschreiten, so entstehen die sogenannten „**verdeckten**" Einklangs- oder Octavenparallelen, im Gegensatz zu den „**offenen**" Parallelen dieser Art, bei denen auch das Ausgangsintervall der beiden Stimmen ein Einklang bezw. eine Octav ist.

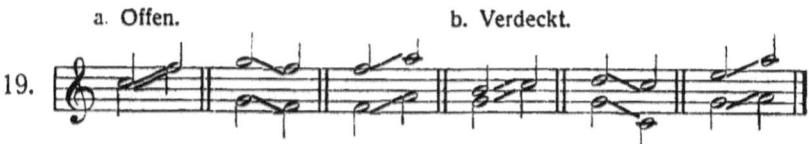

19.

Der Grund, der für das Verbot offener Einklänge und Octaven maßgebend war, bedarf zum mindesten einer Modification, um bei den verdeckten Einklangs- und Octavenfortschreitungen gleichfalls geltend gemacht werden zu können. Denn tatsächlich sind es **verschiedene** Schritte, die hier von den beiden Stimmen ausgeführt werden. Aber diese verschiedenen Schritte haben doch zweierlei miteinander gemein. Verschieden ist der **Ausgangspunct**, gleich die **Richtung** und das **Ziel** der Bewegung. Die beiden Stimmen sind wie zwei Reisende, die von verschiedenen Orten aus ihren Weg antreten, um sich unterwegs zu treffen und den Rest ihrer Reise gemeinsam zurückzulegen. Diese teilweise [*15*] Gleichheit des Schritts zweier Stimmen kann sich nun **unter Umständen** so stark geltend machen, daß klanglich eine ähnliche Wirkung wie bei offenen Octaven (bezw. Einklängen) resultiert. Den Versuch einer näheren Beschreibung dieser „besonderen Umstände" findet man im Anhang II. Einstweilen genügt es, daß der Lehrer den Schüler vorkommenden Falls auf den eigentümlich „leeren" Eindruck, das specifisch „Octavige" in solchen Fortschreitungen aufmerksam mache, die als fehlerhafte verdeckte

Parallelen zu beanstanden sind. Ein so geschärftes Ohr wird verhältnismäßig bald dahin gelangen, selbständig zu entscheiden, welche verdeckten Einklänge und Octaven gut sind und welche nicht. Allzuviel Gelegenheit zu entschieden schlechten Fortschreitungen dieser Art werden unsere ersten Übungen ohnedies nicht bieten, und jedenfalls tut der Anfänger gut, lieber einmal eine bedenkliche verdeckte Parallele zu wagen, als durch ein allzuängstliches Vermeiden jedes verdeckten Parallelismus zu einer unnatürlichen, gezwungenen Stimmführung sich verleiten zu lassen.

§ 7. Wir versuchen nun, die beim Fortschreiten von dem Unterdominant- zum Oberdominantdreiklang sich ergebenden Octavenparallelen durch Gegenbewegung zu vermeiden; etwa so:

20.

Aber auch damit erreichen wir noch kein befriedigendes Resultat. Wir sehen, daß nach Beseitigung der Octavenparallelen zwei Parallelismen anderer Art geblieben sind. Baß und Sopran gehen aus einer reinen Quint in eine reine Quint, beide Stimmen bewegen sich in parallelen Quinten; und ebenso gehen Baß und Alt aus einer großen Terz in eine große Terz, sie bewegen sich in parallelen großen Terzen. Nach alter Regel gilt das Fort-
[16] schreiten in parallelen Quinten für genau so fehlerhaft wie der Octavenparallelismus, und das Fortschreiten in parallelen großen Terzen zum mindesten für bedenklich. Aber was von den verdeckten Octaven gesagt wurde, muß auch hinsichtlich der Quinten- und Terzenparallelen wiederholt werden: gewiß sind diese Fortschreitungen zu beanstanden, jedoch nur unter gewissen Umständen und durchaus nicht immer und überall. Auch liegt der Grund für das Verbot der Quinten- und Terzenparallelen nicht

entfernt so klar zutage wie der, den wir für die Fehlerhaftigkeit der Octaven beigebracht haben. Es handelt sich hier um ein ziemlich compliciertes Problem, das im Anhang II eine eingehendere Behandlung gefunden hat.

Für unsere gegenwärtigen praktischen Zwecke genügen die folgenden Bemerkungen: Wenn zwei „Stammharmonien" (also z. B. zwei Hauptdreiklänge), die keinen Ton miteinander gemein haben, in selbständigen Harmonieschritten aufeinander folgen sollen, so ist streng darauf zu achten, daß der in solchem Falle leicht eintretende Eindruck eines unverbundenen, beziehungslosen Nebeneinanderstehens der beiden Accorde vermieden werde. Dieser Eindruck stellt sich namentlich dann ein, wenn die Lage (das gegenseitige Intervallverhältnis der Stimmen) bei dem zweiten Accord genau die gleiche ist wie beim ersten, und dieser Eindruck verschwindet um so mehr, je weniger der zweite Accord in bezug auf die Anordnung der Stimmen dem ersten gleicht, d. h. je weniger parallele Fortschreitungen beim Übergang von dem einen zum andern entstehen.

Die schlechte Fortschreitung 21 a erscheint bei 21 b kaum merklich gebessert. Aber auch 21 c ist noch übel genug, und erst wenn, [17] wie bei 21 d, auch die parallelen großen Terzen durch Gegenbewegung eliminiert sind, wird das Nebeneinander der beiden Dreiklänge zu einem Ineinander: die vordem fehlende enge und innige Verbindung ist dadurch hergestellt, daß die drei oberen Stimmen sich dem Baß entgegenbewegen.

Wir werden demgemäß vor allem solche Quintenparallelen zu vermeiden haben, die bei der (diatonisch) stufenweisen Aufeinanderfolge consonierender Dreiklänge dadurch entstehen, daß

Grundton und Quint beim zweiten Accord in dieselben Stimmen zu liegen kommen, die diese Intervalle auch beim ersten Accord schon gehabt hatten. Durchaus unzulässig sind diese Quintenparallelen dann, wenn es sich um die Folge zweier **Hauptdreiklänge** handelt, wie bei IV—V, der einzigen Fortschreitung, bei der in unseren ersten Übungen die Gefahr stufenweiser Quintenparallelen droht. Ein gleiches gilt, wenn auch weniger streng, von den **Terzenparallelen**, die zwischen **Grundton** und **Terz** zweier stufenweise aufeinanderfolgenden **Dur**dreiklänge entstehen können. Im übrigen ist es auch hier Sache des Lehrers, gegebenenfalls den Schüler auf die unangenehme **klangliche Wirkung** gewisser Quintenparallelen aufmerksam zu machen und dadurch allmählich die Empfindlichkeit des Ohrs für das Bedenkliche derartiger Fortschreitungen zu wecken und zu verfeinern.

Wie von verdeckten Octaven spricht man auch von **verdeckten Quintenparallelen**, die dadurch entstehen, daß zwei Stimmen aus einem beliebigen andern Intervall in gleicher Richtung so fortschreiten, daß sie im Intervall einer reinen Quint zusammentreffen.

22.

Noch weniger als das Verbot der verdeckten Octaven läßt sich das der verdeckten Quinten heute noch aufrecht erhalten. Bei sonst guter Stimmführung und flüssiger Accordverbindung werden sich kaum Folgen ergeben können, bei denen der Grund einer üblen Wirkung in verdeckten Quintenparallelen als solchen zu suchen wäre. Es empfiehlt sich daher von der Aufstellung eines Verbots verdeckter Quinten gänzlich abzusehen, eines Verbots, das ohnehin von jeher so viele Ausnahmen erleiden mußte, daß es von vornherein illusorisch war.

[*18*] **Antiparallelen** entstehen dadurch, daß zwei Stimmen aus einem bestimmten Intervall in dasselbe Intervall in **Gegenbewegung** fortschreiten. Bei den solcherweise auftretenden **Octaven- (Einklangs-) und Quinten-Antiparallelen (Octaven und Quinten in der Gegenbewegung)**

Verdeckte Quinten. — Antiparallelen.

23.

wird die „octavige" bezw. „quintige" Wirkung durch die Gegenbewegung wesentlich gemildert. Immerhin machen bei den Octaven-Antiparallelen beide Stimmen insofern ein und denselben Schritt, als sie Ausgangspunct und Zielpunct der Bewegung miteinander gemein haben und nur in der Richtung der Bewegung differieren. Auch hierbei verliert eine der beiden Stimmen ihre volle Selbständigkeit: aus dem n-stimmigen wird ein (n—1)-stimmiger Satz. Wenn uns nun trotzdem Octaven in der Gegenbewegung, namentlich bei Schlüssen, ziemlich häufig begegnen, so hat das seinen Grund darin, daß beim Abschluß das Verschwinden einer Stimme (Rückkehr zur Einheit!) nicht unmotiviert erscheint.

24.

Auch die Quinten-Antiparallelen wird man zumeist in derartigen Schlußwendungen (wie bei 24c) finden, obgleich ihre Anwendung gewiß nicht — so wenig wie die der Octaven-Antiparallelen — auf den Schluß allein beschränkt werden darf. [*19*] (Vergl. die Octaven-Antiparallelen in der Übungsaufgabe: S. 32 f., No. 25[5], Tact 3 und 6.)\*

Im obigen Beispiele 24a haben wir, um die Quint des Tonica-Dreiklangs zu erhalten, den Tonica-Leitton, statt ihn stufenweise aufwärts zu führen, eine Terz abwärts springen lassen. Von dieser Freiheit kann man bei der Folge V—I

---

\* Mit voller Consequenz und Strenge hat das Antiparallelen-Verbot zuerst Hugo Riemann aufgestellt, der auch die Begründung der Ausnahmen beim Schlusse gegeben hat.

immer Gebrauch machen, vorausgesetzt daß der Leitton in einer Mittelstimme liegt. (Vgl. S. 75.) Bei dieser Gelegenheit möge die allgemeine Bemerkung Platz finden, daß die äußeren Stimmen (Sopran und Baß), die ihrer exponierten Lage wegen am meisten hervortreten und auch im schlicht harmonischen Satze am deutlichsten als selbständige Stimmen gehört werden, eben deshalb mit der allerpeinlichsten Genauigkeit zu behandeln sind, und zwar sowohl jede für sich in ihrem eigenen Gange wie auch beide zusammen in ihrem wechselseitigen Verhältnis — während irgendwelche Licenzen viel eher in den Mittelstimmen, und, wenn es sich um die gegenseitigen Beziehungen zweier Stimmen handelt, zwischen den Mittelstimmen, demnächst aber auch zwischen Mittelstimme und einer der äußeren Stimmen statthaben können.

**Aufgaben:** Im folgenden Beispiele sind kurze Melodiesätzchen gegeben, die mit ausschließlicher Anwendung der Dreiklänge I, IV, V vierstimmig zu harmonisieren sind. Mit jedem Ton des gegebenen Soprans tritt ein Harmoniewechsel (bezw. auch bloßer Wechsel der Accordlage bei gleichbleibender Harmonie) ein. Anfangs beschränke man sich auf die enge Lage (No. 1—5). No. 6—8 sind mit Anwendung der weiten und gemischten Lage gedacht. (Damit soll übrigens keineswegs gesagt sein, daß in den Lösungen der Aufgaben, bei denen enge Lage gefordert ist, nicht auch gelegentlich ein Accord in weiter oder gemischter Lage vorkommen dürfe, und umgekehrt: bei den mit „weit" und „gemischt" bezeichneten ein solcher in enger Lage. Vielmehr gedachten wir mit diesen Bezeichnungen nur mehr im allgemeinen anzugeben, welche Lage jeweils der Hauptsache nach vorzuherrschen habe, wenn die betreffende Aufgabe bequem und so, wie sie gedacht war, gelöst werden solle. Und zwar gilt das von den gegenwärtigen wie von allen späteren Übungsaufgaben, bei denen eine bestimmte Lage [20] gefordert ist.) — Ebenso soll nicht nur jetzt, sondern auch weiterhin bei unsern Übungen ausnahmslos unter jedem Accord in römischen Ziffern die Stufe (das „Fundament") angegeben werden (I, IV, V), auf der die jeweilige Harmonie ihren Sitz hat.

a) Enge Lage.

25.

Aufgaben. 27

b) Weite und gemischte Lage.

§ 8. [21] Die Molltonart entsteht dadurch, daß einer Moll-tonica ihre beiden Dominanten im gleichen Geschlecht, also als Molldreiklänge gegenübertreten:

26.
a: IV    I    V

Wenn wir die Molldominante in ihrem Verhältnis zur Tonica betrachten, so sehen wir, daß zwar die enge **harmonische Beziehung** (Quintverwandtschaft) zwischen Dominante und Tonica in Moll geradeso besteht wie in Dur, daß aber in Moll der **Terz der Dominante** jene innige **melodische** Beziehung zur Tonica fehlt, derzufolge diese Terz als **Leitton** in die Tonica hinüberführt. Der authentische Schluß im reinen Moll

hat für unsere heutigen Ohren etwas eigentümlich Unbefriedigendes oder doch ungewohnt Fremdartiges; und jedenfalls fehlt uns bei diesem Übergang von der natürlichen Molldominant zur Tonica das Gefühl eines wirklichen, voll genügenden **Abschlusses**. Wir vermissen etwas, und zwar ist es die mangelnde Befriedigung des im Laufe der Entwicklung unserer neueren Musik immer dringlicher und in immer weiterem Umfange zur Geltung gelangten **Leittonbedürfnisses**, was die specifische **Cadenz-Empfindung**, den Eindruck finaler Beruhigung und endgültiger Rückkehr bei dieser Form des Schlusses nicht aufkommen läßt.

Um diesem Mangel abzuhelfen und eine befriedigende authentische Cadenz in Moll zu ermöglichen, hat man einen **künstlichen Leitton** geschaffen, indem man die Terz der Molldominante um [22] einen halben Ton erhöhte, oder anders ausgedrückt, indem man an Stelle der natürlichen Molldominante die diesem Tongeschlecht von Haus aus fremde **Durdominante** in Moll einführte.

a: I  IV  V  I

So entstand unser gewöhnliches modernes Moll, von dem aber ausdrücklich zu betonen ist, daß es keine reine, sondern eine (aus Moll und Dur) gemischte Molltonart darstellt. („Durmoll".)

Gerade umgekehrt verhält es sich mit der Unterdominante in Moll. Was der Molldominante zum Nachteil gereichte und einen befriedigenden authentischen Schluß im reinen Moll unmöglich machte, gerade das, nämlich die kleine Terz, kommt der Moll-Unterdominante zu statten. Denn diese kleine Terz führt mit einem Leittonschritt abwärts in die Quint der Tonica, in die Dominante, während die Dur-Unterdominante einen Halbtonschritt nur nach der tonal viel unwichtigeren Terz der Tonica erlaubt. Infolge dieses Leittonschrittes zur Dominante ist die Schlußkraft der Unterdominante in Moll (mit kleiner Terz) viel stärker als in Dur (mit großer Terz), was nicht nur der plagalen Cadenz (IV—I), sondern vor allem auch dem Halbschluß (IV—V) in Moll zugute kommt.

Wir können sagen: eigentliche (schlußfähige) Oberdominante kann in Moll wie in Dur nur ein Durdreiklang [23] sein; die Unterdominante dagegen erscheint in doppelter Form, und zwar natürlicherweise in Dur als Durdreiklang, in Moll als Molldreiklang — mit dem Unterschiede, daß die Mollform die Unterdominante weit schärfer und weit bestimmter als solche charakterisiert denn die Durform. Die kleine Terz ist in demselben oder doch in ähnlichem Sinne charakteristisch für die Unterdominante wie die große Terz für die Oberdominante.

30  Die Hauptdreiklänge der Tonart.

Hieraus erklärt sich auch die häufige Anwendung der Moll-Unterdominante innerhalb der Durtonart („Molldur"), die, so betrachtet, als das Gegenstück zur Einführung der Dur-Oberdominante in Moll zu gelten hat. (Vergl. S. 158 ff.)

**Aufgabe**: Der Schüler stelle sämtliche Molltonarten des Quinten- und Quartencirkels (auch die ungebräuchlichen: also von a moll bis gisis moll einerseits, bis heses moll anderseits) dar, indem er in der oben für a moll angegebenen Weise die Dreiklänge der Tonica (Moll), Dominante (Dur) und Unterdominante (Moll) aufschreibt.

§ 9. Suchen wir aus den constituierenden Harmonien des gewöhnlichen Moll die Molltonleiter zu gewinnen, so erhalten wir die als sogenannte „harmonische" Molltonleiter bekannte Scala, in a moll:

a: I  V⁵  I³  IV  V  IV³  V³  I
(IV⁰)        (I⁵)

Noch mehr als in Dur — wo er immerhin auch fühlbar ist — klafft in Moll ein Hiatus zwischen der 6. und 7. Stufe der Tonleiter auf: von f nach gis führt der unbequem zu intonierende, „unmelodische" übermäßige Secundschritt, der unserem diatonischen Empfinden überhaupt nicht als ein „Schritt", sondern recht eigentlich als ein „Sprung" sich zu erkennen gibt. Wenn aber unsere europäische Mollmelodik von jeher vor dem unmittelbaren Übergang aus der natürlichen 6. in die erhöhte 7. Mollstufe [24] eine gewisse Scheu empfand, so liegt der Grund hierfür nicht nur in der unmelodischen Gewaltsamkeit des übermäßigen Secundschritts, sondern vor allem auch darin, daß dieser Übergang der nach abwärts gerichteten Leitton-Tendenz der 6. Stufe widerspricht: in a moll führt ein f natürlicherweise ebenso abwärts nach e, wie ein gis aufwärts nach a führt.

Um also in Moll stufenweise emporschreitend von der Dominante zur Tonica gelangen zu können, muß man nicht nur die natürliche kleine Sept in eine große, g in gis, sondern auch die natürliche kleine Sext in eine große, f in fis, verwandeln. Dadurch wird die Molltonart noch mehr der Durtonart angenähert; wir erhalten eine Scala, die sogenannte „melodische Molltonleiter aufwärts", die nur in ihrer ersten Hälfte als Moll charakterisiert ist, während sie in ihrer zweiten Hälfte ausgesprochenen Durcharakter trägt. (Siehe das folgende Beispiel 30 b.)

Der Unterdominant-Dreiklang selbst wird durch Einführung der erhöhten Sext zum Durdreiklang, und es entsteht eine dritte Art des Moll, bei der einer Moll-Tonica ihre beiden Dominanten im entgegengesetzten Geschlecht, nämlich als Durdreiklänge gegenübertreten (30a).

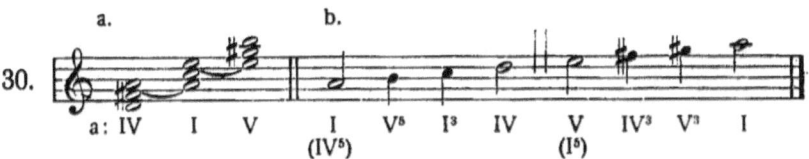

Das gleichzeitige Vorkommen der großen Sext und der kleinen Terz in derselben Tonart ist dem 1. Kirchenton, dem „Dorischen" eigentümlich. Man nennt deshalb die große (erhöhte) Sext in Moll auch wohl „dorische Sext".

Wenn wir nun darangehen, die Hauptdreiklänge in Moll miteinander zu verbinden, so wollen wir uns vorderhand auf diejenige Art des Moll beschränken, die unserm modernen Empfinden als das eigentliche und typische Moll gilt; d. h. wir wenden den Oberdominant-Dreiklang nur als Durdreiklang, den Unterdominant-Dreiklang nur als Molldreiklang an, oder mit andern [25] Worten: wir entnehmen die Hauptdreiklänge der Molltonart zunächst nur der harmonischen Molltonleiter.

Dabei behandeln wir die große Sept dieser Scala streng als aufwärts in die Tonica führenden Leitton.

Jedoch ist die S. 25 f. für das *Subsemitonium modi* in Dur frei gegebene Licenz auch in Moll zu gestatten.

Desgleichen werden wir der abwärts zur Dominante strebenden Leitton-Tendenz der 6. (natürlichen) Stufe tunlichst zu

## Die Hauptdreiklänge der Tonart.

entsprechen suchen und die **kleine Sext** der Tonleiter in der Regel **stufenweise abwärts** auflösen. Wir werden zwar ein Abspringen von diesem Ton, wenn eine andere Stimme die stellvertretende Auflösung übernimmt, nicht als fehlerhaft ansehen, aber jedenfalls den **übermäßigen Secundschritt** von der 6. natürlichen in die 7. erhöhte Stufe vorderhand noch durchaus vermeiden. Unsere Molltonleiter sieht für den praktischen Gebrauch also zunächst folgendermaßen aus:

**Aufgaben:** Die folgenden für den Sopran gegebenen Sätzchen sind in der auf S. 26 näher bezeichneten Weise vierstimmig zu harmonisieren.

Sextaccorde und Quartsextaccorde.

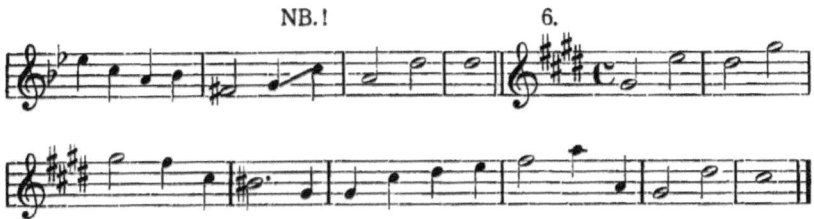

NB.! Über die nicht zu vermeidenden Octaven-Antiparallelen im 3. und 6. Tact von No. 5 vergl. S. 24 f.

## II. CAPITEL.
### Sextaccorde und Quartsextaccorde.

§ 10. [26] Der Baß (die Unterstimme) ist uns ebenso die eigentliche und bevorzugte **harmonische** Stimme, wie uns der **Sopran** (die Oberstimme) die prädestinierte **Melodiestimme** ist. In derselben Weise, wie wir die Melodie zunächst in der Oberstimme vermuten und sie erst dann anderswo suchen, wenn wir sie hier nicht finden, ebenso präsumieren wir den **Baß als Fundament und Träger der Harmonie**. Eine Folge dieser Tatsache ist es nun, daß an der harmonischen Bedeutung eines Accords gar nichts geändert wird, wenn wir die Reihenfolge der ihn bildenden Töne in den einzelnen Stimmen auf die verschiedenste Weise anordnen, vorausgesetzt daß nur der Baß den **Grundton** des Accords behält. So bleibt z. B. der C dur-Dreiklang in seiner **Stammform** oder **Grundgestalt** (Dreiklang im eigentlichen und engeren Sinne des Wortes), einerlei ob er in enger oder weiter Lage auftritt, ob wir im Sopran c, e oder g haben u. s. f., wenn nur die Unterstimme auf c liegt. (Vergl. S. 17.) Dagegen entsteht eine ganz neue harmonische Bildung, [27] wenn im Baß an Stelle des Grundtons einer der beiden anderen Dreiklangstöne erscheint. Während beim Dreiklang in der Grundgestalt **Baßton** und **Fundamentston** gleich sind, ist das bei diesen neuen Bildungen nicht der Fall.

## Sextaccorde und Quartsextaccorde.

Der Dreiklang wird zum **Sextaccord**, wenn seine **Terz**, zum **Quartsextaccord**, wenn seine **Quint** in den Baß versetzt wird. Sextaccord und Quartsextaccord heißen **Umkehrungen** (Versetzungen) des Dreiklangs. Wie der Dreiklang selbst, so können auch seine Umkehrungen in verschiedenen **Lagen** auftreten. Der **Sextaccord** erscheint in **Terzlage**, wenn der Sopran die ursprüngliche **Quint** des Dreiklangs, in **Sextlage**, wenn er den **Grundton**, und in **Octavlage**, wenn er die **Terz** des Dreiklangs hat. Ebenso unterscheiden wir beim **Quartsextaccord** **Quart-**, **Sext-** und **Octavlage**, je nachdem ob der ursprüngliche **Grundton**, die **Terz** oder die **Quint** des Dreiklangs im Sopran liegt.*

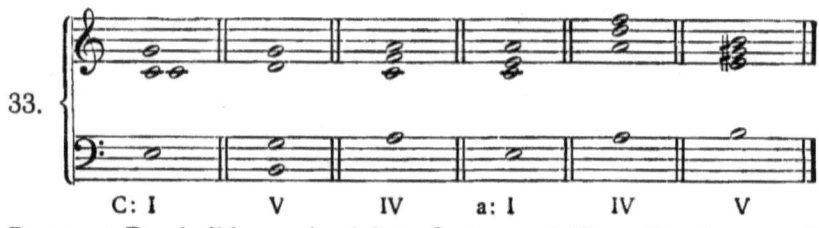

1. Sextaccord.       2. Quartsextaccord.
a. Terzlage. b. Sextl. c. Octavl.   a. Quartl. b. Sextl. c. Octavl.

33.

C: I    V    IV    a: I    IV    V

Der vom Durdreiklang abgeleitete Sextaccord (**Dur-Sextaccord**) besteht aus **Baßton, kleiner Terz und kleiner Sext**, der vom Durdreiklang abgeleitete Quartsextaccord (**Dur-Quartsextaccord**) aus **Baßton, reiner Quart und großer Sext**; umgekehrt erhält man vom Molldreiklang den aus **Baßton, großer Terz und großer Sext** bestehenden **Moll-Sextaccord** und den aus **Baßton, reiner Quart und kleiner Sext** bestehenden **Moll-Quartsextaccord**.

---

\* Die Bezeichnung der Lage eines Accords richtet sich am zweckmäßigsten nach dem Intervall, das die höchste mit der tiefsten Stimme (der Sopran mit dem Basse) bildet. — Eine andere Art der Bezeichnung läßt den Dreiklangsbestandteilen auch in den Umkehrungen ihre ursprünglichen Namen. Es wäre darnach Beispiel 33 1a Quintlage, 33 1b Primlage, 33 1c Terzlage, 33 2a Primlage, 33 2b Terzlage, 33 2c Quintlage.

**Aufgabe:** Der Schüler übe sich im Bilden und Erkennen von Sextaccorden und Quartsextaccorden dadurch, daß er 1) eine Reihe von Dur- und Molldreiklängen jeweils in ihre beiden Um-
[28] kehrungsformen versetzt und dabei zugleich die verschiedenen Lagen dieser Umkehrungsaccorde anwendet; daß er 2) über einer Reihe von Baßtönen Dur- und Moll-Sextaccorde bezw. -Quartsextaccorde in den verschiedenen Lagen errichtet und bei jedem den Dur- oder Molldreiklang angibt, von dem der betreffende Umkehrungsaccord abzuleiten ist.

§ 11. Sextaccorde und Quartsextaccorde können, wie wir gesehen haben, durch Umkehrung von Dreiklängen entstehen. Damit ist aber noch nicht gesagt, daß ein jeder Sextaccord oder Quartsextaccord nun auch als Dreiklangsumkehrung angesehen werden müsse. Vielmehr gibt es außer der Umkehrung noch eine ganz andere Entstehungsweise dieser Accordgebilde. Diese andere Entstehungsweise werden wir in §§ 12—15 kennen lernen.

Vorderhand beschränken wir uns auf den Gebrauch des Sextaccords und Quartsextaccords in solchen Fällen, wo diese Accorde in keiner Weise etwas anderes sind als Dreiklangsumkehrungen, und bemerken zunächst, daß der durch Versetzung des Dreiklangs gewonnene Sextaccord zwar sehr häufig, dagegen die Möglichkeit, den Quartsextaccord als reinen und ausgesprochenen Umkehrungsaccord gut zu gebrauchen, verhältnismäßig recht beschränkt ist. Wie der Grundton am besten, so eignet sich die Quint des Dreiklangs am wenigsten gut zum Baßton, während die Terz auch in dieser Beziehung eine mittlere Stellung einnimmt.

a) [38] Der Sextaccord als Umkehrungsaccord. — Bei Sextaccorden, die als Umkehrungen von Hauptdreiklängen auftreten, eignet sich zur Verdopplung am besten die Sext (der Fundamentston), dann die Terz, am wenigsten der Baßton (die Terz des Stammdreiklangs). Viel häufiger als die Verdopplung der Quint im Dreiklang selbst ist die Verdopplung dieses Tones dann, wenn er als Terz des Sextaccords auftritt.

## Sextaccorde und Quartsextaccorde.

Wenn man die Verdopplung der Terz bei Hauptdreiklängen überhaupt schon gern vermeidet, und zwar namentlich bei Durdreiklängen, so steht speciell der Verdopplung des Baßtons im Sextaccord das entgegen, daß die Vermutung geweckt wird, der verdoppelte Ton solle als **Grundton der Harmonie** (als **Fundament**) gelten, daß also eine Störung der Auffassung des Sextaccords als eines Umkehrungsaccords eintritt. Vergl. S. 57.

Am besten wirkt die Verdopplung des Baßtons im Sextaccord noch dann, wenn sie im **Tenor**, d. h. in der dem Baß unmittelbar benachbarten Stimme liegt, weil nämlich in diesem Falle die Verdopplung sich nicht besonders scharf abhebt, **beide in dem Octav-** (oder Einklangs-) Intervall zusammentreffende **Stimmen** gewissermaßen **in eine verschmelzen**.

[39] Allgemein: eine jede Verdopplung wird am **deutlichsten**, also unter Umständen auch am **unangenehmsten** als solche empfunden, wenn sie in den **beiden äußeren Stimmen**, am **wenigsten merklich** dagegen, wenn sie zwischen einer **äußeren und der ihr jeweils unmittelbar benachbarten** Stimme statt hat.

Niemals wird selbstverständlich der Baßton desjenigen Sextaccords verdoppelt, der Umkehrung des **Dominantdreiklangs** ist, und auch bei der Baßton-Verdopplung des Sextaccords der Unterdominante **in Moll** möge man nie außer acht lassen, daß diesem Tone, wie wir S. 30 gesehen haben, eine gewisse (abwärts führende) Leitton-Tendenz innewohnt.

**Fehlen** kann beim Sextaccord die **Terz**, ohne daß der Charakter des Accords wesentlich verändert würde. Dagegen hätte ein Wegbleiben der **Sext** oder gar des **Baßtones** eine Veränderung zur Folge, die den Sextaccord als solchen aufheben würde.

Immer wenn man einen Sextaccord als Umkehrungsaccord anwendet, hat man zu bedenken, daß der **Baß** hier von Haus aus eine **versetzte Stimme** ist, daß also beim Weitergehen von einem solchen **Sextaccord** aus die specifisch **melodischen** Schritte (in erster Linie **Secund-**, in zweiter Linie **Terzschritte**) für den Baß ebenso natürlich sind wie beim Fortschreiten der **Dreiklänge** die specifisch harmonischen Schritte (Fundamentschritte, nämlich in **Quinten** oder **Quarten**). Ja, das Verlassen

Anwendung der Sextaccorde als Umkehrungsaccorde. 37

des Sextaccords mit einem Quint- oder Quartschritt im Baß kann unter Umständen geradezu etwas Störendes haben, und zwar namentlich dann, wenn etwa mehrere Sextaccorde solcherweise aufeinander folgen würden.

Natürlich gilt das nur von solchen Sextaccorden, die **ausgesprochenerweise Umkehrungen von Hauptdreiklängen** sind, nicht aber auch da, wo es sich um Umkehrungen von **Nebendreiklängen** handelt oder die Möglichkeit einer **auffassungsdissonanten** Auffassung auch nur von ferne mit hereinspielt. (Vergl. S. 65.) Der Grund für die manchmal zutage tretende üble Wirkung des quint- bezw. quartweisen Aufeinanderfolgens von Sextaccorden liegt nämlich darin, daß unser Ohr in **Bässen, die nach Quinten oder Quarten fortschreiten, Fundamentalbässe** (Grundtöne von Hauptdreiklängen) vermutet, eine Vermutung, die der Auffassung des Sextaccords als eines Umkehrungsaccords [40] hemmend entgegenwirkt. Auch hier wird, wie immer und überall, die **Verdopplung des tatsächlich als Fundament zu betrachtenden Tons** eine falsche Auffassung am besten verhindern.

Für den **Sextaccord auf der 7. Stufe der Tonleiter** ($V^6$) kommt, solange Nebenharmonien außer Betracht bleiben, eigentlich nur der **Fortgang zum Dreiklang der Tonica** in Frage.

b) **Der Quartsextaccord als Umkehrungsaccord.** — Ganz reiner Umkehrungsaccord ist der Quartsextaccord fast nur in

a. J. Lanner, Die Schönbrunner, Walzer.

34.

b. Mozart, Menuett aus Don Juan.

c. Marsch des Yorkschen Corps (Beethoven).

jener, namentlich bei Tänzen und Märschen, überhaupt bei schlicht volkstümlicher Harmonisierung häufigen Anwendung, wo der Baß bei gleichbleibender Harmonie mehrere oder alle Töne des Dreiklangs nacheinander ergreift.

[*41*] In solchen und ähnlichen Fällen tritt die betreffende Dreiklangsharmonie meist nicht mit dem Quartsextaccord, sondern mit dem Dreiklang in der Grundstellung oder mit dem Sextaccord ein. Der Quartsextaccord erscheint nur vorübergehend, und in der Regel wird auch, ehe ein Harmoniewechsel erfolgt, in den Dreiklang oder Sextaccord wieder zurückgegangen.

Bei der Fortschreitung von Dreiklang zu Dreiklang ist es am natürlichsten (am „nächstliegenden"), daß die Quint des ersten Dreiklangs entweder auf demselben Ton liegen bleibe oder stufenweise weitergehe. Diese Behandlung der Quint wird notwendig, wenn sie Baßton ist, d. h. also wenn vom Quartsextaccord aus zu einer neuen Harmonie fortgeschritten wird, — und zwar deshalb, weil, wie wir in der Folge noch näher sehen werden, der Quartsextaccord diejenige Form der Dreiklangsharmonie ist, die am schwersten rein als Umkehrungsaccord verstanden wird und bei der es daher, wenn sie so aufgefaßt werden soll, am meisten not tut, der irrigen Auffassung vorzubeugen, als ob der Baßton etwas anderes als Quint eines Dreiklangs (etwa selbst Fundamentston!) sein solle.

Ausgenommen sind solche Fälle, wo der Harmoniewechsel nach dem Quartsextaccord unzweideutig so gehört wird, als ob er gar nicht von diesem Accord aus erfolge, sondern von dem Dreiklang oder Sextaccord aus, mit dem die betreffende (erste) Harmonie eingetreten war.

Anwendung der Quartsextaccorde als Umkehrungsaccorde.

J. Strauss, Wein, Weib und Gesang.

35.

In obigem Beispiele bleibt im Grund genommen der Es dur-Dreiklang, und zwar als Dreiklang vom 1. bis zum 3. Tacte liegen. Das Fundament klingt als eine Art von ideeller Grundstimme auch dann noch fort, wenn der Baß die Terz und die Quint des Dreiklangs ergreift, so daß in der Tat der Harmoniewechsel I—V eigentlich nicht vom Quartsextaccord, sondern vom Dreiklang aus erfolgt. Vergl. das über den ideellen Orgelpunct auf S. 299 Gesagte.

Das eigentlich „kritische" Intervall des Quartsextaccords ist die Quart, die man nicht leicht so hört, wie sie beim reinen Umkehrungs-Quartsextaccord gehört werden soll, nämlich als Umkehrung der Quint. Es empfiehlt sich daher im strengeren Satz, den Umkehrungs-Quartsextaccord womöglich so einzuführen, daß Baßton und Quart nicht gleichzeitig neu eintreten, sondern entweder der eine oder der andere dieser beiden Töne „vorbereitet" wird.

**Aufgaben:** Die folgenden vom Schüler auszuführenden Übungen sind in dreifacher Form gegeben: 1. als bezifferte Generalbaß-Stimme; 2. als unbezifferter Baß; und 3. als Sopran. Bei der letzteren Art von Beispielen wird eine vierstimmige Harmonisierung der gegebenen Oberstimme verlangt, in ähnlicher Weise wie bei den Aufgaben S. 26 und S. 32, nur mit dem Unterschiede, daß uns [42] jetzt außer den Hauptdreiklängen auch noch deren Umkehrungen zur Verfügung stehen.

Die gegebenen Bässe sind vierstimmig auszusetzen, d. h. durch Hinzufügung dreier Stimmen zu einem vierstimmigen Satze auszugestalten, wobei — soweit es von einem Anfänger jetzt schon zu verlangen ist — auf eine melodisch möglichst sinnvolle Führung der Oberstimme besonders geachtet werden soll.

Die Wahl der Accorde steht dem Schüler bei der zweiten Rubrik unserer Beispiele frei, in der ersten Rubrik ist sie vorgeschrieben.

Zum Verständnis der **Baßbezifferung** diene das Folgende. Die heute nur noch zu Unterrichtszwecken oder vom Componisten bei der ersten flüchtigen Skizzierung seiner Gedanken benutzte Baßbezifferung hatte in früheren Zeiten für die praktische Musikübung eine große Bedeutung. In der Instrumentalmusik des 17. und 18. Jahrhunderts pflegte man nämlich von dem Part der bloß harmonisch füllenden Begleitinstrumente (Cembalo, Orgel) nur den Baß in Noten auszuschreiben, während die weitere Ausgestaltung der Improvisation des begleitenden Musikers überlassen blieb, dem eben jene seiner Baßstimme — dem *Basso continuo, Basso generale* („Generalbaß") — beigeschriebenen **Ziffern und Zeichen** („Signaturen") die jeweils zu wählenden Accorde anzeigten. Von den Accorden, die wir bis jetzt kennen lernten, wird der **Dreiklang** in der Generalbaßschrift dadurch gefordert, daß man den **Baßton unbeziffert läßt**,\* der **Sextaccord** dadurch, daß man eine 6, der **Quartsextaccord** dadurch, daß man ⁴₆ zu dem betreffenden Baßton vermerkt. Die aus der Vorzeichnung nicht hervorgehende chromatische Veränderung eines Accordtones verlangt man, indem man ein ♯, ♭ oder ♮ der betreffenden Ziffer beifügt, die chromatische Erhöhung auch wohl dadurch, daß man die betreffende Ziffer durchstreicht. Ein ♯, ♭ oder ♮ ohne Ziffer [43] bedeutet die entsprechende chromatische Veränderung der **Terz**. Der wagrechte **Strich** über der Baßnote fordert das Weiterbestehen der vorangegangenen Harmonie, die nun (infolge des Baßwechsels) nur in einer anderen Umkehrungsform erscheint. Wo wir in den als Bässe gegebenen Übungsbeispielen jeweils am Anfang eine 3, 5 oder 8 dem Baßton in Parenthese ( ) beigegeben haben, wollten wir den **Dreiklang resp. in Terz-, Quint- oder Octavlage** anzeigen. Zur Veranschaulichung diene das erste der folgenden Beispiele, das wir vierstimmig ausgesetzt anführen.

---

\* Soll der Baßton ohne Accord allein erklingen, so muß das durch die Signatur T. s. *(Tasto solo)* oder eine Null (0) über dem Baß ausdrücklich kenntlich gemacht werden.

## Generalbaßbezifferung.

1. Baß; enge Lage.

NB.! Die Einführung des Quartsextaccords in Tact 1 und 7 widerspricht der S. 39 Absatz 2 gegebenen Regel und wirkt in der Tat auch nicht sehr glücklich. — Man vermeide den Fehler durch andere Rhythmisierung (♩. ♪ ♪) oder durch andere Führung der Oberstimme!

2. Baß; enge Lage.

3. Baß; weite Lage.

## Sextaccorde und Quartsextaccorde.

Aufgaben. 43

§ 12. [28] Um jene andere Art der Anwendung von Sextaccorden und Quartsextaccorden zu verstehen, bei der diese Accorde entweder zum Teil oder ganz und gar etwas anderes sind als Dreiklangsumkehrungen, müssen wir zuvor Wesen und Begriff der sogenannten **harmoniefremden Töne** kennen lernen.

Was unter einem harmoniefremden Tone zu verstehen sei, sagt schon der Name. Es ist ein Ton, der der Harmonie des Accords als solcher fremd ist, nicht zu ihr paßt und sie ebendarum auch stört; eine **Dissonanz**, deren Eigentümlichkeit darin besteht, daß sie innerhalb eines Accordorganismus als ein nicht zu ihm Gehöriges, gewissermaßen als ein **Fremdkörper** auftritt. Insbesondere kann der **einem Accordton unmittelbar benachbarte Ton**, also seine Ober- oder Untersecunde, als ein in dieser Weise dissonierender harmoniefremder Bestandteil in den Accord eingeführt werden. Wir erhalten so die **Wechselnote** (im weitesten Sinne des Wortes), einen harmoniefremden Ton, der den ihm unmittelbar benachbarten Accordton vorübergehend vertritt, solange an dessen Stelle und statt seiner sich behauptet, bis er sich **auflöst**, d. h. bis der Accordton an den Platz rückt, der ihm von Rechts wegen zukommt und den zuvor die Wechselnote sozusagen „usurpiert" hatte.

Die Wechselnote erscheint entweder auf betontem Tactteil und ist dann **Vorhalt**; oder aber auf unbetontem Tactteil als **Wechselnote** im engeren Sinne des Wortes. — Denken wir uns in der Dreiklangsfolge I—V

[29] den Eintritt der Terz des Dominantdreiklangs dadurch verzögert, daß der Alt im zweiten Tacte nicht sofort das h ergreift, sondern zunächst noch das c des vorigen Tactes festhält, um es erst in der Folge zu verlassen, so bekommen wir einen **Vorhalt**.

## Sext- und Quartsextaccorde als Vorhaltsbildungen.

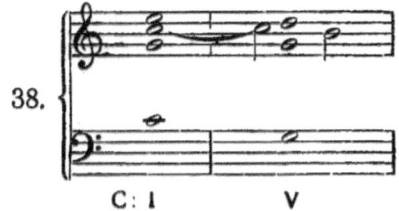

38.

C: I      V

Es entsteht ein dissonierendes Gebilde, eine durch einen fremden Ton gestörte Dreiklangsharmonie. Und zwar ist dieser fremde Ton hier die aus dem vorangegangenen Dreiklang herübergebundene Quart des Grundtons, die als obere Wechselnote der Terz sozusagen provisorisch deren Stelle einnimmt. Die Dissonanz löst sich auf, indem der vorgehaltene harmoniefremde Ton in den Accordton übergeht, der uns anfänglich vorenthalten war.

Würde man bei obiger Verbindung der Dreiklänge I—V nicht den Alt, sondern den Sopran zur Bildung eines Vorhalts benutzen,

39.

C: I      V

[30] so entstände ein Sextaccord g—h—e, der natürlicherweise mit der Umkehrung des Molldreiklangs e—g—h ganz und gar nichts zu tun hätte, sondern genau ebenso als eine Vorhaltsbildung anzusehen wäre wie in Beispiel 38 der „Quartquintaccord" g—c—d.

Ebenso könnten sich auch Sopran und Alt zur Bildung eines doppelten Vorhalts vereinigen, und wir bekämen dann einen Quartsextaccord als Vorhaltsaccord.

## Sextaccorde und Quartsextaccorde.

40.

C: I      V

Es träte also der Fall ein, daß **ein aus den Tönen des Tonicadreiklangs bestehendes Accordgebilde nicht im Sinne des Tonicadreiklangs** (als dessen Umkehrung) **aufzufassen wäre, sondern im Sinne des Dominantdreiklangs** (als Vorhalt vor diesem).

§ 13. Unter allen möglichen Arten von Vorhaltsbildungen nehmen diejenigen eine ganz besondere Stellung ein, bei denen auf solche Weise **scheinbar** consonierende Accorde, also namentlich **Sextaccorde** und **Quartsextaccorde** entstehen, die sich ihrem Aussehen nach in nichts von Umkehrungen consonierender Dreiklänge unterscheiden. Diese Gebilde sind, **isoliert betrachtet**, durchaus **consonant**. Aber der **Zusammenhang**, in dem sie auftreten, zwingt unserm Ohr eine **Auffassung** auf, in der sie tatsächlich als **dissonant** erscheinen. Wir müssen den betreffenden Zusammenklang auf ein **Fundament** beziehen, zu dem jeweils einer oder auch mehrere seiner Bestandteile dissonieren.

H. Riemann hat solche unter der äußeren Gestalt von consonierenden Accorden auftretende dissonierende Harmonien **Scheinconsonanzen** [*31*] genannt: denn ihre Consonanz sei nur scheinbar. Als einen für ihre Eigenart weit bezeichnenderen Ausdruck möchten wir das Wort: **Auffassungsdissonanz** vorschlagen. Denn darum handelt es sich hier doch, daß gewisse Accorde, die außerhalb des musikalischen Zusammenhangs jederzeit consonieren, gelegentlich so gebraucht werden können, daß sie für die harmonische **Auffassung dissonieren**.

In der Tatsache des Vorkommens von Auffassungsdissonanzen offenbart sich auf eine sehr evidente Weise die auch sonst mannigfach begegnende Differenz zwischen rein akustischem und musikalisch-angewandtem („harmonischem") Hören. Man könnte daher auch von einem Gegensatz akustischer und harmonischer Dissonanzen reden. Jene wären solche Zusammenklänge, die immer und ausnahmslos als Dissonanzen gehört werden müssen, wogegen diese im physikalisch-physiologischen Sinne zwar als durchaus consonant anzusehen wären, dessenungeachtet aber für den Musiker (und zum Teil auch für den Tonpsychologen) unter den Begriff der Dissonanz zu fallen hätten. Bei den akustischen Dissonanzen ist die Dissonanz offenbar und effectiv vorhanden, bei den harmonischen Dissonanzen ist sie gleichsam latent und nur idealiter da, bloß im und für das Bewußtsein, nicht aber auch in der sinnlichen Erscheinung. Die eigentümliche Wirkung der Auffassungsdissonanzen beruht darauf, daß sie eben in gewissem Sinne gleichzeitig beides, sowohl Consonanzen als auch Dissonanzen sind: das äußere („sinnliche") Ohr hört sie als Consonanzen, während sie dem inneren („geistigen") Ohre ganz unzweifelhaft Dissonanzen sind. —

Der Eintritt des Vorhalts ist in doppelter Weise möglich: er erfolgt entweder vorbereitet oder unvorbereitet (frei). Der Vorhalt tritt vorbereitet ein, wenn der vorgehaltene harmoniefremde Ton im vorhergehenden Accord schon in derselben Stimme vorhanden war, so daß er in den neuen Accord herübergebunden werden könnte. Unvorbereitet tritt er ein, wenn dies nicht der Fall ist; und zwar kann der Eintritt ganz frei oder halb frei (mit stellvertretender Vorbereitung) erfolgen, nämlich so, daß der Vorhaltston im vorhergehenden Accord entweder gar nicht oder doch nur in einer andern Stimme da war. Ein freier Eintritt des Vorhalts kann namentlich dann ohne Härte erfolgen, wenn der Vorhaltsaccord unter der Form einer Auffassungsdissonanz erscheint.

41.

48  Sextaccorde und Quartsextaccorde.

[32] In dem zweiten Beispiele unter 41 b folgt s c h e i n b a r auf die Dominante in a moll die Unterdominante. Diese Folge widerspricht unserer früheren Behauptung (vergl. S. 11), daß der Fortgang zur Unterdominante der Dominante widerstrebe, deshalb nicht, weil in Wahrheit gar nicht die Folge V—IV—I, sondern allein die Folge V—I vorliegt: der Quartsextaccord a—d—f ist n i c h t U m k e h r u n g des Unterdominantdreiklangs d—f—a, sondern V o r h a l t der Quart und Sext vor dem Tonica-Dreiklang a—c—e.

§ 14. Die auf den schlechten Tactteil eintretende W e c h s e l n o t e (Wechselnote im engeren Sinn) wird entweder durch einen S t u f e n s c h r i t t oder s p r u n g w e i s e eingeführt. Im ersten Falle geht die betreffende Stimme von einem Accordton aus, ergreift dessen obere oder untere Wechselnote und kehrt dann wieder zu ihrem Ausgangspuncte zurück.

Im zweiten Falle springt die Stimme von irgend einem Accordton in die (obere oder untere) Wechselnote eines a n d e r e n Accordtons; die Auflösung erfolgt dann natürlich in den Accordton, zu dem die Wechselnote gehört.

[33] Das gleichzeitige Auftreten z w e i e r Wechselnoten zeigen die Beispiele 42 b, 43 b und 43 c. Ebenso ersieht man aus 42 b, 42 c,

Sext- u. Quartsextaccorde als Durchgangs- u. Wechselnotenbildungen. 49

43a und 43b, wie durch solche Wechselnoten **auffassungsdissonante Sextaccorde** und **Quartsextaccorde** entstehen können. —

Eine weitere Art von harmoniefremden Tönen erhalten wir dadurch, daß wir eine oder mehrere Stimmen den **Sprung**, den sie von Accordton zu Accordton beim Wechsel der Harmonie (oder auch beim bloßen Wechsel der Lage bezw. der Umkehrungsform innerhalb einer und derselben Harmonie) auszuführen hätten, durch **stufenweises Fortschreiten ausfüllen** lassen. So entsteht der **Durchgang**; die beschriebenen sprungausfüllenden Töne heißen **Durchgangstöne** (s. Beispiel 44).

Die Entstehung eines durchgehenden **Sextaccords** zeigt Beispiel 44b, einen ebensolchen **Quartsextaccord** 44c.

Wie es für den **Vorhalt** charakteristisch ist, daß er **mit einem Accent** auftrete, so erscheint der **Durchgang** seiner Natur nach **unbetont**, also (in der Regel wenigstens) auf **schlechtem Tactteil**. (Vergl. S. 182 f.)

Das Merkmal der **Unbetontheit** hat der Durchgang mit der eigentlichen (nicht Vorhaltscharakter tragenden) **Wechselnote** gemein. Der **stufenweise eintretenden Wechselnote** ähnelt er überdies noch darin, daß er, wie diese, in Stufenschritten aus einem Accordton herkommt und ebenso in einen Accordton weitergeht. Diese Ähnlichkeit hat manche Theoretiker (S. Sechter) dazu veranlaßt, die stufenweise eintretende Wechselnote als sogenannten [*34*] „**zurückkehrenden Durchgang**" unter den dementsprechend (allerdings einigermaßen gegen den Wortsinn) erweiterten Allgemeinbegriff des Durchgangs zu subsumieren.

Auf S. 48 hatten wir gesehen, wie durch eine Vorhaltsbildung der **Anschein eines Fortgangs von der Dominante zur Unterdominante** hervorgebracht werden kann. Wie Beispiel 44 b zeigt, vermag auch ein **Durchgang** den gleichen Schein zu erzeugen. Indem die Terzsprünge in Tenor und Baß beim Fortschreiten vom Tonicadreiklang zum Sextaccord der Unterdominante durch Stufenschritte ausgefüllt werden, entsteht ein **durchgehender Sextaccord**, den man gänzlich falsch verstehen würde, wenn man ihn als **Umkehrung des Dominantdreiklangs** auffassen wollte. Es handelt sich auch hier **nicht um zwei Harmonieschritte** (I—V—IV), sondern nur um **einen einzigen** (I—IV).

Wir haben an dieser Stelle die Lehre von den harmoniefremden Tönen nur so weit ausgeführt, als unbedingt nötig erschien, um die **doppelte Entstehungsweise der Sextaccorde und Quartsextaccorde** verständlich zu machen. Für das Weitere siehe S. 162 ff.

§ 15. [*35*] Um Wesen und Anwendung der Accordgebilde, die gewöhnlich **nur** als Dreiklangsumkehrungen angesehen werden, richtig zu verstehen, muß man sich stets vergegenwärtigen, daß unser harmonisches Empfinden von Haus aus **nur zwei Arten consonanter Zusammenklänge** kennt: den **Durdreiklang** und den **Molldreiklang**. Wenn nun Zusammenklänge auftreten, die zwar aus den Tönen eines solchen consonierenden Dreiklangs bestehen, aber in der **Anordnung** dieser Töne vom Dreiklang derart verschieden sind, daß (vom **Baßton** aus gerechnet*) Intervalle wie Quart und Sext zum Vorschein kommen, die der Dreiklang selbst nicht kennt, so ist es zunächst noch durchaus zweifelhaft, ob diese Zusammenklänge als (harmonisch) consonante oder als dissonante Bildungen zu gelten haben. Sext und Quart sind an und für sich nichts weniger als zweifellos consonante Intervalle: sie sind es nur insofern und nur so lange, als sie in der Auffassung von Umkehrungen des Terz- bezw. Quintintervalls auftreten. Denn für das harmonisch empfindende Gehör ist nicht das consonierende Intervall das Primäre, sondern der consonierende Accord (der Dreiklang). Reine Octav, reine Quint, große und kleine Terz sind für den Musiker nur deshalb consonierende Intervalle, weil sie Bestandteile des Dur- oder Molldreiklangs sind; nicht aber leitet sich etwa umgekehrt die Consonanz des Dur- und Molldreiklangs von seiner Zusammensetzung aus „consonierenden Intervallen" ab.**

---

\* Vergl. das S. 33 über die harmonische Bedeutung der Unterstimme Gesagte.

\*\* Eine Bestätigung dieser Auffassung liegt darin, daß es einen Accord gibt, der aus Intervallen besteht, die (wenigstens innerhalb des temperierten Tonsystems) alle miteinander consonieren, und der doch als schärfste Dissonanz empfunden wird: es ist der übermäßige Dreiklang (z. B. c—e—gis, bestehend aus zwei großen Terzen c—e und e—gis, deren beide äußerste Töne wieder im Verhältnis der mit der kleinen Sext c—as enharmonisch gleichen übermäßigen Quint c—gis zueinander stehen). Man hätte sich die Verwunderung darüber, warum gerade dieser Accord trotz seiner Zusammensetzung aus lauter consonanten Intervallen so herbe dissoniert (vergl. z. B. Stumpf, Consonanz und Dissonanz S. 103 ff.), ersparen können, wenn man bedacht hätte, daß der Grund für seine Dissonanz ganz einfach darin liegt, daß er weder ein Dur- noch ein Molldreiklang ist. — Bei dem rein akustischen Begriffe der Consonanz und Dissonanz mag man vom Intervall ausgehen, für den von jenem scharf zu scheidenden (obwohl eng mit ihm zusammenhängenden) Begriff der harmonischen („musikalischen") Consonanz und Dissonanz ist der Dreiklang der einzig angezeigte Ausgangspunct. Für den Musiker ist die Consonanz des Dur- und Molldreiklangs „Urphänomen" im Sinne Goethes (vergl. dessen Farbenlehre, Didaktischer Teil § 175), eine

[*36*] Wenn nun also bei den Intervallen der Quart und Sext immer der harmonische Zusammenhang darüber entscheiden muß, ob sie in einem gegebenen Falle als Umkehrungsintervalle und damit als consonant, oder als Wechselnoten (Vorhalts- bezw. Durchgangstöne) und in dieser Eigenschaft als dissonant anzusehen sind, kommt ein wesentlicher Unterschied zwischen beiden Intervallen sofort zur Geltung, wenn wir sie in bezug auf diesen ihren Doppelcharakter miteinander vergleichen. Es ist nämlich bei der Sext die Auffassung als Umkehrungsintervall das Näherliegende, während hingegen die Quart leichter als dissonierendes denn als Umkehrung eines consonierenden Intervalls gehört wird. Das wird evident, wenn wir beide Intervalle isoliert betrachten.

Schlägt man eine große oder kleine Sext allein an, so hört man sie ohne weiteres als Umkehrung einer kleinen oder großen Terz, also als zweifellos consonierendes Intervall. Eine andere Auffassung (etwa als Vorhalt vor der Quint) müßte unserem [*37*] Empfinden durch den Zusammenhang, in dem die Sext auftritt, erst aufgenötigt werden; sie stellt sich nur dann ein, wenn wir mit jener ersten Auffassung aus irgend einem Grunde nicht auskommen können. Das Ohr hat für die Consonanzauffassung der Sext das, was die Rechtsgelehrten eine *praesumtio iuris* nennen: sie gilt so lange als consonant, bis s. z. s. „das Gegenteil bewiesen wird".

Umgekehrt verhält sich die reine Quart. Hört man diese für sich allein, so denkt man zunächst nicht an die Umkehrung des Quintintervalls, sondern man hört ganz unmittelbar einen Vorhalt vor der (großen oder kleinen) Terz. Das harmonische Empfinden präsumiert sie als Dissonanz, und der consonanten Auffassung (als Umkehrungsintervall) geben wir erst dann und nur dann Raum, wenn uns der Zusammenhang dazu zwingt.

---

oberste Erfahrungstatsache, die aus nichts Höherem mehr abgeleitet werden kann, ohne daß man das Gebiet der reinen Empirie verlassen und den schwanken Boden akustischer oder psychologischer Speculation betreten müßte. (Vergl. a. Stumpf, Consonanz und Concordanz i. d. Zeitschrift für Psychologie, Bd. 58.)

## Sext und Quart als Consonanz und Dissonanz.

Damit ist die alte Streitfrage, ob die Quart als Consonanz oder als Dissonanz anzusehen sei, einwandfrei gelöst. In rein akustischer Beziehung ist die Quart Consonanz, und zwar ausschließlich Consonanz. Aber dieser akustische Consonanzbegriff geht den Musiker als solchen gar nichts an. In harmonischer Hinsicht kann die Quart sowohl Consonanz als auch Dissonanz sein, je nachdem das Ohr sie als Umkehrung der reinen Quint oder als (obere) Wechselnote der (großen, bezw. kleinen) Terz (eventuell auch als untere Wechselnote der reinen Quint) auffaßt. Die Eigentümlichkeit des musikalischen Eindrucks der Quart beruht aber darauf, daß die Auffassung als Wechselnote, und zwar ganz besonders bei der leeren Quart, die näherliegende ist. Daher denn auch die alte Contrapunctregel, daß im zweistimmigen strengen Satz die reine Quart immer als Dissonanz zu behandeln sei.*

§ 16. [*38*] Dieser Unterschied in der unmittelbaren Auffassung der Sext und der Quart macht sich nun auch geltend bei der Auffassung und Anwendung der beiden Dreiklangsaccorde, die diese Intervalle als charakteristische Bestandteile enthalten: des Sextaccords und des Quartsextaccords. Der Sextaccord wird überwiegend als Umkehrungsaccord gebraucht. Seine Anwendung als Auffassungsdissonanz ist zwar nicht gerade selten, aber doch viel weniger häufig als jener erstere Gebrauch. Umgekehrt verhält es sich mit dem Quartsextaccord: als Auffassungsdissonanz (Vorhalts- oder Durchgangsaccord) begegnet er uns auf Schritt und Tritt, während die Möglichkeit, ihn als aus-

---

\* Die Erörterung der Frage, warum sich Quart und Sext in bezug auf ihre consonante oder dissonante Auffassung so verschieden verhalten, gehört nicht eigentlich in den Bereich unserer Betrachtungen. Doch sei wenigstens kurz darauf hingewiesen, daß hier etwas mit in Frage zu kommen scheint, das zwar nicht (wie man früher meinte) als primäres, wohl aber als ein unter Umständen nicht unwichtiges secundäres Merkmal bei der Consonanz- bezw. Dissonanz-Beurteilung zu gelten hat: nämlich der Grad der Annehmlichkeit (des „Wohlklangs") der Intervalle. Man wird die Erfahrung bestätigt finden, daß unter sonst gleichen Verhältnissen ein Intervall vom Ohr um so williger als Consonanz gehört werden wird, je wohlklingender es ist. Nun klingt uns von allen gemeinhin als consonant geltenden Intervallen die reine Quart entschieden am wenigsten angenehm und jedenfalls weit unangenehmer als die große und kleine Sext, woher denn wohl die Erschwerung ihrer consonanten Auffassung rühren mag.

54        Sextaccorde und Quartsextaccorde.

gesprochenen und reinen Umkehrungsaccord anzuwenden, verhältnismäßig recht beschränkt ist.

Quartsextaccord und Sextaccord als Vorhaltsaccorde.

a) [46] Der Quartsextaccord als Vorhaltsaccord. — Unter den auffassungsdissonanten Anwendungen der Accorde, die man gewöhnlich als Dreiklangsumkehrungen ansieht, ist der vorhaltartige Gebrauch des Quartsextaccords über der Dominante von ganz besonderer Wichtigkeit. Der innerhalb der Cadenz so überaus häufig auftretende Tonica-Quartsextaccord ist nämlich seinem eigentlichen Wesen nach nichts anderes als eine Vorhaltsbildung; seine Quart und Sext sind nicht Umkehrungen der Quint und Terz des Tonicadreiklangs, sondern doppelter Vorhalt vor der Terz und Quint des Dominantdreiklangs. Er bringt eine Verzögerung des erwarteten Eintritts der Dominantharmonie und hat seinen eigentlich natürlichen Platz zwischen Unterdominante und Dominante im (authentischen) Schluß, der durch die Spannung erhöhende Wirkung dieser Verzögerung an Schlußkraft wesentlich gewinnt. Der cadenzierende Quartsextaccord erlaubt es, zwei anscheinend unvereinbare Forderungen gleichmäßig zu erfüllen: nämlich die Hervorhebung des Eintritts der Dominante durch einen Accent und den zur metrisch vollkommenen Schlußwirkung erforderlichen Eintritt der Tonica auf gutem, der Dominante auf schlechtem Tactteil.

45.

C: I   IV   V    —   I    a: I   IV   V    —   I
            (I)                        (I)

Die Regeln für den Gebrauch des Quartsextaccords in der Cadenz ergeben sich unmittelbar aus seiner Eigenschaft als Vorhaltsaccord:

## Anwendung des vorhaltartigen Quartsextaccords.

1. [47] Er tritt immer auf **betontem** Tactteil ein und löst sich auf **unbetontem** Tactteil auf.

2. **Der Baß bleibt liegen**, bis die Auflösung in die Dominantharmonie erfolgt ist.

3. Der zur **Verdopplung** am meisten geeignete Ton ist der **Baßton** des Quartsextaccords (der **Fundamentston**), während **Quart und Sext** (als dissonierende Töne) im vierstimmigen Satz in der Regel **unverdoppelt** bleiben.

4. **Quart und Sext** lösen sich am natürlichsten **stufenweise abwärts** auf, nämlich in die Töne des Dominantdreiklangs, deren Stelle sie vertreten.

Wenn wir den cadenzierenden Quartsextaccord als Vorhaltsbildung vor dem Dominantaccord auffassen, so hindert das natürlich nicht die Anerkennung der Tatsache, daß es factisch die Töne des **Tonicadreiklangs** sind, die wir in diesem Zusammenklange hören: nur sind sie harmonisch bezogen nicht auf das Fundament I, sondern auf das Fundament V.* Die eigentümliche Wirkung dieses Quartsextaccords besteht eben darin, daß er Tonica und Dominante in einer und derselben Harmonie combiniert. — Weil aber **secundär die Auffassung im Sinne der Tonica** als deren Umkehrung (oder wenigstens die **Möglichkeit** dieser Auffassung) neben der zunächst das Wesen und den Gebrauch eines derartigen Quartsextaccords bestimmenden Auffassung im Sinne der Dominant immer noch bestehen bleibt, ist es möglich, diesen Accord weit **freier** zu behandeln, als es bei einem der Fall sein könnte, der **ausschließlich** Vorhaltsaccord, d. h. dessen Entstehung auf gar keinem andern Wege als dem des Vorhalts denkbar wäre. Ganz unbedenklich sind von vornherein freiere Auflösungen des betonten Quartsextaccords wie die folgenden:

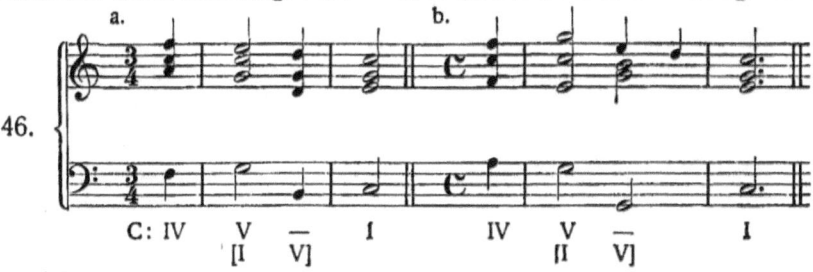

46.

C: IV V — I   IV V — I
　  [I V]　　　 [I V]

---

\* Jeder in dieser Weise gebrauchte Quartsextaccord ist in der Tat das, wozu H. Riemann den Molldreiklang hat machen wollen: ein Dreiklang mit der **Quint als Fundamentston**.

56 Sextaccorde und Quartsextaccorde.

[*48*] Aber auch das im weniger gebundenen Stile hie und da vorkommende gänzliche Ausbleiben der Auflösung nach der Dominant (wie z. B. im ersten Satze der IX. Symphonie Beethovens, Tact 34 f.) wird aus dieser doppelten Auffassungsmöglichkeit des betonten Quartsextaccords begreiflich.

Wie über der Dominante, so ergibt auch über der T o n i c a der Vorhalt der Quart und Sext einen auffassungsdissonanten Quartsextaccord.

Geht dabei (wie in Beispiel 47) die Dominante der Tonica voraus, so erscheint u n e i g e n t l i c h ein Fortgang von der Dominante zur Unterdominante (vergl. S. 11, 48 u. 50): der (doppelte) Vorhalt vor der Tonica tritt auf in Gestalt einer Umkehrung des Unterdominant-Dreiklangs. Es verbindet also dieser Quartsextaccord in ähnlicher Weise die Wirkung der U n t e r d o m i n a n t e mit der der Tonica, wie der Quartsextaccord über der Dominante die Wirkung der Tonica mit der der D o m i n a n t e verbindet.

Die analoge Vorhaltsbildung über der U n t e r d o m i n a n t e ergibt in D u r einen e f f e c t i v d i s s o n i e r e n d e n Quartsextaccord mit übermäßiger Quart und großer Sext (48a), dessen An-

Der betonte Quartsextaccord über der Tonica und Unterdominante. 57

wendungsmöglichkeit deshalb einiger Beschränkung unterliegt, weil die [49] Abwärtsführung seiner Quart der Leitton-Tendenz der 7. Stufe widerspricht. Dagegen erhalten wir in Moll bei Einführung der natürlichen (nicht erhöhten) 7. Stufe der Tonleiter den betreffenden Quartsextaccord wieder als bloße **Auffassungsdissonanz** (48 b).

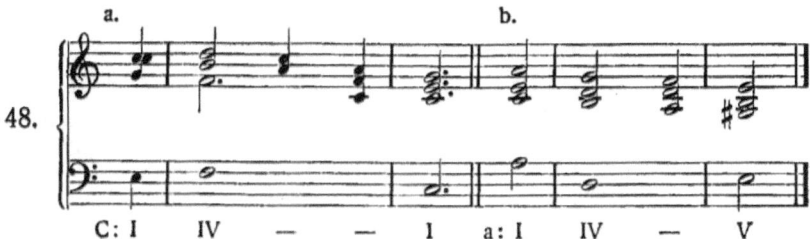

48.

C: I   IV   —   —   I     a: I   IV   —   V

Die Auffassung des vorhaltartigen (auffassungsdissonanten) Quartsextaccords als einer Harmonie, die sich nach dem Dominantaccord aufzulösen hat, ist uns freilich so sehr in Fleisch und Blut übergegangen, daß die Anwendung des betonten Quartsextaccords über einer andern als der 5. Stufe stets eine gewisse Vorsicht erheischt. Unser Ohr ist geneigt, die Stufe, auf der ein derartiger Quartsextaccord erscheint, als Dominante zu hören, bezw. wenn sie es nicht ist, dazu zu machen. In Beispiel 48 b liegt der eigenartige Reiz des über der Unterdominante in Moll frei eintretenden Quart- und Sextvorhalts eben darin, daß unsere Erwartung einer Auflösung nach dem Ddur-Dreiklang (als der Dominante von G) getäuscht, diese Täuschung durch den Fortgang aber auch wieder gerechtfertigt wird. — Gelegentlich kann der Quartsextaccord wohl auch so gebraucht werden, daß seine Quart allein als Vorhalt aufzufassen ist: er löst sich dann in einen Sextaccord auf, der reine Dreiklangsumkehrung ist. (Vgl. z. B. Schubert, Deutsche Tänze op. 33 No. 2 [D dur].)

b) Der **Sextaccord als Vorhaltsaccord**. — Der Sextaccord als ausgesprochener Vorhaltsaccord ist weder so häufig noch so wichtig wie der entsprechende Quartsextaccord. Seine Behandlung geschieht in durchaus analoger Weise. Er tritt auf dem guten Tactteil ein und löst sich auf dem schlechten Tactteil auf. Der Baß bleibt in der Regel liegen, bis die Auflösung erfolgt ist. Man verdoppelt am besten den Baßton (Fundamentston); aber auch die Verdopplung der Terz ist möglich — abgesehen vom Sextaccord über der Dominante (in Dur und Moll) und dem über der **Unterdominante in Moll**. Die **Leitton-Eigenschaft** dieser beiden Terzen verbietet ihre Verdopplung [50] entweder ganz (im ersteren Falle), oder macht doch Vorsicht bei der Verdopplung notwendig (im zweiten Falle). Die Sext wird regulär als Vorhaltsdissonanz behandelt, also (im vierstimmigen Satze) **nicht** verdoppelt und **abwärts** aufgelöst.

Wie durch den Vorhalt der Quart und Sext über der Unterdominante in Dur, so entstehen in **Moll** durch das Vorhalten der Sext über der **Dominante** und über der **Unterdominante** keine auffassungsdissonante Gebilde, sondern **effective Dissonanzen**, nämlich über der Dominante der Sextaccord mit großer Terz und kleiner Sext (49 a), über der Unterdominante der Sextaccord mit kleiner Terz und großer Sext (49 b).

Was über die freiere Behandlung des vorhaltartigen Quartsextaccordes gesagt wurde (S. 55 f.), gilt von allen unter der Form von bloßen Auffassungsdissonanzen erscheinenden Vorhaltsaccorden, also auch vom Sextaccord dieser Art. (Man vergleiche übrigens die Lehre von den Umkehrungen der Nebendreiklänge im 4. und 5. Capitel.)

**Aufgaben.** Die im folgenden teils beziffert teils unbeziffert gegebenen **Bässe** sind in der auf S. 39 f. angegebenen Weise vierstimmig auszusetzen, die gegebenen **Oberstimmen** vierstimmig zu harmonisieren. Dabei suche man tunlichst häufig die vorhaltartigen **Sext- und Quartsextaccorde** anzubringen, die wir hier noch einmal übersichtlich zusammenstellen:

## Der vorhaltartige Sextaccord. — Aufgaben.

NB. Da eine stufenweise Abwärtsführung des Tonica-Leittons in Moll des übermäßigen Secundschrittes wegen unmöglich ist, muß zu der Bildung des vorhaltartigen Quartsextaccordes über der Unterdominante in Moll die **kleine** Septime der Tonica (die 7. Stufe der **natürlichen** Molltonleiter) benutzt werden.

Daß in diesen Übungsaufgaben **nur** solche Vorhalte — wie auch in den Aufgaben No. 55, S. 65 f. **nur** solche Durchgänge — gebildet werden sollen, durch die Sext- oder Quartsextaccorde entstehen, ist zwar selbstverständlich, sei aber hier noch einmal ausdrücklich vermerkt.

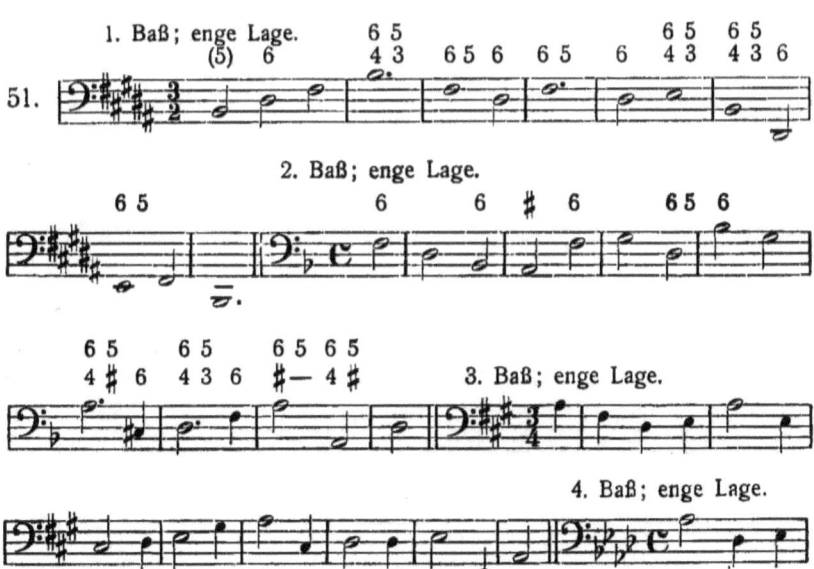

Der Quartsextaccord als Durchgangs- und Wechselnotenbildung. 61

NB. Wegen des h in cis moll siehe S. 59 Beispiel 50 2c.

§ 17. Quartsextaccord und Sextaccord als Durchgangsaccorde.

a) [52] Der Quartsextaccord als Durchgangsaccord. — Abgesehen von jenen verhältnismäßig selteneren Fällen des Baßwechsels bei Festhaltung der gleichen Dreiklangsharmonie, wo der Quartsextaccord als reiner Umkehrungsaccord auftritt (vergl. S. 37 ff.), haben wir es eigentlich bei jedem Quartsextaccord entweder mit einer Vorhalts- oder mit einer Durchgangs- bezw. Wechselnotenbildung zu tun. Vorhaltartig ist die Wirkung und Behandlung des betonten, [53] durchgang- oder wechselnotenartig die des unbetonten Quartsextaccords. Immer also, wenn mit einem unbetonten Quartsextaccord eine neue Harmonie eintritt, haben wir den betreffenden Quartsextaccord als durchgehenden Accord oder als Wechselnotenbildung anzusehen. Während der vorhaltartige Quartsextaccord zu Anfang des Tactes oder innerhalb eines Tactes mit dem guten Tactteil eintritt, kommt der durchgangartige Quartsextaccord in der Regel auf den schlechten Tactteil zu stehen, seltener und nur im Verlaufe einer längeren Durchgangsbewegung auch auf den guten Tactteil (vergl. den Begriff des „unregelmäßigen Durchgangs" S. 182 f.) und an den Tactbeginn nur ausnahmsweise einmal: dann nämlich, wenn innerhalb eines mehrere Tacte zu einer metrischen Einheit höherer Ordnung zusammenfassenden Complexes der betreffende Tact dieselbe Stellung einnimmt wie der schlechte Tactteil innerhalb des Einzeltactes. Das Entscheidende für die Erkennung und Anwendung des durchgehenden Quartsextaccordes ist in jedem Falle das Fehlen eines besonderen, den Accordeintritt hervorhebenden Accentes.

Es ist leicht einzusehen, daß die speciellen Regeln, die gewöhnlich für die Anwendung des unbetonten Quartsextaccords gegeben werden, sich erübrigen, wenn man ihn als durchgehende Bildung, d. h. nicht als selbständigen Accord, sondern als Bindeglied zwischen zwei Harmonien betrachtet. Wie wir wissen (vergl. S. 49), erscheint eine jede Durchgangsbildung entweder zwischen zwei verschiedenen Harmonien oder zwischen zwei verschiedenen Lagen bezw. Umkehrungsformen einer und derselben Harmonie, eventuell auch zwischen einem Accord und seiner sogar in bezug auf Lage und Umkehrungsform genauen Wiederholung — wenn wir nämlich den zurückkehrenden Wechselnotenaccord (wie bei 52f) mit unter die Durchgangsaccorde rechnen wollen. Kennzeichnend für den durchgehenden Quartsextaccord ist es nun, daß er in den allermeisten Fällen zwei verschiedene Formen derselben Harmonie miteinander verbindet, so daß also nicht einmal nach, geschweige denn mit dem Quartsextaccord ein Fundamentwechsel eintritt.

Bei strenger Behandlung des durchgehenden (unbetonten) [54] Quartsextaccords hätte demnach als Regel zu gelten: alle Stimmschritte, mit denen der Quartsextaccord erreicht, und alle die, mit denen er wieder verlassen wird, haben so zu geschehen, daß sämtliche Töne des Quartsextaccords, sofern sie nicht der vorangehenden bezw. nachfolgenden Harmonie als

## Anwendung des durchgehenden Quartsextaccords.

Accordtöne angehören, als reine Durchgangs- bezw. Wechselnoten auftreten. Dabei wären die folgenden typischen Hauptfälle zu unterscheiden: 1. der Quartsextaccord erscheint über liegenbleibendem Basse, wie bei 52a; 2. der Baß schreitet stufenweise in den Quartsextaccord und verläßt ihn ebenso auch wieder, und zwar entweder in gleicher Richtung fortschreitend, wie bei 52b, c, d, e oder zu seinem Ausgangstone wieder zurückkehrend, wie bei 52f. 3. Der Baß springt in den Quartsextaccord und verläßt ihn stufenweise, wie bei 52g, wo das c im Baß als obere Wechselnote der Terz (h) des Fundamentes (G) zu gelten hat; und endlich 4. der Baß verläßt den Quartsextaccord sprungweise, nachdem er ihn durch einen Stufenschritt (oder auch durch einen Sprung) erreicht hat, [55] wie bei 52 h,

wo wir es dann mit einer abspringenden Durchgangs- bezw. Wechselnote zu tun haben, die streng genommen eine nachträgliche Auflösung erfordert.

NB.! Die Fälle unter 1. und 2. sind ungleich viel häufiger als die unter 3. und 4.

Da ebenso wie beim vorhaltartigen Quartsextaccord (vergl. S. 55) auch beim durchgehenden Quartsextaccord die Möglichkeit der Auffassung als Umkehrungsaccord in secundärer Weise immer bestehen bleibt, so können im freieren Satze die oberen Stimmen bei der Auflösung dieses Accords sich sehr wohl auch ungezwungener bewegen, d. h. als abspringende Durchgangs- oder Wechselnoten ohne nachträgliche Auflösung, bezw. mit bloß stellvertretender Auflösung in einer andern Stimme (wie bei 52 d und e). Dagegen wird man gut tun, für die Führung des Basses von solcher Freiheit keinen Gebrauch zu machen.

b) Der Sextaccord als Durchgangsaccord. — Das über den durchgehenden Quartsextaccord Gesagte gilt in analoger Weise auch vom durchgehenden Sextaccord und kann leicht auf ihn übertragen werden. Daß der Sextaccord, auch wenn er ausgesprochenen Durchgangscharakter trägt, weit freier, d. h. mehr nach Art eines selbständigen Umkehrungsaccords behandelt werden darf, liegt darin begründet, daß die secundäre Auffassung als Dreiklangsumkehrung bei ihm immer in viel höherem Maße zur Geltung gelangt als beim durchgehenden Quartsextaccord. Ja, exclusive Durchgangsauffassung wird beim Sextaccord überhaupt nur dann Platz greifen, wenn die Umkehrungsauffassung eine widernatürliche Fortschreitung wie z. B. V—IV ergeben würde. So hätte denn auch der Sextaccord über a bei 53 c als Durchgangsbildung im weiteren Sinne des Wortes (als „eingeschobener Accord") zu gelten trotz des abspringenden Basses.*

Durchgehende Dreiklänge s. Louis, Aufgaben für den Unterricht in der Harmonielehre (Stuttgart 1910), I. Teil S. 18 f.

Wie die als selbständige Accordfortschreitung unbefriedigende Folge V—IV als Durchgangsbildung sehr wohl möglich ist, so fällt

---

* Man vergleiche übrigens für die Erklärung der Fortschreitung des Basses in 53 c den Begriff der Fuxischen Wechselnote (S. 187), für die Fortschreitung von Alt und Tenor den der Anticipation (S. 186).

Anwendung des durchgehenden Sextaccords.

auch das Bedenkliche der quint- oder quartweisen Aufeinanderfolge zweier Sextaccorde (vergl. S. 36 f.) vollständig weg, wenn die Art der

[56] Ein- und Fortführung des zweiten Sextaccords so geschieht, daß dieser in einem gewissen Sinne auch als Durchgangs- oder Wechselnotenbildung verstanden werden könnte. So gibt in Beispiel 54 (abgesehen von der wechselnotenartig zurückkehrenden Führung des Soprans) das stufenweise Weiterschreiten dem Baßton des zweiten Sextaccords in etwas den Charakter einer Wechselnote zu c bezw. e.

**Aufgaben.** Die nachfolgenden Sätzchen sollen in erster Linie den **durchgehenden** (neben dem auch hier ziemlich häufig anzubringenden **vorhaltartigen**) Gebrauch von **Sextaccorden** und namentlich von **Quartsextaccorden** üben.

1. Baß; enge Lage.

## Sextaccorde und Quartsextaccorde.

NB! No. 4, Tact 7—8: $I^6_4$-IV⁶-IV³ | $I^6_4$-V♮-I ‖ Der Sextaccord und Dreiklang der Unterdominante ist eine eingeschobene Wechselnotenbildung zwischen dem zweimaligen Auftreten des Quartsextaccords der Tonica, der selbst Vorhalt vor der Dominantharmonie ist. — No. 6, Tact 12—13: V³-$I^6_4$-IV³ | I⁶-IV³ | Im Grund genommen sowohl $I^6_4$ als auch IV³ durchgehend zwischen V³ und I⁶. — No. 7, Tact 2—3: I³-IV⁶-$I^6_4$-I⁶ | IV³ usw. Am einfachsten so aufzufassen, daß man $I^6_4$ und I⁶ als Umkehrungsaccorde, IV⁶ als Wechselnotenbildung ansieht. (Schwanken der Auffassung!)

---

## III. CAPITEL.
### Der Dominantseptaccord und Dominantseptnonaccord.

§ 18. [58] Der Dominantseptimenaccord (Dominantseptaccord) entsteht dadurch, daß zu der Harmonie der Oberdominante der Ton der Unterdominante als fremder Bestandteil hinzutritt.

56.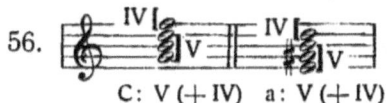
C: V (+ IV)   a: V (+ IV)

Das gleichzeitige Zusammenbestehen von Oberdominante und Unterdominante innerhalb eines Accordgebildes wirkt als Dissonanz, d. h. als Widerstreit zweier klanglicher Elemente, die sich nicht miteinander vertragen, von denen eines weichen muß. Im Dominantseptaccord ist nun die durch den vollständigen Dreiklang vertretene Oberdominante soviel stärker als der bloße Ton der Unterdominante, daß in den weitaus meisten Fällen der Accord als (durch einen nicht zu ihr gehörigen Ton gestörte) Oberdominant-Harmonie verstanden wird. Darnach bezeichnen wir dann den Oberdominant-Dreiklang als den consonierenden, die Sept als den dissonierenden Bestandteil des ganzen Vierklangs. Das Bedürfnis nach Auflösung des Dominantseptaccords, d. h. nach Lösung des in ihm zutage tretenden Klangwiderstreits, specificiert sich zu dem Verlangen nach Auflösung der Sept. Die Consonanz des Dominantdreiklangs behauptet sich, insofern seine Töne auch als Bestandteile des Dominantseptaccords ihre volle Bewegungsfreiheit behaupten, wogegen der **Ton der Unterdominante** (die **Dominantsept**) **verdrängt** wird, indem der mit ihm dissonierende Dominantton ihm **eine bestimmte Fortschreitung aufdrängt**.

Denkbar wäre es freilich auch, daß in dem aus Durdreiklang und kleiner Sept bestehenden Septaccord die **Sept**, d. h. also der Ton der Unterdominante als **Grundton** (Fundament) der Harmonie aufgefaßt würde. In diesem Falle wären dann Prim, Terz und Quint die fremden Bestandteile, die der Sept zu [59] weichen hätten, d. h. das Ganze wäre ein **Vorhalts- oder Durchgangsaccord**, der sich nach der **Unterdominante** auflösen müßte.

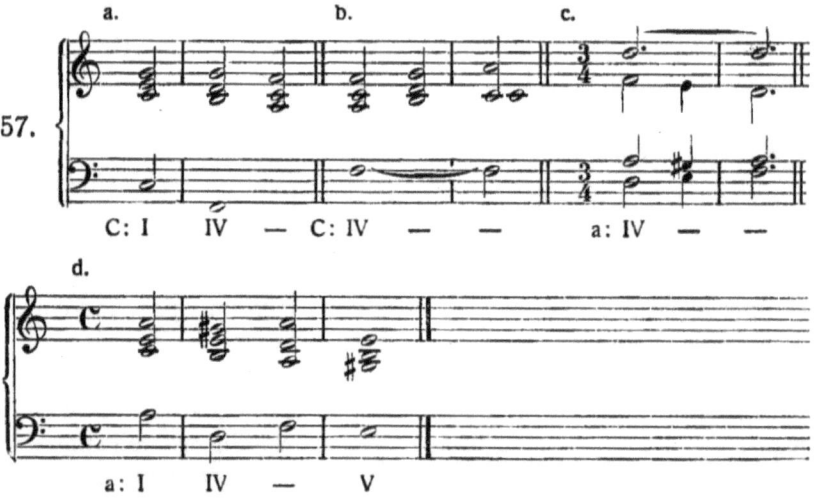

Über einen Fall, wo Dominant- und Unterdominantauffassung des Dominantseptaccords gleichzeitig nebeneinander bestehen, siehe S. 77.

Gewöhnlich aber wird, wie gesagt, der Dominantseptaccord nicht im Sinne der Unterdominante, sondern im Sinne der Dominante verstanden, d. h. nicht Prim, Terz und Quint, sondern die Sept bedarf einer Auflösung. **Die natürliche Auflösung der Dominantsept erfolgt dadurch, daß sie stufenweise abwärts geführt wird.**

Da, solange nur die Hauptharmonien innerhalb der Tonart in Betracht kommen, eine andere Auflösung des Dominantseptaccords als die zur Tonica nicht denkbar ist, könnten außer der stufenweise fallenden noch folgende Fortschreitungsmöglichkeiten der Dominantsept in Frage gezogen werden: 1. stufenweise aufwärts in die Quint der Tonica, und 2. sprungweise aufwärts oder abwärts in die Tonica selbst. Beides kommt tatsächlich vor (vergl. S. 76 f.), wenn auch die letztere Auflösung recht selten ist —, und zwar deshalb selten, weil der schließlich aller Dissonanz zugrunde liegende Begriff der **Wechselnote** (im weitesten Sinne des Wortes), d. h. der **Nachbarschaftsbeziehung** zwischen dissonierendem und consonierendem (einem Dur- oder Molldreiklang [60] angehörendem) Ton nur bei **stufenweisem Fortschreiten des dissonierenden Tones** zu unmittelbar verständlichem Ausdruck gelangt.

Dagegen leuchtet es nicht ohne weiteres ein, warum wir die **Abwärtsauflösung** der Dominantsept als eine so ungleich natürlichere Fortschreitung empfinden als ihr Aufwärtsgehen. Man hat verschiedene Gründe für diese unleugbare Tatsache beigebracht, u. a. darauf hingewiesen, daß die herkömmliche Abwärtsauflösung die Sept einen **Leittonschritt** machen läßt (was aber nur in **Dur** zutrifft), daß die Aufwärtsauflösung in die schon vorhandene **Quint der Tonica** führen, also **nichts Neues** bringen würde, daß das Aufwärtsschreiten der Sept bei gleichzeitiger Aufwärtsbewegung des **Leittons** leicht **Quintenparallelen** entstehen ließe usf. Der eigentliche Grund dafür, daß die abwärtsschreitende Auflösung der kleinen Sept als eine natürliche Forderung empfunden wird, der nur unter Beobachtung gewisser Cautelen zuwider gehandelt werden kann, scheint **uns** darin zu liegen, daß die **kleine Sept Umkehrung des Intervalls der großen Secunde ist.** Denn in der Dissonanz der (großen) Secund liegt deutlich ausgesprochen die **Tendenz zur Auflösung in die** (große oder kleine) **Terz**; ja wir hören geradezu das gleichzeitig erklingende Secundintervall als **gestörte Terzconsonanz**, als eine **sein sollende oder im Werden begriffene Terz**, das Auftreten dieser Dissonanz als **Verzögerung** bezw. **Übergangsbildung** beim Entstehen des Terzintervalls aus einem ebensolchen oder einem andern Intervall. Die **Erwartung**, die das Secundintervall (wie jede Dissonanz) erregt, ist eine ganz **bestimmte**, nämlich die einer Lösung nach der **Terz**.

Wenn aber die (große) **Secund** von Haus aus Vorhalt vor (oder auch Durchgang zu) der Terz ist, so muß ihre **Umkehrung**, die (kleine) **Sept** am leichtesten verständlich sein als Vorhalt vor (bezw. Durchgang zu) der Sext; und das wirkt auch dann noch nach, wenn die Sept nicht als Vorhalts- oder Durchgangsdissonanz, sondern als Bestandteil eines selbständigen Accords auftritt, — darin nämlich, daß wir beim Dominantseptaccord **die Sext als natürliche Auflösung der Sept fordern**, und zwar hat diese Sext so zu entstehen, daß sich der obere Ton des Septintervalls (als der „dissonierende" Ton) stufenweise abwärts bewegt.

## Der Dominantsept- und Dominantseptnonaccord.

Von den Tönen, die den Dominantseptaccord bilden, erlauben Grundton und Quint die Verdopplung, nicht aber Terz und Sept. Denn wie bei Leittönen, so verbietet auch bei dissonierenden Tönen die scharf ausgesprochene Auflösungstendenz eine Verdopplung (im nicht mehr als vierstimmigen Satze). Vergl. S. 20 f. — Fehlen kann die Quint, gelegentlich wohl auch die Terz des Dominantseptaccords.

[61] Der Septaccord wird in der Generalbaß-Schrift durch eine 7 bei der Baßnote bezeichnet. Wir unterscheiden bei ihm vier verschiedene Lagen: Octav-, Terz-, Quint- und Septlage.

58.

Alle diese vier Lagen zeigen den Septaccord in seiner Stammform oder Grundgestalt, als Septaccord im eigentlichen und engeren Sinne des Wortes. Wird dagegen bezw. die Terz, Quint oder Sept dieses Accords in den Baß versetzt, so entstehen seine drei Umkehrungen (Versetzungen), nämlich:

1. Der Quintsextaccord, der in Terz-, Quint- oder Sextlage auftreten kann, in der Generalbaß-Schrift mit $^6_5$ bei der Baßnote bezeichnet. Bei ihm ist die Quint das (zum Fundament) dissonierende Intervall.

59.

Die Octavlage ist bei dem durch Umkehrung des Dominantseptaccords entstandenen Quintsextaccord unmöglich. (Grund!)

2. Der Terzquartsextaccord, gewöhnlich abgekürzt Terzquartaccord genannt. Er wird in der Generalbaß-Schrift mit $\frac{4}{3}$ bei der Baßnote bezeichnet und kann in Terz-, Quart-, Sext- oder Octavlage auftreten. Bei ihm ist die Terz das (zum Fundament) dissonierende Intervall.

a. Terzlage. b. Quartlage. c. Sextlage. d. Octavlage.

60.

3. [62] Der Secundquartsextaccord, gewöhnlich abgekürzt Secundaccord genannt. Er wird in der Generalbaß-Schrift mit einer 2 bei der Baßnote bezeichnet und kann in Secund-, Quart- oder Sextlage auftreten. Bei ihm ist der Baßton das (zum Fundament) dissonierende Intervall.

a. Secundlage. b. Quartl. c. Sextl.

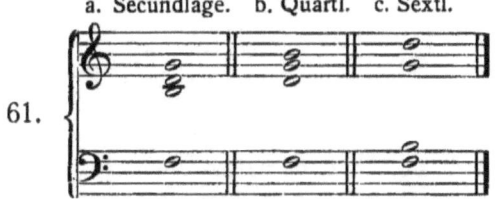

61.

Die Octavlage ist bei jedem durch Umkehrung eines echten Septaccords* entstandenen Secundaccord unmöglich. (Grund!)

**Aufgabe.** Für den Anfänger wird es sich empfehlen, zunächst einmal im Bilden und Erkennen von Dominantseptaccorden und ihren Umkehrungsformen sich zu üben. Zu diesem Zwecke bieten sich verschiedene Hilfsmittel: 1. Der Schüler stelle für sämtliche

---

* Unter „echtem" Septaccord verstehen wir einen solchen, bei dem der Baßton wirklicher Grundton der Harmonie (Fundamentston) ist.

Dur- und Molltonarten des Quinten- und Quartencirkels den Dominantseptaccord auf, wobei sich zeigen wird, daß, wie der Dominantdreiklang, so auch der Dominantseptaccord in Dur mit dem im gleichnamigen Moll identisch ist. 2. Der Lehrer gebe mit 7, $^6_5$, $^4_3$, 2 bezifferte Bässe und lasse die durch die Bezifferung angedeuteten Accorde aussetzen. 3. In Noten ausgeschriebene [63] Sept-, Quintsext-, Terzquart- und Secundaccorde bestimme der Schüler hinsichtlich der Tonart, des Accords, der Umkehrungsform und Lage.

§ 19. Der Eintritt der Dominantsept kann entweder vorbereitet oder unvorbereitet erfolgen. Im ersteren Falle war der Ton, der Sept wird, im vorhergehenden Accord schon vorhanden, im zweiten Falle tritt die Sept frei ein, d. h. ohne daß der betreffende Ton den beiden aufeinanderfolgenden Accorden gemeinsam wäre. Die Vorbereitung der Sept kann nun wieder entweder in derselben Stimme, in der auch die Sept erscheint (62 a), oder aber in einer andern Stimme geschehen (62 b).

62.

Erfolgt der Eintritt der Dominantsept frei, so wird in den allermeisten Fällen dafür der Grundton der Sept, und zwar wiederum entweder in derselben (63 a) oder in einer anderen Stimme (63 b) vorbereitet sein.

63.

## Die Einführung der Dominantsept. 73

Am glattesten erfolgt die Einführung der Sept, wenn entweder sie selbst oder ihr Grundton in derselben Stimme vorbereitet ist. Ein Specialfall der letzteren Art ist die sehr häufige Anwendung der **Dominantsept im Durchgang**.

64.

[64] Erfolgt der Eintritt sowohl der Sept als auch des Grundtons frei (bezw. nur in einer anderen Stimme vorbereitet), so werden am besten **die beiden dissonierenden Töne** (Grundton und Sept) durch **Gegenbewegung** eingeführt.

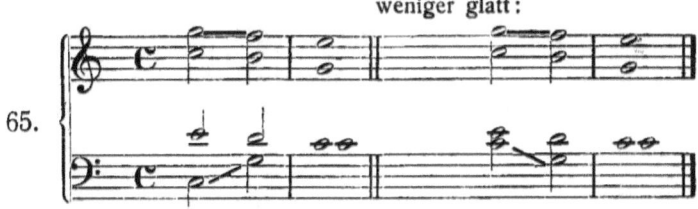

65.

Der Fall, daß in einem dem Dominantseptaccord vorangehenden Accorde **weder die Sept noch auch ihr Grundton** vorhanden sind, wird (innerhalb der Tonart) erst bei Anwendung von **Nebenharmonien** möglich.

Während **Terz und Sept** des Dominantseptaccords ihre **vorgeschriebene Auflösung** haben — jene als Leitton stufenweise aufwärts in die Tonica, diese als nach unten strebende Dissonanz stufenweise abwärts in die Terz der Tonica — sind **Grundton und Quint** des Accords **frei**, d. h. sie können nach Belieben weitergeführt werden. Doch wird bei der Folge V⁷—I der **Grundton** des Septaccords (die Dominant selbst) am natürlichsten entweder **liegen bleiben**, oder — und zwar dieses namentlich als Baßschritt — den Quintsprung abwärts bezw. Quartsprung aufwärts in die Tonica machen. Der Terzsprung abwärts in die Terz der Tonica kann nur dann in Betracht kommen, wenn zugleich die unregelmäßige Aufwärtsführung der Sept in die Quint der Tonica stattfindet, wo dann eben jener Terzsprung als [65] eine Art von „stellvertretender" Auflösung der Dominantsept wirkt (66 d). Denn abgesehen davon, daß die unmotivierte Verdopplung der Terz eines Hauptdreiklangs (und vor allem in Dur!) stets unangenehm klingt, gehören die verdeckten Octaven, die dadurch entstehen, daß mit dem Auflösungstone einer Sept eine andere Stimme in gleicher Richtung zusammentrifft (66 f), zu den übelsten ihrer Art, zu denen, die unter allen Umständen zu vermeiden sind. (Vergl. S. 393 f.)

Die Quint des Dominantseptaccords geht am natürlichsten stufenweise abwärts in die Tonica, seltener stufenweise aufwärts in die Terz der Tonica, wie in 66 g. (Grund!) Der Quartsprung aufwärts (bezw. Quintsprung abwärts) in die Quint der Tonica muß melodisch motiviert sein und kann wegen der zu vermeidenden Quintenparallelen (bezw. Antiparallelen) nur dann

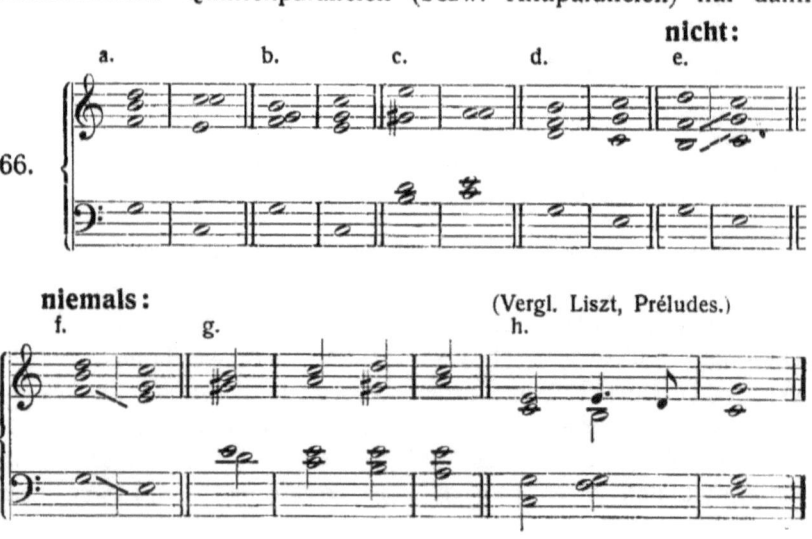

stattfinden, wenn nicht gleichzeitig auch die Dominante in die Tonica selbst springt, wird also bei der Auflösung des Dominantseptaccords in seiner Grundgestalt seltener in Frage kommen, als bei der seiner Umkehrungen. (66 h.)

In 66 g. ist die Verdopplung der Terz des Tonicadreiklangs mit der durchgehenden Bewegung in Sopran und Baß melodisch motiviert. —

[*66*] Von unregelmäßigen Fortschreitungen der von Haus aus nicht freien Töne des Dominantseptaccords (Terz und Sept) finden sich die folgenden:

a) Der Leitton springt abwärts in die Quint des Tonicadreiklangs. Dieser Licenz haben wir uns schon bei der Auflösung des Dominantdreiklangs bedient, wenn auf anderem Wege die Quint der Tonica bei der Folge V³—I³ nicht zu erhalten war. Sie ist noch unbedenklicher bei der Auflösung des Dominantseptaccords, dessen Beziehung zum Tonicadreiklang ja eine so viel engere und bestimmtere ist als die des bloßen Dominantdreiklangs (s. S. 81). Unerläßliche Voraussetzung für die ungezwungene Anwendung dieser Freiheit ist nur, daß der Leitton in einer Mittelstimme liege. Handelt es sich dabei um die Aufeinanderfolge von Dominantseptaccord und Tonicadreiklang in der Grundstellung (V⁷—I³), so macht sich das Abspringen des Leittons besser, wenn der Baß den Quartsprung aufwärts ausführt (weil dadurch die gleiche Bewegung in allen vier Stimmen vermieden wird) (67 a); aber auch bei der umgekehrten Bewegung des Basses (Quint abwärts) ist das Abspringen vom Leitton (z. B. in den Schlüssen Bachischer Choräle) sehr häufig. (67 b.)

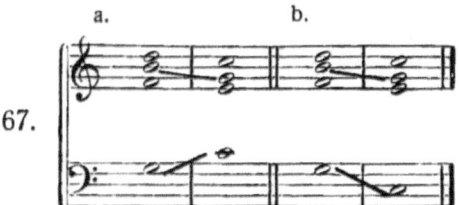

67.

Als Melodieschritt (in der Oberstimme) ist dieser Terzsprung des Leittons in unserer neueren Kunstmusik selten, dafür aber um so charakteristischer für gewisse Arten einheimischer wie exotischer Volksmusik. Als Baßschritt kann er bei der Folge V—I überhaupt nicht in Betracht kommen. (Grund! — Vergl. übrigens S. 79.)

b) Der Leitton schreitet stufenweise abwärts. Diese Führung ist bei der Folge V—I natürlicherweise nur so möglich, daß man die weder der Dominante noch der Tonica als Accordton angehörige 6. Stufe der Tonleiter als harmoniefremden Ton (Durchgang oder Vorhalt) gebraucht. Da sich nun dieser

Ton weiterhin wieder stufenweise abwärts aufzulösen hat, so haben wir es hier eigentlich mit nichts anderem als mit einer Modification des unter a) behandelten Falles (Terzsprung abwärts) zu tun, der s o auch für die Oberstimme möglich wird.

c) [*67*] Der L e i t t o n springt eine Quart aufwärts in die T e r z d e r T o n i c a. Dieser Sprung ist nicht eben häufig und wohl nur dann möglich, wenn er melodisch begründet ist. Da er bei regelmäßiger Auflösung der Sept zu einer Verdopplung der Tonica-Terz führt, wird er beim Dominantseptaccord wohl noch seltener vorkommen als beim Dominantdreiklang. In Bachschen Chorälen ist nicht selten der T e n o r so geführt, wenn der Schluß mit dem Dominantdreiklang in der Quintlage gemacht wird (69 a). In den äußeren Stimmen dürfte diese Fortschreitung wohl nur so häufiger vorkommen, daß die betreffende Stimme nach Ausführung des Quartsprungs aufwärts sich s t u f e n w e i s e ab w ä r t s bewegt, so daß die T o n i c a - T e r z etwas vom Charakter einer Wechsel n o t e z u r D o m i n a n t q u i n t bekommt (69 b und c).

d) Die S e p t geht stufenweise aufwärts in die Q u i n t d e r T o n i c a. Diese verhältnismäßig häufige Auflösung wird dann am glattesten erfolgen können, wenn der G r u n d t o n des Dominantseptaccords durch einen Terzsprung abwärts die s t e l l v e r t r e t e n d e A u f l ö s u n g der Sept übernimmt, wie in 70 a und b.

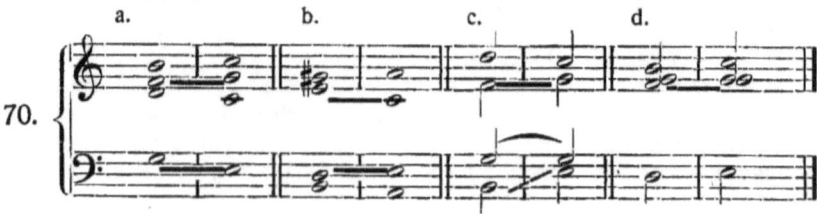

Unregelmäßige Fortschreitung der Terz u. Sept des Dominantseptaccords. 77

Dagegen wird bei liegenbleibendem Grundton das Bedürfnis nach der natürlichen Auflösung der Sept sich viel stärker und namentlich dann geltend machen, wenn Sept und Grundton als Secundintervall unmittelbar nebeneinander liegen, wie in 70 c bezw. d. (Die Auflösung bei d. dürfte sogar, streng beurteilt, nur dann gutzuheißen sein, wenn sie innerhalb einer Durchgangsbewegung auftritt.

*ε*) **Die Sept springt eine Quart abwärts oder Quint aufwärts in die Tonica**. Diese sehr freie Fortschreitung gehört zu den Raritäten; begreiflicherweise. - Denn in ihr hat sich die Dominantsept von der Beziehung zur Dominant als ihrem Grundton gänzlich losgelöst. Sie wird behandelt, als ob sie selbst Grundton (Unterdominant!) wäre, ohne daß aber demgemäß auch die übrigen Töne des Accords sich ihr als dem Grundton unterordneten. Das heißt mit anderen Worten: wir haben hier den Septaccord auf der Dominant weder rein im Sinne der [68] Dominant, noch rein im Sinne der Unterdominant aufgefaßt, sondern beide Auffassungen gehen in und nebeneinander her; der Accord erscheint in Doppelauffassung. Grundton, Terz und Quint werden als Bestandteile des Dominantdreiklangs aufgefaßt und als solche behandelt, wogegen die Sept davon unabhängig als Grundton des Unterdominantaccords angesehen und wie dieser fortgeführt wird.

Hierher gehört vor allem die in der Begleitung des Recitativs bei älteren Meistern nicht seltene **Auflösung des Dominant-Secundaccords in den Tonicadreiklang**, die Bach immer dann macht, wenn ihm die Fortführung in den Sextaccord deshalb unmöglich wird, weil er die Singstimme selbst in die Terz der Tonica führt.

J. S. Bach, Johannespassion No. 2.

Nur **scheinbar** hierher gehört die S. 363 f. Beispiel 4a angeführte Quartsextaccord-Auflösung des Secundaccords im 6. Stück von Schumanns „Bildern aus dem Osten".

78    Der Dominantsept- und Dominantseptnonaccord.

Liegt die Dominantsept nicht im Baß, so kann ihr Sprung in die Tonica namentlich dann ohne allzu empfindliche Härte erfolgen, wenn er melodisch motiviert ist. Die Sept wird dabei wohl immer im Stufenschritt vom Grundton herkommen und so etwas von einer abspringenden Durchgangs- bezw. Wechselnote haben.

§ 20. [69] Der Lehrer, dem daran gelegen ist, seinem Schüler einen reinlichen Satz anzuerziehen, wird gut daran tun, die stufenweise Abwärtsauflösung der Dominantsept zunächst einmal als die Regel aufzustellen. Das stufenweise Aufwärtsgehen kann dann in gut motivierten Fällen gestattet werden, niemals aber das Abspringen der Sept. Es kommen also für unseren praktischen Gebrauch einstweilen nur die folgenden Fortschreitungen des Dominantseptaccords und seiner Umkehrungen in Betracht:*

---

\* Daß die verschiedenen Lagen und Umkehrungsformen des Dominantseptaccords selbst jederzeit ohne weiteres aufeinanderfolgen können und daß bei solchem Wechsel der Accordform über gleichbleibendem Fundament

Fortschreitungen des Dominantseptaccords und seiner Umkehrungen. 79

1. Der **Dominantseptaccord** selbst kann weitergehen zum Dreiklang oder zum Quartsextaccord der Tonica, zum Sextaccord nur bei unregelmäßiger Auflösung der Sept.

73.

[70] 2. Der **Quintsextaccord** hat seine regelmäßige Auflösung nach dem Dreiklang der Tonica, nach dem Sextaccord nur ganz ausnahmsweise (abspringender Leitton!); und wie der abspringende Leitton auch in diesem Falle eigentlich nur durch eine nachträgliche Auflösung voll gerechtfertigt werden kann, so wird vollends die Folge $V_5^6$—$I_4^6$ nur dann möglich, wenn der Tonicaquartsextaccord als eingeschobener Accord (durchgangs- oder vorhaltartige Bildung) zwischen zwei verschiedenen Gestalten des Dominantaccords (wie in 74c zwischen $V_5^6$ und $V^2$) auftritt.

74.

---

jegliche Beschränkung in der Bewegungsfreiheit auch für die beim Weitergehen zu einem andern Accord an eine bestimmte Fortschreitung gebundenen Töne (Leitton und Sept) wegfällt, ist selbstverständlich. Eine Ausnahme hiervon macht nur der **Secundaccord**, insofern man nämlich die nachträgliche Auflösung der als Baßton aufgetretenen Dominantsept in die Terz der Tonica auch dann noch erwartet, wenn die Auflösung der Dominantharmonie in die Tonica nicht vom Secundaccord selbst, sondern von einer (später eingetretenen) anderen **Umkehrungsform** des Dominantseptaccordes aus erfolgt.

3. Die Quint der Dominante hat beim Fortgehen zur Tonica ihre natürliche Fortschreitung entweder in die Tonica selbst oder in deren Terz. Es wird also auf den Terzquartaccord der Dominant entweder der Dreiklang oder der Sextaccord der Tonica folgen können. Im letzteren Falle sind häßlich klingende Terzverdopplungen des Tonicadreiklangs zu vermeiden, d. h. man wird bei der Folge $V_3^4$—$I^6$ gut tun, die Dominantsept entweder in den Tenor zu legen (75 b), oder aufwärts in die Quint der Tonica zu führen (75 c), es sei denn, daß die Terzverdopplung in einer dem Baß nicht benachbarten Stimme melodisch, z. B. durch Durchgangsbewegung wie in 75 d. gerechtfertigt wäre. Ein Sprung des Baßtones des Terzquartaccords in die Quint der Tonica (Folge $V_3^4$—$I_4^6$) ist wohl nur als Verzierung des regelmäßigen Stufenschrittes in die Tonica oder deren Terz, also mit nachträglicher Auflösung denkbar, wie in 75 e.

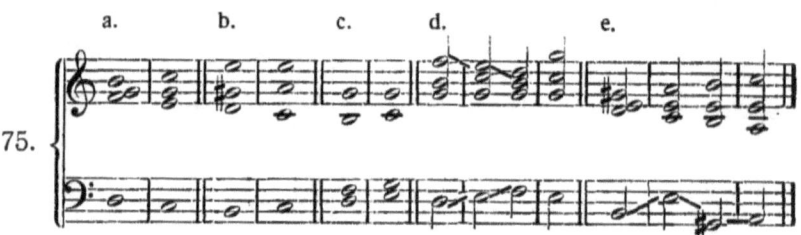

4. [*71*] Die Fortschreitung des Secundaccords endlich wird durch die Forderung der stufenweisen Abwärtsauflösung der Dominantsept bestimmt, er geht fast ausnahmslos in den Sextaccord der Tonica. (Über Verdopplung der Tonica-Terz siehe oben unter 3.)

### Fortschreitungsmöglichkeiten des Dominantseptaccords u. seiner Umkehrung. 81

Immerhin ist ein Weitergehen vom Secundaccord der Dominante zum Quartsextaccord der Tonica, wenn auch nur im Durchgang, keineswegs ganz ausgeschlossen. (76 c. — wo aber das g im Alt einigermaßen als „liegende Stimme" — vergl. S. 298 wirkt.)

Die Auflösung des Dominantseptaccords in die Unterdominant ist, wie überhaupt die Folge V—IV, in der Regel nur scheinbar, d. h. sie entsteht durch Vorhalts- oder Durchgangsbildung, indem entweder der doppelte Vorhalt der Quart und Sext über der Tonica den Schein der zweiten Umkehrung des Unterdominant-Dreiklangs vortäuscht, oder aber zwischen zwei Formen der Dominantharmonie bei liegenbleibendem Fundament der Dominante die Unterdominant als eingeschobener Accord, als fundamentfremde Zufallsbildung auftritt. (Vergl. aber S. 107 u. 355.)

77.

C: V   I  —   V ---   — I   a: V   I  —   V --- — I
  [IV]        [IV]              [IV]         [IV]

[72] Die Folge V—I wirkt bei Anwendung des Dominantseptaccords noch bedeutend schlußkräftiger als bei Anwendung des bloßen Dominantdreiklangs. Denn die nach abwärts (in die Terz der Tonica!) strebende Septdissonanz macht die Beziehung der Dominantharmonie zur Harmonie der Tonica noch enger (das Tritonus-Intervall zwischen Leitton und Sept als der eigentlich charakteristische Bestandteil der Dominantseptharmonie!); die Tendenz zur Auflösung in die Tonica tritt noch schärfer und zwingender hervor. Der authentische Schluß erscheint daher dann in seiner vollkommensten Gestalt, wenn folgende Bedingungen erfüllt sind:

1. in harmonischer Hinsicht; auf den Dominantseptaccord in der Grundstellung folgt der Tonicadreiklang, und zwar wirkt dabei das Fallen des Basses um eine Quint abschließender

Louis-Thuille, Harmonielehre 4. Aufl.  6

als das Steigen um eine Quart (Schlußfall, Cadenz, vom lateinischen *cadere*);

2. in melodischer Hinsicht; die Oberstimme geht, und zwar meist stufenweise aufwärts oder abwärts, in die Tonica;
3. in metrischer Hinsicht; der Schlußaccord fällt auf einen betonten Tactteil.

Die Folgen V—I, bei denen diese Bedingungen nicht erfüllt sind, ergeben sogenannte unvollkommene Schlüsse.

[73] **Aufgaben:**

## Der authentische Schluß. — Aufgaben.

84  Der Dominantsept- und Dominantseptnonaccord.

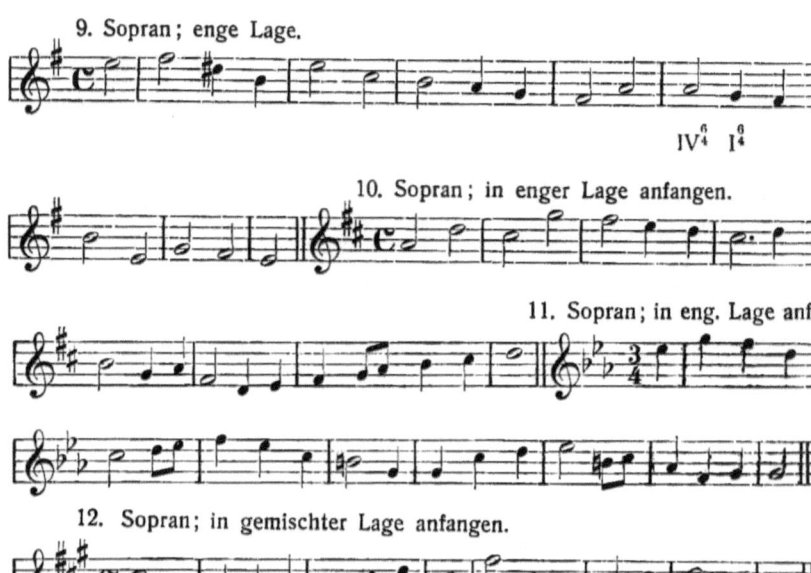

NB! Beispiel 4, Tact 3: IV⁶ ist eingeschobener (frei behandelter Durchgangs-)Accord, so daß also Tact 2 und 3 **ganz** im Sinne der Dominant (F-Fundament) zu verstehen ist.

§ 21. Wir erhalten einen **Septnonaccord** auf der Dominante, wenn wir außer der **Unterdominante** selber auch noch deren **Terz** der Harmonie des Dominantdreiklangs beifügen.

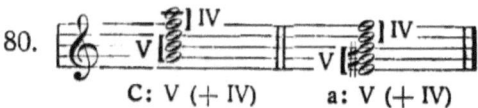

[75] Während Dominantdreiklang und Dominantseptaccord in Dur und Moll einander genau gleich sind, unterscheidet sich der Dominantseptnonaccord in **Dur** durch seine **große None** von dem durch die **kleine None** charakterisierten Dominantseptnonaccord in **Moll**.

## Die Dissonanz der None.

Um das eigentliche Wesen der Nonaccorde zu verstehen, ist vor allem eine Beobachtung wichtig: die Non ist (im Gegensatz zur Dominantsept) eine Dissonanz, die sich bei gleichbleibendem Fundamente auflösen kann, ja deren Auflösungston im Nonaccord selbst, und zwar als dessen Grundton schon vorhanden ist. Das heißt mit andern Worten: der Nonaccord ist von Haus aus **Vorhaltsaccord**, und wir werden ihn auch als selbständigen Accord nur dann richtig anwenden lernen, wenn wir bei seiner Betrachtung von der ursprünglichen Bedeutung als Vorhaltsbildung ausgehen.

In dem folgenden Beispiel

81.

ist beim Dominantseptaccord der Eintritt der Octav des Grundtons in der Oberstimme dadurch verzögert, daß die Terz des Unterdominantdreiklangs aus dem vorigen Tacte herübergebunden ist: es erscheint eine **Non als Vorhalt vor der Octav**.

Wenn die Auffassung der Non als Vorhalt vor der Octav nicht sehr erschwert oder ganz unmöglich gemacht werden soll, muß man zweierlei vermeiden: 1. **die None zur Secund zu verengern**, und 2. **sie zur Sept umzukehren**. Das heißt: auch hinsichtlich der Lage und Entfernung der beiden Töne, die [76] das Nonintervall bilden, muß immer der effective Nonabstand gewahrt bleiben. Denn wollte man die None zur Secund verengern, so würde sich sofort jene S. 69 angeführte Tatsache geltend machen, daß wir die Secunddissonanz unwillkürlich als Vorhalt vor der Consonanz der Terz hören und demgemäß ihre Auflösung in die Terz, wenn nicht verlangen, so doch zum mindesten erwarten.

82.

86   Der Dominantsept- und Dominantseptnonaccord.

Sollte also z. B. bei der gleichzeitig erklingenden Secund g—a (82 a und b) das a als das dissonierende Element aufgefaßt werden, das vor dem g als consonierendem Intervallbestandteil zu weichen hätte, so läge die Auflösung dieses a aufwärts nach h um so vieles näher als die abwärts nach g, es würde das dem a unmittelbar benachbarte g so sehr im Sinne eines in die Höhe Drückens auf das a einwirken, daß man sagen kann: die Auffassung der Secund als Vorhalt vor dem Einklang widerspricht der Natur der Secunddissonanz, wie wir sie ohne weiteres (also namentlich auch außerhalb eines eine bestimmte Auffassung indicierenden musikalischen Zusammenhangs) hören, und nur ganz ausnahmsweise kann unter besonders günstigen Umständen diese Auffassung dem Ohr aufgezwungen werden. (Vergl. S. 167 ff.)

Wird die None zur Sept umgekehrt, so ergibt sich in analoger Weise ein gewisser Zwang, die Sept in die Sext aufzulösen. Wenn z. B. bei der gleichzeitig erklingenden Sept a—g das g als consonierender, das a als dissonierender Bestandteil gelten soll, so ist die Auflösung des a nach h (83 a) das Natürliche, während

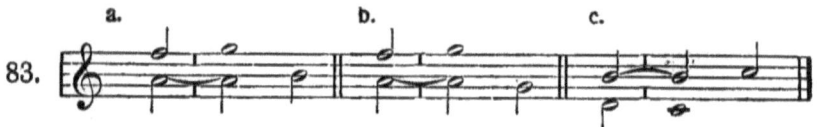

[77] die Auflösung in die Octav nach g (83 b) fast unmöglich erscheint. Zwar kann auch die Sept sehr wohl Vorhalt vor der Octav sein, aber nur dann, wenn ihr oberer Ton die Dissonanz bildet und durch einen Halbtonschritt von der Octav getrennt ist. (83 c.) Die natürliche Tendenz der Secund nach Auflösung in die Terz gelangt also auch bei der Umkehrung in die Sept wenigstens so weit noch zur Geltung, daß nur unter ganz besonderen, die Octavauflösung begünstigenden Umständen von der Sextauflösung der Sept abgegangen werden kann. Und erst bei der Erweiterung der Secund zur None wird jene Auffassung ohne Schwierigkeit möglich, nach der in dem Intervall g—a das a Vorhalt vor dem g ist.

Soll also das Nonintervall als Vorhalt vor der Octav gebraucht werden, so wird die None — seltene Ausnahmen abgerechnet — 1. **immer über dem Grundton** liegen und 2. mindestens eine wirkliche **None von ihm entfernt** sein, — und diese Forderung bleibt auch bestehen, wenn die Non über der Dominant ihren Vorhaltscharakter verloren und Bestandteil eines selbständigen Nonaccords geworden ist. Denn diese Verselbständigung ist ja nur darum möglich, weil der Auflösungston der Dominantnone nicht nur Grundton des Dominantaccords, sondern auch Quint der Tonica ist; d. h. weil die Beziehung der Dominantnone zu ihrem Grundton ganz die gleiche bleibt, ob sie sich (als eigentlicher Vorhalt) noch auf dem Fundamente V oder (als selbständige Non) erst auf dem Fundamente I auflöst.

84.

Die Folge bei 84b ist nichts anderes als eine zusammengezogene, condensierte Form für die Folge bei 84a.

§ 22. [78] Aus dem eben Gesagten ergibt sich ganz unmittelbar, daß eine **Octavlage** des Nonaccords unmöglich ist. Die natürlichste Lage wird die Nonlage (85a) sein, weil die Vorhaltsbeziehung der None zum Grundton am leichtesten verstanden wird, wenn sie in den äußeren Stimmen dem Ohr sich aufdrängt. Danach rangiert die **Quintlage** (85b), die freilich nur fünfstimmig ohne Terzauslassung möglich ist, und die **Septlage** (85c). Die **Terzlage** (85d) macht sich bei der unmittelbaren Folge $V_7^9$—I in Dur weniger gut als in Moll: denn dort bewirkt das Intervall der **großen Secund** zwischen der Non und der in der Oberstimme gelegenen Terz, daß man die Non leichter als eigentlichen Vorhalt denn als selbständige Accorddissonanz hört, während in Moll die (mit der kleinen Terz enharmonisch gleiche!) **übermäßige** Secund durchaus nicht in gleicher Weise wirkt.

Derselbe Grund, der die Nonlage der Grundgestalt vor den übrigen Lagen bevorzugen läßt, bewirkt es auch, daß die **Umkehrungen** des Septnonaccords weit weniger gebräuchlich sind als die Stammform. Daß es überhaupt nur **drei** Umkehrungen geben kann, ist klar: denn nach dem oben Gesagten kann die None selbst niemals (unter den Grundton!) in den Baß versetzt werden.

[79] In der Generalbaß-Schrift wird der Septnonaccord durch $\frac{9}{7}$, die Non allein durch eine 9 gefordert. Bei den Umkehrungen des Accords wird — um den effectiven Abstand des (in eine der oberen Stimmen versetzten) Grundtons von der None kenntlich zu machen — die sogenannte „hohe Bezifferung" nötig. Das heißt: die in Beispiel 86 angeführten Umkehrungsformen müßten folgendermaßen beziffert werden:

Lagen und Umkehrungen des Dominantseptnonaccords. 89

**Verdoppelt** können im Dominantseptnonaccord werden: **Grundton** und **Quint**: nicht aber Terz, Sept und None. Bei vierstimmiger Darstellung des Accords eignet sich zur **Auslassung** am besten die **Quint**.

Die **Einführung** des Dominantseptnonaccords erfolgt am leichtesten so, daß entweder die None selbst oder ihr Grundton vorbereitet wird (88 a und b). Treten beide frei ein, so tut man gut daran, die Härte des freien Eintritts durch Gegenbewegung der das Nonintervall ergreifenden beiden Stimmen zu mildern (88 c).

88.

Die Auflösung erfolgt bei der Grundstellung des Dominantseptnonaccords in den Dreiklang oder den Quartsextaccord der Tonica, eventuell (bei unregelmäßiger Auflösung der Sept) auch in den Sextaccord; bei der ersten Umkehrung gleichfalls in den Dreiklang; bei der zweiten Umkehrung in den Sextaccord und ebenso bei der dritten Umkehrung. Da die None selbst sich stets stufenweise abwärts auflöst, ist eine unmittelbare Auflösung der zweiten Umkehrung in den Dreiklang wegen der hierbei entstehenden Quintenparallelen (zum mindesten in Dur!) ausgeschlossen. Eben darum geht auch bei den anderen Gestalten des Accords die Quint, wenn sie unter der None liegt, stets aufwärts in die Terz der Tonica und nicht abwärts in die Tonica selbst.

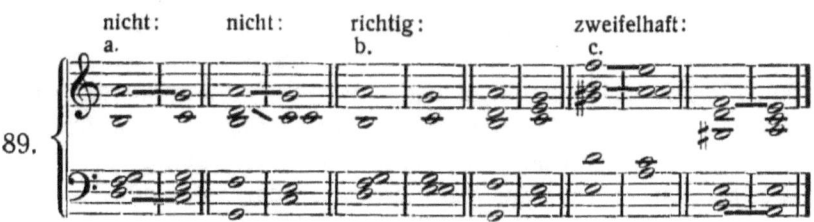

89.

## 90  Der Dominantsept- und Dominantseptnonaccord.

Die Folgen von verminderter Quint zu reiner Quint bei der Auflösung des kleinen Nonenaccords (wie in 89 c) klingen unter Umständen kaum noch unangenehm „quintig", und auch die reinen Quintenparallelen bei der Auflösung des großen Nonenaccords (89 a) sind weit weniger schlimm als die Parallelen zwischen den Grundtönen und Quinten bei der Aufeinanderfolge zweier benachbarter Dreiklänge.

Aus den folgenden Beispielen wird man ersehen, daß der Dominantseptnonaccord, ganz streng genommen, eigentlich nur in seiner Grundstellung den reinen Eindruck eines selbständigen Accords macht, und zwar wegen des hierbei möglichen Fundamentschrittes V—I im Baß. Seine Umkehrungen werden in ihrer Anwendung entweder der Natur von Durchgangs- bezw. Wechselnotenbildungen sich annähern oder den ursprünglichen Vorhaltscharakter der Non mehr oder minder deutlich zutage treten lassen.

90.

Wird die obere Wechselnote des Grundtons im Dominantseptaccord als aufwärts (in die Terz) sich auflösender Vorhalt gebraucht, so ist sie nicht None, sondern Secund. Im Gegensatz zur abwärts gehenden Non kann diese aufwärts gehende Secund in jedem Lage- und Umkehrungsverhältnis zum Grundton auftreten. Dagegen wird sie in der Regel nicht gleichzeitig mit ihrem Auflösungston (der Terz des Accords) auftreten. (Grund!)

Einführung und Auflösung des Dominantseptnonaccords.

In Moll wäre diese Secund nur als große Secund (große Sext der Tonica!), und auch so nicht gerade gut zu gebrauchen (— weil nämlich dieser Ton gerade als Bestandteil einer Dominantharmonie doch wohl allzusehr die Vermutung einer Durtonica weckt).

[81] **Aufgaben:**

1. Baß; in enger Lage anfangen.

2. Baß; in enger Lage anfangen.

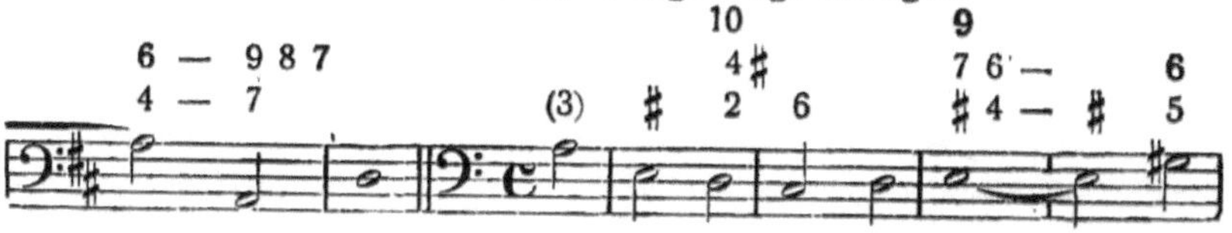

3. Baß; in gemischter Lage anf.

4. Sopran; in enger Lage anfangen.

92 Die Nebenharmonien in Dur.

## IV. CAPITEL.
### Die Nebenharmonien in Dur.

§ 23. [*82*] Nur Tonica, Dominant und Unterdominant sind Träger wahrhaft ursprünglicher G r u n d h a r m o n i e n. Alle übrigen in der Tonart vorkommenden Zusammenklänge haben wir uns als von diesen Grundharmonien abgeleitet oder doch wenigstens auf sie bezogen zu denken. Sie sind entweder bloß unselbständige Bildungen (Vorhalts- und Durchgangsaccorde), oder aber sie müssen, sobald sie selbständiger auftreten, als S t e l l v e r t r e t e r  d e r  G r u n d - h a r m o n i e n aufgefaßt werden: auf jeden Fall also als deren M o d i f i c a t i o n e n. Jeder mögliche selbständige Accord hat entweder T o n i c a -, D o m i n a n t - oder U n t e r d o m i n a n t - B e - d e u t u n g (- „F u n c t i o n"). Mit andern Worten: I, V und IV sind die einzigen eigentlichen F u n d a m e n t e (tonalen Harmonieträger)' die es gibt.

Wir erschöpfen alle Möglichkeiten selbständig auftretender leitereigener Accorde, wenn wir a u f  j e d e r  S t u f e  d e r  T o n l e i t e r e i n e n  D r e i k l a n g  b e z w. S e p t a c c o r d uns errichtet denken.

## Der Dreiklang der II. Stufe.

Freilich ist das ein rein **mechanisches** Verfahren, dessen wir uns auch nur bedienen wollen, um die Accorde **aufzufinden**. Das **Wesen** und die **Bedeutung** dieser neugewonnenen Accorde, ihre „**Function**" (um den von H. Riemann eingeführten Terminus zu gebrauchen) lernen wir erst kennen, wenn wir sie mit den **Hauptaccorden vergleichen** und durch diese Vergleichung erfahren, **wohin sie ressortieren**.

1. **Dreiklang und Septaccord der II. Stufe.**

a) **Der Dreiklang.** Auf der II. Stufe der Durtonleiter erhalten wir einen Molldreiklang, in C dur: d—f—a. Vergleichen wir ihn mit den Hauptdreiklängen, so finden wir, daß er mit der Tonica gar nichts, mit dem Dominantdreiklang nur einen Ton, das d, — mit dem **Unterdominantdreiklang** aber **zwei Töne**, f und a, gemeinsam hat.

[83] Wir vermuten daher von vornherein, daß er seinem Wesen und seiner Bedeutung nach **Stellvertreter der Unterdominante** sein werde. Und dieser Vermutung entspricht denn auch tatsächlich die Art seiner Anwendung.

Am klarsten offenbart sich die Unterdominantbedeutung des Dreiklangs der II. Stufe, wenn er in der ersten Umkehrung als **Sextaccord** auftritt: denn in diesem Falle liegt der eigentliche **Fundamentston** dort, wo unser Ohr den Träger der Harmonie immer zunächst vermutet, nämlich im **Baß**. Es wird dann ganz deutlich, daß die **Sext** dieses Sextaccords nichts anderes ist als die **obere Wechselnote der Quint der Unterdominant**, weshalb sie auch vorzugsweise gern in der **Oberstimme** liegt. Der Accord bekommt dann eine gewisse Ähnlichkeit mit einem **auffassungsdissonanten** Sextaccord, bei dem die Sext der Unterdominantquint als **Vorhalt** vorangeht, oder ihr als Durchgang nachfolgt.

## Die Nebenharmonien in Dur.

Haben wir es bei diesen Fällen, wo die Sext als **Dissonanz** behandelt wird, mit einer harmoniefremden Note zu tun, die innerhalb der Unterdominant-Harmonie auftritt, so emancipiert sich diese Zufallsbildung zu einem selbständigen Accord der II. Stufe, wenn die Sext als **consonierendes** Intervall gebraucht wird (wo sie dann auch abspringen oder liegen bleiben kann, wie in 95 b und c). Dann nämlich erscheint der Sextaccord **über der Unterdominant** als das, was er (genetisch betrachtet) von Haus aus gewiß nicht ist: als **Umkehrung des Molldreiklangs auf der II. Stufe**.

[84] Ganz verschwunden ist natürlich der auffassungsdissonante Charakter dieser Harmonie, wenn sie in der Grundstellung als **Dreiklang** angewendet wird.

Als Quartsextaccord wäre der Dreiklang der II. Stufe Stellvertreter des Sextaccords der Unterdominant. Er könnte demnach alle Fortschreitungen machen, die diesem möglich sind, also auch wohl vom Baßton abspringen.

Doch macht sich die S. 52 f. begründete Beschränkung in der Anwendbarkeit des Quartsextaccords auch hier wieder geltend, so daß die Folgen 97 c und e praktisch kaum möglich sein dürften.

Daß die Quint der II. Stufe bei stufenweiser Weiterführung allgemein lieber abwärts als aufwärts geht, ist eine Folge der etwas auch in Dur bemerkbaren Tendenz der 6. Tonleiterstufe [85] nach Abwärtsauflösung in die Dominante. (Man erinnere sich daran, daß bei reiner — nicht temperierter — Stimmung der Dreiklang auf der II. Stufe der Durtonleiter kein reiner Molldreiklang ist!)

b) Der Septaccord (Kleiner oder Moll-Septaccord).

Wie der Dreiklang als Sextaccord, so wird der Septaccord der II. Stufe als Quintsextaccord seine Unterdominantfunction am deutlichsten offenbaren. Rein als Stellvertreter der Unterdominant, ohne Mitklingen irgend einer andern tonalen Beziehung, tritt dieser Quintsextaccord auf, wenn (bei seiner Auflösung in die Tonica) nicht die Quint, sondern die Sext als (aufwärts in die Terz der

Tonica führende) Dissonanz behandelt wird. Dann ist nämlich der consonierende Bestandteil des Accords der vollständige Unterdominantdreiklang, in C dur f—a—c, Dissonanz die diesem Dreiklang „beigefügte" Sext d (Rameaus *„sixte ajoutée"*).

Daß diese Auffassung und Anwendung vorzugsweise beim Quintsextaccord (99 a), gelegentlich wohl auch beim Terzquartaccord (99 b)*, aber kaum jemals beim Septaccord in der Grundstellung oder gar beim Secundaccord auftritt, bedarf kaum einer näheren Begründung. Denn wollte man beim Septaccord den Baßton oder beim Secundaccord die Secund als die dissonierenden (und dementsprechend bei jenem die Sept, bei diesem den Baßton als consonierende) Elemente behandeln, so würde der Accord immer in mehr oder minder deutlich ausgesprochener Weise zu einer bloß zufälligen Harmoniebildung (Durchgang oder Vorhalt) herabsinken (99 c und d; vergl. aber auch das dritte der nachfolgenden Übungsbeispiele S. 124, Beispiel 130[8], Tact 5—6).

[86] Dagegen wird beim Septaccord in der Grundstellung ganz besonders scharf jene andere Auffassung der Septharmonie der II. Stufe sich aufdrängen, die überhaupt weitaus die häufigere ist

---

* Die sehr häufige Fortschreitung $II_3^5$—$I_3^6$ beweist für die Anwendbarkeit des Terzquartaccords mit consonanter Auffassung der Terz freilich nichts, da sie gar nicht als eigentliche Auflösung gelten kann: denn der Quartsextaccord ist in diesem Zusammenhang stets Durchgang oder Vorhalt.

## Die II. Stufe als Wechseldominante. 97

und auch bei allen anderen Umkehrungsformen des Accords eintreten kann. Unser Ohr, stets bereit, den Fundamentston zunächst im Baß zu suchen, wird jeden Septaccord in der Grundstellung gern so hören, daß der Baßton als Grundton der Harmonie und demgemäß die Sept als Dissonanz zu diesem Grundton erscheint. Diese Auffassung, die den Septaccord der II. Stufe durchaus nach Analogie des Dominantseptaccords behandelt, folglich auch die stufenweise Abwärtsauflösung der Sept verlangt, hat also fast immer beim (selbständig angewendeten) Septaccord in der Grundstellung statt, aber auch bei den anderen Umkehrungsformen des Accords dann stets, wenn auf die II. Stufe die Dominant (oder einer ihrer Stellvertreter) folgt. Hier macht sich nun neben und concurrierend mit ihrer Eigenschaft als Unterdominant-Stellvertreter eine andere tonale Beziehung der II. Stufe geltend, die nämlich, daß sie sogenannte „Wechseldominante", d. h. die Dominante der Dominant ist.

D—f—a—c, der Septaccord auf der II. Stufe in C dur, unterscheidet sich nur durch den fehlenden Leitton (f statt fis) von dem Dominantseptaccord in G dur; und es ist von Wichtigkeit für die Erkenntnis des Zusammenhangs der Tonarten, daß man aufmerksam werde auf die große Ähnlichkeit der II. Stufe mit der Dominantharmonie der Oberquint-Tonart, durch die weiterhin dann auch die innigste Beziehung dieser außertonalen Dominantharmonie zur Unterdominante selbst gegeben ist. Denn wie die II. Stufe innerhalb der Tonart die Dominante der Oberquint-Tonart repräsentiert, so kann man die IV. Stufe (die [87] Unterdominant) in gewissem Sinne als den Stellvertreter jener Dominant ansehen (C IV = G VII = G V). Wie wir späterhin sehen werden (S. 222 f.), tritt innerhalb der Tonart (d. h. ohne eigentliche Modulation) die Dominantharmonie der Oberquint-Tonart (bezw. deren Stellvertreter, die VII. Stufe) nicht selten da ein, wo die streng leitereigene Harmonik die Wechseldominant oder die Unterdominante verlangen würde.

100.

## Die Nebenharmonien in Dur.

Wie der Dominantseptaccord Dominant und Unterdominante zu einem Complexe verbindet, in dem die Oberdominant entschieden vorherrscht, während die Unterdominante nur durch ihren Grundton vertreten ist, so erscheint auch die Harmonie der II. Stufe als eine **Verbindung von Ober- und Unterdominante**, nur mit dem Unterschiede, daß bei ihr umgekehrt die Unterdominante prädominiert und die Oberdominant durch ihre Quint eben nur angedeutet ist. Dadurch, daß zum Dreiklang der Unterdominante die Sext hinzukommt, wird er in analoger Weise ein Conflictsaccord wie der Dominantdreiklang, wenn man ihm die Sept beifügt. Und wie der Dominantseptaccord eben als dissonierender Accord kräftiger und entschiedener wirkt als der bloße Dominantdreiklang, so wirkt auch die II. **Stufe kräftiger und entschiedener als der** von ihr vertretene **Unterdominantdreiklang selbst.** Besonders wichtig ist darum auch die Rolle, die diese Harmonien der II. Stufe in den **Schlüssen** zu spielen pflegen: im **Plagalschluß**, indem die [88] Folge II—I statt IV—I eintritt, im **authentischen Schluß**, indem der V. (bezw. dem vorhaltartig gebrauchten Quartsextaccord der Tonica) die II. Stufe statt der IV. vorangeht. (Beispiele siehe oben unter 99 und 100.)

Bei allen Nebenharmonien der Tonart ist begreiflicherweise der zur **Verdopplung** geeignetste Ton der **Grundton der vertretenen Harmonie** (der eigentliche **Fundamentston**); also bei der II. Stufe ihre **Terz**, der Ton der **Unterdominant**. Und zwar wird sich ein Bedürfnis nach Bevorzugung gerade dieses Tones namentlich bei den Umkehrungen (und hier wieder ganz vorzugsweise beim Sextaccord und — im mehr als vierstimmigen

Satz — beim Quintsextaccord) geltend machen, weniger beim Dreiklang und Septaccord. (Grund!) Am wenigsten eignet sich zur Verdopplung der dissonierende Ton; d. h. also die Sept, wenn sie nach Analogie einer Dominantsept behandelt wird, und die Sext des Quintsextaccords (bezw. die Quart des Terzquartaccords), wenn man diesen Ton (wie bei der Auflösung von II$_5^6$ bezw. II$_3^4$ in I$^3$) als Dissonanz ansieht.

Auf die II. Stufe kann folgen: Tonica, Dominant und Unterdominante, sowie deren Stellvertreter; also sämtliche Stufen der Tonleiter. Mit zwei Einschränkungen freilich: 1. auf den Septaccord der II. und seine Umkehrungen werden in all den Fällen, die eine Abwärtsauflösung der Sept verlangen, selbstverständlich nur solche Harmonien folgen können, die den Auflösungston der Sept enthalten; 2. die Folge II—IV wird aus dem Grunde nicht als eigentlicher Harmoniewechsel empfunden werden, weil die II. ja selbst nichts anderes ist als eine modificierte Unterdominant, und eben darum kann auch die auf die II. Stufe folgende reine Unterdominante gar leicht eine Abschwächung der soviel stärkeren Wirkung ihres Stellvertreters bringen.

Vorangehen kann der II. Stufe die Tonica und Unterdominante, sowie die Stellvertreter der Tonica; dagegen ist V—II als selbständige Accordfolge nicht wohl denkbar. (Grund!)

Wie man den Grundton der II. Stufe tonal auf die Dominant (als deren Quint) beziehen muß, so könnte man auch die Terz, Quint und sogar [89] die Sept der II. Stufe auf die Dominante beziehen als deren Sept, Non und Undecime. D. h. mit anderen Worten: es wäre denkbar, daß die II. Stufe auch als Vertreter der Oberdominante Verwendung fände. Zu großer praktischer Bedeutung dürfte die Dominantauffassung der II. Stufe freilich deshalb kaum jemals gelangen, weil so etwas wie eine Dominantwirkung wohl dann noch möglich ist, wenn der Dominantton selbst (wie z. B. bei der VII. Stufe), nicht aber, wenn auch dessen Terz, der Leitton fehlt. Auszunehmen wäre nur der Fall, daß auf eine Dominantharmonie die II. Stufe folgte. Denn eben deshalb weil diese Folge als selbständige Accordverbindung nicht wohl angeht, d. h. weil die II. Stufe als Stellvertreter der Unterdominant dem in der Oberdominant sich kundgebenden Auflösungsbedürfnis noch viel weniger genugtun kann als die Unterdominant selbst, so müßte überall da, wo jene Folge V—II factisch

## Die Nebenharmonien in Dur.

stattfindet, entweder die V. als Vorhalt vor der II. oder aber **die II. im Sinne der V. aufgefaßt** werden, als eine bloß **vorübergehende Bildung** (weiterführender oder zurückkehrender „Durchgang"), auf den die eigentliche **Auflösung** der Dominant erst späterhin noch zu folgen hätte. Zu einer reizvollen Combination verwendet diese Auffassung César Franck am Anfang seiner Violinsonate:

§ 24. **2. Dreiklang und Septaccord der III. Stufe.**
Der **Molldreiklang** auf der III. Stufe hat als Terz und Quint den Grundton und die Terz der **Dominant**, als Grundton und Terz die Terz und Quint der **Tonica**.

[*90*] Der Dreiklang der III. Stufe wird also in erster Linie als **Stellvertreter der Dominant**, in zweiter Linie als **Stellvertreter der Tonica** gebraucht werden können. Er verhält sich zur Dominante genau so, wie sich der Dreiklang der II. Stufe zur Unterdominante verhält. Während aber die II. Stufe ein ganz vortrefflicher Vertreter der Unterdominant ist, ja, wie wir gesehen haben, die Unterdominante selbst an Wirkungskraft noch übertrifft, erfüllt

## Die III. Stufe als Dominantstellvertreter.

die III. Stufe die Dominantfunction in weit weniger befriedigender Weise. Der Grund für diese Tatsache liegt wohl darin, daß der III. Stufe die zu einer starken Dominantwirkung erforderliche Schärfe des Gegensatzes zur Tonica fehlt.

Wie wir im vorigen Paragraphen schon betont haben, kann man die II. Stufe ansehen als eine Verbindung der Unterdominante mit der Dominant; und eben dieser Umstand, daß die II. Stufe

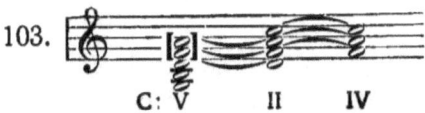

103.  C: V    II    IV

die beiden polaren Gegensätze zur Tonica in sich vereinigt, ist es, was ihr einen so scharf ausgesprochenen Contrast und anderseits zugleich damit auch wieder eine so enge Beziehung zur I. verleiht. In demselben Sinne haben wir nun eben (siehe Beispiel 102) die III. Stufe als eine Verbindung der V. mit der I. kennen gelernt; und es ist klar, daß gerade die Tonica-Elemente, die in der III. Stufe so deutlich hervortreten, den Gegensatz zur I. abschwächen, den Contrast mildern und somit die volle Dominantwirkung paralysieren. Mit andern Worten: die III. Stufe hat zuviel mit der I. gemeinsam, sie ist der Tonica zu ähnlich, zu nahe mit ihr verwandt, um in voll befriedigender Weise die Dominante repräsentieren zu können. Und ebenso verhindert anderseits auch wieder die nahe Verwandtschaft der III. mit der V., vor allem das Vorhandensein des Subsemitoniums, daß die III. Stufe jemals ein so rein [91] ausgesprochener Tonica-Stellvertreter werden könnte, wie wir ihn späterhin im Dreiklang der VI. Stufe kennen lernen werden.*

---

\* In dieser allzugroßen „Ähnlichkeit" terzverwandter Dreiklänge liegt offenbar ja auch der Grund dafür, daß die Terzverwandtschaft nicht dieselbe Bedeutung für die tonale Harmonik hat gewinnen können, wie die Quintverwandtschaft. Von den beiden Forderungen, sich sowohl gegensätzlich als auch verwandtschaftlich zur Tonica zu verhalten (vergl. S. 8), erfüllen die mit der Tonica terzverwandten Harmonien zwar die zweite in mehr als genügender Weise, ganz ungenügend aber die erste.

Dieser in tonaler Beziehung wenig ausgesprochene und zweideutige Charakter der III. Stufe hat es verschuldet, daß sie innerhalb einer Musik, die Wert darauf legt, bloß Harmonien mit deutlich erkennbarer tonaler Function zu gebrauchen, nur sehr spärliche Verwendung finden konnte. Bei den „Classikern" der Haydn-Beethovenschen Zeit sind die Accorde der III. Stufe außerordentlich selten. Häufiger finden wir sie in der Übergangszeit von der Harmonik der Kirchentonarten zur modernen Harmonik (Bach!), und auch die neueste Zeit hat sie in demselben Maße wieder zu größerer Geltung gebracht, als eine Bevorzugung der mehr oder minder v e r s c h l e i e r t e n tonalen Beziehungen oder auch geradezu eine Vorliebe für außertonale Harmonierelationen allmählich wieder Platz griff.

Wie der Dreiklang der II. Stufe als S e x t a c c o r d seine Unterdominant-Bedeutung am unverkennbarsten offenbart, so wirkt auch der Dreiklang der III. Stufe in der ersten Umkehrung am deutlichsten als Stellvertreter der Dominant. Es wird aber auch (und zwar noch viel mehr als bei der II. Stufe) die Sext hier durchaus den Eindruck einer vorübergehend den Platz der Dominantquint einnehmenden W e c h s e l n o t e machen, d. h. man wird geradezu einen „auffassungsdissonanten" Accord im Sinne des § 13 hören. Bei Stellen wie der folgenden

[92] wäre es wohl sogar natürlicher, eine freie Behandlung des S e x t v o r h a l t s über der Dominant und nicht einen eigentlichen (relativ) selbständigen S e x t a c c o r d anzunehmen; wie denn bei derartigen Anwendungen überhaupt keine ganz scharfe Grenze zu ziehen ist zwischen rein „auffassungsdissonanten" Bildungen durch harmoniefremde Töne, die nur die äußere Form der III. Stufe aufweisen, und solchen Combinationen, die als wirkliche „Accorde

### Die III. Stufe als Tonica-Stellvertreter und als uneigentliche Dominant.

der III. Stufe" anzusehen sind, insofern sie Dominantstelle vertreten, ohne doch selbst eigentliche Dominantharmonien zu sein.

Als ein solcher wirklicher und selbständiger Accord präsentiert sich dagegen ganz zweifellos der **Dreiklang** der III. Stufe, wenn er z. B. unmittelbar in den Dreiklang der Tonica übergeht. Die ausgesprochene Cadenzwirkung, die sehr oft gerade bei dieser Folge eintritt, verrät übrigens auch hierbei in deutlicher Weise die Dominantfunction der III. Stufe.

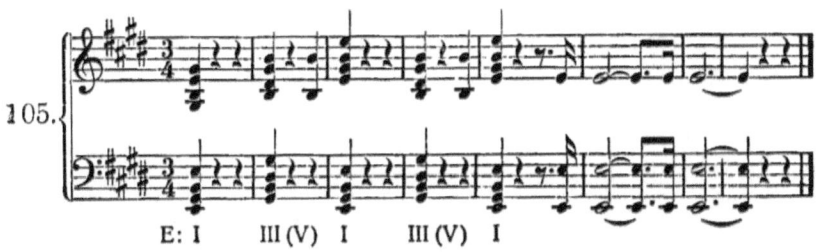

a. Liszt, Christus No. 8. Tu es Petrus, Schluß. Cl.-A. S. 121.

105.

E: I   III (V)   I   III (V)   I

b. R. Strauß, Heldenleben, Schluß. Kleine Partitur S. 139.

Es: VI   III (V)   I

S. a. Brahms, Intermezzo, op. 10 No. 3.

[93] Eine ganz andere Auffassung der III. Stufe tritt ein, wenn ihre Quint den Leittoncharakter verliert und abwärts in die 6. Stufe der Tonleiter geführt wird. Folgt dann etwa auf die III. die IV. Stufe, so erscheint die III. Stufe als **Tonica-Stellvertreter**, ihre Quint als (durchgehende) **Sept der Tonica**,

104   Die Nebenharmonien in Dur.

106.

C: I   III (I)   IV   I — —   IV

Beispiel 106a als die zusammengezogene Form von 106b.

Endlich ist auch noch der (uneigentlichen) **Dominantbeziehung** zu gedenken, in der die III. Stufe zur VI., d. h. also zur **Mollparallele** der Tonica steht. Es ist dies dieselbe Art der Beziehung, wie wir sie schon zwischen der II. und V. Stufe gefunden haben. Aber eben das macht hierin einen großen Unterschied aus, daß die II. Stufe (uneigentliche) Dominante gerade der **tonalen Dominant** ist und folglich auch dann noch eng mit der Tonart verknüpft bleibt, wenn sie als Pseudodominant auftritt, während die (uneigentliche) Dominantbeziehung der III. Stufe aus der Tonart hinaus auf die Mollparallele hinweist.

Der **Septaccord** der III. Stufe erlaubt kaum eine andere Auffassung als die, derzufolge er (uneigentliche) Dominante der VI. Stufe ist. Er wird also, und zwar namentlich auch in bezug auf die **Auflösung der Sept** durchaus nach Analogie eines **Dominantseptaccords** zu behandeln sein.*

[94] Man wird nicht leicht einen Ton des Dreiklangs der III. Stufe **auslassen** können, ohne daß aus dem Accord etwas ganz anderes würde. Selbst das Auslassen der **Quint**, die noch am ehesten zu vermissen wäre, würde in den allermeisten Fällen dem Zweifel

---

\* Die Auffassung des Quintsextaccords der III. Stufe als Dominantdreiklang mit hinzugefügter Sext wird dadurch erschwert, daß die Auflösung des so aufgefaßten Accords: III (= V) — II allzu ausgesprochen eine aus der Tonart hinausführende Beziehung anknüpfen würde: C III (V) = d bezw. D II (IV). In Durchgangs- und Sequenzbildungen ist eine derartige Anwendung freilich keineswegs ausgeschlossen. (Vergl. a. S. 109 f.)

Raum geben, ob die bloße Terz nicht etwa durch die Sext (statt durch die Quint) zum vollständigen Dreiklangsaccord zu ergänzen sei, d. h. es bliebe ungewiß, ob man es mit der III. oder mit der I. Stufe zu tun habe. Dagegen kann im Septaccord die Quint ohne jeden Schaden wegbleiben.

Hat die III. Stufe ausgesprochene Dominantfunction, so wird man am besten die Terz (als den eigentlichen Fundamentston) verdoppeln, dagegen die Verdopplung der Quint (des Leittons!) vermeiden. Ebenso wird bei gleicher Function in der ersten Umkehrung (Sextaccord über der Dominante) die Verdopplung der Sext (als einer wenigstens in der Auffassung dissonierenden Wechselnote) besser unterlassen. Eine Verdopplung des Grundtons der III. Stufe liegt, geradeso wie bei der II. Stufe, dann am nächsten, wenn der Dreiklang oder Septaccord in der Stammform auftritt, weil in diesem Falle der Accord am ehesten den (scheinbaren) Eindruck einer Grundharmonie macht; dann aber auch überall da, wo die III. Stufe unzweideutig als (uneigentliche) Dominante der Mollparallele auftritt — und zwar aus demselben Grunde: weil in diesem Falle der Grundton in gewissem Sinne als Fundamentston gelten kann.

Da die III. Stufe Stellvertreter sowohl der V. wie auch der I. Stufe sein kann, so ist es möglich, alle Stufen der Tonart dem Dreiklang der III. vorangehen und nachfolgen zu lassen. Dagegen erfordert der Septaccord selbstverständlich die Auflösung in einen Accord, der den Auflösungston der Sept enthält, also den Fortgang zur I., IV. oder VI. (unter Umständen auch zum Septaccord der II.) Stufe.

§ 25. 3. **Dreiklang und Septaccord der VI. Stufe.**

Der Molldreiklang auf der VI. Stufe, der Grundton und Terz des Tonicadreiklangs als seine Terz und Quint enthält,

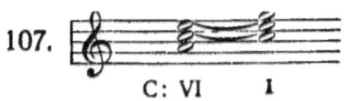

[95] ist der beste innerhalb der Tonart mögliche Stellvertreter der Tonica. Als solcher ist er dem Dreiklang der III. Stufe namentlich auch darin überlegen, daß dieser, auf die I. Stufe als Fundament bezogen, effectiv dissoniert (weil seine Quint Sept der Tonica ist), während der Dreiklang der VI. Stufe als eine bloß „auffassungsdissonante" Modification des Tonicadreiklangs sich darstellt, in der die Quint dieses Dreiklangs durch ihre obere Wechselnote, die Sext, ersetzt ist.

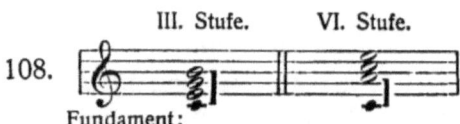

Oder mit andern Worten: der (vollständige) Dreiklang der III. Stufe kann niemals den Dreiklang, sondern immer nur den Septaccord (bezw. Quintsextaccord) der Tonica vertreten, wogegen die VI. Stufe den Dreiklang (also die Consonanz) der Tonica repräsentirt, und zwar in einer Form, die zu dem Fundamente I niemals effectiv dissoniert und deren latente Dissonanz auch für die Auffassung vollständig verschwinden kann.

Folgt auf den zur authentischen Cadenz drängenden Dreiklang oder Septaccord der Dominant der Dreiklang der VI. Stufe, so erhalten wir die Wirkung eines sogenannten Trugschlusses, d. h. unsere Erwartung, die auf den Eintritt der Tonica gerichtet war, wird getäuscht, die Cadenz unterbrochen, der Abschluß hinausgeschoben. Alle Trugschlüsse sind ein Mittel der Steigerung: durch das Ausbleiben der erwarteten Tonica wird eine Spannung erzeugt, die dadurch gelöst werden kann, daß eine neue Cadenz, die dann zum wirklichen Abschluß führt, an den Trugschluß sich anfügt.

## Die VI. Stufe als Stellvertreter der Tonica.

[96] Dabei ist es für die besondere Wirkung des Trugschlusses V—VI charakteristisch, daß der statt der Tonica eintretende Dreiklang der VI. Stufe eine zweifellose Consonanz ist (Anspielung auf die Mollparallele!) und nicht einmal den Eindruck auch nur einer Auffassungsdissonanz macht. Dieser auffassungsdissonante Eindruck würde aber unausbleiblich dann sich einstellen, wenn man den Dominantaccord, statt in den Dreiklang, in den Sextaccord der VI. Stufe auflösen wollte. Jetzt würde die Sext als ausgesprochene Vorhaltsdissonanz gehört und demgemäß auch die Auflösung nach der Quint der Tonica verlangt werden.

110.

C: V    I [VI] I    V    I (VI) I

Bei dem „Trugstillstand": $V^7$—$IV^6$ ist die Sext von Haus aus Vorhalt vor der Quint, so daß ursprünglich nicht die Folge V—IV, sondern V—VI vorliegt. Weil dieser Sextvorhalt aber bloß „auffassungsdissonant" ist (vergl. S. 46), kann er sehr wohl auch freier behandelt werden (wie in 111 b und 111 c),

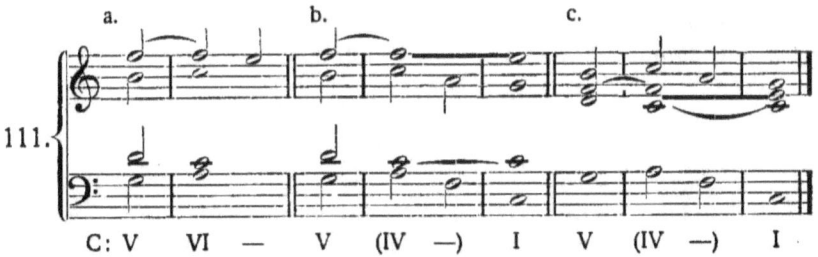

111.

C: V    VI    —    V    (IV —)    I    V    (IV —)    I

immer aber so, daß eine nachträgliche Auflösung der Dominantsept erfolgt. (Über die Folge $V^7$—$IV^3$ s. S. 355.)

Unter Umständen (d. h. wenn die Führung der Melodie auf die Wechselnoten-Bedeutung hinweist) kann selbst beim Dreiklang der VI. Stufe die vorhaltartige Wirkung der tonalen Sext noch deutlich erkennbar durchklingen, wie z. B. im „Lohengrin"

[97] Der eigentümliche harmonische Reiz dieser Anwendung des Dreiklangs der VI. Stufe liegt gerade in dem Widerstreit zwischen consonanter und dissonanter Auffassung der tonalen Sext, zweier verschiedener Auffassungen, die hier in- und nebeneinander hergehen.

Den Mißbrauch, den die Vertreter der neueren Wiener Volks- und Operettenmusik mit der tonalen Sext getrieben haben, brauchen wir nur im Vorübergehen zu erwähnen. Dagegen verdient hervorgehoben zu werden die wichtige Rolle, die dieser Ton in gewissen Arten exotischer Musik von jeher gespielt hat.

Außer zur Tonica steht der Dreiklang der VI. Stufe in einer engen Beziehung aber auch noch zur Unterdominante, deren Terz und Quint er als seinen Grundton und seine Terz enthält.

In der Tat kann denn auch die VI. Stufe in ihrer Wirkung bisweilen einige Ähnlichkeit mit der Unterdominante bekommen, und zwar namentlich dann, wenn sie der Dominant unmittelbar vorangeht. Aber auch die Folge VI—I ähnelt, wenn sie cadenzierend auftritt, in unverkennbarer Weise dem Plagalschluß IV—I. Eine gewisse Notwendigkeit, die VI. Stufe als Stellvertreter der Unterdominant

Die VI. Stufe als Stellvertreter der Unterdominante.

einzuführen, kann sich ergeben, wenn etwa eine Choralmelodie, die mit den stufenweise aufeinander folgenden letzten drei Tönen der Tonleiter abschließt, in reinen Dreiklängen harmonisiert und dabei doch ein vollkommener authentischer Schluß ermöglicht werden soll.

114.

C: I    VI (IV)   V    I

[98] Der Septaccord der VI. Stufe wird meist nach Analogie eines Dominantseptaccords angewendet, als (uneigentliche) Dominant der Unterdominant-Parallele (bezw. als „dritte Dominant", d. h. als Dominant der Dominant der Dominant). Doch wäre es auch möglich, im Quintsext- (oder Terzquart-) Accord die Sext (bezw. Quart) als aufwärtsgehende Dissonanz zu behandeln und diese Accorde nach der Dominant in gleicher Weise aufzulösen, wie man die entsprechenden Gebilde der II. Stufe nach der Tonica auflösen kann.

115.

C: I  (VI)   V   I      C: I   VI    V   I      C: I   VI (I)   V
              G: II      I   IV          G: II (IV)   I

Im Durchgang (wie bei 115a) unbedenklich, würde die Auffassung des Quintsext- (oder auch Terzquart-) Accords der VI. Stufe als Dreiklang mit hinzugefügter Sext (bezw. als Sextaccord mit hinzugefügter Quart) bei freier Anwendung (wie bei 115b und c) wohl in den meisten Fällen den Eindruck einer Modulation in die Oberquint-Tonart erwecken. Denn unser Ohr hat sich gewöhnt,

Accorde dieser Art immer als Unterdominant-Modificationen oder mit andern Worten: als der II. Stufe einer Tonart angehörig zu präsumieren. (Vergl. den Begriff der „charakteristischen Dissonanz" in § 43 S. 207.)

[99] Soll ein Ton im Dreiklang oder Septaccord der VI. Stufe durch Verdopplung besonders hervorgehoben werden, so ist in all den Fällen, wo die Tonicafunction der VI. Stufe offen zutage tritt, die Terz (als der Fundamentston) zu bevorzugen. Beim Trugschluß V—VI³ führt übrigens die regelrechte Auflösung des Leittons von selbst zu einer Verdopplung der Terz, da bei dieser Fortschreitung auch die Quint der Dominant — um Quintenparallelen mit dem Baß zu vermeiden — abwärts, und zwar am natürlichsten stufenweise abwärts zu führen ist.* Dagegen wird der Grundton der VI. Stufe namentlich da überall mit guter Wirkung verdoppelt werden können, wo der (scheinbare) Eindruck einer Stammharmonie vorherrscht, vor allem also da, wo das (uneigentliche) Dominantverhältnis der VI. zur II. Stufe oder aber auch die secundäre Unterdominantbeziehung der VI. zur III. Stufe in den Vordergrund tritt. Zu missen ist die Quint der VI. Stufe, und zwar am leichtesten beim Septaccord.

Die III. und VI. Stufe vermitteln zwischen der Tonica und ihren beiden tonalen Gegensätzen, den Dominanten. Sie sind recht eigentlich „Medianten", und man könnte sehr wohl die III. Stufe, die zwischen der Tonica und der Oberdominante mitten inne steht, die Obermediante, die VI. Stufe, die ebenso zwischen Tonica und Unterdominante steht, Untermediante nennen.

§ 26. 4. Dreiklang und Septaccord der VII. Stufe.

Auf der II., III. und VI. Stufe der Durtonleiter haben wir Dreiklänge gefunden, die sich als Molldreiklänge zwar durch das entgegengesetzte Geschlecht von den Hauptdreiklängen der

---

* Die Abwärtsführung des Leittons (in die Sext der Tonica) bewirkt immer eine gewisse Lockerung der tonalen Beziehung, sozusagen eine „unausgesprochene" Modulation in die Mollparallele und kann jedenfalls nur dann in Frage kommen, wenn der Leitton nicht in der Oberstimme liegt (— es sei denn, die Tonica-Sext würde Sext eines auffassungsdissonanten Sext- oder Quartsextaccords).

Tonart unterschieden, aber doch gleich diesen wenigstens ausnahmslos consonante Zusammenklänge waren. Anders verhält es sich mit der VII. Stufe, deren Dreiklang sich als dissonierendes Gebilde darstellt, nämlich als ein sogenannter verminderter Dreiklang, bestehend aus Grundton, kleiner Terz und verminderter Quint. Die falsche Auffassung, als ob wir es bei den Nebenharmonien der Tonart mit wirklichen Stammaccorden zu tun hätten, die als ebenso ursprünglich und selbständig anzusehen wären wie die Hauptharmonien: Tonica, Dominant und Unterdominante, diese Auffassung verbot sich bei der VII. Stufe eben wegen ihrer Dissonanz eigentlich von selbst. Zwar hat die leidige [*100*] Konsequenzsucht, diese gefährlichste aller theoretischen Untugenden, wohl hie und da auch so weit geführt, daß man sogar den verminderten Dreiklang als Stammaccord und das *Subsemitonium modi* als dessen wirklichen Fundamentston betrachtete. Aber immerhin ist die richtige Ansicht, die Erkenntnis des wahren Wesens der Nebenharmonie bei der VII. Stufe viel früher und allgemeiner durchgedrungen als bei den anderen Nebenstufen der Tonart.

116.
C: V   VII

Der ganze Dreiklang der VII. Stufe ist im Dominantseptaccord enthalten; seine sämtlichen Töne finden wir in diesem wieder, seinen Grundton als die Terz, seine Terz als die Quint und seine Quint als die Sept der Dominant. Wir haben also im Dreiklang der VII. Stufe einen Accord, der von Haus aus darauf angewiesen ist, Dominantfunction auszuüben. Er ist Stellvertreter der Dominantharmonie, und zwar in noch viel deutlicherer Weise, als etwa die III. Stufe die Dominant oder die II. Stufe die Unterdominant und die VI. die Tonica repräsentiert. Denn bei diesen Stellvertretungen tritt an die Stelle der vertretenen Harmonie etwas (wenn auch nicht wesentlich) anderes: die resp. Harmonien der Dominant, Unterdominant und Tonica erscheinen, wenn sie durch die Accorde der III., II. und VI. Stufe repräsentiert werden, in einer Form, die jeweils einen fremden, diesen Harmonien selbst nicht angehörigen Ton enthält. Dagegen findet sich, wie wir gesehen haben, im Dreiklang der VII. Stufe kein Ton, der nicht auch im Dominantseptaccord selbst enthalten wäre; dieser Dreiklang ist mit dem Dominantseptaccord geradezu identisch, er ist **unvollständiger Dominantseptaccord**, Dominantseptaccord **mit fehlendem Grundton**.

Daraus ergibt sich nun auch die Art der Anwendung dieses Accords. Seine eigentliche **Auflösung** hat er nach der **Tonica**, [*101*] wobei der Leitton in der Regel seiner Tendenz nach stufenweiser Aufwärtsführung folgt, während die Quint stufenweise abwärts, also in die Terz der Tonica, bei der Auflösung des Sextaccords aber auch sehr häufig aufwärts in die Quint der Tonica geht. Außerdem kann auf die VII. Stufe folgen die V. selbst, die III. (als Stellvertreter der V. oder I.) und die VI. (als Stellvertreter der I.) nicht aber (oder doch nur scheinbar: in vorhalt- oder durchgangähnlichen Bildungen) die IV. und ebensowenig die II., wenn sie ausgesprochener Unterdominant-Stellvertreter ist. (Grund!)

Der **Dreiklang** und **Quartsextaccord** der VII. Stufe sind im **vierstimmigen** Satze äußerst selten. Denn wenn vier Stimmen zur Verfügung stehen, wird es wohl immer leicht fallen, die entsprechenden so ungleich kräftiger wirkenden Formen der vollständigen Dominantharmonie, den Quintsextaccord und Secundaccord der Dominante zu erhalten, und kaum jemals ein Grund vorhanden sein, sie zu meiden. Dagegen bieten sich im **dreistimmigen** Satze Dreiklang und Quartsextaccord der VII. Stufe bisweilen als brauchbare Surrogate für die entsprechenden Umkehrungsformen des Dominantseptaccords (den Quintsext- und Secundaccord), die ja **vollständig** mit drei Stimmen überhaupt nicht gebildet werden können.

Anders verhält es sich mit dem **Sextaccord** der VII. Stufe. Der ist auch **vierstimmig** nicht selten. Er empfiehlt sich überall da, wo man gegen die Anwendung des Quartsext- oder Terzquart-

## Die VII. Stufe als Dominantharmonie.

accords der Dominante Bedenken trägt. So hat der ausschließlich mit Dreiklängen und Sextaccorden operierende „strenge" Choralsatz, der den Quartsextaccord wegen seiner zweifelhaften Consonanz und den Terzquartaccord als Septharmonie scheute, den Schluß:

117.

C: IV    VII (V)    I

[102] zur stereotypen Formel ausgebildet.* — Auch beim Trugschluß zur VI. Stufe kann der Dreiklang der VII. Stufe, und zwar am besten als Sextaccord, stellvertretend für die Dominantharmonie eintreten.

118.

C: IV    VII (V)    VI (I)
[a: II (IV)    I]

Doch ist bei Beurteilung dieser Accordfolge nicht außer acht zu lassen, daß sie, auch innerhalb der Durtonart auftretend (Verdopplung der Terz der VI. Stufe!), eine unverkennbare Anspielung auf die Tonart der Mollparallele (Plagalschluß mit der II. Stufe als Unterdominant-Stellvertreter) bringt.

---

* In der Tat ist der Schluß VII⁶—I³ dem Schlusse V⁷—I³ in „melodisch-contrapunctischer" Hinsicht ebenso überlegen, wie dieser in rein „harmonischer" Beziehung den Vorzug verdient. Bei jenem beruht die Schlußwirkung ausschließlich auf dem Prinzip des melodischen Fortgangs (und zwar aller Stimmen) in jeweils unmittelbar benachbarte Töne: VII⁶ ist der eigentliche (diatonische) „Leitaccord" zum Tonicadreiklang. Dagegen bleibt latent die harmonische Beziehung der beiden aufeinanderfolgenden Accorde, die beim authentischen Schluß V⁷—I³ im Fundamentschritt des Basses so deutlich zum Ausdruck gelangt.

## Die Nebenharmonien in Dur.

Im Dreiklang der VII. Stufe **verdoppelt** man (Sequenzbildungen ausgenommen*) kaum jemals den **Grundton** (Leitton), wohl aber die **Terz** und beim Sextaccord auch die **Quint**. **Fehlen** kann kaum ein Ton des Dreiklangs der VII. Stufe.

[*103*] Wie der Dreiklang zum Dominantseptaccord, so verhält sich der **Septaccord der VII. Stufe** zum Dominantseptnonaccord.

Dieser, ein aus vermindertem Dreiklang und kleiner Sept bestehender sogenannter „halbverminderter" Septaccord, ist **unvollständiger Dominantseptnonaccord, Dominantseptnonaccord mit fehlendem Grundton**.

Gleich dem Dominantseptnonaccord selbst kann auch sein Stellvertreter, der Septaccord der VII. Stufe zunächst einmal als **Vorhaltsaccord** gebraucht werden.

Tritt der Accord **selbständig** auf, so wird er namentlich dann ganz nach Analogie des Dominantseptnonaccords behandelt, wenn er sich, wie meist geschieht, unmittelbar in die Tonica auflöst.

---
* Vergl. S. 119.

Der Septaccord der VII. Stufe als unvollständiger Dominantseptnonaccord. 115

Die dritte Umkehrung des Septaccords der VII. Stufe wird als Vorhalt (122a) und im Durchgang (122b), selten aber als selbständiger Secundaccord gebraucht.

[104] Den Eindruck eines selbständigen Secundaccords wird die dritte Umkehrung des Septaccords der VII. Stufe eigentlich nur in der Folge VII²—III$_5^6$ (oder auch III⁶) machen, einer Fortschreitung, die vorzugsweise in Sequenzen begegnet. Der außerdem als Auflösungsaccord in Betracht kommende Quartsextaccord der Tonica (VII²—I$_4^6$) ist in diesem Zusammenhange stets Durchgangs- oder (seltener) Vorhaltsbildung. Überdies ist zu bedenken, daß die Sept der VII. Stufe (die Dominantnone!) von Haus aus „Wechselnote" ist und schon deshalb einen mehr „melodischen", d. h. also harmonisch „zufälligen" Charakter trägt, der sie am leichtesten verständlich in der Oberstimme (der prädestinierten Melodiestimme) wirken läßt, am zweideutigsten im Baß (als dem natürlichen „Träger" der Harmonie).

Freilich darf man nicht so weit gehen wie Fétis, der die Sept der VII. Stufe in Dur überhaupt nur in der Oberstimme gelten lassen wollte und selbst Stellen wie die folgende aus dem Adagio von Beethovens 5. Symphonie,

116  Die Nebenharmonien in Dur.

123.

Es: VII (V) ——————————————————— I

[*105*] beanstandete, wo die Dominantnon doch nur innerhalb einer Durchgangsbewegung gelegentlich auch in der Mittelstimme erscheint *(Traité de l'Harmonie*, 1844. S. 48 f. Anm.). Davon ist nur soviel richtig, daß alle die Formen des aus kleiner Terz, verminderter Quint und kleiner Sept bestehenden Septaccords, bei denen die Sept nicht in der Oberstimme liegt (und vor allem die Lagen, bei denen die Sept zur Secund umgekehrt erscheint), leichter als Modificationen der Unterdominant in Moll (h d f a = II. Stufe von a moll) denn als Modificationen der Oberdominant in Dur (h d f a = VII. Stufe in C dur) verstanden werden.

Über die Auflösung des Terzquartaccords der VII. Stufe in den Dreiklang der Tonica siehe S. 139.

§ 27. 5. **Die Septaccorde über der Tonica und Unterdominant. — Sequenzen.**

Tritt zu dem **Tonicadreiklang** eine **Sept** hinzu, so kann sie — abgesehen von der einfachsten und häufigsten Anwendung als **durchgehende Sept** (124 a) — entweder als **Vorhalt** (124 b) oder aber nach Analogie einer **Dominantsept** aufgefaßt und behandelt werden. In letzterem Falle haben wir dann ein (uneigentliches) Dominantverhältnis zwischen Tonica und Unterdominant (124 c).

124.

C: I  IV  I  VI  C: V  I  —  V  VI (I)

## Der Septaccord über der Tonica.

[106] Da die Sept der Tonica als **große** Sept mit ihrem Grundton weit schärfer dissoniert als die kleinen Septen der Dominante, der II., III., VI. und VII. Stufe, die wir bis jetzt kennen gelernt haben, so wird ein **freier** (unvorbereiteter) **Eintritt** des Tonica-Septaccords (außer im Durchgang) immer nur mit einiger Härte erfolgen können.

Ein gleiches gilt von der **Sept der Unterdominante**, die ebenfalls eine **große** ist. Auch im übrigen finden wir den Unterdominant-Septaccord gerade so angewendet wie den der Tonica, nämlich entweder durchgehend (125 a) oder als Vorhalt (125 b) oder als Analogiebildung zu einem Dominantseptaccord (125 c). Nur ist zu bemerken, daß die Unterdominant innerhalb der Tonart zu keiner anderen Stufe in uneigentliche Dominantbeziehung treten kann, und zwar darum nicht, weil die reine Quart der Unterdominant der Durscala fehlt. Es wird daher auf den selbständig angewendeten Septaccord der Unterdominant am natürlichsten die Dominante folgen, oder der Tonica-Quartsextaccord als Vorhalt vor der Dominantharmonie (bezw. als Durchgangsbildung). Folgt aber der zur Unterdominant in Tritonusbeziehung stehende Dreiklang oder

125.

Septaccord [*107*] der VII. Stufe, so wird er (Sequenzbildungen ausgenommen) stets als Stellvertreter der Dominant und nicht (wie dies in analogen Fällen mit der II., III. und VI. Stufe der Fall sein kann) als scheinbare Stammharmonie wirken.

Wenn auf den Septaccord der Unterdominant unmittelbar die Tonica oder ein anderer Accord, der die Auflösungsnote der Sept nicht enthält, zu folgen s c h e i n t, so handelt es sich entweder um eine durch Vorhalt verzögerte Auflösung (126 a), einen Durchgang (126 b) oder um solche Bildungen, wie bei 126 c, wo man entweder IV⁷ als „eingeschobenen" Accord (frei behandelten Wechselnotenaccord) oder aber auch den Ton, der vorübergehend zur Sept wird, als „liegende Stimme" (vergl. § 61) ansehen kann. (Für diesen letzteren Fall siehe auch das Beispiel aus Chopin S. 160.)

## Der Septaccord über der Unterdominante.

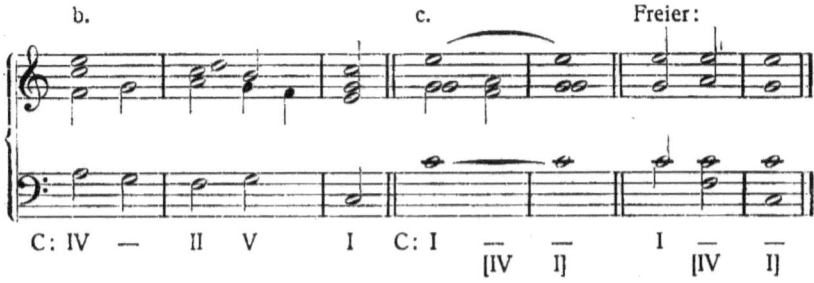

[108] Die uneigentliche Dominantbeziehung, in der die Nebendreiklänge und Nebenseptaccorde teils untereinander teils zu Hauptharmonien der Tonart stehen, tritt namentlich deutlich hervor in den Sequenzen von Dreiklängen oder Septaccorden mit quintweise fallendem (bezw. quartweise steigendem) Grundton.

d. Bruckner, 5. Symphonie. Adagio. Partitur S. 72 f.

Sequenzen.

[*110*] Das eigentliche Bildungsprinzip der Sequenz, die aus einer mehr oder minder kurzen Phrase einen längeren Tonsatz herausspinnt, indem sie diese Phrase (das Modell der Sequenz) in einer bestimmten Intervallfolge (meist stufenweise aufwärts oder abwärts) fortschreitend zur Wiederholung bringt, ist, wie zuerst von Fétis erkannt wurde, nicht harmonischer, sondern melodischer Natur, und zwar auch dann, wenn, wie in den oben gegebenen Beispielen, alle Stimmen eines mehrstimmigen Satzes sequenzartig geführt werden. Das heißt, was diese Fortschreitungen möglich und verständlich macht, ist nicht sowohl der harmonische Zusammenhang der aufeinanderfolgenden Accorde als vielmehr die Ähnlichkeitsbeziehung, die zwischen ihnen als Producten einer nach einem bestimmten melodischen Schema consequent durchgeführten Stimmführung besteht. Der harmonische Zusammenhang verschwindet zwar nicht durchaus, aber er wird secundär, und ganz in den Hintergrund treten die tonalen Beziehungen. Darum sind auch innerhalb der Sequenz selbst im „strengsten" Satze Dinge unbedenklich, die, wie z. B. die Verdopplung des Leittons und der Tritonussprung an den mit * angemerkten Stellen in Beispiel 127 a, b und c, außerhalb der Sequenz entschieden zu tadeln wären.

Eine ähnliche Sequenzbildung mit quintweise steigenden (bezw. quartweise fallenden) Bässen würde an die Stelle der Dominantbeziehung eine (uneigentliche) Unterdominantbeziehung setzen. Aber während jene die tonale Folge V—I als Modell benützende Sequenz in ihrem Verlaufe keine Accordfolgen bringt, die nicht auch außerhalb der Sequenz möglich wären, würde diese Sequenz mit dem Modell IV—I (bezw. I—V) zu Folgen wie V—II, VII—IV gelangen, die an sich (als selbständige Accordfolgen) undenkbar sind. Eine derartige Sequenz mit Septaccorden verbietet sich wohl schon durch die Unmöglichkeit einer Auflösung der Sept. Aber auch mit Dreiklängen würde sie sich eben deshalb weit gezwungener ausnehmen als jene andere, weil sie das

128.  I  V  II  VI  III  VII  IV  I  V  —  I

[*111*] Gefühl für die harmonische Beziehung der aufeinanderfolgenden Accorde und vor allem auch das tonale Empfinden nicht bloß in den Hintergrund drängt, sondern geradezu „maulschelliert" — um einen derb bezeichnenden Ausdruck Schopenhauers zu gebrauchen. —

---

Recapitulierend und zusammenfassend ließen sich die sämtlichen innerhalb der Durtonart möglichen Accordbildungen etwa folgendermaßen rubricieren:

I. **Hauptharmonien: Tonicadreiklang, Dominantdreiklang** nebst dem **Dominantseptaccord** — zu dem auch der **Dominantseptnonaccord** als verselbständigte Vorhaltsbildung gehört — und **Unterdominantdreiklang**. Ihre Grundtöne, die I., V. und IV. Stufe der Scala, sind die im engeren Sinne eigentlichen und einzigen **tonalen Fundamente**, ihre Wechselbeziehungen die elementaren **harmonischen Urverhältnisse**, von denen alle anderen Verhältnisse abzuleiten sind.

II. **Nebenharmonien: 1. als Stellvertreter der tonalen Hauptharmonien.** Innerhalb der tonalen Harmonik sind alle Nebenharmonien zunächst auf die Hauptharmonien zu beziehen. Diese Beziehung, vermöge deren sie als Stellvertreter der Hauptharmonien erscheinen, ist es allein, was ihnen ihre Bedeutung im und für den tonalen Zusammenhang gewährleistet. Während bei den Hauptharmonien Grundton und Fundamentston identisch sind, müssen die Nebenharmonien im Sinne des Fundaments der Hauptharmonie verstanden werden, deren Function sie ausüben. Und zwar gehören:

a) **zur Tonica (Fundament I):** Dreiklang (und Septaccord) der VI. Stufe, gelegentlich auch der Dreiklang der III. Stufe, sowie der Septaccord über der Tonica;

b) **zur Dominant (Fundament V):** Dreiklang und Septaccord der VII. Stufe, Dreiklang (und Septaccord) der III. Stufe, ausnahmsweise auch wohl einmal der Dreiklang (und Septaccord) der II. Stufe;

[*112*] c) zur **Unterdominant (Fundament IV)**: Dreiklang und Septaccord der II. Stufe, gelegentlich auch der Dreiklang der VI. Stufe, sowie der Septaccord über der Unterdominant;

2. **als Stellvertreter außertonaler Hauptharmonien.** Ohne daß factisch in eine fremde Tonart übergegangen würde, d. h. also innerhalb der leitereigenen Harmonik und ohne daß als Accordbestandteil ein Ton zum Vorschein käme, der nicht der Scala der betreffenden Tonart angehörte, ja ohne daß auch nur die erkennbare Beziehung auf die erste und eigentliche Tonica verloren ginge, kann auf eine nahverwandte Tonart doch in der Weise „angespielt" werden, daß solch einer fremden Tonart angehörende harmonische Beziehungen neben den „tonalen" Beziehungen herlaufen und in mehr oder minder hohem Maße dem Ohre sich aufdrängen. Derartige „Anspielungen" könnte man „unausgesprochene Modulationen" nennen, insofern bei ihnen die Tonart kaum mit einem Fuße eigentlich verlassen, vielmehr nach der fremden Tonart nur gewissermaßen „hinübergeschielt", fast möchte man sagen, mit ihr „geliebäugelt" wird. Auf diese Weise können Grundtöne von Nebenharmonien zu einer Art von **secundären** („**außertonalen**") **Fundamenten** werden, insofern sie nämlich tonale (primäre) Fundamente in einer **verwandten** Tonart sind. Insbesondere ist

a) der **Grundton der II. Stufe** nicht nur der Träger der Mollparallele der Unterdominant, sondern auch **Dominant der Dominant** (Dominant der Oberquint-Tonart) und außerdem **Unterdominant der Mollparallele der Tonica** ($C^{II} = d^I$, $G^V$, $a^{IV}$);

b) der **Grundton der III. Stufe** nicht nur Träger der Mollparallele der Dominant, sondern auch **Dominant der Mollparallele der Tonica** ($C^{III} = e^I$, $a^V$);

c) der **Grundton der VI. Stufe** nicht nur Träger der Mollparallele der Tonica, sondern auch **Dominant der Mollparallele der Unterdominant** und **Unterdominant der Mollparallele der Dominant** ($C^{VI} = a^I$, $d^V$, $e^{IV}$);

d) der **Grundton der VII. Stufe** Dominant der Moll-

124  Die Nebenharmonien in Dur.

parallele der Dominant ($C^{VII} = e^V$), eine Beziehung, die bei dieser Stufe allerdings mehr zurücktritt, weil ihr die reine Quint fehlt.

[*113*] Außerdem hat man sich zu vergegenwärtigen, daß die **Tonica** selbst wieder **Unterdominant ihrer Oberdominant** ($C^I = G^{IV}$, Halbschluß!) und **Oberdominant ihrer Unterdominant** ($C^I = F^V$) und die **Dominant** endlich noch **Unterdominant der Mollparallele der Unterdominant** ($C^V = d^{IV}$) ist, eine Beziehung, die freilich nur ganz ausnahmsweise einmal anklingen dürfte. (Dorischer Plagalschluß innerhalb der C dur-Tonart.)

**Aufgaben:** Die folgenden Übungen sind dazu bestimmt, den praktischen Gebrauch der Nebendreiklänge und Nebenseptaccorde wie ihrer Umkehrungen zu veranschaulichen, und zwar sowohl ihre Anwendung in selbständigen Accorden wie auch in durchgehenden und vorhaltartigen Bildungen.

Aufgaben. 125

126  Die Nebenharmonien in Moll.

## V. CAPITEL.
### Die Nebenharmonien in Moll.

§ 28. (*115*) Zunächst kann das, was über die tonale Function der Nebenharmonien in Dur gesagt wurde, im allgemeinen auf die analogen Verhältnisse in Moll ohne weiteres übertragen werden. Nur zeigt sich, daß die Nebendreiklänge in Moll (wenigstens solange wir uns auf die der harmonischen Molltonleiter entnommenen Gebilde beschränken) mit einer einzigen Ausnahme effective Dissonanzen sind. Dieser Umstand verbietet es meist schon von vornherein, sie auch nur als scheinbare Stammharmonien aufzufassen. Ihre enge Beziehung zu den Hauptharmonien, die sie vertreten, springt sofort unverkennbar deutlich in die Augen, weil eben bereits die dissonante Gestalt ihr unselbständiges, abgeleitetes Wesen verrät.

1. **Dreiklang und Septaccord der II. Stufe.**

Wenn wir vorerst uns wieder auf die harmonische Molltonleiter beschränken, so finden wir auf der II. Stufe einen verminderten Dreiklang, der durch Hinzutreten der kleinen Sept zum „halbverminderten" Septaccord wird: also ganz dieselben Gebilde, die uns in Dur auf der VII. Stufe begegnet waren. Wie nun diese VII. Stufe von allen Nebenharmonien der Durtonart am offenersichtlichsten als bloße Modification einer Hauptharmonie (nämlich des Dominantseptaccords) sich kundgab, ebenso und aus demselben Grunde kann man keinen Augenblick darüber im Zweifel sein, daß die II. Stufe in Moll nicht auf eigenen Füßen steht, sondern nur als „Abkömmling" einer Hauptharmonie in ihrem wahren Wesen zu verstehen ist. Eine Vergleichung der II. Stufe mit den Hauptaccorden der Tonart zeigt, daß es auch in Moll die Unterdominante ist, zu deren Stellvertreter diese

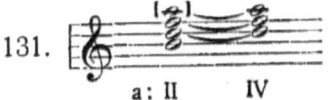
131.  a: II    IV

Stufe sich vor allem eignet. Schon der Dreiklang der II. Stufe trägt ausgesprochenen Unterdominantcharakter, und zwar ebensowohl wenn er mit der Tonica, als wenn er mit der Dominante in Verbindung tritt — und diese nahe Verwandtschaft mit der Unterdominante wird selbstverständlich noch enger, wenn zum Dreiklang der II. Stufe die Quint der Unterdominant als Sept hinzutritt. — Dagegen tritt jene andere Beziehung, die wir in Dur zwischen der II. und V. Stufe gefunden haben und derzufolge die II. als Wechseldominante (Dominant der Dominant) zur V. in einem uneigentlichen Dominantverhältnis steht, in Moll deshalb mehr in den Hintergrund, weil hier den Accord der II. Stufe nicht nur der fehlende Leitton,

128                    Die Nebenharmonien in Moll.

sondern auch die dissonante Beschaffenheit der Quint von einem eigentlichen Dominantaccord unterscheidet.

Daß die Quint der II. Stufe den Charakter eines (abwärts führenden) Leittons zur Dominant trägt, kommt sowohl dem Plagalschluß II—I als auch der Folge II—V (und zwar namentlich, wenn sie halbschlußartig auftritt) zu statten. Wie die Unterdominant selbst, so wirkt auch ihr Stellvertreter in Moll viel entschiedener und vor allem viel schlußkräftiger als in Dur. (Vergl. S. 29.)

Im übrigen ist die Anwendung des Dreiklangs und Septaccords der II. Stufe in Moll genau dieselbe wie in Dur. Entweder führen diese Accorde in die Tonica, und zwar der Dreiklang meist als [*117*] Sextaccord, der Vierklang meist als Quintsextaccord: dann sind sie aufzufassen und zu behandeln als **Unterdominantdreiklang mit hinzugefügter** (bezw. an die Stelle der Unterdominantquint getretener) **Sext**. Oder sie führen zur Dominant, in welchem Falle die Sept der II. Stufe nach Analogie einer Dominantsept aufzulösen ist, d. h. stufenweise abwärts, wofern nicht jene auch für die Auflösung der Dominantsept gestattete Licenz (Sept stufenweise aufwärts und Grundton eine kleine Terz abwärts!) eintritt. Die häufige Folge II—I$_4^6$ ist, wenn der Quartsextaccord betont eintritt, durch Vorhalt verzögerte Auflösung in die Dominant, im entgegengesetzten Falle Durchgangsbildung (132 a). Überhaupt kommt als definitiver Auflösungsaccord einer Vierklangsform der II. Stufe bei der Folge II—I eigentlich nur der Dreiklang der Tonica in Betracht, dem der Septaccord der II. meist als Quintsextaccord, weniger häufig als Terzquartaccord und selten als Septaccord in der Grund-

132.    a: II (IV) V  —   II (IV) —— V   I    II (IV) I   II (IV) I
              [I]            [I]

### Der Unterdominantdreiklang mit hinzugefügter Sext in Moll.

stellung vorangeht (132 b). Folgt auf II⁷ (oder eine seiner Umkehrungen) der Sextaccord der Tonica, so wird in den allermeisten Fällen dieser Sextaccord den Charakter einer Durchgangsbildung tragen (132 c).

[*118*] Auch in Moll kann es vorkommen, daß die II. Stufe im Sinne der D o m i n a n t verstanden werden muß, dann nämlich, wenn sie dieser nachfolgt (V—VII). Man vergl. z. B. im Tristan-Vorspiel Kl. Part. S. 14 ff., wo der Septaccord f—as—ces—es, auf dem die Steigerung abbricht, durchweg als eine Modifikation der Dominant von es moll anzusehen ist.

Wie bei der VII. in Dur, so ist auch bei der II. Stufe in Moll der Dreiklang in der Grundstellung (verminderter Dreiklang!) wie auch der Quartsextaccord im vierstimmigen Satze selten; häufiger schon der Septaccord, am häufigsten Sextaccord und Quintsextaccord, bei denen die Unterdominant-Bedeutung der II. Stufe am deutlichsten zutage tritt und die deshalb namentlich beim Schlusse bevorzugt werden, sowie der Terzquartaccord.

V e r d o p p e l t wird in der Regel die T e r z der II. Stufe (der Fundamentston), seltener die Q u i n t, deren (abwärtsführender) L e i t t o n c h a r a k t e r die Verdopplung erschwert, wenn auch nicht geradezu unmöglich macht. Ist der G r u n d t o n der II. Stufe, wie bei der Auflösung in den Tonicadreiklang, hinzugefügte Sext, so bleibt er unverdoppelt. In diesem Falle ist aber sehr wohl die S e p t (die Quint des Unterdominantdreiklangs!) der Verdopplung fähig (im mehr als vierstimmigen Satz). Erfolgt Auflösung des Septaccords der II. Stute (oder einer seiner Umkehrungen) in die

V. nach Analogie der Auflösung eines Dominantseptaccords, so muß die Sept selbstverständlich unverdoppelt bleiben. Dagegen kann dafür wieder der Grundton überall da verdoppelt werden, wo er nicht ausgesprochenermaßen als hinzugefügte Sext (bezw. als deren Umkehrung) auftritt.

Fehlen kann von den Dreiklangstönen der II. Stufe wohl nur die Quint.

§ 29. 2. Dreiklang und Septaccord der III. Stufe.

Auf der III. Stufe in Moll begegnet uns gleichfalls ein dissonierender Dreiklang: der aus Grundton, großer Terz und übermäßiger Quint bestehende übermäßige Dreiklang. Schon das Vorhandensein des Subsemitoniums in diesem Accord läßt erkennen, wohin er gehört:

133.  a: III   V

[*119*] er ist Stellvertreter der Dominant. Tritt er in seiner gebräuchlichsten Form als Sextaccord auf, so verrät sich sein Grundton (die Sext des Sextaccords) ganz unverkennbar als Wechselnote der Dominantquint, und zwar trägt auch hier der Umstand, daß wir es mit einer effectiven und nicht bloß, wie bei der III. Stufe in Dur, mit einer Auffassungsdissonanz zu tun haben, wesentlich dazu bei, die Dominantfunction des Accords noch viel klarer hervortreten zu lassen, als es in Dur der Fall ist.

Der Dreiklang der III. Stufe führt in seiner Eigenschaft als Dominantstellvertreter zur Tonica oder zu deren Stellvertreter (der VI. Stufe). Die Quint, die als Leitton immer in die Tonica führt, wird niemals verdoppelt, der Grundton zum mindesten nicht als „auffassungsdissonante" Sext des Sextaccords; dagegen ist die Terz (als das Fundament der Dominantharmonie) derjenige Ton, der sich namentlich beim Sextaccord (als dessen Baßton) am besten zur Verdopplung eignet. Fehlen kann kein Ton des Dreiklangs der III. Stufe, ohne daß aus dem Accord etwas ganz anderes

## Der Dreiklang und Septaccord der III. Stufe in Moll.

würde: denn eben die **Quint** (das Subsemitonium), deren Auslassung an sich möglich wäre, verleiht diesem Dreiklang erst seinen Charakter als einer stellvertretenden Dominantharmonie.

Die Quint der Dominant, die dem Dreiklang der III. Stufe beigegeben werden kann, steht zu dessen Grundton im Intervall-[120] verhältnis einer **großen Sept**, die entweder als Vorhalt vor

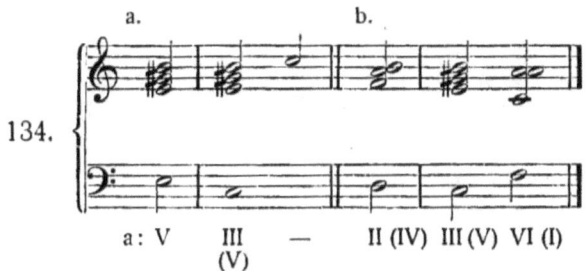

134.

a: V   III   —   II (IV) III (V) VI (I)
       (V)

dem Grundton des Accords anzusehen und demgemäß stufenweise **aufwärts** oder nach Analogie einer Dominantsept stufenweise **abwärts** weiterzuführen ist.

Die abwärtsgehende Sept macht den Septaccord der III. Stufe zu einem **uneigentlichen Dominantseptaccord** und bringt ihn zu der VI. Stufe (Durparallele der Unterdominant!) in Beziehung, eine Beziehung, die in Moll deshalb besonders stark zur Geltung gelangt, weil die übermäßige Quint als **alterierte Dominantquint** in Dur — also z. B. c—e—gis als Dominantdreiklang in F dur (vergl. S. 233 f.) — sehr häufig und jedenfalls viel häufiger ist als die in ihrer Anwendung immerhin beschränkte übermäßige Quint der III. Stufe in Moll.

Folgt auf den Septaccord der III. Stufe die Tonica, so muß man sich vor den **verdeckten Octaven** hüten, die entstehen würden, wenn man gleichzeitig Sept und Grundton der III. in die Tonica führen wollte. Vielmehr ist die Sept, wenn der Grundton um eine Terz abwärts in die Tonica springt, immer als aufwärtsgehender Vorhalt aufzulösen (Vorhaltsauflösung mit gleichzeitigem Accordwechsel).

132  Die Nebenharmonien in Moll.

135.

a: III (V)  I   III (V)  I

Eine Auffassung der III. Stufe als **Stellvertreter der Tonica** ist im gewöhnlichen Moll nur dann möglich, wenn die übermäßige Quint in ausgesprochener Weise untere Wechselnote der Sext (der Tonica) ist, z. B. in der Folge a: I—III⁵♯—I.

[*121*] 3. **Dreiklang und Septaccord der VI. Stufe.**

Wie in Dur ein Molldreiklang, so steht in Moll ein **Durdreiklang auf der VI. Stufe** der Tonleiter. Hier wie dort ist dieser Dreiklang Stellvertreter der Tonica-Harmonie. Es wird also in beiden Tongeschlechtern die Tonica jeweils durch einen Dreiklang **entgegengesetzten Geschlechts** vertreten. Unter den Nebendreiklängen des gewöhnlichen Moll ist VI. der einzige consonierende.

136.

a: VI   I   C: VI   I

Der **Trugschluß** V—VI geschieht in Moll auf dieselbe Weise wie in Dur: nur **muß** in Moll der Leitton aufwärts in die Tonica geführt werden, was in Dur zwar auch die Regel ist, bei dem weniger empfindlichen Charakter des Durleittons aber immerhin Ausnahmen verträgt. Darum hat der Trugschluß V—VI in Moll **ausnahmslos** die **Verdopplung der Terz der VI. Stufe** zur Folge. Als **Fundament** der durch die VI. Stufe vertretenen Tonica-Harmonie wird dieser Ton auch sonst der zur Verdopplung am meisten geeignete Accordbestandteil sein. Eine gewisse Vorsicht erheischt die Verdopplung des **Grundtons** wegen seiner abwärts führenden Leittontendenz. Vermeiden wird man die Verdopplung jedenfalls überall da, wo er als Sext des Sextaccords über der Tonica sich ganz deutlich als Wechselnote der Tonicaquint zu erkennen gibt. In der ganzen Literatur dürfte es kaum ein interessanteres Beispiel für die Verwendung dieses Sextaccords geben als Chopins Mazurka in a moll (op. 17 No. 4), die auch dadurch merkwürdig ist, daß [*122*] der Sextaccord über der Tonica sogar am Schlusse des Stückes noch als Vertreter des Tonicadreiklangs festgehalten wird.

137.

*perdendosi* .......
a: VI (I) ————

Folgt auf die VI. die V. Stufe, so bekommt die VI. auch in Moll eine gewisse Ähnlichkeit mit der Unterdominant, deren Terz und Quint der Dreiklang der VI. Stufe als seinen Grundton und seine Terz enthält.

138.

a: IV    VI

Doch hat die Folge VI—V—I in Moll deshalb weniger Bedeutung als in Dur, weil jener melodische Schritt von der 6. zur 7. Stufe der Tonleiter, der beim Choralsatz in Dur, wie wir gesehen haben (vergl. S. 108 f.), zur Einführung des Dreiklangs der VI. Stufe an Stelle der Unterdominante beim vollkommenen authentischen Schlusse Anlaß geben konnte, in Moll (wenigstens als „melodischer Schritt") überhaupt nicht möglich ist. Dagegen ist gerade umgekehrt beim Halbschluß mit der VI. Stufe in Moll eine viel deutlicher ausgesprochene unterdominantähnliche Wirkung zu erzielen als in Dur

(139a), und auch der **Plagalschluß** kann bisweilen durch die Folge VI—I vertreten werden (139b).

In der Regel wird freilich bei der Folge VI—V der Sprung von der Quint der VI. zur Octav der V. durch einen Durchgangston ausgefüllt und dadurch die VI. noch in die IV. selbst verwandelt werden.

Die Quint des Tonicadreiklangs ergänzt den Dreiklang der VI. Stufe zu einem **Septaccord mit großer Sept**, der nun in derselben Weise den vollständigen Tonicadreiklang über der tonalen Sext als Grundton aufweist, wie der Septaccord der III. Stufe den vollständigen Dominantdreiklang über der Tonica-Terz aufgebaut [*123*] zeigte. Die Sept der VI. Stufe kann daher geradeso wie die der III. entweder als **aufwärts** in den Grundton des Accordes führender **Vorhalt** (140a) oder mit **Abwärtsauflösung** nach Analogie einer Dominantsept (140b) angewendet werden. Wird der Septaccord so als uneigentlicher Dominantseptaccord gebraucht, so tritt er gern zur II. Stufe in Beziehung, obgleich die Analogie mit einem eigentlichen Dominantschritte hier ferner liegt als bei der Folge VI—II in Dur, weil nämlich in Moll die II. Stufe der

reinen Quint entbehrt und infolgedessen auch der Baßschritt VI—II ein dissonanter Tritonusschritt ist, über dessen wesentliche Verschiedenheit vom reinen Quintschritt nur etwa die melodisch-imitatorische Folgerichtigkeit einer Sequenzbildung halbwegs hinwegtäuschen kann.

§ 30. 4. **Dreiklang und Septaccord der VII. Stufe.** Der Dreiklang auf der VII. Stufe in Moll ist mit dem auf derselben Stufe in Dur vollkommen identisch: auch in Moll findet sich an dieser Stelle ein verminderter Dreiklang. Er ist hier gleichfalls Stellvertreter der Dominantharmonie, unvollständiger (des Grundtons ermangelnder) Dominantseptaccord. Daher ist auch seine Anwendung genau dieselbe wie in Dur.

141.  a: IV   V   VII

Wenn wir nun aber diesem Dreiklang die Terz der Unterdominant (Non der Dominant!) hinzufügen, so daß er zum [124] Septaccord wird (Dominantseptnonaccord mit fehlendem Grundton), so erhalten wir ein Gebilde, das uns in Dur noch nicht begegnet war: den aus Grundton, kleiner Terz, verminderter Quint

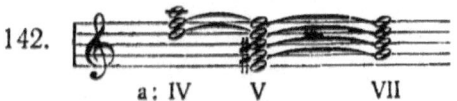
142.  a: IV   V   VII

und verminderter Sept bestehenden sogenannten **verminderten Septaccord**. Dieser Accord zeichnet sich vor dem an gleicher Stelle in Dur sich vorfindenden „halbverminderten" Septaccord dadurch aus, daß er (diatonisch) eindeutig ist, d. h. während ein mit dem Septaccord der VII. Stufe in Dur durchaus identisches Gebilde auch noch anderweitig, nämlich auf der II. Stufe in Moll vorhanden ist, gibt es einen verminderten Septaccord einzig und allein auf der VII. Stufe in Moll. Begegnet uns der Accord h—d—f—a, so kann es (vom harmonischen Zusammenhang abgesehen) zweifelhaft sein, ob er nach C dur oder nach a moll gehört. Dagegen muß der Accord h—d—f—as (innerhalb der rein diatonischen Harmonik) unter allen Umständen auf C als Tonica bezogen werden.

Noch eine andere Eigentümlichkeit kennzeichnet den verminderten Septaccord: der Abstand von einem jeden der ihn bildenden Töne zum nächstfolgenden ist gleich groß, er beträgt ebenso vom Grundton zur Terz wie von der Terz zur Quint und von dieser wieder zur Sept eine kleine Terz. Und damit noch nicht genug: untersuchen wir den Abstand, der die Sept von der höheren Octav des Grundtons trennt, so finden wir die übermäßige Secund, ein Intervall, das mit der kleinen Terz enharmonisch identisch ist, also (rein klanglich betrachtet) wieder eine kleine Terz.

143.

[125] So kommt es, daß alle Umkehrungen des verminderten Septaccords wenigstens für das Ohr (abgesehen von Orthographie und Auffassung) wieder verminderte Septaccorde ergeben, weil eben auch durch die Umkehrung keine anderen Intervalle zwischen den einzelnen Tönen des Accords zum Vorschein kommen können als kleine Terzen und die klanglich (enharmonisch) mit der kleinen Terz identische übermäßige Secund. Mit andern Worten: jeder durch Umkehrung eines verminderten Septaccords entstandene Quintsext-, Terzquart- und Secundaccord unterscheidet sich innerhalb des temperierten Tonsystems in Klang und Structur auf keine Weise von einem verminderten Septaccord in der Grundstellung.

Wie wir später sehen werden, ist das für die Enharmonik von Wichtigkeit. (Vergl. S. 318 f.) Schon jetzt aber ergibt sich aus dieser Eigentümlichkeit die Folge, daß sämtliche Lagen und Umkehrungen des verminderten Septaccords gleichwertig sind, was, wie wir gesehen haben (vergl. S. 115 f.), bei dem „halbverminderten"

Septaccord der VII. Stufe in Dur keineswegs der Fall ist. Dort erschweren alle die Gestalten des Accords, in denen die Sept nicht in der Oberstimme liegt, seine richtige Auffassung in mehr oder minder hohem Maße; ja, die dritte Umkehrung kommt (außerhalb der Sequenz) wohl überhaupt nur als Durchgangs- oder Vorhaltsaccord vor. Diese Beschränkungen in der Anwendung des Septaccords der VII. Stufe fallen in Moll fort, einmal weil die Eindeutigkeit des verminderten Septaccords eine falsche Auffassung von vornherein unmöglich macht und dann auch, weil, wie wir gesehen haben, ein wesentlicher Unterschied zwischen den verschiedenen Lagen und Umkehrungen des Accords für das Ohr gar nicht besteht.

Wir haben das eigentliche Wesen der **Dissonanz der Dominantsept** darin erkannt, daß mit ihr der Ton der **Unterdominante** als fremder Bestandteil in die Harmonie der Oberdominante eintritt. Was die Consonanz des Oberdominantdreiklangs stört, ist die Unterdominante, die sich mit der Oberdominant in Conflict setzt. Der Widerspruch zwischen Oberdominant und Unterdominante, das gleichzeitige Bestehen dieser beiden eigentlich [*126*] unvereinbaren tonalen Elemente ist es, was der Dissonanz des Dominantseptaccords ihren besonderen Charakter gibt. Kommt nun zu der Sept noch die **Non** der Dominant hinzu, so erfährt das Element der **Unterdominant** innerhalb der Oberdominantharmonie eine weitere Steigerung, indem wir einen Accord (den Dominantseptnonaccord) erhalten, der besteht: 1. aus dem vollständigen Dreiklang der Oberdominant und 2. aus Grundton und Terz des Unterdominantdreiklangs. Aus diesem Complexe gewinnen wir dann weiterhin den Septaccord der VII. Stufe dadurch, daß wir den **Grundton der Oberdominant** (den Fundamentston) weglassen. Es ist also dieser Septaccord der VII. Stufe ein aus Bestandteilen der Ober- und Unterdominant **zu gleichen Teilen** zusammengesetztes Gebilde, ein Accord, in dem sich Elemente der Oberdominante (Terz und Quint der V.) und Elemente der Unterdominante (Grundton und Terz der IV.) vollkommen die Wage halten.

138  Die Nebenharmonien in Moll.

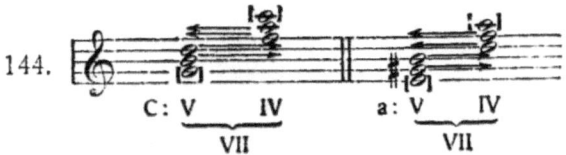

Was einzig und allein der Oberdominant ein gewisses Übergewicht verschafft, das ist das Vorhandensein des für die Dominantwirkung so wesentlichen Subsemitoniums. Und das genügt, um wenigstens in Dur eine entschiedene Unterdominantwirkung des Septaccords der VII. Stufe nicht so leicht aufkommen zu lassen.

Anders in Moll. Wir haben schon gesehen (vergl. S. 29), daß die Mollterz der Unterdominante (der in die Dominant abwärts führende Leitton) der Durterz der Oberdominante (dem in die Tonica aufwärts führenden Leitton) als ein vollkommen homologes Element entspricht, daß also die Mollterz, die bei einem Oberdominantaccord eine eigentliche Dominantwirkung unmöglich macht, umgekehrt bei einem Unterdominantaccord die [*127*] Unterdominantwirkung wesentlich erhöht, bezw. die Unterdominant-Auffassung in zweifelhaften Fällen allererst ermöglicht. Aus diesem Grunde kann der verminderte Septaccord, dessen Sept die kleine Unterdominant-Terz ist, viel eher im Sinne der Unterdominant verstanden werden als der ihm correspondierende Septaccord der VII. Stufe in Dur, dessen Sept um eine große Terz von der Unterdominant absteht.

So werden cadenzierende Auflösungen des Terzquart- und Secundaccords, gelegentlich auch wohl des Quintsextaccords der VII. Stufe in den (als Vorhalt vor der Dominant zu verstehenden) Quartsextaccord der Tonica, die in Dur nur unter ganz besonders günstigen Umständen (VII$_5^6$ oder VII$_3^4$ mit der Quint bezw. Terz in der Oberstimme, wie bei 145 a) möglich sind, in Moll zu etwas ganz Gewöhnlichem (145 b), wenn schon auch hier die so eingeleitete Cadenz deshalb viel matter wirkt als mit Verwendung von II$_5^6$, II$_3^4$ oder auch II$^7$, deren Stelle die ent-

## Die VII. Stufe als Stellvertreter der Unterdominant.

sprechenden Umkehrungen des verminderten Septaccords dabei [*128*] vertreten (145 c), weil eben der das Subsemitonium enthaltende Septaccord der VII. Stufe die Wirkung des Dominanteintritts zur Hälfte schon vorweggenommen hat.

Ja noch mehr: es kann geradezu eine **Combination des authentischen mit dem plagalen Schlusse** derart erfolgen, daß bei der Auflösung des Terzquartaccords der VII. Stufe in Moll der Baß den Quartschritt abwärts (bezw. Quintschritt aufwärts) in die Tonica macht, während die oberen Stimmen in der sonst üblichen Weise weitergehen (146 a). Dann ist der Baßton

des Terzquartaccords als eigentlicher **Fundamentston** anzusehen, und insofern ist jetzt der verminderte Septaccord nicht mehr eine Modification der Dominantharmonie, sondern er vertritt die Stelle der **Unterdominant**. Über diesem Baßton aber befindet sich nur **ein einziger** der Unterdominantharmonie angehörender Ton gegenüber **zwei Tönen**, die aus dem **Oberdominantdreiklang** herstammen, so daß wir hier in der Tat von einer Combination der Unterdominante mit der Oberdominant in ein und demselben Accordgebilde sprechen können.

Dieselbe Art der Auflösung des **Quartsextaccords** der VII. Stufe in Moll (146 b), dem die Terz der Unterdominant **fehlt**, würde ebenso und aus demselben Grunde wie der entsprechende Schluß mit dem **Terzquartaccord der VII. Stufe in Dur** (146 c und d), der die **große** Terz der Unterdominant hat, weit weniger in Betracht kommen können: weil nämlich hier der Oberdominantcharakter bei den betreffenden Accorden durchaus überwiegt, (abgesehen davon, daß die Lage des Terzquartaccords bei 146 d die Auffassung als C VII überhaupt schon erschwert).

[*129*] Beim verminderten Septaccord wird selbstverständlich **niemals** der **Grundton** (das Subsemitonium) **verdoppelt**, und auch zur **Verdopplung der Sept**, die jedenfalls nur bei reiner **Unterdominant-Auffassung** des Accords in Frage kommen könnte, dürfte sich (wenigstens im vierstimmigen Satze) ebensowenig Veranlassung finden, wie zur Verdopplung der **Quint**. **Fehlen** darf (im dreistimmigen Satze) sowohl die **Quint** als auch die **Terz**.

§ 31. 5. **Die Septaccorde über der Tonica und Unterdominant.** — **Sequenzen.**

Die große Sept über der Tonica ist in Moll nur als aufwärtsgehender Vorhalt, nicht aber auch mit Abwärtsauflösung nach Analogie einer Dominantsept möglich. (Grund!) Dagegen hat die Unterdominant in Moll eine kleine Sept, und dieser Umstand bewirkt es, daß der Septaccord der Unterdominant sich in Moll viel ungezwungener und freier, namentlich auch weit eher ohne strenge Vorbereitung der Sept anwenden läßt als in Dur.

148.

a: I   IV   V   —   I   I   IV   V

Die Auflösung der Unterdominantsept in Moll erfolgt selbstverständlich durchaus nach Analogie einer Dominantsept, also fast immer stufenweise abwärts.

[130] Sequenzen von Dreiklängen und Septaccorden, wie sie in Dur (wenigstens mit quintweise fallendem Baß) sehr leicht zu machen waren, sind innerhalb der streng leitereigenen Harmonik des gewöhnlichen (harmonischen) Moll nur gezwungen (Außerachtlassung der regelrechten Auflösung des Leittons!) und auch so nur streckenweise möglich. —

149.

a: I   IV   VII   III   VI   II   V   I   I   IV   VII   III   VI

142  Die Nebenharmonien in Moll.

II  V  I   a: I  V   II  VI   III  VII   IV  I

Die im gewöhnlichen (harmonischen) Moll möglichen Accordbildungen sind:

I. **Hauptharmonien: Tonicadreiklang, Dominantdreiklang** nebst **Dominantsept-** (und **Dominantseptnon-**)**accord, Unterdominantdreiklang.**

II. **Nebenharmonien:** 1. **als Stellvertreter der tonalen Hauptharmonien.** Es gehören
  a) zur **Tonica (Fundament I)**: Dreiklang und Septaccord der VI. Stufe, sowie der Septaccord über der Tonica;
  b) zur **Dominant (Fundament V)**: Dreiklang und Septaccord der VII. Stufe, Dreiklang (und Septaccord) der [131] III. Stufe, ausnahmsweise auch wohl einmal der Septaccord (oder Dreiklang) der II. Stufe;
  c) zur **Unterdominant (Fundament IV)**: Dreiklang und Septaccord der II. Stufe, gelegentlich der Dreiklang der VI. und auch wohl der Septaccord (oder Dreiklang) der VII. Stufe, sowie der Septaccord über der Unterdominant;

2. **als Stellvertreter außertonaler Hauptharmonien.** Es ist
  a) der **Grundton der II. Stufe** Dominant der Dominant ($a^{II} = e^V$ bezw. $E^V$), eine Beziehung, die in Moll allerdings etwas zurücktritt, weil die reine Quint der II. Stufe fehlt;
  b) der **Grundton der III. Stufe** Dominant der Durparallele der Unterdominant ($a^{III} = F^V$);
  c) der **Grundton der VI. Stufe** nicht nur Träger der Dur-

Zusammenfass. Überblick der tonalen Harmonik im harmon. Moll. 143

parallele der Unterdominant ($a^{VI} = F^I$), sondern auch Unterdominant der Durparallele der Tonica ($a^{VI} = C^{IV}$).

Der Grundton der VII. Stufe kommt dagegen in Moll für die außertonalen Beziehungen der leitereigenen Harmonik gar nicht in Betracht, weil er zu keinem andern Tone der Scala im Verhältnis der Quintverwandtschaft steht und auch keine consonante Harmonie trägt.

Außerdem ist, um den Kreis dieser Beziehungen zu schließen, noch zu berücksichtigen, daß die Tonica selbst wieder Unterdominant ihrer Oberdominant ($a^I = e^{IV}$ bezw. $E^{IV}$ Halbschluß!) und Oberdominant ihrer Unterdominant ($a^I = d^V$) ist, wenn auch die Tonica deshalb nie recht zur „uneigentlichen Dominant" werden kann, weil es im harmonischen Moll keinen Tonicaseptaccord mit abwärts auflösbarer Sept gibt.

Die Zusammenstellung erweist, daß die Möglichkeit außertonaler Anspielungen (unausgesprochener Modulationen innerhalb der tonalen Harmonik) im harmonischen Moll viel beschränkter ist als in Dur.

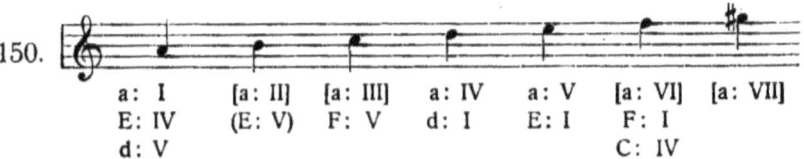

150.
a: I    [a: II]   [a: III]   a: IV   a: V   [a: VI]   [a: VII]
E: IV   (E: V)    F: V       d: I    E: I   F: I
d: V                                         C: IV

[*132*] **Aufgaben:** Zu den folgenden Übungen ist zu bemerken, daß der Baß in Beispiel 4 nur zur deutlicheren Kenntlichmachung der gemeinten Harmonisierung in Tact 2 und 3 vorübergehend eine Bezifferung trägt, im übrigen aber als unbezifferter Baß anzusehen ist.

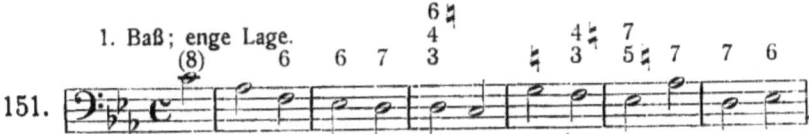

151. 1. Baß; enge Lage.

144　　　Die Nebenharmonien in Moll.

## VI. CAPITEL.

### Erweiterung des Tonartbegriffs.

§ 32. *[134]* **Das natürliche (äolische) und das dorische Moll.** Wir haben bis jetzt (mit Ausnahme solcher Fälle wie S. 59, Beisp. 50²ᶜ) ausschließlich die Art des Moll praktisch angewendet, die entsteht, wenn einer Molltonica die Unterdominant im gleichen Geschlecht (als Mollaccord), die Oberdominant aber im entgegengesetzten Geschlecht (als Duraccord) gegenübertritt. Diese Art des Moll ist, wie schon gesagt wurde (vergl. S. 27 ff.), weder das reine noch das ursprüngliche (natürliche) Moll. Es ist ein aus Moll und Dur **gemischtes Geschlecht** (Durmoll), das seine Entstehung dem Bedürfnis nach einem in die Tonica aufwärts führenden Leitton bei dem authentischen Schlusse V—I verdankt und das deshalb als die gebräuchlichste Art des Moll im Laufe der Zeit sich festsetzte, weil es einerseits eine volle **Dominantwirkung** innerhalb des Moll erlaubt, anderseits aber doch auch den **Mollcharakter** des Geschlechts (trotz der Durdominant) in durchaus genügender Weise wahrt.

Der Mangel dieser Art des Moll liegt nicht auf harmonischem, sondern auf **melodischem** Gebiet, indem zwischen der 6. und 7. Stufe seiner Tonleiter ein Hiatus aufklafft, der nur mittels des „unmelodischen" **übermäßigen Secundschrittes** übersprungen werden kann (a—h—c—d—e—f—gis—a).

Das Bestreben nach Ausfüllung dieser Kluft hat zur **Erhöhung auch der 6. Stufe der Mollscala** geführt (vergl. S. 30 f.), und so entstand die dritte Art des Moll, das **dorische Moll**,* in dem nur die **Tonica** das Mollgeschlecht [*135*] bewahrt hat, während **beide Dominanten Duraccorde** geworden sind.

152.

Diese Art des Moll erlaubt zwar auch volle Dominantwirkung, aber die innige Beziehung der **Unterdominant** zu Tonica und

---

* Wir haben die Bezeichnungen „dorisches Moll" für das Moll mit großer Sext und „äolisches Moll" für das Moll mit kleiner Sept gewählt im Hinblick auf die dorische und äolische **Kirchentonart**, für die jene Intervalle der großen Sext bezw. kleinen Sept charakteristisch sind, und konnten das um so eher tun, als der Name „dorische Sext" für die große Sext in Moll ja schon immer gebräuchlich war. Man hüte sich aber vor dem Mißverständnis, als ob „dorisches Moll" und „dorische Tonart" bezw. „äolisches Moll" und „äolische Tonart" ein und dasselbe wären. (Vergl. S. 407 ff.)

Dominant, durch die sich die beiden andern Arten des Moll mit ihrer (zur 5. Stufe der Scala in abwärts führendem Leittonverhältnis stehenden) kleinen Unterdominant-Terz auszeichnen, sie ist hier verloren gegangen, und außerdem erscheint auch der Mollcharakter der Tonart in ernstlicher Weise gefährdet. Denn nun zerfällt die Tonleiter in zwei Hälften, von denen nur die eine Moll-, die andere aber ausgesprochenen Durcharakter trägt.

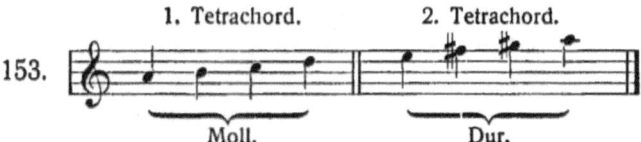

153.

Wenn wir uns über die Harmonik der beiden Nebenarten des Moll ins Klare kommen wollen, haben wir das Folgende zu bedenken: Die natürliche Molltonleiter, die dem äolischen Moll zugrunde liegt, wird charakterisiert durch ihre kleine Sext und kleine Sept. Die kleine Sext ist, wie wir schon wiederholt gesagt haben, (abwärts führender) Leitton zur Dominant. Es hieße also einer ausgesprochenen Leittontendenz zuwiderhandeln, wenn man die kleine Sext stufenweise aufwärts führen wollte. Ebensowenig würde es aber auch befriedigen, wenn man von der kleinen Sept aufwärts in die Tonica ginge. Denn dann würde ein Leittonschritt fehlen, den wir bestimmt erwarten, das Leittonbedürfnis, das sich bei dem Übergang von der 7. Stufe zur [*136*] Tonica für unser heutiges Empfinden als eine gebieterische Forderung geltend macht, würde unbefriedigt bleiben. Folglich kann das obere Tetrachord der natürlichen Molltonleiter voll befriedigend nur in absteigender Richtung gebraucht werden.

Gerade umgekehrt ist es mit der oberen Hälfte der durch die große Sext und große Sept charakterisierten Tonleiter des dorischen Moll. Sie befriedigt nur dann ganz, wenn sie aufsteigend benutzt wird. Denn die große Sept muß als Leitton zur Tonica aufwärts gehen, und die große Sext hat in Moll überhaupt nur dann eine Berechtigung, wenn sie zur Ausfüllung der Kluft zwischen der 6. (natürlichen) und 7. (erhöhten) Stufe dienen soll, wird also immer aufwärts in die große Sept führen.

Für die melodische Stimmführung in Moll ergeben sich daraus die folgenden Regeln:

1. Völlige Bewegungsfreiheit haben in allen Arten des Moll nur die 1., 2., 3., 4. und 5. Stufe der Tonleiter.

2. Die 6. natürliche Stufe (kleine Sext) schreitet am natürlichsten einen Halbtonschritt abwärts in die Dominant (natürlicher Leitton in Moll); man kann von ihr abspringen, auch wohl den übermäßigen Secundschritt in die erhöhte 7. Stufe machen, wenn man sich über die dieser Führung entgegenstehenden Bedenken hinwegsetzt;* dagegen würde es unserm Mollempfinden durchaus zuwiderlaufen, wenn man sie stufenweise aufwärts in die natürliche 7. Stufe führen wollte.

3. Die 6. erhöhte Stufe (große Sext) führt natürlicherweise aufwärts in die 7. erhöhte Stufe, dagegen nicht abwärts in die Dominant und ebensowenig aufwärts in die 7. natürliche Stufe, es sei denn, es handle sich um chromatische Fortschreitungen; [*137*] ja sogar die sprungweise Weiterführung wird (wenigstens bei der Accordfortschreitung) dieser Stufe widerstreben, bezw. das Gefühl der Beziehung auf eine Durtonica erwecken.

4. Die 7. natürliche Stufe (kleine Sept) geht einen Tonschritt abwärts in die 6. natürliche Stufe, springt wohl auch ab, sträubt sich aber gegen die Aufwärtsführung in die Tonica wie gegen die Abwärtsführung in die 6. erhöhte Stufe (Chromatik ausgenommen).

5. Die 7. erhöhte Stufe führt als *Subsemitonium modi* auf-

---

* Das eigentlich Widerstrebende des übermäßigen Secundschritts, das ihm einen selbst im Vergleich mit andern übermäßigen Schritten (übermäßiger Quart, übermäßiger Quint) so besonders gewaltsamen Charakter verleiht, liegt offenbar in dem Widerspruch, daß dieser Schritt, wie schon bemerkt (S. 30), dem Ohr sich durchaus als ein S p r u n g zu erkennen gibt, während er innerhalb der Mollscala doch als ein diatonischer S t u f e n s c h r i t t gelten soll.

wärts in die Tonica. Man kann sie unter Umständen sprungweise verlassen, nicht aber mit einem Stufenschritt abwärts in die 6. erhöhte Stufe, eher noch, wenn man den übermäßigen Secundschritt nicht scheut, in die 6. natürliche Stufe führen.

1. Es ist eine selbstverständliche Forderung, daß der Charakter der Tonart bezw. des Tongeschlechtes in denjenigen Melodieschritten am strengsten gewahrt werde, die selbst harmonische Bedeutung haben, d. h. also in denen, [*138*] die bei einem Accordwechsel von den einzelnen Stimmen gemacht werden, während eine freiere Behandlung der rein melodischen Schritte, also aller derer, die durchgehenden, wechselnotenartigen, überhaupt bloß figurativ ausschmückenden Charakter tragen, weit weniger störend empfunden wird. Diese Überlegung rechtfertigt die namentlich bei Bach häufigen, später aber mit der schärferen Abgrenzung des Begriffs der Molltonart immer seltener werdenden Ausnahmen von den Regeln, die wir für die Behandlung des oberen Tetrachords der Molltonleiter gegeben haben. Bei diesen Ausnahmen, die ganz unbedenklich sind, wenn es sich um solche Bewegungen handelt, die in den betreffenden kritischen Ausgangston wieder zurückkehren, zeigt sich, daß die 6. und 7. natürliche Stufe gegen eine ihrer eigentlichen Fortschreitungstendenz zuwiderlaufende Weiterführung merklich weniger empfindlich sind als

150 Erweiterung des Tonartbegriffs.

die 6. und 7. e r h ö h t e Stufe. Immerhin finden sich selbst Durchgänge wie die unter 154 b und c angeführten bei Bach nicht gerade vereinzelt.

2. Wenn dagegen — wie es ja tatsächlich vorkommt — eine Fortschreitung von A c c o r d n o t e  z u  A c c o r d n o t e  im Widerspruch mit jenen Regeln erfolgt, so wird damit immer, streng genommen, das Tongeschlecht, das wir Neueren als Moll anzusehen uns gewöhnt haben, verlassen. Jeder derartige Schritt „choquiert" unser modernes Mollgefühl, wir empfinden ihn als etwas Unnatürliches, Gezwungenes, oder aber er wirkt modulierend, d. h. er läßt die Beziehung auf die betreffende Tonica bezw. auf ihre geschlechtliche Charakterisierung als eine M o l l tonica mehr oder minder verloren gehen.

Gerade dieser im modernen Sinne mollwidrige Eindruck kann nun aber sehr wohl einen ganz besonderen Reiz ausüben, sei es daß wir solchen Schritten bei älteren Meistern begegnen, in deren Praxis sich unser Moll eben erst aus der schwankenden Harmonik der Kirchentonarten heraus festzustellen beginnt (wie selbst noch bei Bach), sei es daß neuere Komponisten archaisierende oder exotische Wirkungen mit ihnen anstreben. Immer aber wird das Eigentümliche solcher Wirkungen darin liegen, daß sie uns bis zu einem gewissen Grade „wider den Strich" gehen, daß sie dem, was wir erwarten und als natürlich empfinden, widersprechen. Ein stufenweise abwärts gehendes fis, auf die Molltonica a bezogen, wirkt nicht mehr als a moll, sondern als (transponiertes) D o r i s c h, ein stufenweise aufwärtsgehendes g als Ä o l i s c h. Vergl. „Kirchentonarten und Exotik" im Anhang S. 405 ff.

§ 33. Das äolische (natürliche) Moll hat im Unterschied vom gewöhnlichen Moll (Durmoll) auf der V. Stufe einen Molldreiklang und kleinen Septaccord, auf der Tonica einen ebensolchen Septaccord, auf der III. Stufe einen Durdreiklang und großen Septaccord und auf der VII. Stufe einen Durdreiklang, zu dem eine kleine Sept hinzutreten kann (Dominantseptaccord der Durparallele). (155 a.)

Das d o r i s c h e  M o l l hat auf der IV. Stufe einen Durdreiklang, der durch Hinzufügung der kleinen Sept klangidentisch wird mit dem Dominantseptaccord der Oberdominant-Tonart der Durparallele, auf der II. Stufe einen Molldreiklang und auf der VI. einen verminderten Dreiklang, den eine kleine Sept zum Vierklang ergänzt. (155 b.)

Das äolische Moll entbehrt eines eigentlichen Dominantaccords. Der Molldreiklang wie der kleine Septaccord auf der V. Stufe sind wegen des fehlenden Leittons unfähig, eine entschiedene Dominantwirkung auszuüben, vor allem sind sie zum authentischen Schlusse V—I untauglich. Das natürliche Moll kennt also nur den Plagalschluß IV—I. Soll auf den Molldreiklang bezw. den [*140*] kleinen Septaccord der V. Stufe die Tonica folgen, so kann das entweder so geschehen, daß die kleine Terz der V. als kleine Sept der I. liegen bleibt (156 a), oder aber so, daß diese Terz zunächst abspringt und erst nachträglich ihren Auflösungston, die kleine Sext der Tonica, nimmt. (156 b.)

Während die Folge V—IV wegen der der Dominant innewohnenden Auflösungstendenz zur Tonica hin dann etwas Widerstrebendes hat, wenn die V. Stufe tatsächlich als Dominant auftritt, d. h. wenn sie die große Terz als Tonica-Leitton hat, kann der

Molldreiklang (und kleine Septaccord) der V. Stufe der Unterdominant sehr wohl vorangehen, in Verbindungen freilich (156 c), die auch hier in der Regel wohl mehr oder minder durchgangähnlich sich gestalten werden.

Weil in der regulären authentischen Cadenz die Unterdominant der zum Abschluß führenden Oberdominant unmittelbar vorangeht, ist es nicht wohl möglich, daß auf die Unterdominant die V. Stufe anders denn als wirkliche Dominant, d. h. mit großer Terz folge. Die Gewöhnung an die stereotyp gewordene Schlußwendung IV—V hat ein so festes associatives Band zwischen Unterdominant und wirklicher Dominant geknüpft, daß wir den Eintritt der großen Dominantterz nach der Unterdominant nicht bloß erwarten, sondern geradezu verlangen. Ebenso und aus demselben Grunde ist nach der II. Stufe, wenn sie die Stelle der Unterdominant vertritt, die V. Stufe nur mit dem Tonica-Leitton als Terz denkbar, und auch die VII. Stufe wird man nach der IV. oder II. wohl schon darum nur als Stellvertreter der wirklichen Dominant, d. h. mit erhöhtem Grundton bringen können, weil sonst allzusehr der Eindruck einer Modulation in die Parallel-Durtonart erweckt würde. In anderer Verbindung ist dagegen der Durdreiklang der VII. natürlichen Stufe in Moll sehr wohl anwendbar, namentlich wenn man Sorge trägt, einen Fortgang zu vermeiden, der geradezu an die Durparallele erinnert.

157.

a: I   VII   IV   V

[*141*] Bei dem Septaccord dieser Stufe würde freilich der Gleichklang mit dem Dominantseptaccord der Durparallele wohl immer die Empfindung einer Modulation hervorrufen.

## Sequenzen.

Der Durdreiklang auf der III. Stufe mit natürlicher Quint wird sich als Stellvertreter des kleinen Septaccords auf der Tonica zu erkennen geben, der seinerseits wieder nichts anderes ist als uneigentlicher Dominantaccord der Unterdominant. Tritt zum Dreiklang der III. Stufe die große Sept hinzu, so ist sie entweder aufwärts führender Vorhalt, oder aber sie macht den Accord zum uneigentlichen Dominantseptaccord der Unterterz der Tonica (der tonalen Sext, die zugleich Träger der Durparallele der Unterdominant ist).

158. Bach, d moll-Toccata (Orgelwerke, Peters III., 32).

a: I — IV — VII — III — VI — II
[C: II — V — I]

Ebenda S. 35.

V — d: I — IV — VII
[F: II — V]

III — VI — VII
I — IV]

Sequenzen von Dreiklängen und Septaccorden mit quintweise fallenden Grundtönen sind im äolischen Moll durch alle Stufen der Scala hindurch weit ungezwungener möglich als im gewöhnlichen Moll: freilich wird dabei die Folge IV—VII immer [*142*] den Gedanken an II—V der Durparallele wecken, und auf die II. Stufe wird man, um nicht ganz aus der Tonart herauszufallen, die V. Stufe selbst im Zusammenhang der Sequenz wohl kaum anders als mit großer Terz bringen können.

Wir haben also im natürlichen (äolischen) Moll alles in allem die Möglichkeit folgender Harmonien:

I. Hauptharmonien. Die Dreiklänge auf der Tonica und Unterdominant. (Dagegen gehören Dreiklang und Septaccord der V. Stufe hier nicht zu den Hauptharmonien der Tonart, insofern diese Stufe hier nur „uneigentliche" Dominant ist.)

II. Nebenharmonien. 1. als Stellvertreter der tonalen Hauptharmonien. Es gehören

    a) zur Tonica (Fundament I): außer dem Dreiklang und Septaccord der VI. Stufe, sowie dem Septaccord über der Tonica dessen Stellvertreter: der Dreiklang der III. Stufe.

    b) zur Unterdominant (Fundament IV): Gerade wie im gewöhnlichen Moll der Septaccord über der Unterdominant, [*143*] der Dreiklang und Septaccord der II. Stufe, gelegentlich auch der Dreiklang der VI. Stufe. (Den Terzquartaccord der VII. Stufe mit Unterdominantfunction im reinen Äolisch siehe S. 413 Beispiel 54$^1$.)

2. als Stellvertreter außertonaler Hauptharmonien. Während die II. und VI. Stufe des äolischen Moll auch in bezug auf ihre außertonalen Beziehungen sich genau so verhalten wie die gleichen Stufen im gewöhnlichen Moll — abgesehen davon, daß die Folge II—V (= e V—I) innerhalb des äolischen Moll überhaupt nicht vorkommt — ist hier

    a) der Grundton der III. Stufe Träger der Durparallele der Tonica (a III = C I), Dominant der Durparallele der Unterdominant (a III = F V) und Unterdominant der Durparallele der Oberdominant (a III = G IV);

## Zusammenfassender Überblick der tonalen Harmonik im äolischen Moll. 155

b) der Grundton der VII. Stufe Dominant der Durparallele der Tonica (a VII = C V), Unterdominant der Unterdominant (a VII = d IV) und Träger der Durparallele der Oberdominant (a VII = G I). Während die Tonica als Unterdominant ihrer Oberdominant (a I = e IV) und als Oberdominant ihrer Unterdominant (a I = d V) — Septaccord über der Tonica! —, die Unterdominant als Oberdominant der Durparallele der tonalen Oberdominant (a IV = G V) für die außertonalen Beziehungen in Betracht kommt, ist die Dominant im äolischen Moll zwar primäres Fundament, aber (wegen des fehlenden Leittons) Träger eines Accords, der trotzdem nur als Nebenharmonie innerhalb der Tonart gelten kann, so daß hier in der Beziehung der Dominant zur Tonica das tonale Moment hinter dem außertonalen geradezu in den Hintergrund tritt. (a: I—V = e: IV—I; a: V—I = e: I—IV.)

159.

| a: I | [a: II] | [a: III] | a: IV | [a: V] | [a: VI] | [a: VII] |
|---|---|---|---|---|---|---|
| e: IV | (e: V) | C: I | d: I | e: I | F: I | C: V |
| d: V | | F: V | G: V | | C: IV | d: IV |
| | | G: IV | | | | G: I |

§ 34. [*144*] Noch vorsichtiger als die natürliche Sept im äolischen Moll ist die **erhöhte Sext im dorischen Moll** zu behandeln. Sie kann, ohne daß die Beziehung auf eine Molltonica verloren ginge, füglich nur **stufenweise aufwärts** in die erhöhte Sept weitergeführt werden. Daraus ergibt sich als unmittelbare Folge, daß die Accorde der IV. und II. Stufe, die die dorische Sexte enthalten, nicht zur Tonica fortschreiten können. Mit andern Worten: wie im äolischen Moll die Oberdominant mit ihrer eigentlichen Dominantfunction ganz ausgeschieden ist, so erleidet im dorischen Moll die Unterdominant hinsichtlich ihrer Beziehung zur Tonica insofern eine starke Beeinträchtigung, als die Rückkehr von der Unterdominant zur Tonica unmöglich ist. Sobald man im dorischen Moll die Unterdominant oder ihren Stellvertreter erreicht hat, muß zur Dominant oder einem ihrer Stellvertreter (VII. oder III. Stufe) weitergegangen werden. Dagegen sind alle Arten des Plagalschlusses hier ebenso unausführbar wie der authentische Schluß und seine Modificationen im äolischen Moll, das als reines Unterdominant-Moll den polaren Gegensatz zum dorischen Moll, dem ausgesprochenen Oberdominant-Moll bildet.

Sinding, Streichquartett op. 70, Schluß des 1. Satzes.

160.

Der Septaccord über der Unterdominant ist im dorischen Moll klanglich identisch mit dem Dominantseptaccord der Oberdominant-Tonart der Durparallele (a IV$^7$ = G V$^7$). Der Eindruck einer — wenn auch nur vorübergehenden — Ausweichung in diese Tonart, wird daher bei Anwendung des Unterdominant-[145] Septaccords mit großer Terz nur schwer zu vermeiden sein. Immerhin kommt der „Dominantseptaccord" mit nahezu eindeutig ausgesprochener Unterdominantfunction tatsächlich, obzwar nicht gerade häufig vor. (Beispiel 160, S. 156.)

Ein kleiner Septaccord auf der II. Stufe ist in diesem Moll nicht wohl denkbar. Denn einmal ist der kleine Septaccord gerade als Unterdominant-Stellvertreter für Dur viel zu charakteristisch, um mit der gleichen Function in Moll Anwendung finden zu können, dann würde aber auch seine regelrechte Auflösung (Quint stufenweise aufwärts, Sept stufenweise abwärts) der so entstehenden Leittonverdopplung wegen unausführbar sein.

Der Dreiklang und Septaccord der erhöhten VI. Stufe wird nicht minder einen der Tonart fremden Charakter tragen. Es

Die Accorde des dorischen Moll.

sind das Accorde (verminderter Dreiklang event. mit kleiner Sept), die wir bereitwilliger als Dominantstellvertreter (VII. Stufe) in Dur oder als II. Stufe in Moll auffassen (a VI = G VII oder e II). Erscheinen sie auf der VI. Stufe in Moll, so werden sie entweder die Stelle der Unterdominant vertreten und gleichzeitig eine Anspielung auf die Oberdominant-Tonart der Durparallele bringen, oder aber sie repräsentieren die Tonica, die dann aber halbwegs zur Unterdominant ihrer Oberdominant herabsinkt (z. B. a: VI (I)—V = e: II (IV)—E I). Außerdem kommt noch das uneigentliche Dominantverhältnis in Betracht, in dem die VI. Stufe zur II. steht.

Ein gleichzeitiges Vorkommen der erhöhten Sext und Sept (etwa im großen Dominantseptnonaccord oder im halbverminderten Septaccord der VII. Stufe) ist in Moll ausgeschlossen (Grund!). Ebensowenig ist ein Vermischen der verschiedenen Arten des Moll in der Art möglich, daß etwa die erhöhte Sext und die natürliche Sept in einem (selbständigen) Accorde zugleich vorkämen. Sehr häufig findet sich dagegen ein solches Zusammentreffen, wie auch das gleichzeitige Bestehen zweier verschiedener Formen ein und derselben Tonleiterstufe (natürliche und erhöhte Sext bezw. Sept zusammen) in Vorhalts- und Durchgangsbildungen. (Vergl. S. 286 f.)

[*146*] Von allen Arten des Moll ist das dorische Moll das in harmonischer Hinsicht am wenigsten bedeutsame. Man wird in der Regel nur dann zu ihm greifen, wenn eine melodische Veranlassung dazu vorliegt, d. h. wenn die große Sext der Tonica sich in der Melodie und durch sie aufdrängt.

161.

|  a: I    | '[a: II] | [a: III] | a: IV | a: V  | [a: VI] | [a: VII] |
|  E: IV   | (E: V)   |          | D: I  | E: I  | (h: V)  |          |
|  (D: V)  | h: I     |          |       | h: IV |         |          |

Jedenfalls ist daran festzuhalten, daß das für unser Empfinden normale Moll dasjenige Tongeschlecht ist, das durch Moll-Tonica, Moll-Unterdominant und Dur-Oberdominant charakterisiert wird.

Ihm gegenüber treten das natürliche (äolische) Moll und vollends das dorische Moll als nur gelegentlich und vorübergehend anzuwendende Ab- und Unterarten durchaus in den Hintergrund.

§ 35. **Molldur**. — Der Umstand, daß die Terz der Unterdominant in Moll mit einem Halbtonschritt in die Dominant führt, bewirkt, wie wir schon gesehen haben (vergl. S. 29 f.), daß alle Unterdominantaccorde in der Form, wie sie in Moll leitereigen sind, d. h. also mit kleiner Terz kräftigere Unterdominantwirkung ausüben als mit großer Terz; und zwar macht sich das sowohl bei dem Plagalschluß: IV (bezw. II)—I als auch bei dem Halbschluß: IV (bezw. II)—V geltend, die in Moll ungleich entschiedener cadenzierend wirken als in Dur. Vermöge des Leittonschritts von der kleinen Sext zur Dominant ist eben in Moll die Unterdominant-Harmonie melodisch viel bestimmter und viel enger als in Dur sowohl auf die Harmonie der Dominant als auf die der Tonica bezogen.

Erinnern wir uns nun daran, wie das Fehlen eines Subsemitoniums im natürlichen Moll Veranlassung gegeben hat, daß man die 7. natürliche Stufe der ursprünglichen Mollscala chromatisch erhöhte — oder mit andern Worten: der Dominant eine große [*147*] Terz (statt der natürlichen kleinen) gab — und damit die Durform der Dominant als eine dem Mollgeschlecht von Haus aus fremde Bildung einführte, so wird man verstehen, wie etwas diesem Vorgange ganz Analoges auch in Dur geschehen konnte, indem man die 6. Stufe der Durscala chromatisch erniedrigte, der Unterdominant eine kleine Terz statt der großen gab, d. h. also die Mollform der Unterdominant in Dur einführte.

Ein Accord mit kleiner Terz kann für unser Ohr niemals ohne Zwang als eigentlicher Dominantaccord gelten: deshalb muß, wenn ein authentischer Schluß in Moll ermöglicht werden soll, die Terz der Molldominant chromatisch erhöht werden. Ein Accord mit großer Terz kann zwar sehr wohl Unterdominant-Function ausüben; aber er leistet diese Function ungleich besser, wenn er

## Molldur.

eine kleine Terz statt der großen erhält. Deshalb ist die Einführung der Moll-Unterdominant in Dur zwar nicht in gleicher Weise **notwendig** wie die der Dur-Oberdominant in Moll, wohl aber **möglich** und in all den Fällen angezeigt, wo eine scharf ausgesprochene Unterdominant-Wirkung gefordert wird. So tritt dem aus Molltonica, Moll-Unterdominant und Dur-Oberdominant sich konstituierenden **Durmoll** (dem gewöhnlichen Moll) ein aus **Dur-tonica, Dur-Oberdominant und Moll-Unterdominant** aufgebautes **Molldur** als sein genaues Pendant gegenüber.

Durch diese Erniedrigung der Sext der Durtonica wird bewirkt, daß die folgenden Accorde in Dur so erscheinen, wie sie als leitereigene Bildungen in der gleichnamigen Molltonart vorkommen:

[148] **Neue Bildungen**, die auch der gleichnamigen Molltonart fremd sind, entstehen auf der IV. und VI. Stufe:

Doch dürfte, abgesehen von bloß vorübergehenden („zufälligen") Combinationen, wie Vorhalt, Durchgang u. dergl., kaum sehr viel mit ihnen anzufangen sein. Als „harmoniefremder" Ton ist denn auch die über dem Moll-Unterdominantdreiklang liegenbleibende Durterz der Tonica in den folgenden Tacten aus Chopins opus 56 No. 3 anzusehen, die anscheinend eine Unterdominant-Harmonie mit kleiner Terz und großer Septime bringen (C: IV♭+I!). Vergl. den Begriff „liegende Stimme" S. 298.

**Aufgaben:** NB! In den nachfolgenden Übungsaufgaben sind die Harmonien des äolischen und dorischen Moll immer nur vorübergehend zur Anwendung gebracht worden, ohne daß jemals ein ganzer Satz in einer der ungewöhnlicheren Arten des Moll stehend gedacht wäre.

Aufgaben.

## VII. CAPITEL.
### Zufällige Harmoniebildungen.

§ 36. [*151*] Was man im allgemeinen unter **harmoniefremden Tönen** und im besonderen unter Vorhalt, Durchgang und Wechselnote versteht, ist in dem die Entstehung der Sextaccorde und Quartsextaccorde behandelnden Abschnitt schon erörtert worden. (Vergl. § 12 ff.) Doch haben wir uns an jenem Orte darauf beschränkt, die Lehre und namentlich auch die praktische Anwendung der harmoniefremden Töne nur so weit zu führen, als

## Das Wesen des Vorhalts.

zum Verständnis der auffassungsdissonanten Sext- und Quartsextaccorde nötig erschien. Wir holen das dort vorläufig beiseite Gelassene nach, indem wir zunächst die Natur und Anwendungsmöglichkeiten des Vorhalts eingehender betrachten.

Der Vorhalt. — Bezüglich der Einführung des Vorhalts haben wir bereits gesehen (S. 47), daß sein Eintritt erfolgen kann: entweder vorbereitet, d. h. durch Bindung (Vorhalt im eigentlichen und engeren Sinne des Wortes) oder unvorbereitet, „frei", als vorhaltartige Wechselnote. („Vorschlag" in der älteren Terminologie.) Was das Charakteristische der Vorhaltswirkung ausmacht, ist dabei immer der Umstand, daß der harmoniefremde Ton, die Dissonanz, mit einem Accent (auf „gutem" Tactteil) auftritt, während die Auflösung auf minder betontem Tactgliede erfolgt.

Der freie Eintritt einer Vorhaltsdissonanz kann, wie wir gleichfalls schon wissen (vergl. S. 47), am unbedenklichsten dann erfolgen, wenn durch den Vorhalt ein Gebilde entsteht, das nur in der Auffassung dissoniert, oder überhaupt, wenn der Vorhaltston zum Fundamentston im Verhältnis eines nicht effectiv dissonierenden Intervalls steht. (Quart- und Sextvorhalt.) Erleichtert wird der freie Eintritt des effectiv dissonierenden Vorhalts: 1. dadurch, daß der Ton, der Vorhalt wird, in dem vorangegangenen Accord, wenn auch in einer andern Stimme, schon vorhanden war (167 a); 2. dadurch, daß die Vorhaltsbildung die Form eines Sept- oder Nonaccords annimmt, der auch als selbständiger Accord gebraucht, [152] einer Vorbereitung nicht bedürfte (167 b).

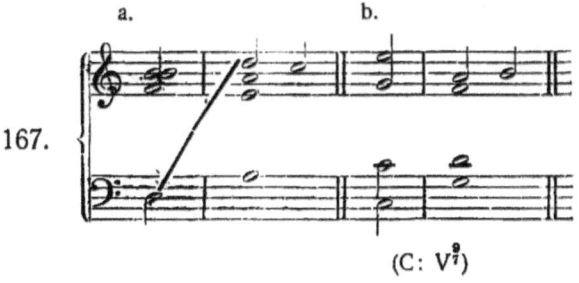

167.

(C: V$^9_7$)

164  Zufällige Harmoniebildungen.

Die **Auflösung** der Vorhaltsdissonanz erfolgt natürlicherweise in den Accordton, dessen Stelle der harmoniefremde Ton (als seine „Wechselnote") vertritt, also stufenweise abwärts oder aufwärts. Der abwärts sich auflösende Vorhalt ist ungleich viel häufiger als der aufwärts gehende. Es macht sich hier (wie überhaupt bei der Dissonanzauflösung) ein gewisses **Gesetz der Schwere** auch im Reich der Töne geltend, vermöge dessen in einem dissonierenden Intervall der als Consonanz sich behauptende Ton viel leichter, sozusagen mit geringerem Kraftaufwand den dissonierenden Ton in die zunächst gelegene tiefere Stufe herabzieht (bezw. hinabdrängt), als daß er ihn in die eine Stufe höher liegende Consonanz hinaufdrängte (bezw. heraufzöge).

Eine etwa vorhandene, aufwärts weisende Leitton-Tendenz wird diesen natürlichen Zug in die Tiefe freilich vollkommen paralysieren, so daß eine Vorhaltsdissonanz sich dann immer aufwärts auflösen kann, wenn sie bei dieser Auflösung einen Halbtonschritt zu machen hat (168 a). Als im Ganztonschritt aufwärts sich auflösender Vorhalt dürfte nur die in die Terz eines Dreiklangs oder Septaccords emporstrebende Secund relativ häufiger vorkommen (168 b), die Quart als Vorhalt vor der Quint wohl nur

dann, wenn sie mit der Secund zu einem **Doppelvorhalt** verbunden auftritt, wo die **Unterstützung** sozusagen, die die eine Stimme durch die Parallelbewegung der andern erhält, [153] über das Widerstrebende der Aufwärtsführung der Quart hinweghilft. (168 c.)

Die Auflösung einer Vorhaltsdissonanz erfolgt häufig nicht sogleich, sondern aufgehalten dadurch, daß vor dem Auflösungston erst noch ein oder mehrere **andere Töne** ergriffen werden. (Nachträgliche bezw. verzierte Auflösung.) Diese Töne können entweder Accordtöne oder wiederum accordfremde Töne („Wechselnoten") sein, die natürlicherweise dann ihrerseits wieder „aufgelöst" werden müssen, falls sie einen andern Auflösungston haben als der Vorhalt selbst.

169.

Solange die Vorhaltsdissonanz erklingt, kann ihr Auflösungston entweder ganz **fehlen** (wie bei 169 c), oder aber er kann (wie [154] bei 169 a und b) in einer andern Stimme mit dem Vorhalt gleichzeitig vorhanden sein. Das letztere ist eine ganz gewöhnliche Erscheinung, wenn der Vorhalt sich in den Grundton des Accords auflöst, also beim (abwärts gehenden) **Non-** und (aufwärts gehenden) **Septvorhalt**. Dabei wird der mit dem Vorhalt gleich-

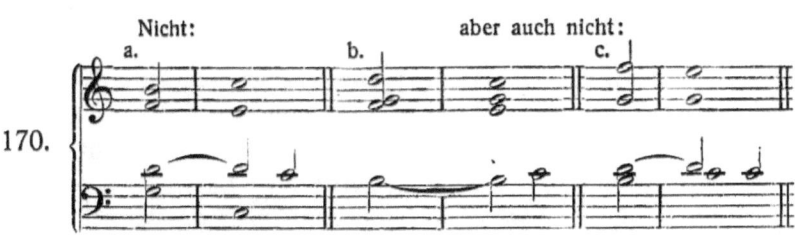

170.

166  Zufällige Harmoniebildungen.

zeitig erklingende Auflösungston nahezu ausnahmslos **unterhalb** des Vorhalts sich befinden und das Intervallverhältnis zwischen diesen beiden Tönen so sein, daß die Auflösung in die **Octav**, selten so, daß sie in den **Einklang** erfolgt.

Daß sich dabei der Auflösungston im **Baß** befindet, ist der häufigste, keineswegs aber der allein mögliche Fall.

171.

[*155*] Weit seltener als bei den in die Octav des Accord-Grundtons sich auflösenden Vorhalten (dem abwärts gehenden Non- und aufwärts gehenden Septvorhalt) findet sich das gleichzeitige Auftreten von Vorhalts- und Auflösungsnote bei den andern Arten des Vorhalts. Es wird sich dabei in der Hauptsache immer darum handeln: erstlich, ob bei der betreffenden Accordnote eine **Verdopplung** überhaupt **zulässig** ist, und zweitens, ob man die **Härte** nicht scheut, die in solchem Falle leicht entstehen kann und namentlich dann entstehen **wird**, wenn Vorhalt und Auflösungsnote nur um eine **kleine** Non (bezw. Secund) voneinander entfernt sind.

Von den folgenden Beispielen ist 172 a durchaus unzulässig, b und c dagegen gut, und zwar c deshalb noch besser als b, weil hier der Ton, zu dessen Verdopplung die Auflösung des Vorhalts führt,

Das gleichzeitige Erklingen von Vorhalts- und Auflösungsnote.　167

Fundament der Hauptharmonie ist, deren Stelle der Sextaccord der II. Stufe vertritt. — Will man den in einen nicht der Verdopplung fähigen Ton aufzulösenden Vorhalt mit der Auflösungsnote gleichzeitig bringen, so muß die letztere in dem Augenblick aus der Stimme, in der sie zuerst auftrat, verschwinden, wo die Vorhaltsauflösung ihre Verdopplung herbeiführen würde. (172 d.)

Der Harmonielehrer, dem daran gelegen ist, seinem Schüler einen sauberen musikalischen Satz anzuerziehen, wird gut daran tun, die alten Regeln, daß der Auflösungston stets u n t e r dem gleichzeitig mit ihm erklingenden Vorhalt und mindestens so weit von ihm entfernt zu sein habe, daß die Auflösung in die O c t a v erfolgt, strengstens aufrecht zu erhalten, obwohl die Ausnahmen in der Praxis auch hier keineswegs so vereinzelt sind, wie die ältere Theorie es oft hingestellt hat. Um diese Ausnahmen zu verstehen, hat man zunächst zu bedenken, daß jene Regeln ihre Geltung lediglich aus der Tatsache herleiten, daß unser Ohr, wie früher schon ausgeführt wurde (vergl. S. 69 und 85), geneigt ist, beim Vorhalt der Secund eher die Auflösung in die Terz als die in den Einklang und beim Vorhalt der Sept zum mindestens, wenn der untere der beiden Töne des Septintervalls als Dissonanz zu gelten hat, eher die Auflösung in die Sext [*156*] als in die Octav zu erwarten. Der Auflösungston über oder in unmittel-

168  Zufällige Harmoniebildungen.

barer Secundnachbarschaft mit dem Vorhalt e r s c h w e r t die richtige Auffassung des Vorhaltsaccords, macht sie aber keineswegs immer u n m ö g l i c h. Und sobald andere Umstände mit in Betracht kommen, die entweder jener Erschwerung der Auffassung e n t g e g e n w i r k e n oder diese Erschwerung selbst m o t i - v i e r e n, kann ohne Gefahr von den hier wie überall nichts weniger als ausnahmslos geltenden Regeln abgegangen werden.

Vor allem darf man nie vergessen, daß die Harmonielehre als Theorie wie als Anweisung zur Praxis von einer Reihe von Dingen abstrahiert, die innerhalb des concreten musikalischen Kunstwerks oft von ausschlaggebender Bedeutung sind. So gelten die in Frage stehenden Regeln für das gegenseitige räumliche Verhältnis von Vorhalt und Auflösungston s t r e n g eigentlich nur, solange es sich, wie die Harmonielehre voraussetzt, um einen s c h l i c h t h a r m o n i s c h e n S a t z m i t k l a n g l i c h ä q u i v a l e n t e n Stimmen handelt. Werden die Stimmen klanglich different, so treten ganz andere Verhältnisse ein, in der Art, daß z. B. eine klanglich hervortretende oder stark sich abhebende Stimme den anderen Stimmen des Satzes gegenüber als O b e r - s t i m m e (Hauptstimme) wirken kann, auch wenn sie sich tatsächlich unterhalb von ihnen befindet. In ähnlicher Weise würde der Vorhalt bei 173 a zu tadeln sein, wenn es sich um die fünf Stimmen eines Vocalchors handelte, während er alles Bedenkliche verliert, wenn wir uns etwa die obere Stimme von einem Vocalsolo und die vier unteren von begleitenden Instrumenten vorgetragen denken. Endlich ist es vor allem aber auch die m e l o d i s c h e C o n s e q u e n z der einzelnen Stimmen im contrapunctisch-polyphonen Satze, die Dinge nicht nur entschuldigt, sondern vollkommen rechtfertigt, die ohne solche Motivierung kaum zu billigen wären. So scheuen Bach und Beethoven, wo es sich um die consequente Durchführung eines thematischen Motivs handelt, selbst vor Härten wie den unter 173 c und d angeführten nicht zurück, wobei ja gerade die unbekümmert rücksichtslose, man möchte sagen: unbarmherzige Art, mit der hier das Ohr zugunsten eines höheren künstlerischen Zwecks „beleidigt" wird, den eigentlichen ästhetischen Reiz ausmacht.

a.   b. Bach, Wohlt. Clav. I. es moll-Fuge.

173.

Unregelmäßigkeiten bei der Vorhaltsbildung. 169

c. Bach, d moll-Fuge f. Orgel. (Peters III., 36.)

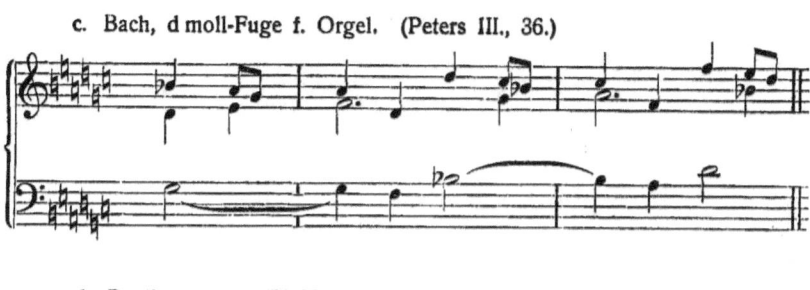

d. Beethoven, op. 59 Nr. 1. 1. Satz, Durchführung.

[*157*] Keiner besonderen Ausführung bedarf es, daß fehlerhafte Octavenparallelen dadurch, daß man den parallelen Schritt der einen der beiden Stimmen durch Vorhalten verzögert, selbstverständlich nicht verbessert werden können. Dagegen bringt bei Quintenparallelen, namentlich wenn sie nicht zu den schlimmeren gehören — d. h. wenn sie nicht Folgen zweier reiner (Haupt-) Dreiklangsquinten sind — die Vorhaltsverzögerung eine merkliche Milderung, unter Umständen sogar völlige Aufhebung der üblen Wirkung.

Zufällige Harmoniebildungen.

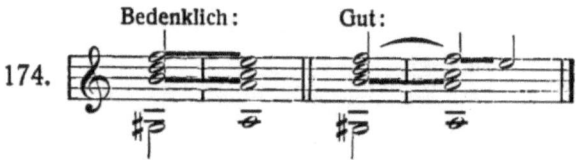

§ 37. [*158*] Vorhalte können in allen Stimmen auftreten. Zwar wird man ihnen — und zumal in homophoner Musik — am häufigsten in der Oberstimme begegnen; aber keine andere Stimme, weder Mittelstimmen, noch auch der Baß sind von der Vorhaltsbildung ausgeschlossen. Nur wird beim Baßvorhalt die Auflösungsnote (da sie hier nirgendwo anders als über der Vorhaltsnote sich befinden könnte) in der Regel ganz fehlen. (Vergl. aber die Ausnahme in Beispiel 173 c.)

Die Töne, deren Eintritt durch (diatonische) Vorhalte verzögert werden kann, sind: 1. der Grundton des Accords selbst (bezw. dessen Octav), 2. dessen Terz, 3. die Quint und 4. die (kleine) Sept.

Ein Vorhalt vor der Non ist innerhalb der Diatonik deshalb nicht möglich, weil die beiden diatonischen Wechselnoten der Non die Octav und Terz des Grundtons, also selbst Accordtöne sind. Chromatische Vorhalte vor der Non siehe S. 288 f.

Wir haben also die Möglichkeit der folgenden diatonischen Vorhaltsverzögerungen:

1. Vorhalte vor dem Grundton des Accords (bezw. seiner Octav): a) den Vorhalt der großen oder kleinen Non mit Auflösung abwärts (176 a); b) den Vorhalt der großen Sept mit Auflösung aufwärts (176 b).

## Vorhalte vor dem Grundton des Accords.

[159] ad 1 a. Gestattet man den übermäßigen Secundschritt von der 7. zur 6. Stufe in Durmoll (und Molldur), so wird auch die **übermäßige Non** als abwärtsgehender Vorhalt denkbar, aber freilich wohl nur dann praktisch anwendbar, wenn die melodische Folgerichtigkeit einer Sequenzbildung (wie bei 177 a) über das Gewaltsame des übermäßigen Secundschritts hinweghilft. (Vergl. Schubert, Symphonie No. 1, Einleitung, Tact 13 ff.) — ad 2 a. Die Verzögerung des Eintritts der Octav des Accordgrundtons durch eine Bindung, die über diesem die **kleine Sept** erscheinen läßt (177 b) ist gewiß möglich. Aber ähnlich wie bei dem eben besprochenen Falle (177 a) würde man auch hier den Eindruck einer **Synkopierung** ohne die specifische (harmonische) Wirkung des eigentlichen Vorhalts haben; und zwar würde der entschiedene Vorhaltscharakter diesen Bildungen deshalb fehlen, weil die betreffenden gebundenen Töne keine ausgesprochene **Auflösungstendenz** nach dem Tone hin haben, in den sie fortschreiten. (Vergl. den Begriff der **Retardation** S. 308.)

2. *[160]* Vorhalte vor der großen oder kleinen **Terz**: a) den **Quart-Vorhalt mit Auflösung abwärts**: die Quart wird dabei meist eine reine, kann aber auch eine übermäßige sein (178 a); b) den **Secundvorhalt mit Auflösung nach aufwärts**: die Secund kann groß oder übermäßig (kaum aber klein) sein (178 b).

178.

3. Vorhalte vor der (reinen) **Quint**: a) den **Sextvorhalt mit Auflösung abwärts**: die Sext kann groß oder klein sein (179 a); b) den **Quartvorhalt mit Auflösung aufwärts**: die Quart wird dabei in der Regel übermäßig sein (179 b, vergl. aber 168 c).

179.

4. *[161]* **Vorhalt vor der (kleinen) Sept**: den **Sextvorhalt mit Auflösung nach aufwärts**: die Sext ist dabei eine große (180).

## Vorhalte vor der Terz, Quint und Sept.

180.

Die (reine) Octav kann selbstverständlich niemals den **harmonischen** Eindruck eines Vorhalts machen. Wohl aber ist es möglich, daß die in die Sept abwärts gehende Octav infolge ihrer metrischen Stellung (z. B. als Glied einer Sequenz von Vorhalten) in **rhythmischer Hinsicht** vorhaltähnlich wirkt:

181.

Dabei ist aber wohl zu beachten, daß es sich hier um einen **Quartsextaccord** handelt, dessen Quart auch sonst meist als halbe Dissonanz gehört wird. Das erhöht natürlicherweise die vorhaltähnliche Wirkung, die sich beim Septaccord in der Grundstellung z. B. weit weniger stark bemerkbar machen würde.

Den Vorhalt der verminderten Octav siehe S. 287.

Durch Anwendung der aufgezählten einfachen Vorhalte in den verschiedenen Umkehrungen des Dreiklangs bezw. Septaccords entstehen die mannigfaltigsten Combinationen. Ebenso können auch 162] mehrere von ihnen zur Bildung eines **doppelten, dreifachen, ja vierfachen** Vorhalts sich vereinigen.

182.

## Zufällige Harmoniebildungen.

Eine gewisse Ähnlichkeit mit einer selbständigen Accorddissonanz bekommt der Vorhalt dann, wenn er sich nicht, wie gewöhnlich, auf derselben Harmonie auflöst, mit der zusammen er eingetreten war, sondern gleichzeitig mit der Vorhaltsauflösung ein [163] Fundamentwechsel stattfindet. Immer läßt sich aber diese Art der Auflösung als eine zusammengezogene, concentrierte Form

der Auflösung über dem gleichen Fundamente ansehen und auf sie zurückführen.

Ein Vorhalt vor dem Vorhalt ist namentlich dann möglich, wenn der zweite Vorhalt unter der Form einer bloßen Auffassungsdissonanz auftritt, d. h. also als Vorhalt vor einem auffassungsdissonanten Sextaccord oder Quartsextaccord, wo es eben der zweideutige, doppelsinnige Charakter dieser halb dissonanten, halb consonanten Bildungen erlaubt, vor dem „scheinconsonanten" Vorhaltston, der nur in der Auffassung dissoniert, noch einen effektiv, auch für das Ohr dissonierenden weiteren Vorhalt anzubringen. Besonders häufig kommt es vor, daß der Eintritt des cadenzierenden Quartsextaccords durch Vorhalte verzögert wird, wie denn überhaupt dieser Accord (als „Umkehrung" des Tonicadreiklangs) in der Lage ist, sich gelegentlich von seiner ursprünglichen Auffassung und Behandlung als Vorhalt vor der Dominant in einer Weise zu emancipieren, wie wohl kaum irgend eine andere der auffassungsdissonanten Vorhaltsbildungen.

184.

C: IV    V — — —    I
   [I    V    I]

[164] Es liegt in der Natur des Vorhalts, daß er sich stufenweise abwärts oder aufwärts auflöse. Das ist selbstverständlich auch dann der Fall, wenn in der Weise eine Verzierung der Auflösung stattfindet, daß die Vorhaltsnote zunächst abspringt, um erst nachträglich sprung- oder stufenweise in ihre Auflösungsnote zu gehen (siehe S. 165). Ein Abspringen ohne nachträgliche Auflösung oder ein Liegenbleiben des Vorhalts gehört dagegen zu den Freiheiten, die der Harmonieschüler in seinen praktischen Übungen zu vermeiden hat. Da aber solche Freiheiten tatsächlich, und zwar nicht so ganz selten vorkommen, muß ein Wort zu ihrer Erklärung gesagt werden. Wenn uns die Licenz des Abspringens und Liegenbleibens bei solchen Vorhalten begegnet, die zum

176  Zufällige Harmoniebildungen.

Fundamentston ein bloß in der Auffassung dissonierendes Intervall bilden, so werden wir uns daran zu erinnern haben, daß es eben die Zweideutigkeit dieser je nach dem Zusammenhang bald als Consonanzen bald als Dissonanzen auftretenden Intervalle ist, was ihre freiere Behandlung auch dann ermöglicht, wenn sie als zweifellose Dissonanzen anzusehen sind. Und in der Tat treffen wir das freie Weitergehen bezw. Liegenbleiben einer Vorhaltsdissonanz am häufigsten beim Vorhalt der Quart oder Sext — und zwar bei diesem noch ungleich häufiger als bei jenem — seltener bei effectiv dissonierenden Vorhalten wie Non, Sept usw.

Erscheint der Vorhalt wie bei 185 a innerhalb eines Accords, der überhaupt keine effective Dissonanz enthält, so wird man gegen das Abspringen [*165*] der Sext selbst vom strengsten Schulstandpunct aus nichts einwenden können. Kommt wie bei 185 b zur Sext die Dominantsept hinzu, so macht sich die Sache schon weniger ungezwungen. Bei 185 c springt die Quart ab, aber noch auf demselben Fundament, und es erscheint der erwartete Auflösungston, wenn auch in einer andern Stimme. Bleibt ein Vorhaltston liegen, so bekommt er namentlich dann leicht etwas vom Charakter der liegenden Stimme (vergl. S. 298), wenn er wie in 185 d von langer Hand her vorbereitet ist. — Über solche Bindungen, die nur eine „Retardation", aber keinen eigentlichen „Vorhalt" hervorbringen, d. h. nur rhythmisch-melodische, aber keine specifisch harmonische Wirkung haben, siehe S. 308.

## Abspringen und Liegenbleiben des Vorhalts.

Keinerlei Freiheit ist natürlich darin zu erblicken, daß eine Dissonanz (Accord- oder Vorhaltsdissonanz) als **neue Dissonanz** liegen bleibt, um sich erst späterhin aufzulösen (Beispiel 186). Denn das widerspricht ja in keiner Weise dem Dissonanzcharakter des betreffenden Tons, im Gegenteil: es ist nur geeignet, seine Auffassung als Dissonanz noch schärfer und unzweideutiger dem Ohre einzuprägen.

186.

Die ältere streng an dem terzenweisen Aufbau **aller** Accordbildungen festhaltende Harmonielehre statuierte, daß jede Dissonanz nur dann liegen bleiben könne, wenn sie wieder Dissonanz, und zwar eine **stärkere** Dissonanz werde, als sie zuvor gewesen war. Der Stärkegrad der Dissonanzen wurde dabei nach dem Schema des terzenweisen Aufbaus in der Art bemessen, daß, während Terz und Quint zum Fundament consonieren, die Sept den 1., die Non den 2., die Undecime (Quart) den 3. und die Tredecime (Sext) den 4. Stärkegrad unter den Dissonanzen repräsentieren sollte.

187.

Der praktische Wert dieser Unterscheidung dürfte ebenso problematisch sein wie ihre theoretische Richtigkeit.

**Aufgaben.** [*166*] Die nachfolgenden Aufgaben sind in doppelter Weise gegeben: 1. als bezifferte Bässe, die auszusetzen sind. Dabei ist nichts weiter zu bemerken, als daß die Generalbaßschrift den Baß dann in der Regel nicht beziffert, wenn er einen harmoniefremden Ton (Vorhalt, Durchgang, Wechselnote) hat: vielmehr wird in diesem Falle nur das Liegenbleiben der Harmonie (der übrigen Stimmen) durch einen Strich über der Baßnote angedeutet, und zwar bedeutet ein **wagerechter** Strich über der Baßnote, daß in

178  Zufällige Harmoniebildungen.

den anderen Stimmen die unmittelbar vorangegangene Harmonie liegen zu bleiben hat (Durchgang im Baß), während ein schräg aufwärts gerichteter Strich anzeigt, daß die der folgenden Bezifferung entsprechende Harmonie schon jetzt in den anderen Stimmen erscheinen soll. (Vorhalt im Baß.) Z. B.:

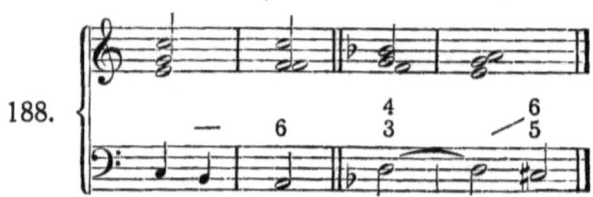

2. als gegebene Melodien (einmal auch mit gleichzeitig gegebenem Baß), bei deren Harmonisierung der Schüler nach Möglichkeit keine Gelegenheit zum Anbringen von Vorhalten unbenutzt lassen soll. — Weiteren Stoff zu Übungen können früher schon richtig gelöste Aufgaben liefern, an denen der Schüler möglichst zahlreiche Vorhalte anzubringen hat.

Da die Vorhaltsaufgaben häufig Gelegenheit geben, zwei Töne über den Tactstrich hinweg aneinander zu binden, möge hier die eigentlich der Contrapunctlehre angehörige Bemerkung Platz finden, daß es immer eine Störung des metrisch-rhythmischen Gleichgewichts gibt, wenn man eine längere Note an eine kürzere anbindet.

Aufgaben.

4. Baß; in weiter Lage anfangen.
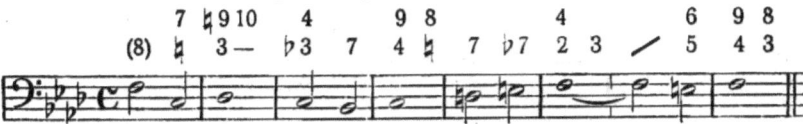

5. Baß; in gemischter Lage anfangen.

6. Sopran und Baß; in enger Lage anfangen.

7. Sopran; enge Lage.

8. Sopran; enge Lage.

9. Sopran; in weiter Lage anfangen.

Zufällige Harmoniebildungen.

## Das Wesen des Durchgangs.

**§ 38.** *[169]* Der diatonische **Durchgang** entsteht dadurch, daß der Zwischenraum zwischen zwei aufeinanderfolgenden, weiter als eine Secund voneinander entfernten Accordtönen nicht übersprungen, sondern durch stufenweises Fortschreiten der betreffenden Stimme ausgefüllt wird.

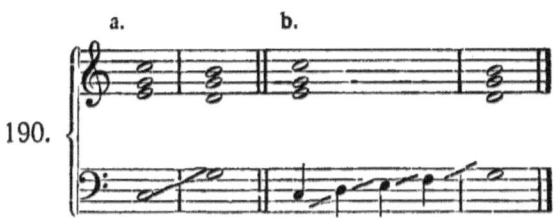

190.

Handelt es sich dabei um die Verbindung zweier Töne, die einem und demselben Accorde angehören, so erhalten wir den Durchgang mit **gleichbleibender Harmonie** (191 a), den mit **fortschreitender Harmonie**, wenn die beiden zu verbindenden Töne Bestandteile zweier verschiedenen Accorde sind (191 b).

191.

Während die Durchgänge bei gleichbleibender Harmonie mehr nur die Bedeutung von melodischen **Verzierungen** haben, sind die Durchgänge mit fortschreitender Harmonie ein wichtiges Hilfsmittel der Accordverbindung, insofern sie die Möglichkeit bieten, auch da **stufenweise** Bewegung einzuführen, wo die Accordfolge selbst sprungweises Fortschreiten einer oder mehrerer Stimmen fordert. Indem diese Durchgänge Sprünge ausfüllen, machen sie den Übergang von dem einen zum andern Accord glätter und flüssiger.

## Zufällige Harmoniebildungen.

[*170*] Es liegt im Begriff des Durchgangs, daß er (aufwärts oder abwärts) in der begonnenen Bewegungsrichtung **weitergehe**. Doch spricht man wohl auch von einem „**zurückkehrenden Durchgang**" und meint damit eine **Nebennote**, die in den Accordton, von dem sie stufenweise hergekommen ist, sofort wieder zurückkehrt.

192.

In obigem Beispiel haben wir auf dem 2. Viertel des 1. Tactes in Alt und Baß **eigentliche**, auf dem 2. Viertel des 2. Tactes im Sopran und auf dem 3. Viertel des 3. Tactes im Alt **zurückkehrende Durchgänge**. Dabei sehen wir (Tact 1), daß sehr wohl auch **mehrere Durchgänge gleichzeitig** auftreten können.

Wie es dem Vorhalt eigentümlich ist, einen Accent zu tragen, so ist es für den Durchgang charakteristisch, daß er **unbetont** auftritt. Es werden daher in einer Durchgangsbewegung die Accordtöne in der Regel auf guten, die Durchgangstöne auf **schlechten Tactteil** fallen. Jedoch ist, namentlich innerhalb einer längeren Durchgangsbewegung, auch das **Umgekehrte** keineswegs ausgeschlossen.

193.

[*171*] Der in solchen Fällen entstehende **unregelmäßige Durchgang** (in Beispiel 193 mit * bezeichnet) bekommt dann durch seine Betonung etwas Vorhaltartiges, das um so stärker hervortritt, je langsamer das Tempo ist. Es entsteht ein zwischen Vorhalt und Durchgang mitten inne stehendes Gebilde, bei dem es oft zweifelhaft sein kann, ob man es als frei eintretenden Vorhalt oder als unregelmäßigen Durchgang anzusehen habe.

Wie beim Vorhalt kann auch beim Durchgang die **Auflösungsnote**, d. h. derjenige Accordton, dem der Durchgang zustrebt, entweder gleichzeitig mit dem Durchgang erklingen (194 a) oder während des Durchgangs selbst fehlen (194 b).

194.

Die Härten, die durch Collision des Durchgangstons mit seinem Auflösungston entstehen, kann man dadurch vermeiden, daß man diesem Zusammentreffen **ausweicht**. Doch wird eine solche Härte bei dem unbetonten Durchgang niemals so scharf ins Ohr fallen wie bei dem Vorhalt, wo das Zusammenbestehen von harmoniefremdem und Auflösungston viel peinlicher behandelt werden muß, wenn nicht sehr üble Wirkungen entstehen sollen.

184  Zufällige Harmoniebildungen.

(Beispiel 194a mit Ausweichung.)

195.

[*172*] Wie durch Durchgänge Sextaccorde und Quartsextaccorde entstehen können, haben wir schon S. 49 gesehen. Auf dieselbe Weise treten auch andere Arten von Accorden als Durchgangsgebilde auf, wobei es manchmal zweifelhaft sein kann, ob man Fundamentwechsel oder Durchgang annehmen soll. Das folgende Beispiel (196) bringt Durchgänge über gleichbleibendem Fundament, untermischt mit Sprüngen von Accordton zu Accordton.

196.

Hier ist es gewiß am natürlichsten, alle zwischen den verschiedenen Gestalten des Tonicadreiklangs auftretenden Harmonien als durchgehend zu betrachten. Aber es wäre auch möglich, vom 1. zum 3. Viertel den Fundamentwechsel I—V—I, und denselben Wechsel wieder bei den beiden letzten Vierteln des Beispiels anzunehmen.

Wollte man alle Harmonien des Beispiels als selbständige Accorde ansehen, so müßte das g im Alt wohl als liegende Stimme — siehe S. 298 — aufgefaßt werden.

Es liegt im Begriff des Durchgangs selbst, daß von einer Durchgangsnote nicht abgesprungen werden kann, es sei

[*173*] denn, es werde späterhin noch in derselben Stimme eine nachträgliche Auflösung gebracht, wo dann eigentlich nichts weiter als eine verzierte Auflösung des Durchgangs vorliegt.

197. Liszt, Mazeppa. (Part. S. 208 f.)

Siehe aber auch die „Fuxische Wechselnote" S. 187.

§ 39. Wechselnote. — Unter Wechselnote im weitesten Sinne des Wortes versteht man, wie schon S. 44 definiert, die obere oder untere große bezw. kleine Secund eines Accordtones, die statt seiner in einer Harmonie auftritt (Nebennote). So weit gefaßt, würden eigentlich alle bisher besprochenen Arten von harmoniefremden Tönen, namentlich aber auch die Vorhalte unter den Begriff der Wechselnote fallen. Im engeren Sinne versteht man dagegen unter Wechselnote gewöhnlich:

1. Die obere oder untere Secund eines Accordtones, die diesem Accordton auf den schlechten Tactteil folgt und wieder zu ihm zurückkehrt, also das, was man auch zurückkehrenden Durchgang genannt hat (siehe S. 50 und 182).

2. Das freie Eintreten eines solchen harmoniefremden Tones auf den guten Tactteil mit unmittelbar folgender oder durch Verzierung verzögerter Auflösung in den zugehörigen Accordton, also den frei eintretenden Vorhalt.

3. Die einzige Art der Wechselnote, die nicht irgendwie als Vorhalt oder als Durchgang aufgefaßt werden kann, nämlich das sprungweise Ergreifen der Nebennote auf den schlechten Tactteil.

**Vorausnahme. Abspringende Wechselnote.**

[*174*] Das gerade Gegenteil des eigentlichen (gebundenen) Vorhalts, bei dem ein der vorangegangenen Harmonie angehöriger Ton in der gegenwärtig bestehenden Harmonie dissonierend, sozusagen noch „nachtönt", bildet die **Vorausnahme** (Anticipation), bei der ein zur **folgenden** Harmonie gehöriger Ton als dissonierender, harmoniefremder Ton in dem gegenwärtigen Accord „voraustönt". Der einfachste Fall der Vorausnahme ist der, daß der vorausgenommene Ton nach erfolgtem Eintritt der Harmonie, zu der er als accordlicher Bestandteil gehört, in **derselben**

**Stimme** festgehalten wird. Oft kommt es aber auch vor, daß die Auflösung der Vorausnahme, d. h. das Auftreten des vorausgenommenen Tons als [*175*] Accordbestandteil in einer anderen Stimme erfolgt als derjenigen, in der er als Vorausnahme gehört worden war.

Diese letzteren Fälle haben ganz zweifellos nicht mehr den eigentlichen, reinen Vorausnahme-Charakter. Vielmehr wirkt der harmoniefremde Ton hier mehr als abspringende Wechselnote. Wenn man die obigen Beispiele 199 und 200 in ihrem Eindruck miteinander vergleicht, so wird man einen wesentlichen Unterschied darin finden, daß das vorausgenommene c (bei 199) gar nicht auf das Fundament G, sondern sofort auf das (noch nicht eingetretene) Fundament C bezogen wird, während ich das e (bei 200) allerdings sehr deutlich als „Dominantsext" höre und es nicht sofort als Tonicaterz auf C-Fundament beziehe. Es wäre daher besser, in diesen Fällen gar nicht von Vorausnahme, sondern von abspringender Wechselnote zu reden. (Vergl. die freien Auflösungen des Sext- und Quartvorhalts S. 176.)

Eine Wechselnote, die, statt sich stufenweise aufzulösen, abspringt, bezeichnete man früher mit einem heute fast gänzlich außer Gebrauch gekommenen Ausdruck als: „Fuxische Wechselnote", so genannt nach dem einst berühmten Theoretiker J. J. Fux (1660 bis 1741), der diese Art von Wechselnote in seinem 1725 erschienenen Lehrbuche des Contrapuncts („Gradus ad Parnassum") zuerst beschrieb. Hierher gehört zunächst einmal der weiter nichts

188   Zufällige Harmoniebildungen.

[*176*] Absonderliches bietende Fall, daß eine **Durchgangsnote absprint**, um erst **nachträglich** in den verlangten und erwarteten Auflösungston zu gehen. (201 a.)

Dann aber auch jene uneigentliche Art der Vorausnahme, von der wir oben sprachen, wo ein der folgenden Harmonie angehörender Ton vorausgenommen, aber nicht in derselben Stimme beibehalten wird (201 b und c).

Bei dem letzteren Beispiel beachte man übrigens die Motivsequenz im Baß, welche die Freiheit der abspringenden Wechselnote **melodisch-contrapunctisch** motiviert.

Abspringende Wechselnoten, die weder als Durchgänge mit nachträglicher Auflösung noch auch als Vorausnahme in einer andern Stimme angesehen werden können, begegnen uns namentlich bei den älteren Meistern des a cappella-Stils.

**Aufgaben.** *[177]* Die folgenden Aufgaben sollen in erster Linie die Anwendung **durchgehender Stimmbewegung** veranschaulichen und einüben. Sie sind in doppelter Weise gegeben: 1. als schlichte **harmonische Sätzchen**, die der Schüler gleichsam als **Modell** für seine Ausarbeitung zu benützen hat, indem er nach Art der Ausführung bei 203[1] eine mehr oder minder reiche Durchgangsbewegung anzubringen sucht; 2. als zu harmonisierende **Melodien**, die zur Anwendung von Durchgangsbewegung Gelegenheit bieten; 3. als ebensolche **Baßstimmen**.

## Zufällige Harmoniebildungen.

**2. Modell.** (Viertelbewegung auf Sopran, Tenor und Baß verteilt.)

**3. Modell.** (Viertel und Achtel, vornehmlich in Sopran und Baß.)

**4. Modell.** (Viertel, untermischt mit wenigen Achteln.)

Aufgaben. 191

192  Zufällige Harmoniebildungen.

vier Stimmen verteilt.)

9. Sopran. (Die drei andern Stimmen meist ruhiger.)

10. Sopran. (Wie No. 9.)

11. Baß. (Die oberen Stimmen ruhig.)

12. Baß. (Wie No. 11.)

NB! No. 5: Sopran beginnt mit dem Motiv:

No. 7: im Sopran das Motiv:

## VIII. CAPITEL.
### Die diatonische Modulation.

§ 40. [*181*] Unter Modulation versteht man den Übergang aus einer Tonart in eine andere. Man kann die anfängliche Tonart verlassen: entweder um eine neue Tonart nur flüchtig zu berühren und sofort wieder in die Ausgangstonart zurückzukehren, oder aber um die neue Tonart für längere Zeit oder gar endgültig festzuhalten. Im ersteren Falle spricht man von Ausweichung, das letztere ist Modulation im eigentlichen und engeren Sinne des Wortes.

Das Wesentliche an jeder Modulation ist der Tonalitätswechsel, der darin besteht, daß in einem gegebenen Augenblick die Harmonien ihre tonale Beziehung wechseln, daß sie ihre Function ändern, indem sie auf eine neue Tonica bezogen werden. Dabei ist aber wohl zu bemerken, daß trotz dieses Wechsels die Beziehung auf die erste Tonica niemals gänzlich verloren geht, vielmehr auch nach vollzogener Modulation in einer sozusagen secundären Weise noch weiterbestehen bleibt.

Wenn ich z. B. von C dur (als Haupttonart) nach G dur übergehe, so werden vom Eintritt der Modulation ab alle Harmonien nicht mehr auf die Tonica C, sondern auf die Tonica G bezogen. Aber was auch jetzt noch die Beziehungen zur C-Tonalität latent fortwirken läßt, das ist der Umstand, daß die G dur-Tonart zur

C dur-Tonart sich genau so verhält wie der G dur-Dreiklang zum C dur-Dreiklang: sie stehen zueinander im Verhältnis der Quintverwandtschaft. Die G dur-Tonart ist Tonalitäts-Dominante der C dur-Tonart, ebenso wie und eben deshalb weil der G dur-Dreiklang innerhalb der C dur-Tonart Dominantaccord ist.

Und umgekehrt: behauptet sich nach vollzogener Modulation G dur als Haupttonart, so wird die vorangegangene C dur-Tonart als Tonalitäts-Unterdominante empfunden und verstanden werden. Wie innerhalb einer Tonart die einzelnen Harmoniefolgen [*182*] nur dann musikalisch vernünftig wirken können, wenn jeder selbständige Accord in einem bestimmten Abhängigkeitsverhältnis von einem und demselben Haupt- und Grundaccord (der harmonischen Tonica) aufgefaßt wird (vergl. S. 7), so verlangt das Gesetz der Tonalität weiterhin auch, daß in dem Wechsel und der Aufeinanderfolge der einzelnen Tonarten ein analoges Abhängigkeitsverhältnis von einer Haupt- und Grundtonart gewahrt bleibe. —

Um den Übergang von einer Tonart in eine andere auszuführen, stehen uns drei wesentlich verschiedene Mittel zur Verfügung: 1. die tonale Umdeutung eines Accords (diatonische Modulation), 2. die chromatische Veränderung und 3. die enharmonische Verwechslung.

Die diatonische Modulation wird ermöglicht durch die diatonische Mehrdeutigkeit der Accorde, dadurch daß ein gegebener Accord meist nicht bloß einer, sondern mehreren Tonarten zugleich angehört. So ist z. B. der C dur-Dreiklang nicht bloß I in C dur, sondern auch IV in G dur, V in F dur, VI in e moll usw. Wenn ich mich also in C dur befinde, kann ich in einem bestimmten Augenblick den Tonicadreiklang umdeuten, d. h. ihn nicht mehr als I in C, sondern anders, etwa als IV in G auffassen und im Sinne dieser neuen Auffassung, d. h. also in der G dur-Tonart weiterfahren. Damit habe ich dann eine Modulation von C dur nach G dur ausgeführt.

Die Mittel zur Modulation.

204.

C: I =
G: IV   V  —  I

Damit die diatonische Modulation correct ausgeführt werde, ist strenge darauf zu achten, daß man sich zunächst genau an die für die Ausgangstonart geltenden Regeln halte bis zu dem Augenblick, wo die Modulation (Umdeutung) eintreten soll. An dieser [*183*] Stelle hat ein Accord zu stehen, der — und zwar so, wie er dasteht — sowohl in der Ausgangs- wie in der Zieltonart als leitereigenes Gebilde möglich ist. Von diesem „kritischen" Puncte ab befinden wir uns in der neuen Tonart, und es treten sofort alle Regeln, die für diese gelten, in Kraft. Von Wichtigkeit ist das namentlich für die Behandlung der Töne, die innerhalb einer Tonart an eine bestimmte Fortschreitung gebunden sind und deren Verdoppelung im vierstimmigen Satz infolgedessen bedenklich erscheint *(Subsemitonium modi*, 6. erhöhte Stufe in Moll).

Soll die Modulation mehr als eine flüchtige Ausweichung sein, so genügt es nicht, irgendwie und irgendwo in der neuen Tonart nur einfach „anzulangen", sondern es muß die neue Tonart **festgelegt**, für das tonale Empfinden **fixiert** werden. Das geschieht durch eine **Cadenz**. Handelt es sich also um einen tatsächlichen oder gar definitiven **Wechsel** der Tonart (Modulation im eigentlichen Sinne), so wird es sich empfehlen, nicht sowohl auf Tonica oder Dominant als vielmehr auf eine **Unterdominant-Harmonie** (IV bezw. II) der zu erreichenden Tonart loszusteuern, weil der an eine solche Harmonie natürlich sich anfügende **authentische Schluß** am unzweideutigsten die neue Tonart bestimmt. Gibt es sich aber, daß man bei der **Tonica** (oder einem Tonicastellvertreter) der neuen Tonart anlangt, so wird am einfachsten und zweckmäßigsten IV (bezw. II)—V—I folgen, und ist die zuerst

196  Die diatonische Modulation.

erreichte Harmonie der neuen Tonart die **Dominante**, so wird man gern dem Abschluß durch eine unvollkommene oder Trugcadenz zunächst noch ausweichen, eine neue Cadenz einleiten und dann erst den vollkommenen authentischen Schluß bringen.

§ 41. [*184*] Um zu sehen, welche Modulationen überhaupt auf diatonischem Wege ausführbar sind, müssen wir uns über die **Mehrdeutigkeit** der Accorde klare Rechenschaft geben, d. h. untersuchen, in welchen Tonarten die verschiedenen Accorde jeweils **zugleich** vorkommen. Denn es besteht (wenigstens abstracttheoretisch) die Möglichkeit, von jeder Tonart, in der ein bestimmter Accord als leitereigenes Gebilde vorkommt, in jede andere Tonart, der dieser Accord gleichfalls angehört, **direct** diatonisch überzugehen. Soll aber von einer Tonart in eine andere diatonisch übergegangen werden, die mit der ersteren keinen leitereigenen Accord gemeinsam hat, so muß die Modulation **indirect** vorgenommen werden, d. h. es muß eine dritte Tonart (eventuell auch noch eine vierte, fünfte u. s. f.) als **Verbindungsglied** zwischen Ausgangsund Zieltonart eingeschoben werden. —

## Die Mehrdeutigkeit der Accorde.

1. Ein **Durdreiklang** befindet sich in Dur auf der I., IV. und V. Stufe, im gewöhnlichen Moll auf der V. und VI., außerdem aber auch im natürlichen (äolischen) Moll auf der III. und VII., sowie im dorischen Moll auf der IV. Stufe. C I = G IV, F V, f V, e VI, a̶ ̶I̶I̶I̶,̶ d̶ ̶V̶I̶I̶, g IV.

2. Ein **Molldreiklang** befindet sich im gewöhnlichen Moll auf der I. und IV., außerdem aber auch im natürlichen (äolischen) Moll auf der V. und im dorischen Moll auf der II. Stufe; in Dur auf der II., III. und VI. Stufe. a I = e IV, d V, g II, G II, F III, C VI.

3. Ein **verminderter Dreiklang** befindet sich in Dur auf der VII., im gewöhnlichen Moll auf der II. und VII., außerdem [185] aber auch im dorischen Moll auf der VI. Stufe. C VII = a II, c VII, d VI.

Der **übermäßige Dreiklang** ist als leitereigener Accord diatonisch eindeutig.

4. Einen aus **Durdreiklang und kleiner Sept** bestehenden Septaccord („Dominantseptaccord") finden wir in Dur auf der V., im gewöhnlichen Moll gleichfalls auf der V., außerdem aber auch im natürlichen (äolischen) Moll auf der VII. und im dorischen Moll auf der IV. Stufe. C V$^7$ = c V$^7$, a VII$^7$, d IV$^7$.

5. Einen aus **Molldreiklang und kleiner Sept** bestehenden Septaccord („kleinen" Septaccord)* finden wir in Dur auf der II., III. und VI. Stufe, im gewöhnlichen Moll auf der IV., außerdem aber auch im natürlichen (äolischen) Moll auf der I. und V. Stufe. C II$^7$ = B III$^7$, F VI$^7$, a IV$^7$, d I$^7$, g V$^7$.

6. Einen aus **vermindertem Dreiklang und kleiner Sept** bestehenden Septaccord* finden wir in Dur auf der VII., im gewöhnlichen Moll auf der II., außerdem aber auch im dorischen Moll auf der VI. Stufe. C VII$^7$ = a II$^7$, d VI$^7$.

7. Einen aus **Durdreiklang und großer Sept** bestehenden Septaccord („großen" Septaccord) finden wir in Dur auf der

---

\* „Kleiner Septaccord" wird von manchen der aus vermindertem Dreiklang und kleiner Sept bestehende Septaccord genannt, für den wir den Terminus „halbverminderter" Septaccord vorschlagen möchten.

I. und IV., im gewöhnlichen Moll auf der VI., außerdem aber auch im natürlichen (äolischen) Moll auf der III. Stufe. $C\,I^7 = G\,IV^7$, $e\,VI^7$, $a\,III^7$.

Der verminderte Septaccord ist diatonisch eindeutig und kann zunächst nur zum Übergang von Dur nach Moll (oder umgekehrt), d. h. zum Geschlechtswechsel, nicht aber zu einer eigentlichen Modulation (Tonicawechsel) benutzt werden. (Siehe aber S. 211.) Bei dieser Gelegenheit sei bemerkt, daß der Übergang von Moll nach Dur ganz ohne weitere Vermittlung jederzeit so bewerkstelligt werden kann, daß die Mollcadenz mit der Durtonica abgeschlossen wird, oder allgemein: **die Durtonica kann immer auch da mit befriedigender Wirkung eintreten, wo man die Molltonica erwartet.** Nicht aber auch umgekehrt. Vielmehr bedarf die Einführung der kleinen Tonica-Terz, nachdem die große Terz vorangegangen, meist einer gewissen Vorsicht und Vermittlung. Eine solche Vermittlung wird erreicht dadurch, daß man vor dem Eintritt der kleinen [*186*] Terz der Tonica das zweite Charakteristikon der Molltonart, die **kleine Tonicasext** (Unterdominant-Harmonie in Mollform!) oder noch besser diese zugleich mit der kleinen Tonica-Terz (VI. Stufe in Moll!) heranzieht. (Ganz gut macht sich dagegen der unvermittelte Übergang von Dur nach Moll immer dann, wenn die am Ende einer ausgeführten Durcadenz auftretende Molltonica nicht sowohl als **Abschluß** denn als **neuer Anfang** wirkt, wie z. B. in der Mozartschen D dur-Symphonie [Köchel No. 504], Einleitung, Tact 16.)

Der aus **übermäßigem Dreiklang und großer Sept** bestehende Septaccord ist überhaupt und auch in Beziehung auf das Tongeschlecht diatonisch eindeutig.

Die oben gegebene Übersicht ist in dem Sinne **erschöpfend**, als sie alle denkbaren Möglichkeiten diatonischer Substitution an die Hand gibt. Sie ist aber natürlicherweise auch nur als eine **rein mechanische Aufzählung** zu verstehen, die zunächst noch ganz außer acht läßt, daß die abstract möglichen Substitutionen **praktisch** von sehr verschiedenem Wert und von sehr verschiedener Brauchbarkeit sind. Da es bei der Modulation nun nicht darauf ankommt, bloß einen theoretisch irgendwie zu rechtfertigenden Zusammenhang zwischen zwei Tonarten herzustellen, vielmehr jede Modulation, wie alle Musik, etwas sein muß, was das **Ohr** und nicht nur den **Verstand** überzeugt, so ist zu untersuchen, welche Arten der Umdeutung dem natürlichen musikalischen Hören mehr und welche ihm weniger leicht eingehen.

Die diatonischen Umdeutungen des Dur- und Molldreiklangs. 199

§ 42. 1. **Die consonierenden Accorde als Modulationsmittel.** — a) Der Dreiklang. — Im allgemeinen kann gesagt werden, daß der consonierende Dreiklang (Moll- und Durdreiklang) sich weit williger einer tonalen Umdeutung darbietet als jede Art von dissonierender Harmonie. Der Grund für diese Tatsache liegt offenbar darin, daß der consonierende Dreiklang ein viel selbständigeres und von dem Vorangegangenen wie namentlich auch von dem Nachfolgenden viel unabhängigeres Gebilde ist als jeder dissonierende Accord. Isoliert betrachtet, steht der Moll- und Durdreiklang durchaus auf eigenen Füßen; er läßt nicht einmal ahnen, was ihm vorangegangen sein könnte, und ebensowenig liegt in ihm eine Tendenz zu bestimmtem Weitergehen. Aber auch innerhalb des harmonischen Zusammenhangs ist er mit seiner Umgebung viel loser verknüpft, ja weniger eng auf sie bezogen als der dissonierende Accord, dem eben seine Dissonanz eine mehr oder minder bestimmte Fortschreitung aufnötigt. Diese bestimmte [187] Fortschreitungstendenz entzieht ihn nun auch bis zu einem gewissen Grade der Möglichkeit tonaler Umdeutung, sie bewirkt, daß er weniger vieldeutig als der consonierende Dreiklang, ja unter Umständen auch dann praktisch bloß eindeutig ist, wenn verschiedene Auffassungen theoretisch denkbar wären.

Von den acht möglichen Auffassungen des Durdreiklangs scheiden zunächst die dem äolischen und dorischen Moll angehörigen als für modulatorische Zwecke nur wenig in Betracht kommend aus.

Immerhin dürfte es bei dem folgenden Übergang von C dur nach d moll (206 a)

nicht gerade fernliegen, eine Umdeutung des Dominantdreiklangs von C dur in den großen Unterdominantdreiklang von d moll anzunehmen. Ebenso könnte man bei 206b daran denken, schon auf dem G dur-Dreiklang die Wendung von C dur nach a moll zu suchen (C V = a VII), weil nämlich der Harmonieschritt V—II (= IV!) sein Bedenkliches hat — man müßte denn die II. Stufe von C dur hier im Sinne der Dominante ($\overset{\bullet}{V}{}^{7}_{9}$) verstehen.

Die übrigen diatonischen Auffassungen des Durdreiklangs sind so ziemlich gleichwertig. Nur ist zu bemerken, daß die Umdeutung des Durdreiklangs in einen Dominantaccord dem Ohr am leichtesten eingeht, daß dagegen als Unterdominant-Harmonie ein Molldreiklang auch bei der Modulation immer entschiedener wirkt als der Durdreiklang (Grund siehe S. 29 f).

Den Durdreiklang, der zuvor nicht Tonica war, als Tonica einer neuen Tonart aufzufassen, wird zwar jederzeit möglich sein, aber deshalb nicht gar so häufig vorkommen, wie man zunächst vermuten möchte, weil bei der Modulation die Tonicaharmonie das Endziel ist, [*188*] dessen schließlicher Eintritt durch ein Vorwegnehmen an früherer Stelle nur abgeschwächt werden würde. —

Von den sieben möglichen Auffassungen des Molldreiklangs kommt die als V im äolischen Moll gar nicht in Betracht, eher noch die als II (Unterdominant-Stellvertreter) im dorischen Moll. Von den übrigen ist die als Moll IV besonders hervorzuheben: denn wie das Ohr am ehesten dazu neigt, den Durdreiklang als Oberdominante aufzufassen, so geht beim Molldreiklang die Unterdominant-Auffassung am leichtesten ein. Als Beispiele lassen wir hier Modulationen von C dur und a moll aus in alle gebräuchlichen Dur- und Molltonarten folgen, bei denen die Zieltonart jeweils auf dem kürzesten diatonischen Wege mit ausschließlicher Benützung von Dreiklängen in der Grundstellung erreicht wird. Es empfiehlt sich, diese Beispiele in der Weise für den Unterricht zu nützen, daß sie als Aufgaben dem Schüler gestellt werden, die er schriftlich oder am Clavier zu lösen hat. Also: moduliere auf dem kürzesten Wege nur mit Dreiklängen von C dur nach D dur, von h moll nach cis moll, von E dur nach es moll, von e moll nach F dur usw.!

# Die reine Dreiklangsmodulation: von Dur zu Dur.

a. **Von Dur zu Dur.**

202      Die diatonische Modulation.

**b. Von Dur zu Moll.**

Die reine Dreiklangsmodulation: von Dur zu Moll und von Moll zu Moll.

204  Die diatonische Modulation.

### c. Von Moll zu Moll.

## Die reine Dreiklangsmodulation: von Moll zu Dur.

Die diatonische Modulation.

§ 43. [*194*] — b) **Die Umkehrungen der consonierenden Dreiklänge.** — Wenn der **Mollsextaccord** als Unterdominant-Stellvertreter (II. Stufe) aufgefaßt wird, ist das Fundament
der vertretenen Harmonie, d. h. eben die Unterdominant, Baßton.
Aus diesem Grunde wird das Ohr eine gewisse Neigung haben,
den Mollsextaccord, namentlich wenn sein Baßton verdoppelt ist
und die Sext in der Oberstimme liegt, als **II. Stufe** aufzufassen,
wodurch seine Bedeutung als Modulationsmittel bestimmt ist.

208.

a: VII   I
G: II   V   I

Über die gleiche Auffassung des Dursextaccords, den sog. **neapolitanischen Sextaccord** siehe § 51.

[*195*] Die Anwendung des betonten **Quartsextaccords** als
Vorhalt vor dem **Dominantdreiklang** ist vollends so zur
stereotypen Formel geworden, daß unser Ohr geradezu eine Art
von Zwang zu dieser Auffassung des betonten Quartsextaccords
empfindet. Der auf gutem Tactteil auf einer anderen Stufe als der
Dominante eintretende Quartsextaccord bewirkt daher fast immer
eine **Modulation in diejenige Tonart, in der der Baßton des betreffenden Quartsextaccords Dominante**

209.

C: V   [I]
F: V   —   I

C: I   [II]
G: V   —   I

208  Die diatonische Modulation.

ist. Daß beim Quartsextaccord, wenn er in dieser Art zur Modulation verwendet werden soll, stets der Baßton zu verdoppeln ist, bedarf kaum einer ausdrücklichen Erwähnung.

2. Die dissonierenden Accorde als Modulationsmittel. — Um die Bedeutung der dissonierenden Accorde als Modulations-[196] mittel abschätzen zu können, müssen wir uns vergegenwärtigen, daß gewisse Arten dissonanter Bildungen für eine bestimmte tonale Function ebenso stereotyp geworden sind, wie die besprochene Anwendung des Quartsextaccords. Man hat diese Art von Dissonanzen „charakteristische" Dissonanzen genannt, womit man eben sagen wollte, dass sie für ein bestimmtes harmonisches Verhältnis, für eine bestimmte tonale Beziehung des Accords, in dem sie auftreten, charakteristisch sind. Eine charakteristische Dissonanz ist vor allem die zum Durdreiklang hinzutretende kleine Sept, die den betreffenden Accord zur Dominantharmonie macht. (Dominantsept.) Die beiden Begriffe Durdreiklang mit kleiner Sept und Dominantfunction haben sich für unser musikalisches Bewußtsein so fest associert, daß sie gar

nicht mehr getrennt werden können. Obgleich z. B. g—h—d—f als leitereigenes Gebilde auch in d moll und zur Not sogar in a moll denkbar wäre, so weckt der Eintritt dieses Accords doch stets den Gedanken an C dur (oder c moll). Für die diatonische Harmonik ist der Dominantseptaccord praktisch geradezu eindeutig. Deshalb kann er auch innerhalb der Diatonik kaum als eigentliches Modulationsmittel in Betracht kommen, und selbst in Fällen wie dem folgenden

210.

wird man eher geneigt sein, eine verschwiegene chromatische Fortschreitung (siehe 210b) als eine Umdeutung des Dominantseptaccords in einen Unterdominant-Septaccord mit großer Terz anzunehmen. (Vergl. S. 156.) Wie der Dominantseptaccord sozusagen [*197*] indirect, durch Quartsextaccord-Auflösung, zu einer Modulation führen kann, siehe oben (S. 207 f.).

In zweiter Linie kommt dann als charakteristische Dissonanz die zum Dur- oder Molldreiklang hinzutretende große Sexte in Betracht. Sie ist in ähnlicher Weise für die Unterdominant charakteristisch wie die kleine Sept für die Oberdominante, jedoch mit dem Unterschied, daß, während der Hinzutritt der kleinen Sept die Dominantauffassung des Durdreiklangs geradezu aufzwingt, die beigefügte große Sexte die Unterdominant-Auffassung zwar nahelegt, aber andere Auffassungen keineswegs ausschließt. Deshalb können die durch dieses Intervall charakterisierten Accorde auch sehr wohl für die substituierende Modulation gebraucht werden, und zwar am besten so, daß sie aus einer anderen in die Unterdominant-Auffassung umgedeutet werden. In der **Quintsext-accord-Gestalt** drängt sich die Unterdominant-Bedeutung dieser Harmonien am stärksten auf, nicht viel weniger in der **Terzquart-accord-Form**, während sie im **Septaccord** mehr zurücktritt. Dies zeigt sich namentlich bei dem halbverminderten Septaccord, der sowohl in Dur auf der VII. (als Dominantstellvertreter) wie auch im parallelen Moll auf der II. Stufe (als Unterdominant-Stellvertreter) vorkommt. Ob man d—f—as—c eher als Es VII (= V) denn als c II (= IV) auffasse, wird einmal von der **Umkehrungsform**, dann aber auch davon abhängen, ob die **Sept** (die Dominantnon bei der Auffassung als Es VII) in der Oberstimme, in einer Mittelstimme oder im Baß liegt. Das erstere legt die Auffassung als VII. in Es nahe, das zweite erschwert sie und das dritte schließt sie nahezu aus.

Ebenso wie der verminderte Dreiklang mit kleiner Sept, kann der verminderte Dreiklang allein hauptsächlich als II. (= IV.) Stufe einer Molltonart oder als VII. (= V.) Stufe von Dur oder Moll in Frage kommen. Die Unterdominant-Auffassung wird beim **Sextaccord** am nächsten liegen, die Auffassung als Dominantstellvertreter beim **Dreiklang**, beim **Quartsextaccord** kann das eine wie das andere gleich gut statthaben (— soweit diese beiden letztern Formen im vierstimmigen Satz überhaupt anwendbar sind.)

Der Durdreiklang mit großer Sept ist als Modulationsmittel [*198*] von keiner Bedeutung, da er nichts leistet, was nicht auch (und zwar **besser**) durch den bloßen Dreiklang ohne Sept erreicht werden könnte.

211.

a: VII
d: V — I

Wie beim Dominantseptaccord, so kann auch bei dem an sich diatonisch eindeutigen und insofern der tonalen Umdeutung unfähigen **verminderten Septaccord** die Quartsextaccord-Auflösung zu einer Modulation führen. (Beisp. 211.)

Zum Schlusse mögen noch einige Beispiele diatonischer Umdeutungsmodulationen mit Benutzung von Dreiklangsumkehrungen und dissonanten Accorden folgen.

# 212 Die diatonische Modulation.

# Zweiter Teil. Chromatik und Enharmonik.

## I. CAPITEL.
### Die chromatische Fortschreitung.

§ 44. [*201*] Die Grundscala, auf der unser ganzes heutiges Tonsystem beruht, durchläuft das Intervall einer Octave in sieben Stufenschritten derart, daß nach zwei bezw. drei Ganztonschritten jeweils ein Halbtonschritt erscheint, in Summa

213.

also zwei Halbtonschritten fünf Ganztonschritte gegenüberstehen. Aus dieser ein reines Dur darstellenden Grundscala gewann die ältere Theorie die anderen Tongeschlechter dadurch, daß sie bezw. den 2., 3., 4., 5., 6. oder 7. Ton der Grundscala zum Grundton je einer neuen Tonleiter machte, die verschiedenen Tonarten dadurch, daß sie die Grundscala selbst und die durch jene Verschiebung des Grundtons aus ihr gewonnenen neuen Tonleitern nach anderen Tonstufen transponierte. Aus diesen Operationen resultierten die Scalen der sieben (authentischen) Kirchentöne (vergl. S. 407 f.) und ihre Transpositionen. Im ursprünglichen und engsten Sinne des Wortes heißen diatonisch nur solche Töne bezw. Tonschritte, die innerhalb dieser 7 Tongeschlechter leitereigen sind.

Unsere moderne Musik kennt nur zwei Tongeschlechter: Dur und Moll. Jenem entspricht die Grundscala in ihrer ursprüng-

[202] lichen Gestalt, diesem eine Tonleiter, die auf der 6. Stufe der Grundscala als ihrem Grundton basiert. Benutzt man zu dieser Tonleiter nur solche Töne, die von der Grundscala dargeboten werden, so erhält man die reine Molltonleiter, die wir Neueren unter dem Namen der abwärtssteigenden melodischen Molltonleiter kennen. Sie ist nicht nur die ursprüngliche, sondern auch streng genommen die einzige rein diatonische Molltonleiter. Denn als man, dem Leittonbedürfnisse nachgebend, für die aufwärtssteigende melodische Bewegung das *Subsemitonium modi* auch in Moll einführte, d. h. die kleine Sept der Mollscala in eine große verwandelte, tat man damit etwas, was schon darum dem Princip der reinen Diatonik eigentlich zuwiderlief, weil nun für die 7. Stufe der Scala zwei verschiedene Tonwerte vorhanden waren: die abwärtsführende kleine (natürliche) und die aufwärtsführende große (erhöhte) Sept (g und gis in a moll). Man befand sich auf dem Wege zur Chromatik, hatte aber die Diatonik insofern noch nicht wirklich verlassen, als man diese beiden Tonwerte zunächst nicht in unmittelbarer melodischer Aufeinanderfolge (g—gis; gis—g) gebrauchte, sie vielmehr in der Weise auseinanderhielt, daß man das g nur abwärts nach f, das gis nur aufwärts nach a führte. Da überdies der durch die Erhöhung der 7. Stufe entstandene Hiatus der übermäßigen Secund zwischen der 6. und 7. Stufe (f—gis in a moll) durch die Erhöhung der 6. natürlichen Stufe für die aufwärtsgehende Bewegung (fis statt f in a moll) beseitigt worden war, blieb das Princip der Diatonik wenigstens für die Melodik insoweit gewahrt, als die zu der ursprünglichen und natürlichen Molltonleiter neu gewonnene melodisch aufwärtssteigende Mollscala (a—h—c—d—e—fis—gis—a in a moll) keine Stufenschritte aufweist, die nicht in der Grundscala vorkommen, und als weiterhin auch das numerische Verhältnis der Ganztonschritte zu den Halbtonschritten in ihr das gleiche ist wie in jener (5 : 2). Dagegen konnte für eine Theorie, die von der Tonleiter ausgeht, unsre sogen. harmonische Mollscala niemals als eine diatonische Scala gelten. Den dem harmonischen Moll eigentümlichen über-

[203] mäßigen Secundschritt vom 6. zum 7. Ton der Scala durfte sie als einen diatonischen Stufenschritt unmöglich zulassen.

In neuerer Zeit ist bei der Anwendung des Wortes „chromatisch" ein doppelter Sprachgebrauch auseinanderzuhalten. Zunächst einmal hat sich für uns Neuere, die wir die Tonart nicht aus der Tonleiter, sondern aus den constituierenden Hauptdreiklängen ableiten, der Begriff der Diatonik überhaupt und in jedem Sinne ganz wesentlich erweitert. Wir unterscheiden nämlich die folgenden Tongeschlechter: 1. Dur: a) Reines Dur = Durtonica mit Dur-Oberdominante und Dur-Unterdominante (c—d—e—f—g—a—h—c). b) Molldur = Durtonica mit Dur-Oberdominante und Moll-Unterdominante (c—d—e—f—g—as—h—c); 2. Moll: a) Reines Moll = Molltonica mit Moll-Oberdominante und Moll-Unterdominante (a—h—c—d—e—f—g—a); b) Durmoll = Molltonica mit Dur-Oberdominante und Moll-Unterdominante (a—h—c—d—e—f—gis—a); c) Dorisches Moll = Molltonica mit Dur-Oberdominante und Dur-Unterdominante (a—h—c—d—e—fis—gis—a). Alle Töne und Tonschritte, die innerhalb dieser fünf Tonarten leitereigen sind, gelten uns jederzeit als diatonisch. Chromatische Töne im weiteren Sinne des Wortes erhalten wir dadurch, daß wir für irgend eine Stufe der Tonart Tonwerte einführen, die nicht leitereigen sind. In diesem Sinne hat also z. B. jedes dis in C dur, jedes b in a moll usw. als chromatischer (alterierter) Ton zu gelten, während gis in a moll für uns ebensogut diatonisch ist wie etwa as in C dur. Chromatische Schritte wären also in diesem weiteren Sinne alle diejenigen Schritte, die auf einen nicht leitereigenen Ton zu- oder von ihm wegführen, also z. B. in C dur nicht nur $\widehat{d—dis}$—e, sondern auch $\widehat{f—dis}$—e, in a moll nicht nur $\widehat{h—b}$—gis—(a), sondern auch $\widehat{c—b}$—gis —(a). Im engsten Sinne chromatisch heißen dagegen heute nur diejenigen (Halb-)Tonschritte, die keine Stufenschritte sind, d. h. also diejenigen, die eine Veränderung der Tonhöhe bringen, ohne die Tonstufe zu verlassen, z. B. c—cis, e—es, b—heses usw., während Halbtonschritte, die Stufenschritte sind, wie z. B. cis—d,

[*204*] es—fes, heses—as nach diesem Sprachgebrauch immer als diatonisch gelten, in welcher Tonart sie auch vorkommen mögen.

Diesem doppelten Sprachgebrauch gemäß hätten wir also **zwei Arten der Chromatik** zu unterscheiden. Zunächst einmal die sozusagen **latente Chromatik**, die dadurch entsteht, daß innerhalb einer Tonart auf irgend einer Stufe der Scala ein Tonwert eingeführt wird, der dieser Tonart fremd ist (214a). Und zweitens die **offenbare Chromatik**, die dann vorliegt, wenn zwei verschiedene Tonwerte für eine Tonstufe unmittelbar auf einander folgen, also entweder der leitereigene Ton vor unseren Ohren eine chromatische Veränderung erleidet („alteriert" wird), wie in 214b, oder aber umgekehrt zuerst der alterierte Ton eintritt und auf ihn der leitereigene Ton der gleichen Stufe folgt. (214c.)

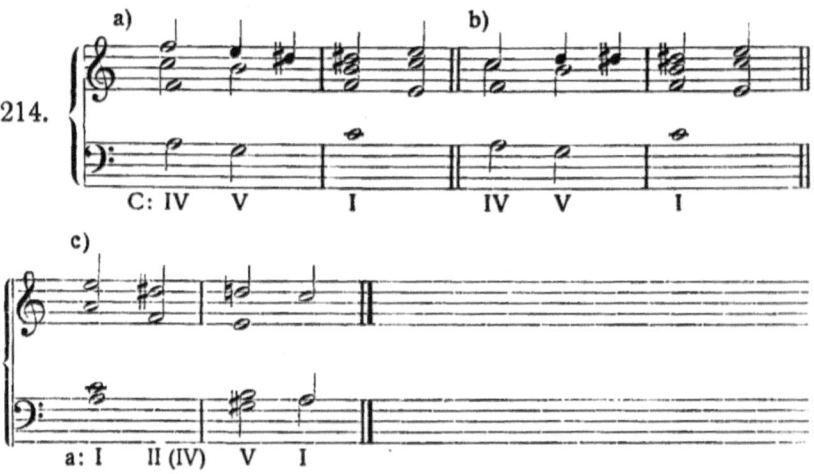

§ 45. Das unmittelbare Aufeinanderfolgen zweier verschiedener Tonwerte der gleichen Tonstufe (chromatisches Fortschreiten im engeren Sinne) ist in doppelter Weise möglich: entweder so, daß wie in 214b und c die chromatische Veränderung in einer und derselben Stimme vor sich geht, oder so, daß der chromatisch veränderte Ton in einer andern Stimme erscheint als der, die den

## Latente und offenbare Chromatik.

[*205*] Ton derselben Stufe vor seiner chromatischen Veränderung gehabt hatte (215 a, c, d, e, f, g).

215.

Die auf zwei verschiedene Stimmen verteilte chromatische Veränderung ist unter dem Namen des unharmonischen Querstandes *(relatio non harmonica)* bekannt. Querständige Fortschreitungen galten von jeher als fehlerhaft, und die ältere Harmonielehre ließ nur ganz vereinzelte Ausnahmen bei dem Querstandverbot zu. Demgegenüber steht die Tatsache, daß die Praxis der Componisten sich kaum an irgend ein anderes Verbot der Theoretiker so wenig gekehrt hat wie an dieses. Gewiß ist unleugbar, daß die einfachste und leichtestverständliche Art der chromatischen Veränderung die ist, bei der die Alterierung in einer und derselben Stimme vor sich geht, und daß querständige Fortschreitungen unter Umständen eine sehr üble Wirkung haben können. Der Anfänger wird daher gut tun, zunächst den Querstand überhaupt zu meiden. Für das Weitere empfiehlt es sich, daß der Lehrer an besonders einleuchtenden Beispielen das Gefühl für das specifisch „Querständige" bei dem Schüler wecke und allmählich so weit verfeinere, daß dieser gegebenen Falls selbständig zu beurteilen vermag, ob eine bestimmte querständige Fortschreitung zu beanstanden sei oder nicht. Einige der Umstände, die eine üble Wirkung des Querstands mildern bezw. ganz aufheben, sind im folgenden angeführt. Eine alle möglichen oder auch nur alle typischen Fälle vollkommen erschöpfende Casuistik der Querstandsfortschreitungen dürfte schwer durchzuführen sein und würde uns an dieser Stelle jedenfalls zu weit führen.

## Die chromatische Fortschreitung.

[*206*] Um die Rigorosität des Querstandverbots bei den älteren Theoretikern zu begreifen, muß man sich erinnern, daß diese bei allen ihren Aufstellungen vornehmlich oder gar ausschließlich die Vocalmusik im Auge hatten. Denn ganz gewiß bedeutet die querständige Fortschreitung gegenüber der chromatischen Veränderung in einer und derselben Stimme immer eine Erschwerung der Intonation, und man wird daher zunächst einmal sagen können: am empfindlichsten gegenüber Querstand-Licenzen verhält sich der Vocalsatz. Im Instrumentalsatz macht sich ein gewisser Unterschied geltend zwischen solchen Instrumenten, bei denen die Reinheit der Intonation in der Macht des Spielers liegt (wie z. B. bei den Streichinstrumenten) und solchen mit mechanisch feststehender Intonation wie Orgel, Clavier usw. Die ersteren erlauben zwar gewiß schon größere Freiheiten als die menschliche Stimme, aber immerhin kann man bei den Tasteninstrumenten darin noch wesentlich weiter gehen, und es ist gewiß kein Zufall, daß es gerade Clavierwerke Mozarts und Schuberts sind, in denen uns jenes oft bemerkte absichtliche Spielen mit Querstandswirkungen begegnet.

In all den Fällen, wo Intonationsschwierigkeiten nicht in Betracht kommen (oder ignoriert werden), wird es sich zunächst darum handeln, ob die querständige Fortschreitung die richtige Auffassung des chromatisch veränderten Tons erschwert oder nicht. Danach entscheidet es sich vor allem, ob die in Frage kommende Querständigkeit zu beanstanden ist. Von jeher galt als die übelste Art querständiger Beziehung die zwischen großer und kleiner Terz bei der Umwandlung eines Durdreiklangs in den Molldreiklang des gleichen Fundaments. Ohne Zweifel deshalb, weil das Ohr dazu neigt, in diesem Falle die kleine Terz eher als übermäßige Sekund, d. h. als untere (chromatische) Wechselnote der großen Terz aufzufassen (siehe oben Beispiel 215a und b). Daß der umgekehrte Fall (Übergang von Moll nach Dur: 215c) etwas weniger übel wirkt, liegt offenbar daran, daß uns der Geschlechtswechsel in der Richtung von Moll nach Dur überhaupt eine vertrautere, weil ungleich häufigere Erscheinung ist, nicht minder aber auch daran, daß die Auffassung des e als fes (in 215 c) so viel ferner liegen würde als die des es als dis (in 215a). Eine Milderung erfährt die Querstandswirkung immer, wenn gleichzeitig mit der den Querstand herbeiführenden chromatischen Alterierung noch irgend eine andere Veränderung an dem Accorde vor sich geht, die seinen harmonischen Sinn verdeutlicht. So ist 215d besser als 215c wegen der zum Dreiklang hinzugetretenen Sept. Und auch bei der Folge zweier bloßer Dreiklänge ist der Querstand leichter zu ertragen, wenn die Harmonie fortschreitet, d. h. das Fundament wechselt (wie in 215e), als wenn dieses (wie in 215a und c) das gleiche bleibt. Gegen die Fortschreitung 215 f dürfte kaum mehr etwas einzuwenden sein, und vollends läßt der Eintritt des verminderten Septaccords (und zwar letzten Endes wohl wegen seiner gleichmäßigen Zusammensetzung aus lauter kleinen Terzen und der dadurch bedingten Indifferenz

[207] gegenüber enharmonischen Umdeutungen — vergl. S. 318) die üble Querstandswirkung vollkommen verschwinden (215g).

Endlich wäre noch zweier Umstände zu gedenken, die (wie eigentlich bei allen harmonisch bedenklichen Fortschreitungen) auch beim Querstand die unangenehme Wirkung wesentlich abschwächen oder ganz paralysieren. 1. Alle Töne, die harmonisch „zufälligen", d. h. bloß melodisch ausschmückenden Cha-

rakter tragen (Wechselnoten im weitesten Sinne des Wortes) stehen gewissermaßen außerhalb des harmonischen Zusammenhangs. Die Tonschritte, mit denen derartige „harmoniefremde" Noten erreicht und verlassen werden, sind darum auch, wenn nicht ganz ausgenommen von den allgemeinen Regeln der Stimmführung, so doch befreit von einer Reihe von Einschränkungen, die für die harmonisch wesentlichen Schritte zu Recht bestehen. Demgemäß wirkt in Beispiel

[*208*] 216a der Querstand f—fis zwischen Alt und Sopran deshalb nicht schlecht, weil das fis zweifellos Wechselnote (frei eintretender Vorhalt) ist. Und auch in 216b sind die Töne f und d darum als harmoniefremd anzusehen, weil die Dominante von fmoll in den beiden Tacten gar nicht verlassen wird. 2. Die querständige Fortschreitung wird immer dadurch gemildert, daß zwischen dem ursprünglichen und dem chromatisch veränderten Accord ein **rhythmisch-metrischer Einschnitt** sich befindet. Noch interessanter als das Beispiel aus Bach (216c), wo der querständige Einsatz nach der Fermate erfolgt, ist aus Beethovens B dur-Sonate für das Hammerclavier die angeführte Stelle (216d), deren eigenartiger Reiz zu einem großen Teil eben darauf beruht, daß der Phrasierungseinschnitt durch den Querstand zwischen Sopran und Baß noch ausdrücklich betont und verschärft wird. — Daß eingeschobene **Durchgangsbewegung** die Querstandswirkung immer abschwächt, aber durchaus nicht allemal auch vollständig aufhebt, sei noch ausdrücklich vermerkt (216e und f).

## II. CAPITEL.
### Die alterierten Accorde.

§ 46. Chromatische Töne sind entweder **Bestandteile selbständiger Accorde** oder sie treten in zufälligen Harmoniebildungen als **accordfremde Töne** auf. Wird der Ton eines selbständigen Accords chromatisch verändert, so bleibt entweder die **Beziehung zu der Tonica**, in deren Herrschaftsbereiche wir uns befinden, **aufrecht erhalten**, oder aber es tritt eine **Modulation** ein. Das letztere ist der häufigere Fall. Tritt keine Modulation ein, so erhalten wir durch die chromatische Veränderung einen „**alterierten Accord**", und zwar im eigentlichen und engeren Sinne dann, wenn die so entstandene Harmonie als **leitereigenes** Gebilde überhaupt in keiner Tonart möglich ist. Der Betrachtung dieser eigentlichen alterierten Accorde wollen wir uns zunächst zuwenden.

Alle chromatische Veränderung selbständiger Accorde, durch die keine Modulation herbeigeführt werden soll, verdankt ihre Entstehung einem **Leittonbedürfnis**, d. h. dem Verlangen, in eine tonal wichtige Stufe der Scala auch da mit dem kleinsten in unsrer Musik gebräuchlichen Schritte, dem **Halbtonschritte**, gelangen

[209] zu können, wo die Tonleiter ursprünglich einen Ganztonschritt darbietet. Die **Hochalterierung** schafft einen aufwärts führenden, die **Tiefalterierung** einen abwärts führenden Leitton. Das schon früher von uns berührte **musikalische Gravitationsgesetz** (vergl. S. 164), demzufolge ganz allgemein das (stufenweise) Abwärtsschreiten der Töne leichter und mit geringerem Kraftaufwand vor sich geht als das (stufenweise) Aufwärtsschreiten, erklärt es, warum das Bedürfnis nach **aufwärtsführenden** Leittönen sich viel früher und in viel weiterem Umfange herausgestellt hat als das nach abwärtsführenden Leittönen, daß also demgemäß auch die **Hochalterierungen** von Accordtönen innerhalb der tonalen Chromatik eine merklich größere Rolle spielen als die Tiefalterierungen.

I. **Hochalterierungen.** Die in tonaler Hinsicht wichtigste Stufe der Scala ist die **Tonica** selbst. Bei ihr machte sich das Bedürfnis eines aufwärtsführenden Leittons am frühesten geltend, und es ist bekannt, wie die Befriedigung dieses Bedürfnisses das natürliche Moll in unser modernes Moll, die alten Kirchentonarten in unsere heutigen Tonarten umgeschaffen hat. Unsern beiden modernen Tongeschlechtern Dur und Moll ist infolgedessen das *subsemitonium modi* **leitereigen**, d. h. es braucht nicht erst durch Alterierung künstlich hergestellt zu werden.

1. **Die Hochalterierung der Unterdominante.** — Nächst der Tonica ist die **Dominant** die tonal wichtigste Stufe der Scala. Es ist daher wohl begreiflich, daß sich demnächst bei ihr das Bedürfnis eines aufwärtsführenden Leittons in ähnlicher Weise wie bei der Tonica einstellte. Nun ist der der Dominante vorangehende Scalaton die **Unterdominante.** Wird dieser Ton chromatisch erhöht, so verliert er seine consonante Beziehung zur Tonica, d. h. seine eigentliche Unterdominant-Eigenschaft. Mit andern Worten: eine Tonart, in der durch Hochalterierung der 4. Tonleiterstufe ein Leitton aufwärts zur Dominante eingeführt wird, geht eben damit ihrer Unterdominante (im gewöhnlichen Sinne des Wortes) verlustig.

Die alterierten Accorde.

a) **Die Hochalterierung der Unterdominant in Dur.**
Insofern der Dreiklang auf der 2. Stufe der Dur-Scala einerseits zur [*210*] Dominant im Dominantverhältnis (II = Dominante der Dominante, Wechseldominante), anderseits aber zum Dreiklang der Unterdominante im Parallelverhältnis steht, kann man in gewissem Sinne auch den Unterdominantdreiklang selbst als eine Art von Stellvertreter für die Harmonie der Wechseldominante (C IV ‖ C II = G V) ansehen. Diese Beziehung, die in der leitereigenen Harmonik nur in secundärer und latenter Weise mitanklingt, wird offenbar, wenn wir die 4. Stufe der Durtonleiter chromatisch erhöhen. Denn von der doppelten tonalen Beziehung, in der die (leitereigene) Unterdominante einerseits zur Tonica, anderseits zur Dominante steht, ist nun die erstere völlig ausgeschieden und nur die zweite übrig geblieben. Die ganze Tonart hat sich sozusagen (d. h. im Sinne des Quintencirkels) nach „rechts" verschoben. Während sonst die Tonica ihre beiden Dominanten, und zwar die Oberdominante rechts, die Unterdominante links zur Seite hat (217 a),

217.   a)   b)
IV  I  V      V  IV (II!)

liegt nun der Schwerpunct der Tonart, die Tonica, ganz links, und es folgen ihr nach rechts zuerst die Dominante und dann die Dominante der Dominante: denn im Sinne dieser letzteren (als deren Stellvertreter) muß der Unterdominantdreiklang aufgefaßt werden, sobald sein Grundton chromatisch erhöht worden ist. (217 b.)

Man könnte das obige C dur auch bezeichnen als ein G dur, in dem die Unterdominant Tonicabedeutung erlangt hat. Denn mit nichts anderem haben wir es hier zu tun als mit dem, was M. Hauptmann das „Übergreifen" einer Tonart in die Tonart ihrer Oberdominant genannt hat. Ebenso wäre es möglich, in all den Fällen, wo die hochalterierte Unterdominant in Dur auftritt, von

## Die Hochalterierung der Unterdominant. 223

einer (vorübergehenden) Ausweichung in die Oberdominant-Tonart zu sprechen: denn das Charakteristische des Dur mit übermäßiger Quart besteht eben darin, daß seine **melodischen** Tonfolgen [*211*] der Oberdominant-Tonart angehören, während **harmonisch** die Beziehung zur ursprünglichen Tonica voll aufrecht erhalten bleibt.

218.
C: I   II (IV)   V   —   I
[G: IV   V   I   —]

Für die Harmonik der sogenannten „galanten" Stilrichtung des 18. Jahrhunderts ist eine gewisse Scheu vor der Herbigkeit der Nebenharmonien und zwar namentlich, wenn sie als „uneigentliche" Dominantaccorde auftreten, bezeichnend. Eine Folge dieser Abneigung war, daß man es damals liebte, die 4. Stufe der Tonleiter immer dann in die Höhe zu alterieren, wenn sie nicht als Grundton der Unterdominant-Harmonie, sondern als Terz des Dreiklangs oder Septaccords der II. Stufe gebraucht wurde. Die Nachwirkungen dieses Gebrauchs sind selbst noch bei den Classikern der Wiener Schule zu verspüren. (Vergl. S. 97.)

b) **Die Hochalterierung der Unterdominant im (gewöhnlichen) Moll und in Molldur.** — Während in Dur durch die Hochalterierung der 4. Stufe nur solche Accorde entstehen können, die der Oberdominant-Tonart als leitereigene Gebilde angehören, erhalten wir durch dieselbe Art der chromatischen Veränderung in Moll und in Molldur Harmonien, die überhaupt in keiner Tonart als leitereigene Accorde vorkommen, d. h. also **alterierte Accorde** im eigentlichen und engeren Sinn des Wortes.

Der Ton der Unterdominant findet sich als Grundton beim Dreiklang und Septaccord der IV., als Terz beim Dreiklang und Septaccord der II., als Quint beim Dreiklang und Septaccord der VII. und als Sept beim Septaccord der V. Stufe. Wir gewinnen also durch seine Hochalterierung in Moll die folgenden Accorde:

[212] Von diesen 7 Accorden sind 5, nämlich der 1., 2., 3., 4. und 6. alterierte Accorde im eigentlichen Sinne des Wortes; dagegen kommen der 5. und 7. auch als leitereigene Gebilde in E dur vor, d. h. ihr Auftreten in a moll stellt nur ein Übergreifen der a moll-Tonart in die (Dur-) Tonart ihrer Oberdominante dar.

In Molldur ergibt die Hochalterierung der Unterdominante die folgenden Accorde:

Wir sehen also, daß in Molldur zu den in Moll gewonnenen alterierten Accorden nur ein einziger neuer, nämlich der aus verminderter Terz, verminderter Quint und kleiner Sept bestehende Septaccord der alterierten IV. Stufe hinzukommt. Das heißt mit andern Worten: wie alle Mollaccorde, die nicht die kleine Tonica-Terz enthalten, können auch die durch Hochalterierung der Unterdominant in Moll gewonnenen alterierten Accorde, mit einziger Ausnahme jenes Septaccords, ebensogut auf eine Durtonica wie auf eine Molltonica bezogen werden.

§ 47. Allen durch chromatische Erhöhung der Unterdominant in Moll (bezw. Molldur) neugewonnenen alterierten Accorden ist ein Intervall gemeinsam: die verminderte Terz zwischen der erhöhten 4. und der natürlichen 6. Stufe der Mollscala (dis—f in a moll). Die verminderte Terz, das eigentliche Kennzeichen dieser Art von alterierten Accorden, ist nun in unserem temperierten Tonsystem klanglich (enharmonisch) identisch mit der großen Secund: dis—f = es—f. Es versteht sich von selbst, daß das

### Verminderte Terz und übermäßige Sext.

Ohr, wenn es diesen Zusammenklang hört, zunächst eher daran denkt, ihn als große Secund denn als verminderte Terz zu deuten. Merkwürdig ist es aber, daß wir diese halbe Nötigung, das betreffende Intervall als Secund aufzufassen, weniger stark empfinden, wenn es in seine **Umkehrung** auseinandergelegt, d. h. aus der [*213*] großen Secund die **kleine Sept**, bezw. aus der verminderten Terz die **übermäßige Sext** gemacht wird. Es fällt uns schwer, ein dis—f zu hören, d. h. zwei um einen Ganztonschritt voneinander entfernte Töne so aufeinander zu beziehen, daß sie zur Auflösung in den Einklang einander entgegenstreben, wogegen die Auffassung f—dis mit der auseinanderstrebenden Auflösungstendenz in die Octav uns viel leichter eingeht. Im ersteren Falle können wir uns von der näherliegenden und einfacheren (weil diatonischen und leitereigenen) Vorstellung der großen Secund nicht so leicht emancipieren wie im zweiten Falle von der Vorstellung der kleinen Sept.

Daß sich die Sept in dieser Beziehung anders verhält als die Secund, hängt offenbar damit zusammen, daß, genetisch betrachtet, die Sept als das (durch Umkehrung) von der Secund abgeleitete Intervall zu gelten hat, und nicht etwa die Secund als Umkehrung der Sept. Das Dissonanzverhältnis, das beim Secundintervall zwischen dem höheren und tieferen Tone besteht, kehrt beim Septintervall in der gleichen Weise zwischen dem tieferen und höheren Tone wieder. Wie wir die Secund ganz unmittelbar als eine geforderte oder im Werden begriffene Terz hören, so die Sept als eine gestörte Sext. Aber eben weil die Umkehrungsform als Sept dieses Verhältnis nicht mehr in seiner anfänglichen und ursprünglichen Gestalt zeigt, d. h. weil die Sept von Haus aus kein primäres, sondern ein abgeleitetes (Umkehrungs-) Intervall ist, wird es dem Ohr leichter, die beiden Töne des Septintervalls auch in einer andern als der gewöhnlichen Weise aufeinander bezogen zu hören. Ganz analog, wie z. B. die Auflösung des Vorhalts der großen Sept aufwärts in die Octav sehr wohl möglich ist, während seine Umkehrung (Auflösung der kleinen Secund in den Einklang) vom strengen Satz verpönt wird, ebenso ist die Auffassung der kleinen Sept als übermäßige Sext mit geringerer Schwierigkeit verbunden als die Auffassung der großen Secund als verminderte Terz. (Vergl. S. 69.)

Außerdem hat man zu bedenken, daß die chromatische Veränderung zunächst ein durchaus **melodischer** Vorgang ist. Wenn also das Intervall f—dis (bezw. dis—f) aus dem Intervall f—d (bezw. d—f) durch Erhöhung des d in dis entstanden sein soll, so wird man dieses dis (wenigstens im homophonen Satze) am ehesten in der Oberstimme (als der natürlichen Melodiestimme) erwarten. Das heißt, es wird hier dasselbe Gesetz sich wirksam erweisen, das auch bei allen übrigen alterierten Accorden diejenigen Lagen und Umkehrungsformen als die natürlichsten und gebräuchlichsten erscheinen läßt, bei denen das alterierte Intervall in der Oberstimme, als die gezwungensten die, bei denen es in der melodisch am wenigsten ausgebildeten Stimme liegt, — also etwa in einer bloß füllenden Mittelstimme oder im Baß, wenn dieser nur als harmonische Stimme behandelt ist.

[214] Eine Folge der erschwerten Auffassung der verminderten Terz war es, daß man lange Zeit Bedenken trug, die in Frage kommenden Accorde anders als in solchen Lagen bezw. Umkehrungsformen anzuwenden, bei denen das Intervall der verminderten Terz in das der übermäßigen Sext versetzt ist. Unter dieser Beschränkung erhielt man

aus dem Dreiklang der alterierten Unterdominante in Moll und Molldur (dem „doppelt verminderten" Dreiklang 219[1]): den sog. übermäßigen Sextaccord (221 a) und den Quartsextaccord mit übermäßiger Quart und kleiner Sext (221 b);

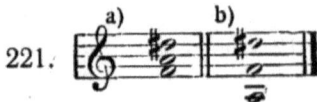

221.

aus dem Septaccord der alterierten Unterdominante in Moll (dem „doppelt verminderten" Septaccord 219[2]): den sog. übermäßigen Quintsextaccord (222 a), den Terzquartaccord mit übermäßiger Quart und kleiner Sext (222 b), sowie den Secundaccord mit übermäßiger Secund und reiner Quart (222 c);

222.

außerdem in Molldur (s. 220[2]) den Quintsextaccord mit übermäßiger Quint und übermäßiger Sext (223 a), den Terzquartaccord mit großer Terz, übermäßiger Quart und kleiner Sext

(223 b), sowie den Secundaccord mit großer Secund und verminderter Quart (223 c);

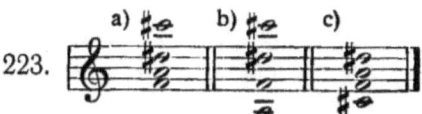

[215] aus dem Dreiklang der II. Stufe durch Alterierung der Terz in Moll und Molldur (219³): den sog. hartverminderten Dreiklang (224 a) und den sog. übermäßigen Quartsextaccord (224 b);

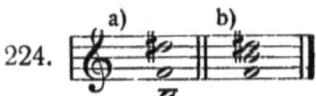

aus dem Septaccord der II. Stufe durch Alterierung der Terz in Moll und Molldur (219⁴): den Septaccord mit großer Terz, verminderter Quint und kleiner Sept (225 a), den sog. übermäßigen Terzquartsextaccord (225 b) und den Secundaccord mit übermäßiger Quart und kleiner Sext (225 c);

endlich aus dem Septaccord der VII. Stufe durch Alterierung der Quint in Moll und Molldur (219⁶): den Septaccord mit reiner Quint und verminderter Sept (226 a), den Quintsextaccord mit großer Terz, verminderter Quint und großer Sext (226 b), sowie den Secundaccord mit übermäßiger Secund und übermäßiger Sext (226 c).

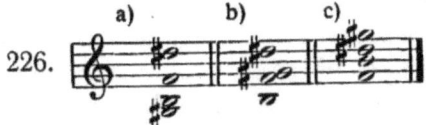

Mit Ausnahme der letzteren Bildungen, die der VII. Stufe und damit der Dominante angehören, haben alle diese Accorde das

Gemeinsame, daß ihnen in tonaler Hinsicht **Unterdominant**funktion zukommt. Danach bestimmt sich auch ihre **Auflösung**. Innerhalb der Tonart wird ihnen in der Regel die Dominant oder [*216*] die Tonica folgen. Doch ist diese letztere (abgesehen vom Quartsextaccord) weniger häufig mit ganz glatter und ungezwungener Stimmführung zu erreichen.

**§ 48.** Die **Leittoneigenschaft** der beiden die **übermäßige Sext** constituierenden Töne wird es nahelegen, dieses Intervall in die reine Octav auseinandergehen zu lassen (227 a),

227.

es sei denn, daß der übermäßigen Sext durch chromatische Rückalterierung (dis in d) ihr Leittoncharakter genommen werde, wodurch dann die ziemlich häufige Auflösung der übermäßigen Sext in die kleine Sept zustande kommt.

Kaum einer ausdrücklichen Erwähnung bedarf es, daß die **Dreiklangsformen** der Accorde mit übermäßiger Sext im mehr als dreistimmigen Satz nur ganz selten vorkommen werden, da kaum jemals ein triftiger Grund vorhanden sein dürfte, auf die klanglich vollere und entschiedenere Wirkung der Vierklangsformen zu verzichten. Einzig der auch vierstimmig (mit Verdopplung seiner Terz) sehr gut anwendbare **übermäßige Sextaccord** macht hiervon eine Ausnahme (228 a).

Ebenso versteht es sich von selbst, daß die Bedenklichkeit der **Verdopplung** solcher Töne, die eine ausgesprochene **Leittontendenz** haben, bei den durch chromatische Alterierung entstandenen künstlichen Leittönen noch viel stärker sich geltend macht als bei den der Scala angehörenden natürlichen Leittönen. **Alterierte Töne werden daher (als Accordbestandteile!) im reinen Satze niemals verdoppelt.**

Ja sogar die Verdopplung eines Tones, der erst chromatisch verändert werden **soll**, ist wegen des so entstehenden Querstandes oft bedenklich.

Besonders häufig ist die Auflösung der Accorde mit übermäßiger Sext in den **Quartsextaccord** über der Dominante. War dabei die Sext der Dominante in Mollform (also als **kleine** Dominantsext) schon vor dem Eintritt des Quartsextaccords vorhanden und soll nach Dur übergegangen werden, so kann der [217] Geschlechtswechsel in der Art vor sich gehen, daß der betreffende Ton (wie in 228 b) chromatisch zur **großen** Dominantsexte erhöht wird, d. h. also daß der Quartsextaccord gleich in Durform eintritt. (Vergl. S. 248 f.)

228.

Die Einführung der **verminderten Terz** (statt der übermäßigen Sext) kann am glattesten im **Durchgang** erfolgen, so daß das Intervall vor den Ohren des Hörers gleichsam entsteht,

wo eben durch den Durchgang die betreffende Baß- (oder Mittel-) stimme *quasi* melodischen Charakter bekommt und die Bewegungsrichtung des Durchgangs über die Auffassung des fraglichen Inter-

230  Die alterierten Accorde.

valls keinen Zweifel aufkommen läßt. In neuerer Musik ist die verminderte Terz häufig so zu finden, daß sie durch **enharmonische Verwechslung** aus der großen Secund gewonnen wird (siehe S. 328 f.). Aber auch anders, z. B.:

230.  Hans Pfitzner, Der arme Heinrich. Anfang des Vorspiels.

[218] Wie die übermäßige Sext in die Octav, so hat die verminderte Terz ihre natürliche Auflösung in den Einklang. Doch erlaubt bei der verminderten Terz der Umstand, daß hier der Ton mit geringerer Leitton-Empfindlichkeit in der oberen Stimme liegt, ein gelegentliches Abspringen dieses Tones, das bei der übermäßigen Sexte kaum denkbar ist.

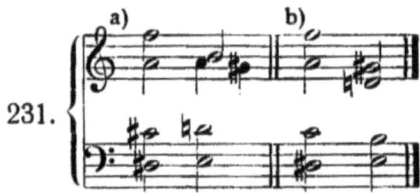

231.

Die aus dem **verminderten Septaccord** (und seinen Umkehrungen) durch Hochalterierung der Quint entstandenen Bildungen (Beisp. 226) sind als selbständige Accorde deshalb selten, weil hier die beiden im Verhältnis der übermäßigen Sext zueinander stehenden Töne (also z. B. f und dis in f—gis—h—dis allzusehr den Charakter von **Wechselnoten** des Tones tragen, der als das eigentliche Fundament der VII. Stufe zu gelten hat: der Dominante, im speciellen Falle des E. Die Sept des verminderten Septaccords

Accorde mit verminderter Terz. 231

hat (als kleine Dominantnon) diesen harmonisch mehr zufälligen Charakter schon ohnedies und der Quint (d. i. der Dominantsept) wird er durch die Hochalterierung, die ihre Dominantseptauflösung (nach abwärts) unmöglich macht, verliehen. Deshalb werden diese Accorde auch meist nicht direct in die Tonica sich auflösen, sondern zunächst zu einer [*219*] reinen Dominantharmonie weitergehen; d. h. erst werden die beiden Wechselnoten aufgelöst und dann erfolgt die Fortschreitung zu einem andern Fundament (232 a, b). Erfolgt die Auflösung unmittelbar in die Tonica (232 c), so bedarf es einiger Vorsicht, um die (allerdings kaum als sehr schlimm zu beurteilenden) Quintenparallelen zu vermeiden, zu denen die beiden nach der Tonica und Dominante aufwärts strebenden Leittöne Anlaß geben können. (232 d.)

Bemerkenswert ist der hierher gehörige Quintsextaccord mit großer Terz, verminderter Quint und großer Sext aus dem Scherzo von Bruckners 9. Symphonie,

der (wenn wir von dem als „liegende Stimme" weiterklingenden cis absehen) in den Tonicasextaccord von D dur (fis—a—d) aufgelöst wird.

[*220*] Dagegen ist es bei dem in gleicher Weise zusammengesetzten berühmten Accord zu Anfang des T r i s t a n - V o r s p i e l s richtiger, das gis der Oberstimme so aufzufassen, wie es tatsächlich gehört wird: nämlich als (frei eintretenden und aufwärtsführenden) V o r h a l t, so daß also der Accord selbst nicht zur VII. Stufe (und damit zur Dominante), sondern zur II. Stufe (und damit zur Unterdominante) gehört.

234.
a: II (IV)
nicht: VII (V)
V
V

Die Hochalterierung der Unterdominant in Moll ist für die u n g a r i s c h e  Z i g e u n e r m u s i k charakteristisch, deren Tonleiter man gewinnt, indem man die chromatisch erhöhte 4. Stufe in die Mollscala einführt (235 a). — Hat nun die Dominante in Moll überhaupt schon eine gewisse Tendenz, sich an die Stelle der Tonica zu setzen und diese zur Unterdominante zu machen (Halbschluß in Moll!), so ist es klar, daß die Einführung des Leittons zur Dominante im Sinne einer Verstärkung dieser Tendenz wirken muß, d. h. also, daß es in einem Moll, das den aufwärtsführenden Leitton zur Dominante hat, sehr wohl auch angeht, die D o m i n a n t e statt der Tonica als h a r m o n i s c h e s  Z e n t r u m anzusehen. Tut man das, so ist die Zigeunertonleiter wie bei 235 b zu schreiben.

235.
1. 2. 3. 4. 5. 6. 7. 1.    1. 2. 3. 4. 5. 6. 7. 1.
[4. 5. 6. 7. ‖ 1. 2. 3. 4.]  [5. 6. 7. ‖ 1. 2. 3. 4. 5.]

Im wesentlichen sind beide Formen identisch, und somit auch der Streit um die Notierungsweise der Zigeunertonleiter im Grunde genommen gegenstandslos. (Vergl. S. 236.)

§ 49. 2. **Die Hochalterierung der 2. Stufe.** — a) In Dur. — Das Bestreben, in Dur einen aufwärtsführenden Leittonschritt [*221*] in die **Terz der Tonica** zu bekommen, gibt Veranlassung zur Erhöhung der 2. Stufe der Scala. Von dieser Alterierung werden betroffen: 1) der Dreiklang, Septaccord und (Sept-) Nonaccord der **Dominante** (236 a); 2) deren Stellvertreter, nämlich der Dreiklang und Septaccord der **VII. Stufe** (236 b); 3) die Unterdominantstelle vertretenden Accorde (Dreiklang und Septaccord) der **II. Stufe** (236 c).

236.

Auch diese Alterierung schafft, wie man sieht, das Intervall der **verminderten Terz** (zwischen der erhöhten 2. und der natürlichen 4. Stufe), das leichter aufgefaßt wird, wenn man es in die übermäßige Sext umlegt. Ja, die auf der II. und VII. Stufe der Durscala entstehenden Accorde sind sogar durchaus gleichlautend mit denen, die wir in der Parallel-Molltonart (auf der IV. und II. Stufe) durch Alterierung der Unterdominante gewonnen haben (siehe oben S. 223 f.): nur daß jetzt in Dur ihre tonale Beziehung und damit auch ihre Auflösung eine ganz andere geworden ist.

Ebenso ist uns der **übermäßige Dreiklang**, der hier durch Hochalterierung der Quint des Dominantdreiklangs entsteht, schon als leitereigenes Gebilde in Moll begegnet (C V⁵ᵍ = e III). Doch ist, wie bereits gesagt wurde (S. 131), der übermäßige Dreiklang als III. Stufe (Dominantstellvertreter) in Moll verhältnismäßig selten. Weit häufiger finden wir ihn als alterierten Dominantaccord in Dur.

b) In Molldur. — Während in Moll der Leittonschritt von der 2. zur 3. Stufe schon der Scala selbst angehört, kann er in [*222*] Molldur geradeso wie im reinen Dur durch chromatische Alterierung der 2. Stufe eingeführt werden. Tun wir es, so gewinnen wir die folgenden alterierten Accorde neu:

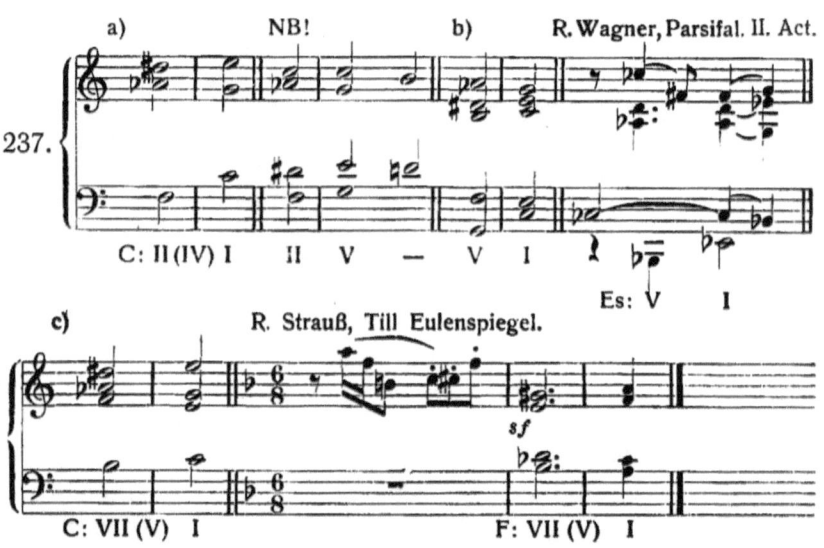

NB! Von c moll oder überhaupt von einer Tonart herkommend, die das es als leitereigenen Ton hat, wird man nicht den Quintsextaccord: f—as—c—dis, sondern den Septaccord: f—as—c—es schreiben und chromatische Fortschreitung von der Moll- zur Durterz annehmen.

Aufwärtsführende Leittöne in die übrigen Stufen der Scala können, wie eine kurze Überlegung zeigt, wohl zu Durchgängen,

Vorhalten usw., wie auch zu vorübergehenden Ausweichungen in fremde Tonarten, kaum aber zur Bildung selbständiger alterierter Accorde benutzt werden. Nämlich: 1. Um einen Leitton in die Quint der Dominante (die 2. Stufe) zu gewinnen, müßte man die Tonica selbst alterieren und, falls diese Alterierung an einem selbständigen Accord vorgenommen werden sollte, eben damit auch dessen harmonische Beziehung auf die Tonica aufheben. Als vorübergehende Ausweichung (in die Mollparallele der Unterdominante) ist übrigens die Hochalterierung der Tonica in Dur sehr häufig. In Moll kann sie schon deshalb weniger in Betracht kommen, weil es hier näher liegt, den Ganztonschritt zwischen der Tonica und der (leitereigenen) zweiten Stufe auch aufwärts steigend [223] durch chromatische Erniedrigung der letzteren (also a—b—h in amoll) auszufüllen. (Vergl. S. 284 f.) 2. In die Unterdominante führt in Dur schon ein leitereigener Halbtonschritt. Seine Einführung in Moll brächte eine vorübergehende Ausweichung in die Tonart der Unterdominante. 3. In die Terz der Unterdominante (6. Stufe) führt in Moll und Molldur ein leitereigener Halbtonschritt. Seine Einführung im reinen Dur brächte eine vorübergehende Ausweichung in die Parallel-Molltonart (oder auch in die Tonart der Unterdominante). 4. Um mit einem Halbtonschritt nach der Terz der Dominante (7. Stufe) zu gelangen, benutzt man auch aufsteigend gewöhnlich die kleine Sept der Tonica, die in Moll als leitereigener Ton (der melodisch absteigenden Scala) schon vorhanden ist und auch in Dur weit näher liegt als die übermäßige Sext. (Vergl. S. 282.) Wollte man trotzdem die chromatisch erhöhte 6. Stufe als Bestandteil selbständiger Accorde einführen, so würden sich wohl nur solche Bildungen als brauchbar erweisen, die entschieden zur vorübergehenden Ausweichung in eine fremde Tonart führen.

§ 50. II. Tiefalterierungen. 1. Die Tiefalterierung der 2. Stufe. — Den in die Tonica abwärts führenden Leitton kannte man seit alters aus der phrygischen Kirchentonart, der die kleine Secund als leitereigener Ton angehört:

236  Die alterierten Accorde.

238.

Im Sinne unserer modernen Harmonik kann aber das Phrygische immer nur als **Dominantmoll** — wenn es erlaubt ist, dem Mollgeschlecht, in dem die Dominante mehr oder minder ausgesprochener Weise zur Tonica geworden ist, diesen Namen beizulegen — oder aber auch (mit analoger Bezeichnung) als **Terzdur** aufgefaßt und harmonisiert werden; d. h. mit andern Worten: wenn wir eine phrygische Melodie „modern" harmonisieren, ist die Finalis (die melodische Tonica) niemals harmonische Tonica in unserem Sinne, sondern entweder Dominante in a moll oder Terz in C dur. (Vergl. S. 410.) Von einem in [*224*] die (harmonische) Tonica abwärts führenden Leittonschritt können wir also streng genommen erst dann reden, wenn wir das dem Phrygischen fremde *Subsemitonium modi* eingeführt haben, ohne das es für uns keine eigentliche Tonica gibt. Wir erhalten dann unser harmonisches **Moll** mit chromatisch erniedrigter (kleiner) Secund (239 a).

Ebenso wäre es möglich, den in die Tonica abwärts führenden Leitton (als wesentlichen Bestandteil der Scala) auch in **Molldur** einzuführen (239 b), weniger gut dagegen im reinen Dur, da kleine

239.

Secund und große Sext der Tonica sich nicht recht miteinander vertragen: d. h. die Tiefalterierung der Tonica-Secund wird bei solchen Accorden, in denen Tonica-Secund und Tonica-Sext gleichzeitig vorkommen, in der Regel nur dann statthaben können, wenn diese letztere eine **kleine Sext** ist.

Die Molldur-Tonleiter mit erniedrigter (kleiner) Secund (239b) ist identisch mit der **Zigeunertonleiter**, wenn man in dieser den Ton als Tonica ansieht, der eigentlich Dominante ist (235b).

Die chromatische Erniedrigung der 2. Stufe ergibt in Moll die folgenden alterierten Accorde:

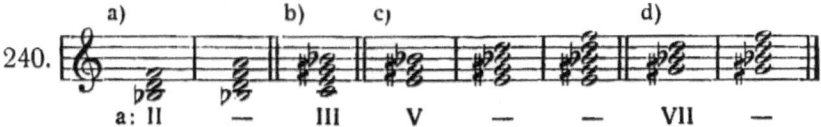

zu denen aus Dur (bezw. Molldur) als Septaccord auf der III. Stufe noch dieser käme:

[225] Wir sehen, daß die so auf der V. und VII. Stufe in Moll bezw. Molldur entstehenden Dreiklänge und Septaccorde (240c und d) genau dieselbe Gestaltung zeigen wie jene, die wir durch Einführung der erhöhten Unterdominant aus den Mollharmonien der II. und IV. Stufe erhalten hatten. (Vergl. S. 223 f.) Das heißt: eine große Zahl der durch eine verminderte Terz (bezw. übermäßige Sext) charakterisierten Accorde, nämlich die „Stammformen" des übermäßigen Sextaccords, des übermäßigen Quartsextaccords, des übermäßigen Quintsextaccords, des übermäßigen Terzquartsextaccords und deren Umkehrungen erlauben mindestens eine doppelte Auffassung. Die verminderte Terz kann man sich entstanden denken entweder durch Erhöhung des tieferen oder durch Erniedrigung des höheren Tones im Intervall der kleinen Terz. Entweder ist der abwärtsführende Leitton natürlich (diatonisch) und der aufwärtsführende künstlich (chromatisch), oder umgekehrt: es ist der letztere leitereigen und der erstere wurde durch Alterierung außerdiatonisch eingeführt. Der aufwärtsführende Leitton ist als *Subsemitonium modi* (Leitton aufwärts zur Tonica) namentlich für alle Arten von Dominantharmonie charakteristisch, der abwärtsführende Leitton als kleine Tonicasext (Leitton abwärts zur Dominante) in ähnlicher Weise für die Harmonien der Unterdominante. Also kommen für die beiden Töne, die zusammen

das Intervall der verminderten Terz bilden, vor allem zwei Auffassungen in Betracht: nach der einen ist der tiefere Ton alterierte Unterdominante und der höhere die leitereigene Mollterz der Unterdominante, nach der anderen stammt umgekehrt der tiefere Ton als *Subsemitonium modi* aus dem leitereigenen Material der Tonart, während der höhere als erniedrigte Dominantquint durch chromatische Tiefalterierung gewonnen wurde. Beschränken wir uns auf diese beiden Auffassungsmöglichkeiten,* so können wir sagen: alle die genannten Accorde haben entweder Dominant- oder Unterdominantfunction; h—dis—f und h—dis—f—a [226] ist entweder a (A) II (= IV) oder e (E) V, dis—f—a und dis—f—a—c entweder a (A) IV oder e (E) VII (= V). Jene beiden entstehen entweder aus h—d—f und h—d—f—a durch Hochalterierung des d in dis, oder aus h—dis—fis und h—dis—fis—a durch Tiefalterierung des fis in f; diese in gleicher Weise entweder aus d—f—a und d—f—a—c oder aus dis—fis—a und dis—fis—a—c. Im ersteren Falle sind sie auf die Tonica A, im zweiten Falle auf die Tonica E bezogen. Diese ihre doppelte Beziehungsmöglichkeit bewirkt eine Zweideutigkeit, die ältere Theoretiker (Simon Sechter) veranlaßt hat, die durch das Intervall der verminderten Terz (bezw. übermäßigen Sext) charakterisierten Harmonien als „Zwitteraccorde" zu bezeichnen.

Nun muß aber bemerkt werden, daß diese Accorde als Unterdominant-Harmonien ungleich viel häufiger anzutreffen sind denn als ausgesprochene Oberdominant-Harmonien, ja, daß die Fälle, wo wir zur Oberdominant-Auffassung gezwungen werden, überhaupt nur ganz selten begegnen. Denn es ist klar, daß in all den Fällen, wo auf einen derartigen Accord ein Dreiklang (oder Septaccord) mit großer Terz folgt, dieser letztere als Dominant-Harmonie und demgemäß auch der betreffende alterierte Accord selbst als Unterdominant-Harmonie (bezw.

---

\* Über die dritte mögliche Auffassung der verminderten Terz, derzufolge der tiefere Ton dieses Intervalls hochalterierte Dominantquint und der höhere natürliche Dominantsept (bezw. Unterdominant) ist, vergl. S. 233.

Die Tiefalterierung der 2. Stufe.

als Unterdominantstelle vertretende II. Stufe), wenn nicht aufgefaßt werden muß, so doch aufgefaßt werden kann. Die mit ver-

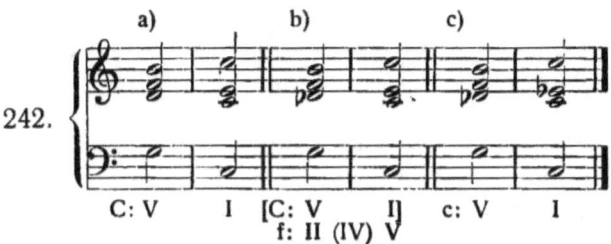

minderter Quint auftretende Dominante wird (wegen des abwärtsführenden Leittons) ebensogut, ja leichter als Wechseldominante (Unterdominantstelle vertretende II. Stufe) in der Unterdominant-Tonart [227] aufgefaßt. Das heißt: der authentische Ganzschluß V—I, bezw. VII—I (242a) bekommt, wenn er, wie bei 242b mit verminderter Dominantquint ausgeführt wird, in etwas den Charakter eines Halbschlusses: II (= IV)—V. Und erst wenn, wie bei 242c, die Auflösung in einen Molldreiklang erfolgt, wird die Function eindeutig, die Dominantauffassung notwendig. Aber gerade Beispiele für die selten ganz ungezwungen herbeizuführende Mollauflösung sind selbst in der neuesten Musik nur recht spärlich zu finden. (S. außer Beisp. 243 auch S. 375 No. 21.)

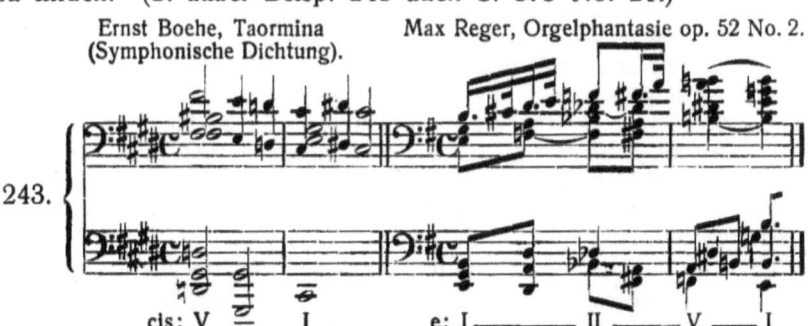

§ 51. Von viel größerer Wichtigkeit als bei den Dominantharmonien ist die Tiefalterierung der 2. Stufe der Scala bei dem Unterdominantstelle vertretenden Dreiklang, der auf der II. Stufe selbst seinen Sitz hat. Namentlich spielt die erste Umkehrung dieses Dreiklangs der tiefalterierten II. Stufe (in Moll oder Molldur) als sogenannter **neapolitanischer Sextaccord**\* insofern eine bedeutende Rolle, als dieser Accord nicht nur ein Übergreifen in die Unterdominant-Tonart darstellt, sondern auch in unmittelbarer Verbindung mit leitereigenen Harmonien der Tonart recht eigentlich als ein **alterierter** Accord auftritt, obgleich er ein solcher im engeren Sinne des Wortes (vergl. S. 220) gar nicht ist. Die [228] merkwürdigste dieser Verbindungen des neapolitanischen Sextaccords mit leitereigenen Accorden der Tonart ist sein unmittelbarer Fortgang zur Dominantharmonie mit reiner Quint wegen des ohne jede üble Wirkung auftretenden **Querstands** zwischen der alterierten und der natürlichen Tonica-Secund.

244.

c:／C:} II (IV)   V   c:／C:} I

Der Grund für die gute Wirkung gerade dieses Querstandes ist offenbar darin zu suchen, daß die Sext des Sextaccords über der Unterdominante von Haus aus gar kein eigentlicher Accordton, sondern obere **Wechselnote** der Quint des Unterdominant-Dreiklangs ist. (Vergl. S. 219.) — Daß bei dem durch Tiefalterierung der 2. Stufe in Moll oder Molldur entstandenen Dreiklang und Sextaccord entgegen der S. 228 gegebenen Regel der alterierte Ton sehr wohl verdoppelt werden kann (obschon die Verdopplung der Terz des Dreiklangs — zumal beim Sextaccord — das häufigere ist), hat seinen Grund vor allem darin, daß in diesem Falle durch die Alterierung aus einem dissonierenden ein consonierender, in Gestalt einer **Stammharmonie** auftretender Dreiklang geschaffen wird.

Von anderen Fortschreitungen des neapolitanischen Sextaccords ist namentlich die in den **Quartsextaccord** häufig (245 a). Löst

---

\* Die neapolitanische Sext hat (und zwar in England) ihren Namen daher bekommen, daß sie besonders charakteristisch sein soll für die Harmonik Alessandro Scarlattis, des Hauptvertreters der **neapolitanischen Opernschule**. Vergl. E. J. D e n t, Alessandro Scarlatti p. 146.

sich der neapolitanische Sextaccord in den **Tonicadreiklang** auf, so klingt dessen **Durform** (245 b) natürlicher als die **Mollform** (245 c): aus dem ganz einfachen Grunde, weil der neapolitanische

Sextaccord als leitereigenes Gebilde VI. Stufe (Tonica-Stellvertreter) in der Unterdominant-Tonart ist, wir also die Folge 245 b (und c) in etwas auch als f VI (I)—V hören, wo dann begreiflicherweise eben als Terz der Dominant eine **große** Terz erwartet wird.

Die Anwendung der kleinen Unterdominant-Sext innerhalb der Tonart mögen ein paar Literaturbeispiele aus verschiedenen Zeiten illustrieren.

242  Die alterierten Accorde.

c) Mozart, G moll-Symphonie Finale.

Op. 57, I. Satz.

Fr. Liszt, Ce qu'on entend sur la montagne.

R. Wagner, Siegfried, Cl.-A. S. 20.

[231] **Der neapolitanische Sextaccord als Modulationsmittel.** — Da jeder Dursextaccord als neapolitanischer Sextaccord und infolgedessen auch jeder Durdreiklang (und Durquartsextaccord) als Umkehrung eines solchen angesehen werden kann, gewinnen wir an diesem Accord ein wertvolles Mittel der Modulation durch Umdeutung. Dieses Mittel kann in zweifacher Weise angewendet werden: entweder so, daß ein in

244    Die alterierten Accorde.

irgendwelcher tonalen Function auftretender leitereigener Accord in einen neapolitanischen Sextaccord umgedeutet wird, oder aber so, daß der betreffende Sextaccord zuerst als neapolitanischer Sextaccord, d. h. also als alterierter Unterdominant-Stellvertreter erscheint, um diese Function dann mit einer andern zu vertauschen, daß er aus einem neapolitanischen Sextaccord etwas anderes wird. Es versteht sich von selbst, daß die Umdeutung eines in anderer tonaler Beziehung auftretenden Sextaccords in einen neapolitanischen Sextaccord allgemein viel brauchbarere und wirkungsvollere Modulationen liefern wird als der umgekehrte Weg. Denn es ist natürlicher, vom Gewöhnlichen zum Ungewöhnlichen (vom Leitereigenen zum Alterierten), als umgekehrt vom Ungewöhnlichen zum Gewöhnlichen weiterzugehen. Nur das erstere ist Fortschreiten im Sinne einer Steigerung, das zweite erweist sich in der Regel als Abschwächung und zumeist auch als ein unnützer Umweg, der nichts erreicht, was nicht auf anderm Wege leichter, überzeugender und besser zu erlangen wäre. (Vergl. aber das nachfolgende Beispiel 248 d.)

[*232*] Insonderheit ist bei der Umdeutung des neapolitanischen Sextaccords (oder einer seiner Umkehrungen) in einen Dominantdreiklang Vorsicht zu beobachten wegen der gerade dem Unterdominantstelle vertretenden Dreiklang der II. Stufe eigentümlichen Terzverdopplung, die der Dominant als solcher widerstrebt. — Abschreckende Beispiele für die mißbräuchliche Anwendung des neapolitanischen Sextaccords als Modulationsmittel liefern Max Regers „Beiträge zur Modulationslehre" (1903 u. ö.).

Schulbeispiele.

247.

C: I                    C: I    IV
h: II (IV)  V  —  (H) I     e: II (IV) V      I

Beispiele.

Ein Durdreiklang befindet sich in Dur auf der I., IV. und V. Stufe, in Moll auf der V. und VI., weiterhin dann aber auch [233] auf der III., IV. und VII. Stufe. Es kann also durch Umdeutung irgend eines Dursextaccords in einen neapolitanischen Sextaccord direct moduliert werden: von C nach h (H), e (E) und fis (Fis), von a nach dis (Dis), e (E), h (H), cis (Cis) und fis (Fis).

246  Die alterierten Accorde.

[234] Der neapolitanische Sextaccord ist als Modulationsmittel so wichtig, daß es sich empfiehlt, seine Anwendung zum Zwecke der Modulation besonders zu üben. Man stelle dem Schüler die Aufgabe, fließende und überzeugend klingende Übergänge von einer bestimmten Tonart in eine andere, mit Anwendung des neapolitanischen Sextaccords, sowohl schriftlich als auch am Instrumente auszuführen.

Literaturbeispiele.
248. a) Beethoven, Claviersonate op. 31 Nr. 1. Adagio.

b) Fr. Chopin, Mazurka op. 7 Nr. 2.

c) A. Bruckner, 5. Symphonie. Finale.

Die Tiefalterierung der Unterdominant in Moll.

d) R. Wagner, Siegfried Cl.-A. S. 35.

§ 52. 2. **Die Tiefalterierung der Unterdominante in Moll.** — Sie ist schon deshalb selten, weil die verminderte Quart enharmonisch gleich ist mit der großen Terz, der beim chromatischen Abwärtsschreiten auf die Unterdominant folgende Tonwert also immer (auch im Zusammenhang der Molltonalität) leichter als Durterz der Tonica denn als abwärts führender Leitton zu deren Mollterz gehört und verstanden werden wird. Am ehesten würde diese Alterierung noch bei dem Dominantseptaccord und seinem Stellvertreter, dem Septaccord der VII. Stufe, in Frage kommen können. (Vergl. S. 249 und 265.) [235] Doch wird dabei die Octav-Auflösung der übermäßigen Sext (249 a) immer etwas die Vermutung einer andern tonalen Beziehung wecken (auf F oder C).

Die Tiefalterierung anderer Stufen als der 2. und 4. dürfte nur in zufälligen Harmoniebildungen vorübergehend, nicht aber in selbständigen Accorden vorkommen. Denn es ist: 1. ein abwärts führender Halbtonschritt von der Tonica zur 7. Stufe (Dominantterz) sowohl in Dur als in Moll schon leitereigen; 2. die erniedrigte 7. Stufe (kleine Tonica-Sept) gehört in Moll der Tonart selbst an, in Dur eingeführt würde sie immer eine (vorübergehende) Ausweichung in die Unterdominant-Tonart (bezw. deren Mollparallele) bringen; 3. die 6. Stufe (Unterdominant-Terz) ist sowohl in Moll als auch in Dur (wenn wir das Molldur als ein mit dem reinen Dur gleichberechtigtes Tongeschlecht anerkennen) in zweifacher Gestalt, nämlich als kleine und als große Tonica-Sext vorhanden; 4. die Tiefalterierung der Dominante würde in Dur wie in Moll immer modulierend wirken, abgesehen davon, daß es näher liegt, den Ganztonschritt zwischen Dominante und Unterdominante auch abwärtsschreitend durch die chromatisch erhöhte Unterdominante (statt der erniedrigten Dominante) auszufüllen; und 5. endlich würde die kleine Tonica-Terz, bei einem selbständigen Accord in Dur eingeführt, die Beziehung des betreffenden Accords auf eine Durtonica natürlicherweise ganz unmöglich machen.

III. **Die Combination mehrerer Alterierungen in einem Accord.** — Neue Möglichkeiten eröffnen sich, wenn wir versuchen, die Verbindung mehrerer gleichzeitiger Alterierungen in einem und demselben Accordgebilde in Erwägung zu ziehen. Wir beschränken uns hier darauf, ein paar [236] dieser Möglichkeiten als Beispiele und Fingerzeige für die eigene combinatorische Tätigkeit des Harmoniebeflissenen anzuführen. So kann z. B. die gleichzeitige Hochalterierung der 2. und 4. Stufe die bei 250a und b angeführten

## Mehrere Alterierungen in einem Accord. 249

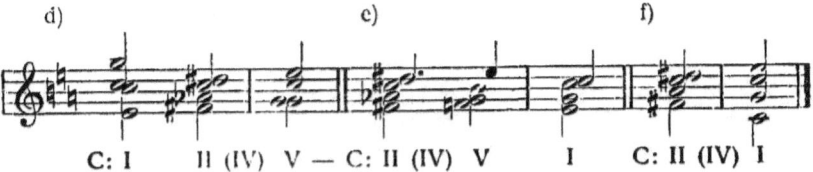

alterierten Accorde hervorbringen. Von ihnen wird der erstere zwar häufig einfacher als es—as—c—fis (Umkehrung des „doppelt verminderten" Septaccords fis—as—c—es) zu schreiben und aufzufassen sein, was aber nur dann angeht, wenn man von Moll herkommt und der kritische Ton (es oder dis) als Unterdominantsept (fis—es) angesehen und behandelt werden kann (250 c). In Fällen wie 250 d liegt dis näher als es, in 250 e kann **nur dis** in Betracht kommen. — Im reinen Dur ergibt die gleichzeitige Hochalterierung der 4. und 2. Stufe, angewendet auf den Septaccord der II. Stufe (bezw. Quintsextaccord über der Unterdominante) den verminderten Septaccord, der gewöhnlich Dominantstellvertreter in der Mollparallele der Dominant (der „Mediante") ist. (250 f.)

Wird in Moll die 2. Stufe gleichzeitig mit der Unterdominante tiefalteriert, so erhält man den Dominantseptaccord in einer Gestalt, die brauchbarer sein wird als die, bei der die Dominantsept **allein** tiefalteriert ist (251 a besser als 249 a). Umgekehrt dürfte es sich mit den entsprechenden Alterierungen des verminderten Septaccords verhalten (249 b und c besser als 251 b).

251.

[*237*] Den natürlichen und alterierten Ton einer und derselben Stufe gleichzeitig anzuwenden, dürfte (abgesehen von vorübergehenden Bildungen, wie Durchgängen, Wechselnoten u. dergl.) kaum ohne große Härte möglich sein. Dagegen kann sich sehr

wohl Gelegenheit finden, die **Hoch- und Tiefalterierung** einer und derselben Stufe miteinander zu kombinieren. Am glattesten wird sich diese Combination begreiflicherweise dann machen, wenn die beiden alterierten Töne in den äußeren Stimmen liegen, und zwar der mit aufwärtsstrebender Leittontendenz im Sopran, der abwärts aufzulösende im Baß.

Die beiden Literaturbeispiele 253 a und b, von denen das eine die gleichzeitige Tiefalterierung der 2. und 4. Stufe in Moll illustriert, während das andere die Combination der hoch- und tiefalterierten 2. Stufe in Dur zeigt, haben das Gemeinsame, daß die alterierten Accorde in ihnen so auftreten, daß sie wohl besser als Wechselnoten-Bildungen (siehe § 59), denn als selbständige Harmonien aufgefaßt werden, obgleich dieser letzteren Auffassung durchaus nichts im Wege steht. — Dagegen sind bei dem merkwürdigen Zusammenklang des Straußischen Beispiels (253 c) Grundton und Terz des selbständig, ja cadenzierend [*238*] auftretenden Unterdominant-Dreiklangs je mit zwei Tönen vertreten: jener mit fis und fisis (so ist nämlich statt g zu lesen), diese mit ais und mit a.

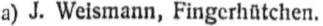

Mehrere Alterierungen in einem Accord. 251

b) L. Thuille, Violin-Sonate op. 30.

Es: I    VII (V)    I    VII (V)    I
[I ——————————————————————————]

c) R. Strauß, Salome. Cl.-A. S. 203.

Cis: I ————————————— IV ————— I

Die Möglichkeit einer restlos erschöpfenden Behandlung der alterierten Accorde ist durch die unermeßliche Reichhaltigkeit des Gegenstandes, der Stoff zu immer neuen und immer kühneren Combinationen bietet, von vornherein ausgeschlossen. Nur das Typische und am häufigsten Vorkommende sollte aufgezeigt und aus dem aller accordlichen Alterierung gemeinsamen Princip, der Tendenz nach Schaffung künstlicher, der Tonart ursprünglich fremder Leittonschritte, hergeleitet werden. Im folgenden wollen wir nun einige Übungsbeispiele geben, an denen die praktische Anwendung alterierter Accorde versucht werden soll. Gegeben ist entweder ein bezifferter Baß oder eine Melodiestimme. Jeder durch einen alterierten Accord zu harmonisierende Ton trägt — soweit nicht die Bezifferung das Nötige angibt — ein ×. Ein Strich nach dem × (×—) [239] bedeutet, daß die betreffende alterierte Harmonie (mit Ausnahme der Fortschreitung in der gegebenen Stimme, Lagenwechsel,

252  Die alterierten Accorde.

Vorhaltsauflösungen u. dergl.) liegen bleibt. (Siehe Beispiel 254[7], Tact 2.) Ausweichungen in fremde Tonarten sind ausgeschlossen. Die alterierten Töne selbst werden am natürlichsten ihrer Leitton-Tendenz entsprechend weitergeführt. Außerdem kommen noch die folgenden Fortschreitungsmöglichkeiten in Betracht: 1. Das Abspringen des alterierten Tons ist, solange der Accord (oder doch das Fundament) unverändert liegen bleibt, etwas Gewöhnliches, selten dagegen bei der Accordfortschreitung (beim Fundamentwechsel), abgesehen von dem stereotypen (verminderten Terz-)Sprung der neapolitanischen Sext in das *Subsemitonium modi*, dem übrigens in der Regel ja eine nachträgliche Auflösung in die Tonica folgt. 2. Die Rückalterierung des alterierten Tons (Zurückgehen auf den leitereigenen Ton der betreffenden Stufe) ist sehr häufig bei der erhöhten Unterdominante zu finden, seltener bei anderen hochalterierten Tönen und kaum jemals bei solchen, die durch Tiefalterierung entstanden sind, mit Ausnahme der tiefalterierten 2. Stufe. 3. Das stufenweise (diatonische) Weitergehen eines alterierten Tons entgegen seiner natürlichen Auflösungstendenz wird nur im Durchgang vorkommen. Es ist selbstverständlich, daß ein alterierter Ton nicht verdoppelt wird (abgesehen von der tiefalterierten 2. Stufe, wenn sie Bestandteil des neapolitanischen Sextaccords oder des ihm entsprechenden Dreiklangs ist). Aber auch bei der Verdopplung eines Tones, der erst chromatisch verändert werden wird, ist Vorsicht nötig. (Grund!) Vergl. S. 228 und 240.

a. Alterierte Accorde in Moll.

Aufgaben.

**b. Alterierte Accorde in Dur und Molldur.**

NB! Beisp. 23, Tact 5—6: $V_5^6$ | $VI^7$—$IV_\flat^7$. Quintenparallele, Querstand!

## III. CAPITEL.
### Die Chromatik als Modulationsmittel.

§ 53. [242] Wir haben gesehen, daß an Accorden chromatische Veränderungen vorgenommen werden können, ohne daß sich in der tonalen Beziehung dieser Accorde irgend etwas änderte. Viel häufiger als das Auftreten solcher chromatisch alterierten Harmonien innerhalb der Tonart ist jene andere Art der chromatischen Veränderung, die modulierend wirkt, indem die Alterierung eines oder mehrerer Accordtöne uns zwingt, den betreffenden Accord auf eine andere Tonica zu beziehen, uns die Empfindung des Übergangs in eine andere Tonart aufnötigt. So gewinnen wir an der Chromatik ein ganz außerordentlich wichtiges Modulationsmittel. Wie jede Modulation (vergl. S. 193), so bedeutet auch die durch Chromatik herbeigeführte entweder ein entschiedenes Verlassen der Ausgangstonart für längere Zeit oder gar für immer (Modulation im eigentlichen und engeren Sinne des Wortes) oder nur ein vorübergehend flüchtiges Berühren der fremden Tonart (Ausweichung). Im letzteren Falle, wo die Beziehung auf die ursprüngliche Tonica nur etwas in den Hintergrund gerückt, aber keineswegs unterbrochen wird, spielt der chromatisch veränderte und durch diese Veränderung als einer fremden Tonart angehörig

256     Die Chromatik als Modulationsmittel.

charakterisierte Accord die Rolle eines **alterierten Accords** in der Grundtonart (Alterierter Accord im weiteren Sinne des Wortes; [*243*] vergl. S. 220 f.) In 255a haben wir eine chromatische Modulation von C dur nach a moll, in 255b eine durch die gleiche chromatische Veränderung herbeigeführte **Ausweichung** nach a moll **innerhalb** der C dur-Tonart. Durch die angehängte Ka denz wird der Übergang von C dur nach a moll im ersteren Falle **bestätigt**, im zweiten Falle **dementiert**. —

Nun kann die chromatische Veränderung eines Accords in **doppelter Weise** geschehen. Entweder wird nämlich die Alterierung an einem, im übrigen ganz unverändert bleibenden Accord vorgenommen (256a) oder es tritt gleichzeitig mit der chromatischen

## Geschlecht und tonale Function.

[244] Veränderung ein Harmoniewechsel ein (256 b). Das letztere Verfahren ist das häufigere, das erstere das einfachere und elementarere. Jenes läßt sich stets auf dieses zurückführen als eine Art von abgekürztem, durch Auslassen eines Zwischengliedes gewonnenem Verfahren. (256 c.)

Wir gehen im folgenden die einzelnen Accorde der Reihe nach durch, um zu sehen, in welcher Weise sie chromatischen Veränderungen zugänglich sind, und welche Modulationen durch diese Veränderungen jeweils herbeigeführt werden.

I. **Die chromatische Veränderung consonierender Dreiklänge.** — Zunächst kann jeder Durdreiklang durch chromatische Erniedrigung seiner Terz, jeder Molldreiklang durch deren Erhöhung jeweils das entgegengesetzte Geschlecht erhalten. Nehmen wir an, der in a moll als Tonica auftretende Dreiklang a—c—e werde durch chromatische Alterierung in den Durdreiklang a—cis—e verwandelt. Man sollte meinen, daß es da am nächsten liegen müsse, den Dreiklang auch nach seiner Verwandlung wieder als das aufzufassen, was er vorher gewesen war, nämlich als Tonica, d. h. einen bloßen Geschlechtswechsel bei gleichbleibender tonaler Function, einen Übergang von a moll nach A dur anzunehmen. Und ebenso umgekehrt: wird in C dur aus dem Tonicadreiklang durch Tiefalterierung seiner Terz ein Molldreiklang gemacht, so wäre es scheinbar am einfachsten, diesen Molldreiklang als Tonica in c moll zu betrachten.

In Wirklichkeit verhält es sich aber anders. Auch hier zeigt sich nämlich, daß unser Ohr von vornherein dazu neigt, im Zweifelsfalle einen Durdreiklang am liebsten als **Dominante**, einen Moll-

[245] dreiklang am liebsten als **Unterdominante** aufzufassen, während die Tonica-Function gegenüber dem Geschlecht des Dreiklangs sich gänzlich indifferent verhält. Das heißt: zur Tonica taugen Dur- und Molldreiklang in gleicher Weise; dagegen ist die Dominante nur mit großer Terz möglich und die Unterdominante mit kleiner Terz jedenfalls wirkungsvoller als mit großer. Wenn nun diese Beziehung zwischen Dominantfunction und Durdreiklang einerseits, zwischen Unterdominant-Function und Molldreiklang anderseits, schon in solchen Fällen, wo ein Dur- oder Molldreiklang gleich als solcher auftritt, eine gewisse Neigung hervorruft, den betreffenden Dreiklang jeweils im Sinne der ihm associierten tonalen Function aufzufassen, so kommt das begreiflicherweise noch viel mehr zur Geltung, wenn diese Accorde aus ihrer entgegengesetzten geschlechtlichen Form (Moll aus Dur, Dur aus Moll) durch chromatische Veränderung vor unsern Ohren erst **entstehen**. Dann wirkt nämlich die chromatische Veränderung genau so, wie sie bei der Entstehung der alterierten Accorde wirkt: sie schafft einen **Leitton**, ermöglicht einen Leittonschritt. Wird in dem Dreiklang a—c—e das c in cis erhöht, so drängt sich uns unwillkürlich die Vermutung auf, daß der Zweck dieser Erhöhung die Gewinnung eines **aufwärts** nach d führenden Leittons sei, und eben damit wird der so entstandene A dur-Dreiklang zur Dominante von d moll (bezw. D dur). In gleicher Weise erweckt die Tiefalterierung des e im C dur-Dreiklang die Vermutung, daß man einen **abwärts** führenden Leitton nach d habe gewinnen wollen, was nichts anderes heißt, als daß wahrscheinlicherweise dieses d als Dominante, der durch die chromatische Veränderung entstandene c moll-Dreiklang als Unterdominante in g moll (bezw. G dur) aufgefaßt werden solle: denn wie das **Subsemitonium** für das Verhältnis der Dominantterz zur Tonica, so ist das **Supersemitonium** — wenn man so sagen darf — vorzüglich für das Verhältnis der Unterdominant-Terz zur Dominant (bezw. zur Tonica-Quint) charakteristisch.

Wie wir wissen, ist der aufwärtsführende Leitton für die Dominante **notwendig**, der abwärtsführende Leitton für die [246]

Unterdominante dagegen nur mehr oder weniger erwünscht. Dementsprechend ist nun auch die Geneigtheit, den durch chromatische Alterierung der Terz aus einem Molldreiklang entstandenen Durdreiklang als Dominante aufzufassen, ungleich viel stärker und entschiedener als die zur Unterdominant-Auffassung des ebenso aus einem Durdreiklang gewonnenen Molldreiklangs. Bei der Fortschreitung $a^3-A^3$ (257a) höre ich geradezu nach erfolgter chromatischer Veränderung den Dreiklang über a als Dominant von d (D), und zwar namentlich dann nahezu eindeutig, wenn die Alterierung in der Oberstimme vor sich gegangen ist. Wird diese Auffassung, wie bei 257b, durch den weiteren Fortgang dementiert, so findet tatsächlich eine nochmalige Umdeutung statt.

257.  a: I d (D): V   I   a: I d (D): V
                          cis: VI (I)   II (IV) V   I

Anders bei der Verwandlung eines Durdreiklangs in einen Molldreiklang. Gewiß liegt es am nächsten, den durch Tiefalterierung der Terz aus einem Durdreiklang entstandenen Molldreiklang als Unterdominante aufzufassen (258a). Aber auch Nebendreiklangs-Auffassungen — z. B. als Unterdominant-Stellvertreter (II. Stufe) — bieten sich ohne Zwang dar. (258b.)

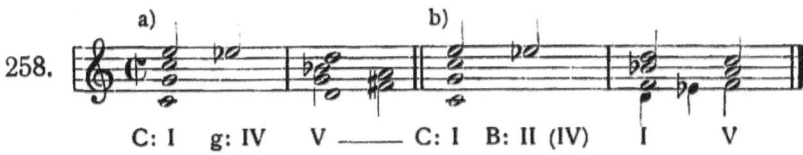

258.  C: I   g: IV   V ——— C: I   B: II (IV)   I   V

Daß man sich vor querständigen Fortschreitungen gerade bei chromatischer Veränderung der Terz des Fundaments besonders streng zu hüten hat, braucht wohl kaum besonders hervor-

260  Die Chromatik als Modulationsmittel.

[*247*] gehoben zu werden. Haben wir doch gesehen (vergl. S. 218), daß die am übelsten wirkenden Querstände eben solche sind, die bei der chromatischen Alterierung von Accordtönen ohne gleichzeitigen Fundamentwechsel vorkommen.

Von chromatischen Verbindungen, die als abgekürzte Formen für chromatische Folgen mit Veränderung der Dreiklangsterz bei gleichbleibendem Fundamente aufgefaßt werden können (259 a), gilt das gleiche wie für diese selbst. Für alle diese Folgen ist es wesentlich, daß die große Terz des chromatisch eingeführten Durdreiklangs, bezw. die kleine Terz des ebenso erreichten Molldreiklangs durch Hoch- bezw. Tiefalterierung eben des Tones gewonnen wird, der jeweils im zweiten Accorde Dreiklangsterz ist.

Dagegen tritt die aufwärtsführende Leitton-Tendenz der Durterz bezw. die entgegengesetzte Tendenz der Mollterz dann immer merklich zurück, wenn die große oder kleine Terz durch Alterierung des Tones entsteht, der im zweiten Dreiklang Grundton oder Quint ist. (259 b.) In diesem Falle kann auch dem chromatisch eingeführten Durdreiklang ohne jeglichen Zwang eine andere Function als die der Dominante zugewiesen werden, und um so viel mehr natürlich auch dem Molldreiklang eine andere als die der Unterdominante. Vergl. den Excurs über chromatische Dreiklangsfolgen S. 337 ff.

Alterierung des Grundtons und der Quint im Dur- und Molldreiklang. 261

§ 54. [*248*] Von anderweitigen chromatischen Veränderungen des consonierenden Dreiklangs kommen die folgenden in Betracht:
1. Beim Durdreiklang. a) Durch Erhöhung des Grundtons entsteht ein verminderter Dreiklang, der am leichtesten als VII. Stufe (Dominantstellvertreter), dann aber auch als II. Stufe (Unterdominant-Stellvertreter) in Moll aufgefaßt werden kann.

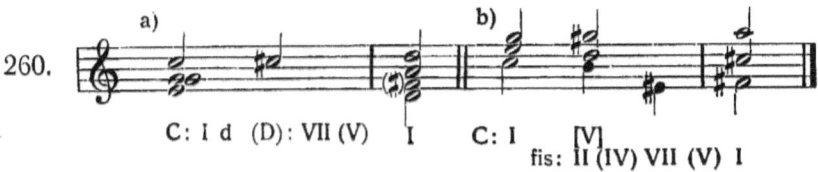

Im mehr als dreistimmigen Satze wird man in der Regel freilich vorziehen, die entsprechenden Vierklangsformen, den verminderten oder halbverminderten Septaccord anzuwenden.

b) Durch Erhöhung der Quint entsteht der übermäßige Dreiklang, der, wie wir gesehen haben (S. 233 f.), am häufigsten als (alterierter) Dominantaccord in Dur gebraucht wird. Außerdem kommt aber auch die Auffassung als III. Stufe (Dominantstellvertreter) in Moll in Betracht, wie schon aus Beispiel 261 b hervorgeht, wo das tonale Empfinden — namentlich auch durch die Baßführung bestimmt — stark nach d moll hinüberschwankt.

Die Dominantfunction des übermäßigen Dreiklangs wird eindeutig, wenn die kleine Sept zu ihm hinzutritt, wie es im mehr als dreistimmigen Satze oft, wenn nicht meist der Fall ist.

c) [249] Durch Erniedrigung der Quint erhalten wir den aus großer Terz und verminderter Quint bestehenden („hartverminderten") Dreiklang, den wir bei den alterierten Accorden kennen gelernt haben (vergl. S. 227) und dessen zweite Umkehrung der sogenannte übermäßige Quartsextaccord ist. Seine häufigste tonale Auffassung weist ihn als Unterdominant-Stellvertreter auf die II. Stufe von Moll (oder Molldur). Andere mögliche Auffassungen sind: Dominantdreiklang mit tiefalterierter Quint und VII. Stufe (Dominantstellvertreter) mit hochalterierter Terz (= hochalterierter Dominantquint). In letzterer Auffassung ist er allerdings nur im dreistimmigen Satze möglich. (Grund!)

d) Die Möglichkeit der gleichzeitigen Alterierung mehrerer Töne des Durdreiklangs mögen die folgenden Verbindungen illustrieren:

2. Beim Molldreiklang. a) Durch die Erhöhung seines Grundtons entsteht der sogen. „doppelt verminderte" Dreiklang, dessen erste Umkehrung der übermäßige Sextaccord ist. Wir finden ihn — und dies ist seine häufigste Anwendung — als Dreiklang

[250] der (hochalterierten) Unterdominante, außerdem aber auch als Dominant-Stellvertreter auf der VII. Stufe mit tiefalterierter Terz (tiefalterierter Dominantquint).

264.

a: I    e: IV    V   C: I   [VI]
                          h: VII  (V)    I

b) Die Erniedrigung des Grundtons schafft einen übermäßigen Dreiklang, der aber von dem durch Erhöhung der Quint aus einem Durdreiklang gewonnenen übermäßigen Dreiklang (siehe S. 261) wohl zu unterscheiden ist. Dieser erscheint gewissermaßen nach aufwärts, jener nach abwärts gedehnt („über"- und „unterdehnter" Dreiklang). Bei ersterem tritt die nach aufwärts gerichtete Leittontendenz der Quint (Modulation in die Unterdominant oder in die Mollparallele), bei jenem die nach abwärts gerichtete Tendenz des Grundtons (Modulation in die Durparallele) besonders hervor.

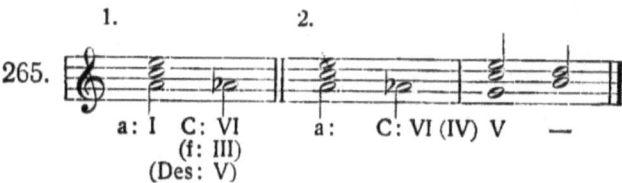

265.

a: I    C: VI        a:    C: VI (IV)   V    —
     (f: III)
     (Des: V)

c) Durch Erniedrigung der Quint bekommen wir einen verminderten Dreiklang, der, so entstanden, am leichtesten als Unterdominant-Stellvertreter (II. Stufe) aufgefaßt wird, aber auch Dominantstellvertreter (VII. Stufe) sein kann (266).

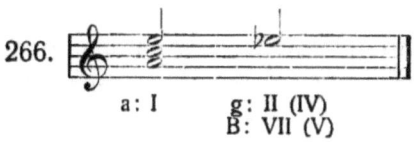

266.

a: I      g: II (IV)
          B: VII (V)

d) **Mehrfache Alterierungen** endlich können zu den folgenden und ähnlichen Fortschreitungen führen.

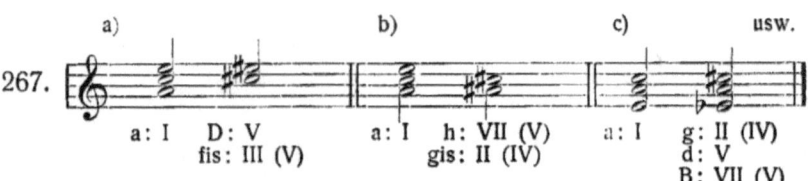

267.

§ 55. II. **Die chromatische Veränderung dissonierender Dreiklänge.** — Der verminderte Dreiklang ist seiner Natur nach ein unvollständiger Septaccord: entweder Dominantseptaccord ohne Grundton (VII. Stufe) oder (und zwar vorzugs-
[251] weise als Sextaccord) Quintsextaccord über der (Moll-) Unterdominante mit ausgefallener Quint (II. Stufe). Wenn sich nun schon bei der Verwandlung consonierender Dreiklänge in einen verminderten Dreiklang gezeigt hat, daß der so entstandene Dreiklang meist erst dann wirklich gut brauchbar wird, wenn die kleine oder verminderte Sept zu ihm hinzutritt, so werden vollends die modulierenden Alterierungen, die beim verminderten Dreiklang selbst möglich sind, besser an den betreffenden **Septaccorden** studiert, aus denen der verminderte Dreiklang ein Ausschnitt ist.

Dasselbe gilt von den alterierten Dreiklängen, wie übermäßiger Sext- und Quartsextaccord, und auch der übermäßige Dreiklang wird in seiner häufigsten Auffassung ja erst durch den Hinzutritt der kleinen Sept als alterierter Dominantaccord ganz verständlich.

III. **Die chromatische Veränderung von Septaccorden.**
1. **Der Dominantseptaccord.**

a) **Die Erhöhung seines Grundtons** ergibt den verminderten Septaccord mit Modulation in die Mollparallele bezw. (Quartsextaccord-Auflösung!) deren Unterdominant-Tonart: die gewöhnlichste und trivialste aller chromatischen Modulationen.

Chromatische Veränderungen des Dominantseptaccords.

C: V  a: VII (V)  I   C: V  a: VII (V) A: I
                                  d: V ——— I  C: I  a: VII (V)  I

In 268c beachte man den — wie beim verminderten Septaccord immer — durchaus wohlklingenden Querstand zwischen Alt und Baß. (Grund!)

b) Durch **Erniedrigung der Terz** erhalten wir den kleinen Septaccord, der zunächst einmal Unterdominant-Stellvertreter (II. Stufe) in Dur und Unterdominante in Moll, dann aber auch VI. Stufe (Tonicastellvertreter) und (seltener) III. Stufe in Dur sein kann (269 a).

c) Durch **Erniedrigung der Quint** entsteht der Septaccord mit großer Terz und verminderter Quint („Stammform" des [252] übermäßigen Terzquartsextaccords), der gewöhnlich II. Stufe (Unterdominant-Stellvertreter) in Moll ist, aber auch als alterierter Dominantseptaccord (dann also nicht modulierend!) und als Dominantstellvertreter (VII. Stufe) in Dur aufgefaßt werden kann. (269 b.)

d) Die **Erhöhung der Quint** wirkt nicht modulierend und die **Erhöhung der Sept** ist (schon wegen der abwärtsweisenden Auflösungstendenz dieses Tones) überhaupt wohl nur im chromatischen Durchgang denkbar. Dagegen würde die **Erniedrigung der Sept** einen alterierten Accord schaffen, der sich als VII. Stufe mit nahezu gleichmäßig zwischen Dominante und Unterdominante balancierender tonaler Function auffassen ließe, was allerdings nur zu einer auf demselben Wege auch diatonisch zu bewerkstelligenden Modulation führen würde. (269 c.)

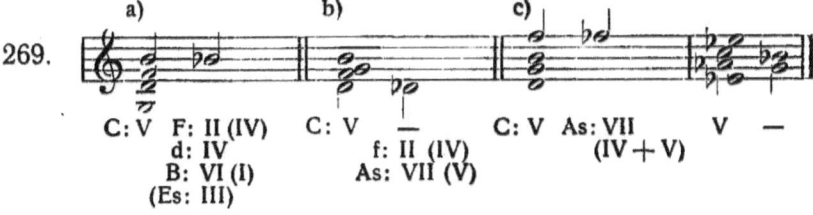

C: V  F: II (IV)    C: V  ———        C: V  As: VII        V  ———
      d: IV               f: II (IV)              (IV + V)
      B: VI (I)           As: VII (V)
      (Es: III)

266    Die Chromatik als Modulationsmittel.

e) **Mehrfache Alterierungen.** — Wird gleichzeitig mit der Erhöhung des Grundtons die Terz des Dominantseptaccords erniedrigt, so erhalten wir den alterierten Septaccord, dessen erste Umkehrung der übermäßige Quintsextaccord ist (270a). Einen anderen alterierten Septaccord, der zu einer Modulation führen **kann**, aber nicht zu führen **braucht**, ergibt bei gleichzeitiger Erhöhung des Grundtons die Erniedrigung der Quint (270b). Die gleichzeitige Erhöhung von Grundton und Quint führt in die Mollparallele (270c), die gleichzeitige Erniedrigung von Terz und Quint in die Molltonart der Unterdominante oder deren Durparallele (270d). Wird zusammen mit diesen beiden Erniedrigungen noch der Grundton erhöht, so befinden wir uns in der Durtonart der Unterdominante oder auch in der Parallelmolltonart (270e). Endlich könnte noch die gleichzeitige Erniedrigung von Terz, Quint und Sept in Frage kommen, die einen verminderten Septaccord schafft. (270f.)

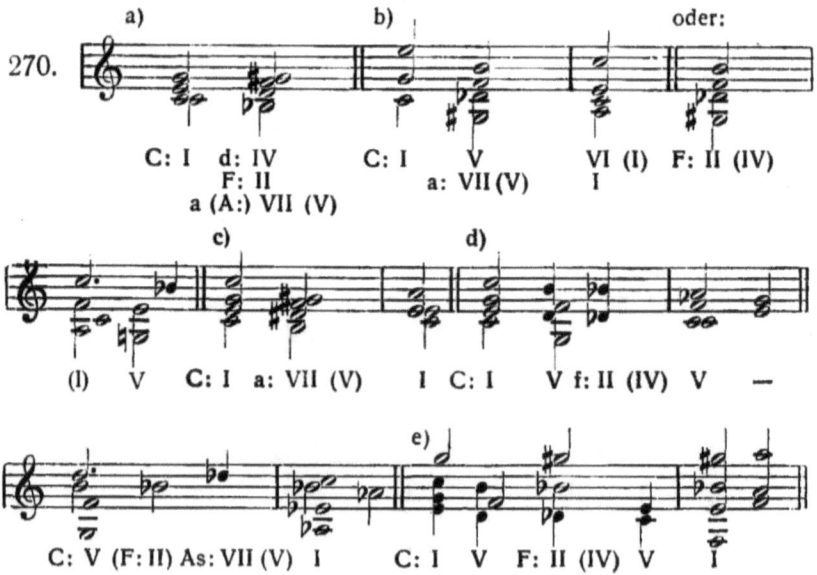

## Chromatische Veränderungen des kleinen Septaccords. 267

C: V   a: VII (V) I   c: I   VII (V)
                              as: VII (V)   I

[253] NB! In 270 f. würde es allerdings näher liegen, zunächst e—g—b—des (= f VII) und dann eine enharmonische Verwechslung des e in fes anzunehmen. Vergl. die chromatischen Folgen verminderter Septaccorde S. 269.

2. **Die Nebenseptaccorde.** a) Der kleine Septaccord wird durch Erhöhung seiner Terz Dominantseptaccord (271 a), durch Erhöhung seines Grundtons „doppelt verminderter" Septaccord („Stammform" des übermäßigen Quintsextaccords, 271 b), durch Erniedrigung seiner Quint halbverminderter Septaccord, d. h. Unterdominantstellvertreter (II. Stufe) in Moll oder Dominantstellvertreter (VII. Stufe) in Dur (271 c), durch gleichzeitige Erhöhung der Terz und Erniedrigung der Quint „hartverminderter" [254] Dreiklang mit kleiner Sept („Stammform" des übermäßigen Terzquartsextaccords, 271 d). Ferner kann er sowohl durch Erhöhung von Grundton und Terz, wie durch Erniedrigung von Quint und Sept zum verminderten Septaccord verengt werden (271 e).

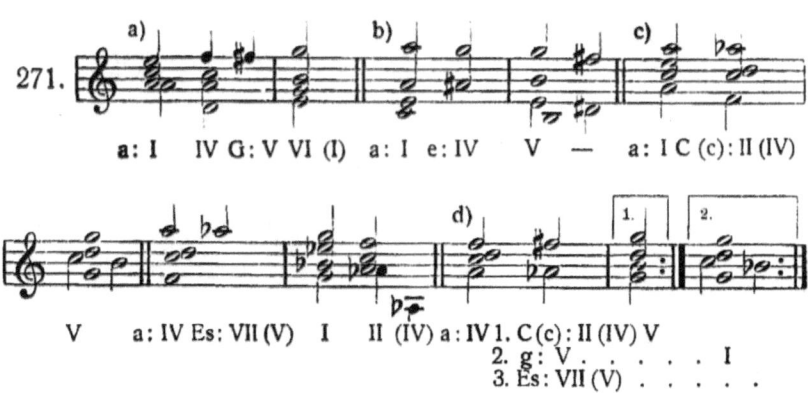

271.

a: I   IV G: V VI (I)   a: I e: IV   V   —   a: I C (c): II (IV)

V   a: IV Es: VII (V)   I   II (IV) a: IV 1. C(c): II (IV) V
                                    2. g: V . . . . I
                                    3. Es: VII (V) . . . . .

268            Die Chromatik als Modulationsmittel.

NB! Von C dur herkommend, wie hier angenommen, läge die Auffassung d—f—as—h (c VII) mit nachträglicher enharmonischer Verwechslung des h in ces näher.

b) Der aus Durdreiklang und großer Sept bestehende Septaccord wird zum Dominantseptaccord durch Erniedrigung seiner Sept.

[255] Bringt man diese chromatische Veränderung bei der Folge $V^7$—$I^7$ an, so erhalten wir zwei aufeinanderfolgende Dominantseptaccorde, die als Modell einer den Quartencirkel durchlaufenden Sequenzkette benutzt werden können.

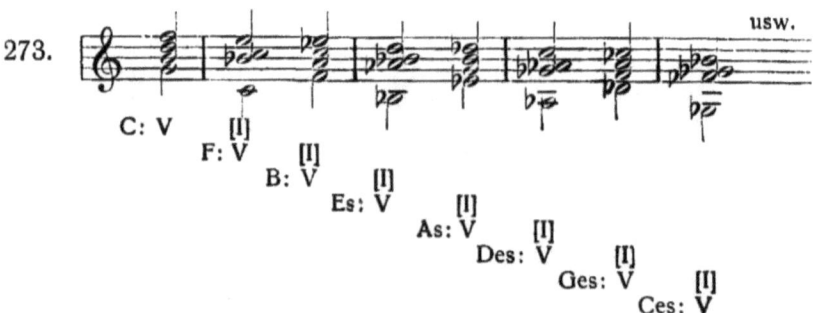

In gleicher Weise könnten sich auch Dominantseptnonaccorde aneinanderreihen

## Chromatische Veränderungen des großen Septaccords.

Die Härte der Dissonanz zwischen Grundton und Non, die in Moll (Dominantseptnonaccord mit kleiner Non!) besonders scharf ist, wird vermieden, wenn in der Folge von zwei oder mehreren Dominantseptnonaccorden die Fundamentstöne selbst wegbleiben. Streichen wir so in Beispiel 274a und b jeweils die Baßstimme, so erhalten wir Folgen von halbverminderten Septaccorden (274a), bezw. von verminderten Septaccorden (274b), die beide nichts anderes sind als Dominantseptnonaccorde mit ausgelassenem Grundton.

§ 56. [256] Wir kehren zum Durdreiklang mit großer Sept zurück und bemerken noch die folgenden modulierend wirkenden chromatischen Veränderungen, die an ihm vorgenommen werden können: die Erhöhung des Grundtons schafft einen halbverminderten Septaccord (Dur VII, Moll II: 275a), die Erhöhung des Grundtons gleichzeitig mit der Erniedrigung der Sept den verminderten Septaccord (275b), die Erniedrigung von Terz und Sept den kleinen Septaccord (275c), die letzteren beiden Erniedrigungen zusammen mit der Erhöhung des Grundtons den „doppelt verminderten"

270   Die Chromatik als Modulationsmittel.

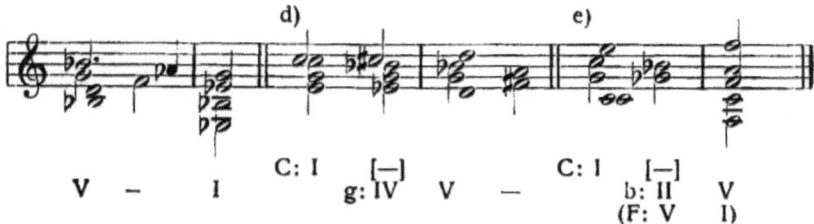

Septaccord, dessen erste Umkehrung der übermäßige Quintsextaccord ist (275 d) und endlich die gleichzeitige Erniedrigung von Quint und Sept den aus „hartvermindertem" Dreiklang und kleiner Sept bestehenden Septaccord, von dem sich der übermäßige Terzquartsextaccord herleitet (275 e).

c) Bei dem „halbverminderten" Septaccord, der aus vermindertem Dreiklang und kleiner Sept besteht, wird die unter Umständen nicht modulierend wirkende Erniedrigung der kleinen zur verminderten Sept am häufigsten begegnen (276 a), außerdem die Erhöhung der Terz (276 b), seltener und — abgesehen von bloßer Durchgangsbewegung — wohl überhaupt nur mit anderen chromatischen Veränderungen zusammen die Hochalterierung der verminderten Quint. (276 c.)

NB! Faßt man den Septaccord in seiner anfänglichen Gestalt als Unterdominant-Stellvertreter in a moll auf, so könnte man auch daran denken, an Stelle der chromatischen Veränderung einen Stufen-Halbtonschritt, also statt des as ein gis anzunehmen (h—d—f—gis = a VII), das erst nachträglich enharmonisch in as umgewandelt würde.

d) Beim verminderten Septaccord wirkt die Erhöhung der Terz (= der Dominantquint) nicht modulierend (im Sinne eines Wechsels der Tonica). Außerdem dürfte als häufig vorkommend

Chromatische Veränderungen im verminderten Septaccord.

wohl nur die Erniedrigung der Terz zu nennen sein (277 a). Eher als an eine Hochalterierung der verminderten Sept könnte man noch an eine Erniedrigung des Grundtons (= der Dominantterz) denken: aber zum mindesten bei der Verwandlung des verminderten Septaccords in einen Dominantseptaccord wird man immer lieber an die Auflösung einer verminderten Sept als an die Tiefalterierung des aufwärtsstrebenden Subsemitoniums denken (277 b). Dagegen ist die gleichzeitige Tiefalterierung von Grundton u n d Terz als chromatischer Übergang in die Unterdominant-Tonart sehr wohl möglich (277 c).

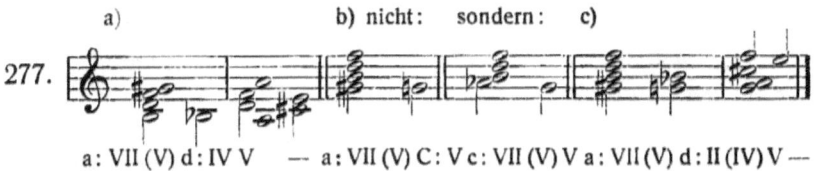

a: VII (V) d: IV V — a: VII (V) C: V c: VII (V) V a: VII (V) d: II (IV) V —

e) Der aus übermäßigem Dreiklang und großer Sept bestehende Septaccord wird durch Erniedrigung seiner Sept zum Dominantseptaccord mit alterierter Quint (278 a).

f) [258] Schließlich können auch alterierte Accorde selbst noch weiter chromatisch verändert und so zu Modulationen benutzt werden (278 b). —

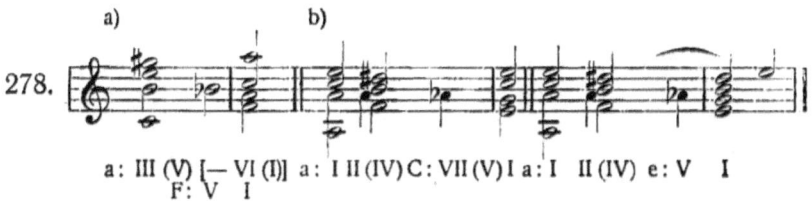

a: III (V) [— VI (I)] a: I II (IV) C: VII (V) I a: I  II (IV)  e: V  I
F: V  I

Die Tonica-Auflösung des als alterierter Dominantaccord aufgefaßten übermäßigen Dreiklangs kann als Modell benutzt werden für eine chromatisch aufwärtssteigende Sequenz von übermäßigen Dreiklängen, wenn man den betreffenden Tonicadreiklang durch chromatische Erhöhung seiner Quint selbst wieder zum alterierten Dominantdreiklang macht (279).

Wie wir sehen, ist diese Folge durchaus analog der Sequenz von Dominantseptaccorden, die wir S. 268 kennen gelernt haben, nur daß die Auflösungstendenz der übermäßigen Quint der ganzen Reihe eine aufwärtssteigende Bewegungsrichtung verleiht. Auch in bezug auf die Bewegungsrichtung genau übereinstimmend mit

[259] jener Sequenz von Dominantseptaccorden ist dagegen die chromatische Folge von übermäßigen Terzquartsextaccorden, die ja selbst als alterierte Dominantseptaccorde aufgefaßt werden können.

Auch die Folge von übermäßigen Quintsextaccorden ist in derselben Weise denkbar: nur wird man bei ihnen — und namentlich in der Sequenz — die Schreibung als (mit den entsprechenden übermäßigen Quintsextaccorden enharmonisch gleiche) Dominantseptaccorde vorziehen.

Übungen. 1. Chromatische Modulationen im eigentlichen Sinne des Wortes, d. h. definitive Übergänge aus einer Tonart in eine mehr oder minder entfernte mit Hilfe der Chromatik als Modulationsmittel lasse man in der Art üben, daß dem Schüler die Aufgabe gestellt wird, in einem abgeschlossenen Sätzchen von 4 bis höchstens 8 Tacten von einer gegebenen Anfangstonart aus eine bestimmte Zieltonart mit Benutzung von Chromatik in logischer [260] und überzeugend klingender Weise zu erreichen. Also z. B. man moduliere chromatisch in 4 Tacten von C dur nach Es dur (282 a), in 8 Tacten von a moll nach Fis dur (282 b) usf.

274  Die Chromatik als Modulationsmittel.

2. Im Nachfolgenden geben wir kurze Sätzchen, die reichlich chromatische Ausweichungen enthalten: a) als bezifferte Bässe (1—5), b) als Melodiestimmen mit gelegentlicher Andeutung der intendierten Harmonisierung (6—14) und c) ebensolche unbezifferte (oder doch nur ganz sparsam bezifferte) Baßstimmen (welch letztere also etwa nicht dahin mißzuverstehen sind, als ob an allen unbezifferten Stellen nur Dreiklänge gemeint wären) (15—23). Unter jedem Accord ist seine Stellung bezw. Function innerhalb der Tonart zu vermerken (vergl. 283[1]). Bei allen diesen Übungen sehe der Lehrer darauf, daß jegliche Art von Enharmonik, die sich verdeckt gerne einschleicht, streng ausgeschlossen bleibe.

## Aufgaben.

276  Die Chromatik als Modulationsmittel.

Aufgaben.

278  Chromatische Wechselnoten, Vorhalte, Durchgänge.

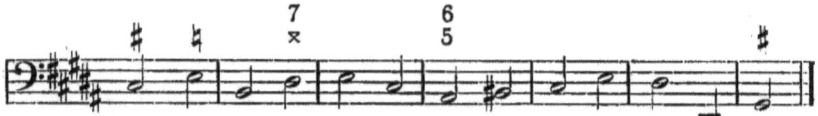

NB! No. 1, Tact 2—3 und No. 5, Tact 2—3: die halb parallele Folge von verminderter zu reiner Quint hier gestattet!

---

## IV. CAPITEL.
### Chromatische Wechselnoten, Vorhalte und Durchgänge. Weitere Arten zufälliger Harmoniebildung.

§ 57. [*264*] Zwei Töne, die melodisch fortschreitend aufeinanderfolgen, stehen in einem doppelten gegenseitigen Verhältnis. Sie sind rein melodisch aufeinander bezogen, insofern der Abstand zwischen ihnen mehr oder minder groß ist; sie sind weiterhin aber auch harmonisch-melodisch aufeinander bezogen, insofern ihr gegenseitiges Intervallverhältnis in verschiedenem Grade consoniert oder dissoniert. Es besteht zwischen ihnen eine Nachbarschafts- und eine Verwandtschaftsbeziehung. Beide Beziehungen verhalten sich insofern gegensätzlich, als ein enges Nachbarschaftsverhältnis zwischen zwei (voneinander verschiedenen) Tönen ein enges Verwandtschaftsverhältnis ausschließt, und umgekehrt. Folgen zwei nicht verwandte Töne aufeinander, so stehen sie entweder in gar keiner näheren Beziehung (wie z. B. die beiden Töne des Tritonus-Intervalls) oder aber in mehr oder weniger enger **Nachbarschaftsbeziehung**. Die Nachbarschaftsbeziehung kann also verhindern, daß nicht verwandte Töne überhaupt ohne **jegliche** directe Beziehung einander gegenüber stehen, und sie leistet das natürlich in um so höherem Maße, je **enger** sie ist.

Die engste Nachbarschaftsbeziehung, die innerhalb unseres Tonsystems möglich ist, besteht zwischen zwei Tönen, die im **Halbtonverhältnis** zueinander stehen. Das Bedürfnis, eine solche engste Beziehung auch da zwischen stufenweise aufeinander-

[265] folgenden Tönen herzustellen, wo sie von Hause aus nicht vorhanden war, haben wir als sogenanntes Leittonbedürfnis schon kennen gelernt. (Vergl. S. 220.) Daß sich nun dieses Bedürfnis eines Leittonschritts namentlich auch zwischen harmoniefremden Tönen (Wechselnoten im weitesten Sinne des Wortes) und ihren accordlichen Auflösungstönen einstellte, wird man begreiflich finden. Denn das Wesen aller harmoniefremden Töne liegt ja eben darin, daß sie einen Conflict mit der bestehenden Harmonie darstellen, einen Conflict, dessen Lösung und Rechtfertigung durch nichts anderes als eben durch die Nachbarschaftsbeziehung der harmoniefremden Töne zu ihren jeweiligen Auflösungstönen gewährleistet ist. Man versteht also von vornherein, wie sich im Laufe der Zeit das Verlangen entwickeln konnte, diese Nachbarschaftsbeziehung möglichst eng, d. h. — wo nur immer angängig — im Halbtonverhältnis zu gestalten.

Nun ist es uns schon bekannt (vergl. S. 221), daß jegliches Leittonbedürfnis in der Richtung nach aufwärts sich weit stärker fühlbar macht als in der Richtung nach abwärts. Entsprechend der Gravitation räumlicher Massen in der Natur herrscht auch im Reich der Töne ein gewisser Zug nach der Tiefe. Während die melodische Aufwärtsbewegung immer mit einer gewissen Kraftanstrengung verbunden ist, macht sich die Abwärtsbewegung sozusagen von selbst, vermöge der eigenen „Schwerkraft" der Töne; und eben deshalb ist auch bei der Abwärtsbewegung die Anwendung jener drängenden, einen gewissen Zielton wie mit Gewalt herbeiziehenden Mittel, als welche sich die Leittöne, und namentlich die künstlichen, der Tonart fremden Leittöne darstellen, viel weniger notwendig als bei der Aufwärtsbewegung.*

---

\* Daß sich das Bedürfnis aufwärtsstrebender Leittöne erst im Laufe der Entwicklung unserer harmonisch-mehrstimmigen Musik einstellte, scheint übrigens darauf hinzudeuten, daß jenes Gesetz der musikalischen Gravitation mit der von der harmonischen Musik unzertrennlichen Beziehung aller Verhältnisse auf ein gemeinsames Fundament (das „Gravitationscentrum"), der harmonischen Abhängigkeit aller Stimmen von der tiefsten Stimme, dem Baß, irgendwie zusammenhängen müsse.

[266] Diese Tatsache erklärt nicht nur, warum der (aufwärtsführende) Leitton zur Tonica mit der Zeit als unerläßlich sich herausgestellt hat, während der (abwärtsführende) Leitton in die Dominant niemals obligatorisch wurde (— die Erhöhung der natürlichen kleinen Sept in Moll ist notwendig, die Erniedrigung der natürlichen großen Sext in Dur bloß möglich! —), sie macht auch weiterhin begreiflich, daß man es in derselben Weise bald vorzog, die ihrer Auflösung nach oben entgegengehende untere Wechselnote eines Accordtons auch dann in ein Halbtonverhältnis zu diesem zu setzen, wenn die Tonart selbst (die Scala) ein Ganztonverhältnis darbot. Auf diese Weise entstehen vorübergehende chromatische Veränderungen innerhalb der Tonart, die nur den Zweck haben, die Nachbarschaftsbeziehung der Wechselnote zur zugehörigen Hauptnote (zu ihrem Auflösungston) schärfer hervortreten zu lassen. Ebenso kann das Bestreben nach innigerer Verkettung von Wechselnote und Hauptnote auch zur Tiefalterierung einer oberen Wechselnote führen: aber eine Art von Zwang wie bei der unteren Wechselnote wird sich hier niemals geltend machen, und das natürlichere, näherliegende wird es immer sein, die obere Wechselnote als leitereigenen Ton zu nehmen.

Am stärksten macht sich das Bedürfnis, die untere Wechselnote als aufwärtsführenden Leitton zu gestalten, begreiflicherweise dann geltend, wenn diese Wechselnote als accentuierter Strebeton auftritt, d. h. wenn sie Vorhaltscharakter hat, weniger schon, wenn sie mit einem Sprung auf schlechtem Tactteil eintritt (Wechselnote im engeren Sinne des Wortes) und am wenigsten, wenn sie stufenweise eingeführt auf schlechtem Tactteil als (weiterführender oder zurückkehrender) Durchgang erscheint. In bezug auf den Unterschied, den die harmonische Stellung der Hauptnote bedingt, kann man sagen, daß uns die Hochalterierung der unteren Wechselnote am häufigsten begegnet, wenn ihre Hauptnote Fundamentston des Accordes ist, fast ebenso häufig vor der Quint (und zwar namentlich vor der Dominante), wogegen in die Terz selbst Vorhaltswechselnoten jederzeit ohne Zwang auch mit einem Ganztonschritt [267] geführt werden können und zwar namentlich dann besonders glatt, wenn die Hauptnote Terz der Dominante ist, während bei der Terz der Tonica und Unterdominante (in Dur) die neuere Musik die chromatische untere Wechselnote bevorzugt, ohne freilich ihre diatonische Bildung auszuschließen. (Vergl. S. 171 ff.)

Zu bemerken ist, daß die untere Halbton-Wechselnote einer jeden großen Terz wie die obere Halbton-Wechselnote einer jeden kleinen Terz insofern einen etwas zweideutigen Charakter trägt, als jene mit der kleinen und diese mit der großen Terz enharmonisch gleich ist, so daß man in manchen Fällen zweifelhaft sein kann, ob das betreffende Wechselnoten-Verhältnis oder eine chromatische Veränderung der Terz selbst angenommen und geschrieben werden soll.

So wäre z. B. in 284 a die Schreibung: ais sowohl aus theoretischen wie aus praktischen Gründen der Schreibung: b vorzuziehen. Dagegen wird man in 284 b wohl die „accordliche" Schreibung mit b wählen. Handelt es sich um eine in derselben Richtung weiterlaufende Durchgangsbewegung, so wird der Umstand, daß in C dur das b so viel näher liegt als das in keiner mit C dur unmittelbar verwandten Tonart als leitereigener Ton anzutreffende ais, zugunsten der Schreibung: b den Ausschlag geben (284 c). Kommt dann aber eine parallele Sexten- (oder Terzen-) bewegung wie in 284 d dazu, so wird man der Gleichmäßigkeit halber wieder ais bevorzugen.

Allgemein kann man also sagen, daß die Erwägung, ob der einzuführende chromatische Ton einer mit der herrschenden Tonart direct verwandten Tonart entnommen werden kann, in all den Fällen entscheiden wird, wo es an sich zweifelhaft ist, ob man es [*268*] mit einer Wechselnote oder der chromatischen Alterierung eines Terztons zu tun habe. Praktische Rücksichten, wie die auf möglichste Vereinfachung der Schreibung, Gleichmäßigkeit der Orthographie bei paralleler Bewegung in verschiedenen Stimmen sowie auf die Technik des ausführenden Instrumentes u. a. kommen außerdem in Betracht. Ist dagegen der harmonische Charakter des betreffenden chromatischen Tons (Wechselnote oder Terz) unzweideutig klar, so ist mit seiner harmonischen Auffassung natürlich auch die Schreibung gegeben. Und zwar gilt das nicht nur für diesen speciellen Fall, sondern überhaupt für alle chromatischen Töne. Insbesondere ist zu merken, daß man in solchen Fällen, wo die durchgehende chromatische Bewegung Bildungen entstehen läßt, die auch als selbständige Accorde vorkommen können, wenn irgend möglich, gut tun wird, den betreffenden Accord als solchen auch durch die Orthographie kenntlich zu machen.

§ 58. Wo es dagegen weder auf den harmonischen Zusammenhang noch auch auf die harmonische Bedeutung der einzelnen chromatischen Töne ankommt, d. h. überall, wo die Chromatik als rein melodische Bewegung auftritt, gilt als Orthographieregel, daß man natürlicherweise aufwärtssteigend die Hochalterierung und ab-

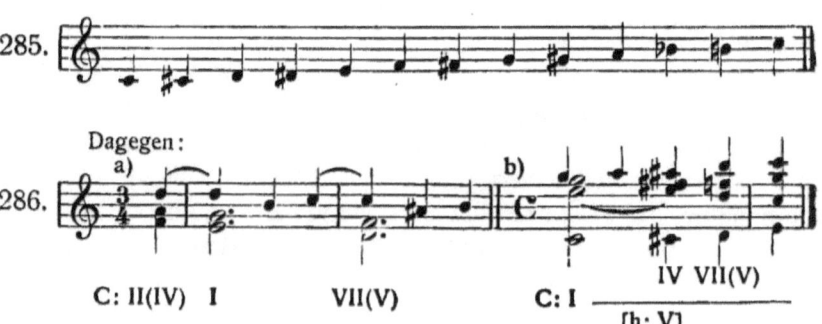

## Die chromatische Tonleiter in Dur.

wärtssteigend die Tiefalterierung bevorzugt, jedoch mit einigen Ausnahmen. In Dur wird nach altem Herkommen aufwärts statt der übermäßigen Sext die kleine Sept geschrieben, weil diese, in C dur z. B. das aus F dur genommene b, näher liegt, als das erst in h moll anzutreffende ais.

[269] NB! Die zweite Sext in 286 c könnte sehr wohl auch eis—cis geschrieben werden, doch liegt das f moll entnommene f—des näher. Zu der chromatisch aufwärtssteigenden Folge verminderter Dreiklänge vergl. auch S. 293.

Abwärtssteigend vermeidet man in der chromatischen Durtonleiter die Tiefalterierung der Dominante und bevorzugt statt ihrer die erhöhte Unterdominante: einmal, weil diese (fis in C dur) der Tonart viel näher liegt als jene (das b moll entnommene ges in C dur), und dann weil auch factisch der betreffende chromatische Ton in der harmonischen Auffassung als verminderte Tonica-Quint ungemein selten ist, während die Abstumpfung der erhöhten 4. Stufe (des Dominant-Leittons zur Dominantsept) sehr häufig und als etwas ganz Gewöhnliches z. B. schon in jeder Folge quintverwandter Dominantseptaccorde vorkommt.

## Chromatische Wechselnoten, Vorhalte, Durchgänge.

287.

C: I   II(IV)  V    I
(G: IV   V    [I]  IV)

Chromatische Tonleiter in C dur abwärts:

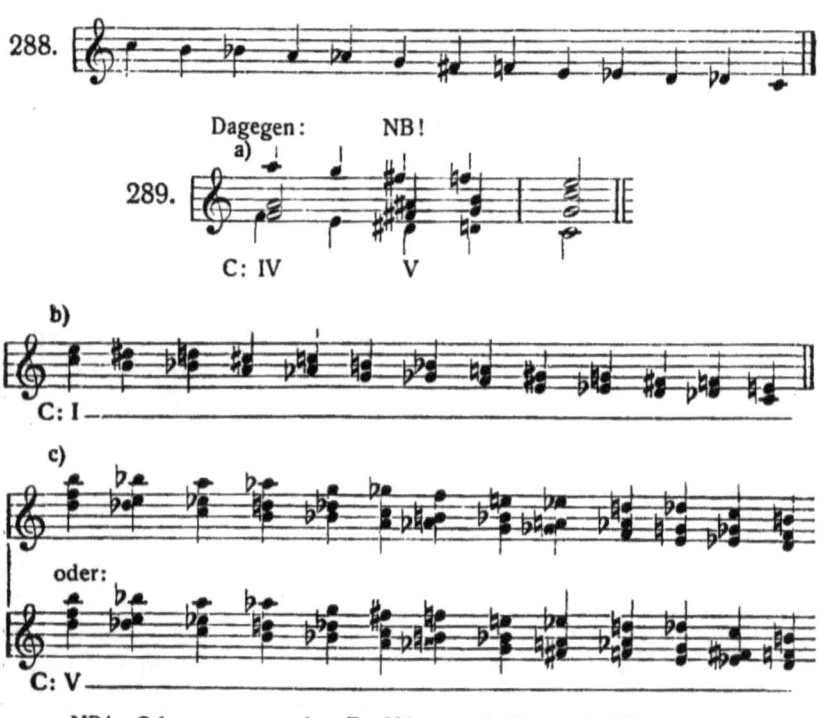

NB! Oder: es—ges—b. Zu 289 c vergl. Beispiel 292.

[270] In Moll schreibt man, wenn kein Grund zu anderer Auffassung vorliegt, die chromatische Tonleiter abwärts in gleicher Weise wie aufwärts, und zwar so, daß man beidemale nur eine einzige Tiefalterierung schreibt, nämlich die der 2. Stufe (die neapolitanische Sext der Unterdominant!)

## Die chromatische Tonleiter in Moll.

290.  [musical notation]

Dagegen: Chopin, Nachgel. Mazurka, Nr. 14.

291.  a) [musical notation]
f: I ——— II(IV) ——— b: II(IV) ——— V ———
c: IV——— V                                es: II(IV)

b) [musical notation]
a: I    VI (I)   II(IV)   V
        [B: V    I]

c) [musical notation]
                    NB!

oder:

[271] NB! Oder noch correcter mit Ignorierung des Terzenparallelismus: f gis. — Verminderte Dreiklänge chromatisch aufwärts steigend: immer mit den Tönen der gewöhnlichen chromatischen Molltonleiter; abwärtssteigend dagegen als unvollständige verminderte Septaccorde mit quintweise fallenden Fundaments-tönen (vergl. S. 269).

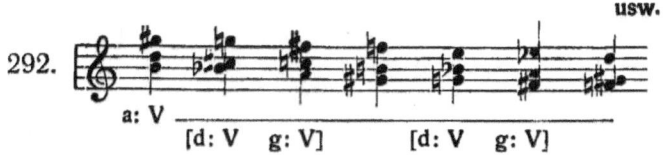

292. a: V ——————————————————— usw.
     [d: V   g: V]   [d: V   g: V]

286 Chromatische Wechselnoten, Vorhalte, Durchgänge.

Während man bei älteren Componisten (Mozart) in der aufwärtssteigenden chromatischen Durtonleiter oft die übermäßige Secund und übermäßige Quint durch die kleine Terz und die kleine Sext ersetzt findet (293 a), wird es in neuerer Zeit immer [272] allgemeiner üblich, aufwärts durchgehend Erhöhungen, abwärts durchgehend Erniedrigungen der leitereigenen Stufen zu schreiben, mit Ausnahme der erhöhten Unterdominante, die (in Dur und Moll) auch abwärtssteigend beibehalten wird, ebenso wie auch in Moll die große Terz der Tonica (293 b).

§ 59. Mit einem besonderen Specialfall der Chromatik haben wir es dann zu tun, wenn zwei chromatisch verschiedene, der gleichen Stufe angehörende Töne nicht aufeinander folgen, sondern in einem und demselben harmonischen Gebilde zusammentreffen. In selbständigen Accorden ist ein solches Zusammentreffen, wie wir gesehen haben (vergl. S. 250), selten. Dagegen wird es ziemlich häufig herbeigeführt durch Vorhalte, Durchgänge, Wechselnoten u. dergl. Insbesondere gibt die Eigentümlichkeit der Molltonart, für die 6. und 7. Stufe der Tonleiter je zwei chromatisch verschiedene Tonwerte zu besitzen, Veranlassung zu derartigen Combinationen. Aber auch sonst kann eine Modulation oder auch die nicht modulierende chromatische Veränderung innerhalb der Tonart dazu führen, daß eine Stufe in einem zufälligen Accordgebilde mit zwei chromatisch verschiedenen Tönen vertreten ist.

Literaturbeispiele.

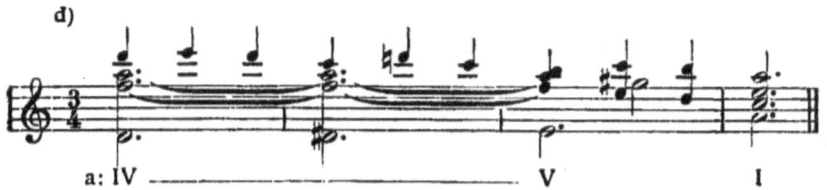

e) Chopin, Mazurka op. 7 Nr. 2.  f) J. S. Bach, H moll-Messe. Duett „Domine Deus".

g) E. Chabrier, Gwendoline. Vorspiel z. 2. Act.

288  Chromatische Wechselnoten, Vorhalte, Durchgänge.

h) Fr. Klose, Streichquartett (Anfang d. langsamen Satzes).

i) R. Strauß, Salome. Cl.-A. S. 1.

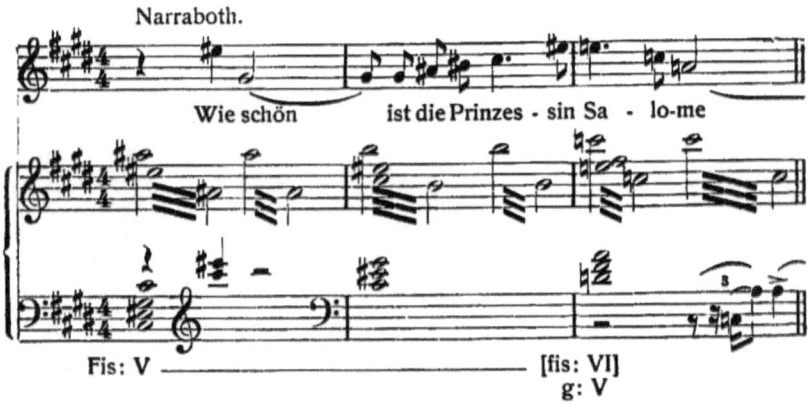

k) Fr. Liszt, Faustsymphonie. 1. Satz. Part. S. 25 f.

## Chromatische Durchgangsaccorde.

l) M. Schillings, Meergruß.

[274] Zu 294 d und e ist zu bemerken, daß hier der Conflict zwischen dis und d bezw. zwischen fis und f deshalb so wenig scharf wirkt, weil veränderte Schreibweise und Auffassung im ersteren Falle (es statt dis) einen ganz harmlosen zurückkehrenden Durchgang über einem Secundaccord (B V), im zweiten Falle (ges statt fis) eine ebensolche Wechselnote über einem Septaccord (Des V) ergeben würde. Und auch bei 294a und b hat man zu berücksichtigen, daß [275] eine enharmonische Verwechslung von gis in as das g zum Grundton der kleinen Non machen würde. — Die für ihre Zeit (1857) gewiß kühne Stelle aus Liszts Faust (294 k) ist gleichzeitig ein schönes Beispiel für einen **Vorhalt vor dem Vorhalt** (der kleinen Decim vor der kleinen Non).

In der Stelle aus Schillings' symphonischer Phantasie (294 l) haben wir es im wesentlichen mit nichts weiter zu tun, als mit den vier Dreiklängen über e, c, f und d, die einander folgen. Compliciert wird diese schlichte Harmoniefortschreitung nun dadurch, daß der Eintritt des C dur- und F dur-Dreiklangs jeweils durch dieselbe Art chromatischer Vorhaltsbildung verzögert wird. Es erscheint nämlich von diesen beiden Dreiklängen statt des Grundtons dessen obere und untere chromatische Wechselnote (des und h vor c, ges und e vor f), statt der Terz deren untere chromatische Wechselnote (dis vor e, gis vor a\*). Wir sehen hier also durch freie Vorhaltsbildung zwei Secundaccorde entstehen, die man ganz falsch verstehen würde, wenn man sie etwa als Umkehrungen von eigentlichen Septaccorden (es—g—h—des bezw. as—c—e—ges) auffassen wollte.

---

\* Wir nehmen also an, daß der Componist der leichteren Lesbarkeit halber nicht ganz correct im Baß cis statt des, bezw. fis statt ges geschrieben habe. Freilich ließe sich auch die originale Orthographie rechtfertigen.

290  Chromatische Wechselnoten, Vorhalte, Durchgänge.

Auf dieselbe Weise können auch chromatische Durchgänge zu Harmoniebildungen führen, die unerklärlich wären, wenn man sie im Sinne selbständiger Accorde verstehen wollte.

295.

A: V — (IV) ——————— I   A: V ——————— I
[E: VII (V)]

Im obigen Beispiel scheint auf den Dominantseptaccord von A dur der Septaccord der hochalterierten Unterdominante (= E VII [*276*] bezw. V) zu folgen, eine Folge, die schon als Weitergehen von der Dominante zur Unterdominante überraschend wäre. Sie verliert aber alles Seltsame, wenn wir bedenken, daß eigentlich nur eine Durchgangsbewegung über dem liegenbleibenden Fundamente E vorliegt, daß der Dominantseptaccord mit Hilfe von Durchgängen aus der Grundstellung in den Secundaccord übergeführt wird.

Auffallend ist dabei der Sprung der Oberstimme von fis nach cis, der unserer Erklärung des betreffenden Accords als einer Durchgangsbildung zu widersprechen scheint: denn zum Begriff des Durchgangs gehört es doch, daß alle Stimmen sich stufenweise fortbewegen. (Vergl. S. 181.) Dazu ist nun zu sagen, daß in unserem Falle die Freiheit des Abspringens einmal motiviert wird durch den Gang der Melodie und dann auch ihre Rechtfertigung erhält nicht allein dadurch, daß das als Auflösungston des fis erwartete gis in anderen Stimmen factisch erscheint, sondern vor allem auch dadurch, daß die Oberstimme selbst schließlich wieder nach e zurückkehrt und so eine nachträgliche Auflösung der Wechselnote fis (im Sinne eines zurückkehrenden Durchgangs) bringt. Aber auch davon abgesehen, kann man wohl als ganz allgemein gültige Regel aufstellen, daß Durchgangstöne immer dann nicht streng als solche, d. h. sufenweise sich auflösend behandelt zu werden brauchen, wenn durch die Durchgangsbewegung solche Harmoniebildungen entstehen, die auch als selbständige Accorde denkbar sind. In derartigen Fällen können die betreffenden Durchgangstöne sehr wohl auch in der Weise weitergeführt werden, als ob sie Bestandteile (Accordtöne) jener als selbständig gedachten Harmonien wären.

Im obigen Beispiel ist das fis dissonierende Durchgangsnote in bezug auf das Fundament E, aber es ist consonanter Bestandteil (Terz) des Durchgangsaccords dis—fis—a—cis. Die Dissonanz des fis ist gar nicht effectiv vorhanden — denn inzwischen ist das E selbst ja verschwunden —, sondern sie existiert nur in der Auffassung, wenn und solange wir den betreffenden Septaccord als Durchgangsbildung in Gedanken auf den Fundamentston E beziehen. [277] Es kommt also diesem fis dieselbe Art der Freiheit zu, die wir jeder bloßen Auffassungsdissonanz zugebilligt haben (vergl. S. 176) und deshalb zubilligen konnten, weil bei allen derartigen Scheinbildungen jene zweite Auffassung (nämlich im Sinne des „zufällig" entstandenen Accords), wenn sie auch für den harmonischen Zusammenhang als wesentlich nicht in Betracht kommt, in secundärer Weise für unser Empfinden eben doch mithereinspielt und mehr oder minder leise anklingt.

§ 60. Wenn wir so anerkennen, daß Durchgangsaccorde möglich sind, die nicht streng als solche behandelt zu werden brauchen, so kommen wir zu einer Erweiterung des Begriffs der durchgehenden Harmonie, die von principieller Bedeutung ist. Solche Accorde können füglich nicht mehr eigentlich Durchgangsaccorde heißen: denn, um es zu wiederholen, von dem Begriff des Durchgangs ist die Forderung stufenweiser Bewegung aller Stimmen (soweit sie nicht liegen bleiben oder in Accordtöne der als liegen bleibend gedachten Grundharmonie springen) streng genommen unzertrennlich. Man könnte solche uneigentliche Durchgangsbildungen, die mit Ausnahme jenes einzigen Punctes streng stufenweiser Fortschreitung (und namentlich auch hinsichtlich ihrer Stellung im harmonischen Zusammenhang) durchaus den Charakter von durchgehenden Harmonien tragen, eingeschobene Accorde nennen. Sie treten recht eigentlich als „Zwischenharmonien" auf, gleichsam in Parenthese. Die harmonische Fortschreitung geht über sie hinweg und in Beziehung auf den eigentlichen accordlichen Zusammenhang sind sie ebenso rein „zufällig" wie alle vorübergehenden Bildungen, die durch Vorhalte, Durchgänge oder Wechselnoten entstehen.

Ein ganz einfaches Beispiel wird die Sache noch deutlicher machen.

In den folgenden drei Fällen (296 a, b und c) handelt es sich im wesentlichen immer nur um eine Auflösung des Dominantseptaccords in den Tonicadreiklang. Bei 296 a erscheint der Sextaccord der Unterdominante als reiner Durchgangsaccord zwischen dem [278] Septaccord und Quintsextaccord der Dominante, bei 296 b ebenso zwischen Dominantseptaccord und Tonicadreiklang, bei 296 c dagegen als „eingeschobener Accord", oder anders ausgedrückt:

das a im Baß ist bei 296 c uneigentlicher Durchgang, abspringende Wechselnote. Daß aber der Sextaccord (wofern nur der erste Accord wirklicher Dominantseptaccord war) nicht als selbständige Harmonie aufgefaßt werden kann, geht schon daraus hervor, daß die Dominantsept ihre Auflösung verlangt und wir tatsächlich das f auch noch im Sextaccord als der Auflösung bedürftige Dominantsept hören. (Vergl. auch S. 64 f.)

Wie in ganz analoger Weise ein eingeschobener Accord auch als uneigentliche Vorhaltsbildung auftreten kann, mag eine Vergleichung von 297a mit 297b zeigen.

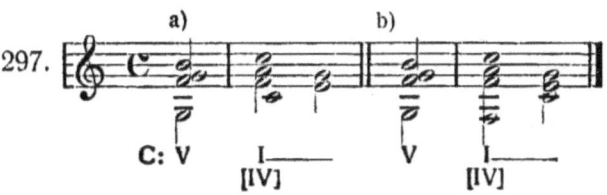

In beiden Fällen (296c und 297b) ist also die Folge V—IV bloß scheinbar.

Im Durchgang wird dann weiterhin auch das Aufeinanderfolgen gleichartiger Harmonien möglich, die als selbständige Accorde aufgefaßt nicht ohne weiteres ineinander übergehen könnten. Derartige Folgen sind z. B. chromatisch auf- und abwärts steigende Dominantseptaccorde (298a), chromatisch aufwärtssteigende über-[279]mäßige Terzquartsextaccorde (298b), ebensolche verminderte Septaccorde (298c) und chromatisch abwärtssteigende übermäßige

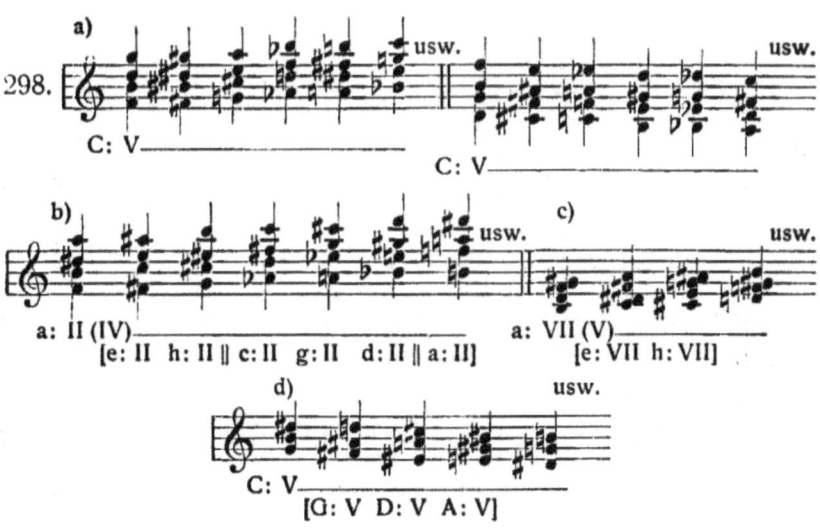

294  Chromatische Wechselnoten, Vorhalte, Durchgänge.

Dreiklänge (298 d). Hinsichtlich der Orthographie empfiehlt es sich dabei, die Dominantseptaccorde so zu schreiben, daß die Folge ihrer Grundtöne die aufwärts (bezw. abwärts) steigende chromatische Scala der Tonart ergibt, in der man sich befindet, bei den übrigen Accorden aber quintweise steigende Grund- (bezw. Fundaments-) töne anzunehmen, und zwar beim verminderten Septaccord und übermäßigen Dreiklang so lange, bis sich der Ausgangsaccord in anderer Lage wiederholt, beim übermäßigen Terzquartsextaccord — den der Tonart selbst angehörigen Accord als Ausgangspunct angenommen — so lange, bis der der Tonart der kleinen Oberterz angehörende Accord erscheint, und von da wieder quintweise weiter bis zur Umkehrung des Ausgangsaccords.

Übungen. Die im nachfolgenden gegebenen Aufgaben sind ohne weitere Erläuterung verständlich. Es sind zum Teil (299 [1—8]) schlichte harmonische Modellsätzchen, die nach gegebenem [280] Beispiel und beigefügter Anweisung mit Durchgangsbewegung ausgestattet werden sollen, wobei tunlich auch Chromatik anzubringen ist; teils sind es gegebene Sopran- und Baßstimmen (299 [9—12]), die zu vierstimmigen Sätzen ausgearbeitet werden sollen.

Aufgaben. 295

1  G: VII (V)  I
           C: V    I     II (IV)  V     I
2. Modell.

a: I   VII (V)  I   —   IV   V   I
3. (Achtelbewegung abwechselnd in den beiden oberen Stimmen.)

296  Chromatische Wechselnoten, Vorhalte, Durchgänge.

4. (Durchgeführte Achtelbewegung in der Oberstimme.)

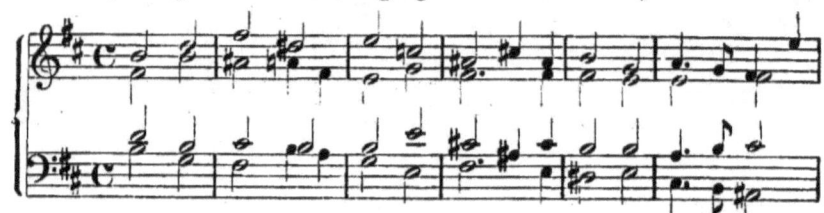

5. (Achtelbewegung, abwechselnd auf die

drei oberen Stimmen verteilt.)　　　6. (Viertelbewegung,

auf alle vier Stimmen verteilt.)

Aufgaben. 297

7. (Viertelbewegung, untermischt mit gelegentlichen Achteln, abwechselnd in allen Stimmen.)

8. (Achtelbewegung, abwechselnd in allen vier Stimmen.)

9. Sopran. (Mitlaufende Achtelbewegung im Baß.)

10. Sopran.

11. Baß. (In den drei oberen Stimmen die Harmonie, gelegentlich belebt durch einige, meist ausweichende Bewegung.)

12. Baß. (Wie Nr. 11.)

298  Weitere Arten zufälliger Harmoniebildung.

§ 61. [283] In einer nahen Beziehung zum Durchgang steht jene Art von zufälliger Accordbildung, die dadurch entsteht, daß ein oder mehrere Töne (Stimmen) liegen bleibend festgehalten werden, [284] während die andern Stimmen, unbekümmert um dieses Liegenbleiben zu neuen Harmonien fortschreiten. Ein derartig ausgehaltener Ton heißt, wenn er — wie das am häufigsten der Fall ist — im Baß sich befindet, Orgelpunct, sonst liegende Stimme.

Von den verschiedenen Worterklärungen des Ausdrucks „Orgelpunct" scheint denn doch diejenige die nächstliegende zu sein, die „organicus punctus" mit „Orgelnote", d. h. orgelartige, nach Art der Orgel, genauer des Orgelpedals lange ausgehaltene Note übersetzt. Dann wäre das französische „pédale" und das englische „pedal point" die genaue und richtige Wiedergabe der alten lateinischen Bezeichnung. Die Deutung H. Riemanns, der (Musiklexikon 7. Aufl. S. 1027) den Namen „Orgelpunct" mit dem alten „Organum", jener frühesten und primitivsten Art mehrstimmigen Musicierens, in Verbindung bringt, läuft letzten Endes wohl ungefähr auf dasselbe hinaus. Denn wenn das häufige Vorkommen orgelpunctartiger Liegetöne für das Organum als Compositionsart von jeher charakteristisch war, so läßt sich die Vermutung nicht zurückweisen, daß diese Art der Mehrstimmigkeit eben deshalb mit demselben Namen wie das Instrument bezeichnet wurde, weil sie etwas nachahmte, was auch schon vor Erfindung des Pedals (1325) eine Eigentümlichkeit der Orgel war. — Mehr originell als überzeugend mutet die Deutung an, die K. J. Bischoff in seiner „Harmonielehre" (1890 S. 257) gibt. Darnach wäre das deutsche „Orgelpunct" aus einem durch die Homonymie des französischen „point" (bezw. des italienischen „punto") ermöglichten Übersetzungsfehler entstanden. Beide Worte bedeuten nämlich nicht nur „der Punct", sondern auch als Adverbia „nicht". „Point d'orgue" (bezw. „punto d'organo") habe nun nicht „Orgelpunct", sondern als ein mit „Tasto solo" synonymer Ausdruck „keine Orgel" besagen wollen, d. h. es sei in der Generalbaßstimme dem Organisten dadurch die Weisung gegeben worden (eben wegen des Harmoniewechsels über dem Orgelpunct) nicht die durch den liegenbleibenden Baßton geforderte Harmonie anzuschlagen bezw. auszuhalten.

Man würde das Wesen des Orgelpuncts verkennen, wenn man meinen wollte, daß der liegenbleibende Ton, über dem die Accordfortschreitungen, ohne weitere Rücksicht auf ihn zu nehmen, weitergehen, nun deshalb auch gänzlich aus der harmonischen Auffassung der Zusammenklänge ausscheide. Vielmehr begreifen wir das, was beim Orgelpunct vorgeht, am besten, wenn wir die über dem Orgelpunct wechselnden Accorde als eine Art freier und relativ selbständiger Durchgangsharmonien über einem liegenbleibenden Fundament ansehen. In Beispiel 300a haben wir eine durchgehende Accordbewegung, die ihre harmonische Deutung dadurch erhält, [285] daß wir in Gedanken das Fundament des Anfangsaccords unverändert beibehalten, d. h. daß wir alle durch die Durchgangsbewegung sich ergebenden Zusammenklänge auf ein und dasselbe Fundament (G = C V) beziehen. Wird dieses Fundament nun nicht nur in Gedanken (in der Auffassung), sondern als wirkliche Baßstimme

(real klingend) festgehalten, so erhalten wir eben das, was man Orgelpunct nennt (300b). Jede Folge durchgehender Accorde ist sozusagen ein ideeller Orgelpunct, der dadurch effectiv wird, daß das Fundament, auf den alle durchgehenden Harmonien zu beziehen sind, als sinnlich zu hörender Ton factisch liegen bleibt.

Die einfachste und leichtest verständliche Art des Orgelpuncts haben wir also dann, wenn, wie in 300b, alle Stimmen über dem festgehaltenen Tone sich streng stufenweise bewegen, wo dann der Orgelpunct nichts anderes als ein Specialfall der Durchgangsbewegung über gleichbleibendem Fundamente ist. Schon eine freiere Art ist es, wenn bei den über dem Orgelpunct vor sich gehenden Accordwechseln auch sprungweise Stimmenbewegung (in solche Töne, die mit der Orgelpunctsnote disharmonieren) vorkommt. Dann können wir nicht mehr von eigentlichem und strengem Durchgang reden: wohl aber werden meist auch jetzt noch die Harmonien der oberen Stimmen, soweit sie mit dem Orgelpunctston in Conflict stehen, insofern wenigstens einen durchgangähnlichen Charakter tragen, als sie wie „eingeschobene Accorde" (vergl. S. 292) wirken werden, d. h. wie Bildungen, deren harmonischer Sinn ganz der eines [286] durchgehenden Accords ist, obgleich die Bewegung der Stimmen den Anforderungen des eigentlichen Durchgangs nicht genau entspricht.

Der Orgelpunct wird immer freier, je selbständiger die über dem Orgelpunctstone wechselnden Harmonien werden, d. h. je mehr die Rücksicht auf den liegenden Ton außer acht gelassen wird. Das kann sich steigern bis zu jenen extremen Fällen, in denen ganz offenbar wird, was jeder Orgelpunct im Keim enthält: nämlich das gleichzeitige Bestehen und Nebeneinanderherlaufen zweier verschiedener, einander widerstreitender harmonischer Auffassungen. Einerseits hört dann das Ohr die über dem liegenbleibenden Baßtone vor sich gehenden Veränderungen als factische Accordfolgen, anderseits bleibt aber auch mit dem Orgelpunctston die ihm zugehörige Harmonie latent und sozusagen als „sous-entendu" immer noch fortbestehen. Über diesen Punct hinaus, wo beide entgegengesetzte Auffassungen, die im Sinne des Orgelpunctstones und die im Sinne der über ihm wechselnden Harmonien, sich nahezu gleichschwebend die Wage halten, ist dann freilich auch wieder eine Umkehrung des Verhältnisses in der Art möglich, daß der liegenbleibende Baßton mehr in den Hintergrund tritt, ja fast ganz aus dem Zusammenhang verschwindet. Namentlich in neuerer Orchestermusik wird man nicht ganz selten solchen Fällen begegnen, wo die Außerachtlassung aller Rücksicht auf den liegenbleibenden Orgelpunctston dadurch ermöglicht bezw. erleichtert wird, daß dieser Ton in einer klanglichen Form auftritt — man denke etwa an einen pp-Paukenwirbel auf dem großen F —, die ihn kaum noch als eigentlichen Ton von bestimmter Höhe, sondern nur mehr als ein bloß farbegebendes musikalisches Geräusch wirken läßt. Aber gerade für den Orgelpunct als eine specifisch harmonische Bildung (— und nur als solche ist er ja Gegenstand der Harmonielehre —) sind derartige Grenzfälle am wenigsten bezeichnend.

Jedenfalls hat die „classische" Zeit des Orgelpuncts, wir meinen die Zeit, in der er ein besonders beliebtes harmonisches Ausdrucksmittel war, strenge darauf gehalten, daß der durchgehende Charakter der über dem Orgelpunct auftretenden Har-
[287] monien immer gewahrt bleibe und die Auffassung im Sinne des Orgelpuncts als eines liegenbleibenden Fundamentstones niemals verloren gehe. Bekanntlich ist der Orgelpunct am Schluß eines Stückes die häufigste und auch die älteste Art seiner Anwendung. Das Liegenbleiben des Baßtones, wie es namentlich bei der Schlußcadenz durch Vorhalts-, zurückkehrende Durchgangs- und Wechselnotenbildungen von selbst herbeigeführt wurde, scheint den ersten Anstoß zur Ausbildung des Orgelpuncts gegeben zu haben, und in Wendungen wie den folgenden

301.

haben wir wohl die ursprünglichen Keimzellen zu erblicken, aus denen er sich als eine Form der Schlußbekräftigung allmählich herausgebildet hat. Die Tonica als Orgelpunct findet man dann sehr häufig auch am Anfang eines Stücks. Weniger häufig ist dagegen der Orgelpunct im weiteren Verlauf und namentlich an solchen Stellen verhältnismäßig selten, wo er nicht wenigstens teilbeginnend oder -abschließend einen mehr oder minder scharfen Einschnitt macht.

§ 62. Halten wir die Auffassung fest, daß der Orgelpunct nichts anderes ist als eine bald strengere, bald freiere Folge von durchgehenden Harmonien über einem liegenbleibenden, als Baßstimme factisch miterklingenden Fundament, so verstehen sich die Regeln, die gewöhnlich für die Anwendung des Orgelpuncts gegeben werden, eigentlich von selbst. Es sind die folgenden:

1. Der Orgelpunctston selbst ist Fundamentston der Harmonie, mit der der Orgelpunct beginnt und die, im Grunde genommen, auch während der Dauer des Orgelpuncts unverändert bestehen bleibt. Dieser liegenbleibende Ton ist immer ein Hauptfundament der bestehenden Tonart, am häufigsten die [288] Tonica oder die Dominante, weit seltener die Unterdominante. (Siehe unten.) Es ist demnach die Regel, daß der Orgelpunct mit einem Dreiklang (bezw. Sept- oder Septnonaccord) beginne, mit einem Quartsextaccord nur dann — was allerdings ungemein häufig ist —, wenn dieser als Vorhaltsaccord (also im Sinne der Harmonie seines Baßtones) zu verstehen ist, und ebenso auch mit einem Sextaccord nur dann, wenn dieser Sextaccord nicht Umkehrung, sondern Stellvertreter eines Hauptdreiklangs ist, wo dann in gleicher Weise sein Baßton der eigentliche Fundamentston ist.

Ein hübsches Beispiel für die scheinbare Verwendung einer Dreiklangsterz als Orgelpunctston findet sich im ersten Satz von Liszts Faust-Symphonie (Part. S. 126 f.), wo das Einsetzen des Orgelpuncts mit dem Sextaccord b—des—ges deshalb keine Ausnahme von der oben gegebenen Regel bedeutet, weil dieser Sextaccord hier ganz offen ersichtlich als neapolitanischer Sextaccord auftritt: wir befinden uns eigentlich nicht auf der Tonica-Terz von Ges dur, sondern auf der Unterdominante von f moll (b—des—ges Stellvertreter für b—des—f), — nur daß die Harmonien über dem Orgelpunctston durchaus Ges dur angehören, daß das ges, die tiefalterierte Secund der herrschenden Tonica F, sich sozusagen zur selbständigen Tonart emancipiert hat.

2. Der Orgelpunct beginnt auf accentuiertem Tactteil, gewöhnlich mit dem Anfang des Tactes und zu Beginn einer Periode.

3. Der Orgelpunct endet mit einem Accord, von dem der Orgelpunctston ein harmonischer Bestandteil ist.

Regeln für die Anwendung des Orgelpuncts.

Wagner, Meistersinger. Cl.-A. S. 138.

302.

[289] Das Abbrechen des Orgelpuncts im Augenblick des Bestehens einer dem Orgelpunctstone selbst fremden Harmonie, hat dann nichts Befremdliches, wenn der Baß den Orgelpunctston stufenweise verläßt, d. h. der Orgelpunct (Durchgangsbewegung über liegendem Baß) in eine reine Durchgangsbewegung aller Stimmen übergeht. — Vollends unbedenklich ist die chromatische Veränderung des Orgelpunctstons in einem Momente, wo der strengen Regel nach der Orgelpunct nicht aufhören dürfte. Denn solche Alterierung bedeutet ja eigentlich gar kein Abbrechen des Orgelpuncts: die Stufe, auf der der Orgelpunctston lag, wird gar nicht verlassen, sondern nur in ihrem Tonwerte verändert. (Beispiel 302.)

Dagegen scheint Bach zu Anfang des es moll-Präludiums im 1. Teil des wohltemperierten Claviers den Orgelpunctston es im 3. Tacte überhaupt nur aus äußeren Gründen verlassen zu haben (weil er nämlich das d bringen wollte und der engen Lage wegen in keiner andern als der Unterstimme bringen konnte). Schon ein Vergleich mit der harmonischen Parallelstelle am Schluß gibt Gewißheit darüber, daß der Orgelpunct eigentlich erst im 4. Tacte enden sollte.

4. [290] Über dem Orgelpunctstone können sich die Harmonien frei bewegen, namentlich sind auch Ausweichungen in fremde Tonarten keineswegs ausgeschlossen. Doch ist dafür Sorge zu tragen, daß der durchgangsartige Charakter dieser Harmoniebildungen wenigstens in etwas stets gewahrt bleibe, daß man demgemäß Ausweichungen in allzufern gelegene Tonarten vermeide und zwischen die mit dem Orgelpunctston disharmonierenden Accorde immer wieder solche einmische, zu denen der liegende Ton harmoniert.

Literaturbeispiele.   305

Im folgenden geben wir die Analysen einiger leicht zugänglicher Beispiele von Bach. Die Harmonien, von denen der jeweilige Orgelpunctston ein accordlicher Bestandteil ist, sind dabei durch ein * ausgezeichnet.

1. Anfang der Matthäuspassion. Orgelpunct von 5 ($^{12}/_8$) Tacten auf der Tonica der Grundtonart (E). Accordfolge: e Ï, V, a V̊, Ï (= e IV), e Ï (= h IV), h I, H V̊, e V, Ï, V, a V̊, Ï (= e IV), e V, Ï. Ausweichungen also nur in die Ober- und Unterdominant-Tonart.

2. Ebenda, Tact 9—13. Orgelpunct auf der Dominante der Grundtonart (H). Accordfolge: H Ï (h I), V, e V̊, Ï (= h IV), h V, Ï (= fis IV), fis V̊, h V, Ï, V, e V̊, Ï, a V̊.

3. Wohltemperiertes Clavier 1. Teil, Präludium in c moll. Anfang. Orgelpunct von 6 ($^4/_4$) Tacten auf der Tonica (C). Accordfolge: c Ï, IV̊, V, Ï (= g IV), g ÏÏ, V̊.

4. [291] Ebenda, Präludium in Es dur. Anfang. Orgelpunct von $3^1/_2$ ($^4/_4$) Tacten auf der Tonica (Es). Accordfolge: Es Ï, As V̊, Ï (= Es IV), Es II, V, Ï. Usw. usf.

Ausschmückungen und melodische Verzierungen des Orgelpunctstons durch Wechselnoten oder Töne der zugehörigen Harmonie ändern natürlich nichts am Wesen des Orgelpuncts. Auf diese Weise kann der Orgelpunctston in Form einer mehr oder minder kurzen, unaufhörlich sich wiederholenden Figur erscheinen (304), darf dann aber nicht mit dem Basso ostinato verwechselt werden, dessen Eigentümlichkeit gerade darin besteht, daß die über der sich wiederholenden Figur wechselnden Accorde den harmonischen Sinn eines jeden einzelnen Tons der Figur in immer neuer und verschiedener Weise ausdeuten.

304.

Zu 304 b vergleiche man als allbekanntes Beispiel etwa das Trio von Chopins As dur-Polonaise op. 53.

306  Weitere Arten zufälliger Harmoniebildung.

Mit dem Orgelpunctstone zusammen kann seine Quint, gelegentlich wohl auch dazu noch die Terz, also ein ganzer Dreiklang ausgehalten werden. Ein ebenso kühnes als eindrucksmächtiges Beispiel für den Dreiklangs-Orgelpunct findet sich in Hans Pfitzners „Die Rose vom Liebesgarten" (Cl.-A. S. 158, 34 Tacte!).

Das Mitklingen einer oder mehrerer unverändert liegenbleibender Baßstimmen, also der obligate Orgelpunct, ist für den Dudelsack mit seinen je nur einen Ton angebenden Bourdons charakteristisch. Aus der Nachahmung dieser Eigentümlichkeit entsprang das *à la Musette* wie überhaupt die musikalische Association zwischen solchen dudelsackähnlichen Bässen (doppeltem Orgelpunct von Grundton und Quint) mit dem Empfindungsgebiete des Ländlichen und Pastoralen.

[292] Zum Liegeton in der Oberstimme oder einer der Mittelstimmen eignet sich in erster Linie die Dominant, die sowohl der Dominantharmonie selbst als auch der der Tonica als consonierender Accordbestandteil angehört. Die Behandlung einer solchen liegenden Stimme geschieht ganz nach Analogie des eigentlichen Orgelpuncts, nur daß sie (namentlich als Mittelstimme)

a) R. Wagner, Siegfried. Cl.-A. S. 42.

305.

Liegeton in der Ober- und Mittelstimme. 307

b) Fr. Klose, Das Leben ein Traum (Schluß des 1. Satzes).

weit größere Vorsicht verlangt. Eine freiere Behandlung, d. h.
[293] irgendwie weitergehende Emancipierung der wechselnden
Harmonien von der Rücksichtnahme auf den liegenbleibenden Ton,
wird hier in ungleich höherem Maße die Gefahr einer Erschwerung
der gemeinten Auffassung heraufbeschwören. Man wird also die
streng durchgangsartige Führung der fortschreitenden Stimmen nur
selten und jedenfalls nur da verlassen können, wo der Ausgangs-
harmonie sehr naheliegende Beziehungen in Frage kommen.

Außer der Dominant kommt namentlich noch die Tonica
als liegende Ober- oder Mittelstimme in Betracht, seltener und
wohl immer nur mehr vorübergehend, die Terz der Tonica.

Liegende Stimme (Tonica) in Sopran und Baß.
J. S. Bach, Choralvorspiel „Komm, Gott Schöpfer, heiliger Geist" (Schluß).

306.

§ 63. Der Vollständigkeit halber sei an dieser Stelle noch einiges gesagt über gewisse harmoniefremde Bildungen, die nicht oder nur mit einigem Zwang unter die allgemein gebrauchten Begriffe: Vorhalt, Vorausnahme, Wechselnote, Durchgang und liegende Stimme eingereiht werden können. Dahin gehören vor allem ein-

307.

[294] mal solche Erscheinungen, die durch Synkopierung entstehen. In der obigen Stelle aus Beethovens Appassionata z. B. ist der Baß durchweg in der Weise gegen die übrigen Stimmen rhythmisch verschoben, daß der erwartete Baßton jeweils um ein Achtel zu spät eintritt, dafür dann aber auch immer noch in den folgenden Accord hineinklingt, zu dem er gar keine harmonische Beziehung hat. Dieses Hineinklingen wirkt als Retardation, als Verzögerung des Eintritts eines erwarteten Tons, also (wenigstens in rhythmischer Hinsicht) ähnlich wie der Vorhalt. Aber ein wesentlicher Unterschied zwischen dem Vorhalt und derartigen Synkopierungen besteht darin, daß beim Vorhalt die metrische Rückung immer nur Mittel zum Zweck ist. Stets handelt es sich bei ihm um die Erzielung einer specifisch harmonischen Wirkung, um die Einführung eines harmoniefremden, dissonierenden Tones, der als solcher Anlaß zu einer wirklichen, wenn auch bloß „zufälligen" Accordbildung gibt. Bei der eigentlichen Synkopierung dagegen ist die metrische Verschiebung Selbstzweck, und die harmonischen Complicationen, die dadurch entstehen, sind nicht nur zufällig, sondern geradezu nebensächlich, ja, im Grunde genommen, gar nicht vorhanden, insofern darauf gerechnet wird, daß unsere Auffassung die Verschiebung als solche verstehe, d. h. eben, sie in Gedanken „zurechtrücke" und die Zusammenklänge so höre, wie

sie ohne die Verschiebung erklingen würden. Damit im Zusammenhang steht es denn auch, daß ein Vorhalt sehr wohl auch ganz vereinzelt auftreten kann, während solch freie, um die dabei zutage tretenden harmonischen Conflicte gänzlich unbekümmerte Synkopierung wohl nur dann möglich ist, wenn sie sich auf weitere Strecken ausdehnt, mehr oder minder lang consequent durchgeführt wird. So entsteht dann etwas, was man rhythmische Sequenz nennen könnte, und wie bei der eigentlichen Sequenz die Gleichförmigkeit des melodischen Gangs der einzelnen Stimmen Accordverbindungen ermöglicht, die außerhalb der Sequenz unmöglich wären, so hilft auch diese rhythmische Consequenz, indem sie die Deutung jedes einzelnen Gliedes aus der Analogie aller andern [295] ermöglicht, ja aufzwingt, über Bedenken hinweg, die z. B. **Beethoven** sicherlich abgehalten hätten, etwa das liegende ges zu **Anfang** des 2. Tactes als eigentlichen Vorhalt zu schreiben.

Seltener, aber immerhin sehr wohl möglich ist es auch, daß durch Synkopierung zufällige Harmoniebildungen entstehen, die sich zur Vorausnahme ebenso verhalten wie die oben besprochenen zum Vorhalt. —

Man kann jegliche musikalische Dissonanz, und insbesondere jede, die durch zufällige Harmoniebildung entstanden ist, auffassen als den Conflict zwischen zwei gleichzeitig bestehenden consonierenden Harmonien. Nur darf man nicht vergessen, daß dieses gleichzeitige Bestehen nur dann einen verständlichen harmonischen Sinn geben kann, wenn es nicht als Coordination zweier gleich berechtigter Elemente, sondern als Subordination eines schwächeren unter ein stärkeres auftritt. Immer ist es eine einzige Harmonie, die in jedem dissonanten Gebilde vorherrscht. Im Sinne dieser vorherrschenden Harmonie ist der ganze Zusammenklang zu verstehen und ihr gegenüber werden die der andern, zweiten Harmonie angehörigen Elemente als ein Fremdes, Störendes, „Ungehöriges" beurteilt, als etwas, das zu weichen hat, während jene erste Harmonie sich behauptet. Über einem solchen harmonischen „Fundamente" können nun Bestandteile fremder Harmonien in verschiedenster Form erscheinen: als selbständige Accorddissonanzen, als Vorhalte, Durchgänge, Vorausnahmen usw. Bisweilen kommt es aber auch vor, daß die Elemente der fremden Harmonie sich so weit emancipieren, daß das betreffende Accordgebilde am besten charakterisiert wird, wenn man es geradezu als „Doppelharmonie" auffaßt. Freilich wird auch dann noch immer eine der beiden in Conflict tretenden Harmonien unzweideutig als die vorherrschende zu bezeichnen sein.

Hierfür einige Beispiele:

**308.** a) Beethoven, Op. 10, Nr. 3. Rondo.

b) Beethoven, Eroica I. Satz.

Literaturbeispiele.

c) Beethoven, Op. 81a. Les Adieux.

[297] Das Hineinragen der Harmonie des vorangegangenen Tactes in die des folgenden in Beispiel 308 a könnte sehr wohl als (doppelter) Vorhalt mit etwas freier Auflösung gedeutet werden (309 a). Aber der specifische Vorhaltseindruck fehlt, und zwar deswegen, weil die der Tonicaharmonie angehörigen Elemente im 2. (bezw. 4. Tact) der Dominante gegenüber sich allzu selbständig behaupten, zu wenig eng auf sie bezogen erscheinen. Immerhin kann kein Zweifel sein, daß die mit dem Tactbeginn eintretende Dominantharmonie prävaliert. Beachtenswert ist übrigens, daß auch diese „Kühnheit" innerhalb einer Sequenz auftritt.

Die berühmte Stelle in der Eroica (308 b) könnte man sowohl als frei eintretenden Vorhalt, wie auch als (allerdings gleichsam „in der Luft schwebenden") Durchgang erklären (309 b). Das Wesentliche daran ist jedenfalls, daß Dominante und Tonica unmittelbar

aufeinander prallen, ein Conflict, bei dem die Dominante vorherrscht und sich auch behauptet. Dagegen tritt in den bekannten Hornklängen am Schluß von Beethovens „Les Adieux" (308 c) die Dominante schon von vornherein eigentlich nur durchgehend auf.

## V. CAPITEL.
### Die enharmonische Modulation.

§ 64. [*298*] Die Reihenfolge aller Tonarten, angeordnet in Rücksicht auf ihre wichtigste Verwandtschaftsbeziehung (Quintverwandtschaft), ergibt aufsteigend (von Tonica zu Dominante) den sogenannten Quintencirkel, absteigend (von Tonica zu Unterdominante) den sogenannten Quartencirkel.

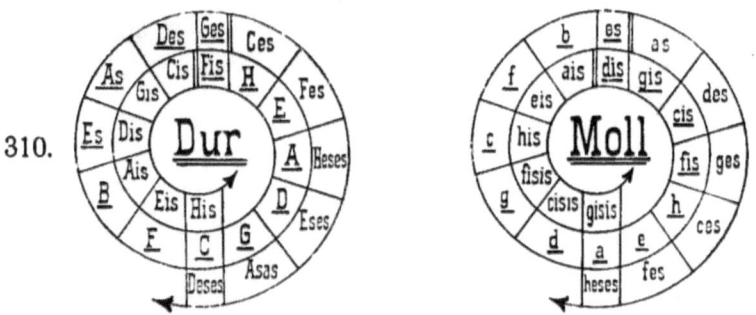

310.

Den Ausdruck „Cirkel" erklären die beiden obenstehenden Figuren, aus denen hervorgeht, daß es sich bei dieser quintweise auf- oder absteigenden Folge der Tonarten in der Tat um eine Art von Kreisbewegung handelt, um eine Bewegung, die in einem gewissen Sinne an ihren Ausgangspunct wieder zurückkehrt. Denn sowohl his als deses sind (wenigstens in unserem temperierten Tonsystem) gleichklingend mit c, gisis und heses gleichklingend mit a. Insofern ist also der von C dur ausgehende Quintencirkel, wenn er in His dur ausmündet, tatsächlich wieder nach C dur zurückgekehrt, ebenso der von C dur ausgehende Quartencirkel, wenn er nach Deses dur ausläuft. In gleicher Weise verhält es sich mit den beiden Cirkeln der Molltonarten, wo ebenfalls die jeweiligen Endtonarten gisis moll und heses moll mit der Ausgangstonart a moll klanglich identisch sind.

[299] Ganz genau genommen dürfte man freilich nicht von einem „Cirkel" reden: denn eigentlich ist es keine wirkliche Kreislinie, die beschrieben wird, sondern eine Spirale, wie es sich auch in unserer Zeichnung darstellt. Nicht zu dem durchaus gleichen, sondern nur zu einem annähernd gleichen Tone kehrt die Bewegung zurück. In der reinen Stimmung des natürlichen Tonsystems sind c und his, a und gisis wirklich verschiedene, wenn auch einander sehr nahe benachbarte Töne (das Verhältnis der Schwingungszahlen von c: his = 524 288 : 531 441); und diese Verschiedenheit kommt auch noch in unserem temperierten Tonsystem dadurch zum Ausdruck, daß wir die gleichklingenden Tonstufen c—his, a—gisis usw. verschieden schreiben und mit dieser Orthographie-Unterscheidung eine Verschiedenheit der Auffassung anzeigen, derzufolge his z. B. entsteht durch chromatische Erhöhung des h, bezw. auf diatonischem Wege von c aus erreicht wird durch zwölfmalige Wiederholung des aufwärts führenden Quintschritts. So hat his für die Auffassung mit c gar nichts zu tun, weil es ganz anderswo herkommt, auf ganz andere Weise entsteht als dieses; und erst wenn wir darauf reflectieren, daß dieses his (bei gleichschwebend temperierter Intonation) ganz genau so klingt wie c, kann die klangliche Identität zu einem Wechsel der Auffassung führen, das his mit c vertauscht werden. Dieser Auffassungswechsel, der gewöhnlich (in der Praxis aber durchaus nicht immer) auch in einer Veränderung der Schreibung sichtbar zutage tritt, heißt enharmonische Verwechslung. Die Töne his und c, die Tonarten His dur und C dur sind enharmonisch gleich.

314        Die enharmonische Modulation.

Die alte griechische Musik unterschied drei Tongeschlechter: das diatonische, chromatische und enharmonische, von denen das letztere angeblich den Halbton in zwei Vierteltöne spaltete. Als man im 16. Jahrhundert auch für die Musik alles Heil von einem Rinascimento der Antike erwartete, suchte man diese drei Tongeschlechter, über deren Bedeutung innerhalb der altgriechischen Musikübung man damals sich noch weit weniger im klaren war als heute, in die moderne Musik wieder einzuführen. Eine Folge dieser Bestrebungen war die Übertragung der antiken Terminologie: diatonisch, chromatisch und enharmonisch auf Ver-
[*300*] hältnisse, die, zum mindesten was die Enharmonik anbelangt, mit den entsprechenden Verhältnissen der altgriechischen Musik, die man wiederaufleben lassen wollte, kaum irgend etwas gemein haben.

Es ist einleuchtend, daß die Enharmonik als **Modulationsmittel** dienen kann. Denn sie erlaubt es, einem Ton, einem Accord, einer Tonart etwas zu substituieren, was klanglich dasselbe, in der Auffassung (und Schreibweise) aber etwas ganz anderes ist. Enharmonisch gleiche Töne (Accorde, Tonarten) können vermöge ihrer klanglichen Identität miteinander vertauscht werden; jeder solche Austausch muß aber modulierend wirken, weil mit der Schreibweise immer in irgend einer Beziehung auch die Auffassung wechselt.

Je nachdem wir nun in einem gleichzeitig erklingenden Toncomplex („Accord") **alle Töne** enharmonisch austauschen, oder nur **einzelne** (einen oder mehrere), während andere unverändert bleiben, unterscheiden wir **enharmonische Verwechslung** und **enharmonische Umdeutung** des Accords. Bei der ersteren handelt es sich nur um eine veränderte Schreibweise und

311.
Fis: V    Ges: V       a: VII    es: VII
          Des: I
          As: IV
          ges: V
          f: VI

veränderte Auffassung in bezug auf die Stellung des Accords (und der ihn enthaltenden Tonart) zur **Normaltonart C dur** bezw. **a moll**, während der Accord selbst in seinem harmonischen Wesen und in den gegenseitigen Beziehungen seiner Bestandteile ganz unverändert bleibt. Was vor der enharmonischen Verwechslung Grundton, Terz, Quint usw. gewesen war, ist es auch nach der Verwechslung geblieben, und der Accord selbst ist in jeder Beziehung (auch hinsichtlich der Lage und Umkehrungsform) immer noch genau dasselbe, was er zuvor war: Dreiklang in Octavlage, Sextaccord in Sextlage oder was immer.

[*301*] Anders bei der **enharmonischen Umdeutung** eines Accords, die dadurch entsteht, daß nur einer oder auch mehrere (aber nicht alle seine) Töne enharmonisch verwechselt werden. Da wird tatsächlich aus dem Accord etwas ganz anderes, etwas, was mit dem vorigen zwar durchaus gleich **klingt**, harmonisch aber etwas ganz anderes **bedeutet**. So haben wir in 311 a eine enharmonische Verwechslung, in 311 b eine enharmonische Umdeutung: dort ist der Dursextaccord über eis als Ganzes in den ihm enharmonisch gleichen Dursextaccord über f verwandelt worden; hier haben nur zwei Töne des verminderten Septaccords gis—h—d—f eine neue Benennung und Auffassung erhalten (gis—h = as—ces), die beiden andern sind unverändert stehen geblieben. Was dabei herauskommt, ist zwar wieder ein verminderter Septaccord, aber nicht mehr in der Grundstellung, wie der erstere gewesen war, sondern in der zweiten Umkehrung als Terzquartaccord. Aus gis, dem früheren Grundton, ist as, die Quint des neuen Accords, aus h, das Terz gewesen war, ist ces, die nunmehrige Sept, geworden. D und f sind selbst zwar unverändert geblieben, haben aber infolge der enharmonischen Verwechslung der beiden andern Töne gleichfalls eine ganz veränderte Stellung im Accord erhalten: d, die frühere Quint, ist nun Grundton, f, die frühere Sept, ist jetzt Terz.

1. **Modulation durch enharmonische Verwechslung.** — Die praktische Erwägung möglichst leichter Lesbarkeit hat es verursacht, daß wir gewöhnlich nur die Tonarten benutzen, die jeweils der erste Halbkreis des Quinten- und Quartencirkels (von C dur bezw. a moll als Ausgangspunct an gerechnet) uns dar-

316  Die enharmonische Modulation.

bietet, d. h. also die Kreuztonarten von G dur bis Fis dur, und von e moll bis dis moll, welch letzteres schon gern durch das angenehmer lesbare es moll ersetzt wird —, die B-Tonarten von F dur bis Ges dur, und von d moll bis es moll (bisweilen auch noch as moll), so daß in der Regel keine Tonart angewendet wird, die mehr als sechs ♯ oder sechs (bezw. sieben) ♭ zu ihrer Vorzeichnung verlangt. Kommt man nun bei einer modulatorischen [*302*] Bewegung z. B. innerhalb des Quartencirkels über Ges dur hinaus und will noch weiter in derselben Richtung fortschreiten, so empfiehlt es sich, aus dem Quartencirkel in den Quintencirkel überzutreten, indem man der betreffenden ungebräuchlichen Tonart (also z. B. Ces dur) die homologe, enharmonisch mit ihr identische (H dur) substituiert. So ersetzt man für gewöhnlich Cis dur durch Des dur, Dis dur durch Es dur, ces moll durch h moll, des moll durch cis moll u. s. f.

Auf diese Weise moduliert Beethoven im Trauermarsch der Sonate op. 26 von as moll nach Ces dur, das dann mit H dur

## Modulation durch enharmonische Verwechslung.

enharmonisch verwechselt wird, worauf die gleichnamige Molltonart (h moll) das Weitergehen bis D dur und von da aus über Es dur die Rückkehr nach as moll ermöglicht.

Hierher gehören alle diejenigen Modulationen, bei denen eine bestimmte Tonart auf einem Wege erreicht wird, der, rein diatonisch betrachtet, nicht **auf sie zu**, sondern **von ihr weg führt**, wo [303] man nicht eigentlich auf die zu erreichende Tonart selbst, sondern auf die ihr enharmonisch gleiche lossteuert, — ein Verfahren, das namentlich da am Platze ist, wo man **ohne Chromatik** eine weit entfernte Tonart möglichst rasch erreichen will.

318    Die enharmonische Modulation.

§ 65. 2. **Modulation durch enharmonische Umdeutung.** — Handelt es sich bei der durch die enharmonische Verwechslung eines ganzen Accords herbeigeführten Modulation im Grunde nur um eine einfache (diatonische) Substitutionsmodulation, bei der im Verlauf oder am Schlusse des modulatorischen Gangs eine Vertauschung zweier enharmonisch äquivalenter Tonarten eintritt, so gewinnen wir an der **enharmonischen Umdeutung** [*304*] eines Accords das Mittel zu einer noch interessanteren Art der Modulation, der eigentlichen **enharmonischen Modulation** im engeren Sinne des Wortes.

Hier ist nun zu bemerken, daß es eine Reihe von Accorden gibt, die vermöge ihrer eigentümlichen Structur der enharmonischen Umdeutung sich besonders willig darbieten und die man daher wohl auch „**enharmonische Accorde**" genannt hat. (Sechter.) Zu ihnen gehört in erster Linie der **verminderte Septaccord**, von dem wir schon wissen (vergl. S. 136), daß er, fünfstimmig in enger Lage mit Verdoppelung seines Grundtons dargestellt, den

314.

Raum einer Octave in der Weise gleichmäßig ausfüllt, daß von jedem seiner Töne zum nächsthöheren die Entfernung gleich groß ist, nämlich eine **kleine Terz**, bezw. von der Sept zur Octav des Grundtons eine **übermäßige Secund**, welches Intervall mit der kleinen Terz enharmonisch identisch ist. Diese durchaus gleichmäßige Structur ermöglicht eine **dreifache enharmonische**

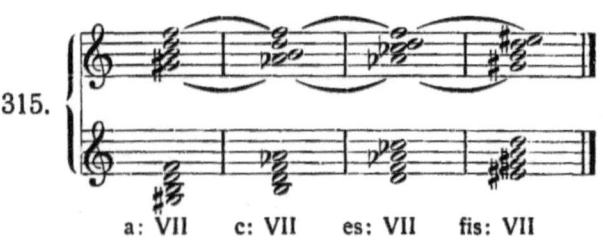
315.   a: VII   c: VII   es: VII   fis: VII

Umdeutung des verminderten Septaccords. Es kann ein jeder der Töne, die zusammen den verminderten Septaccord bilden, zu seinem Grundton gemacht werden, ohne daß etwas anderes an dem Accord sich änderte als die Schreibweise und damit natürlich auch die harmonische Auffassung.

[305] Da die Grundtöne dieser enharmonisch gleichen Accorde selbstverständlich auch ihrerseits wieder um eine kleine Terz, bezw. übermäßige Secund voneinander abstehen, so wird, wenn wir in verminderten Septaccorden chromatisch aufwärts (oder abwärts) steigen, immer der vierte Accord, auf den wir kommen, enharmonisch gleich sein mit dem ersten (dem Ausgangsaccord), der fünfte mit dem zweiten, der sechste mit dem dritten u. s. f.

316.

Es gibt also überhaupt nur drei klanglich unterschiedene verminderte Septaccorde, nämlich

317.

320  Die enharmonische Modulation.

Greifen wir nun beispielshalber den ersten dieser verminderten Septaccorde heraus, so erkennen wir, daß vermittels seiner enharmonischen [*306*] Umdeutung moduliert werden kann: von a moll (bezw. A dur) nach c moll (C dur), es moll (Es dur) und fis moll (Fis dur).

Da der verminderte Septaccord ebensogut wie in einen Molldreiklang sich auch in einen Durdreiklang auflösen kann, so ist es möglich — indem man nämlich dem auf den verminderten Septaccord folgenden Durdreiklang Dominantfunktion zuweist — mit Hilfe jener enharmonischen Umdeutungen des Septaccords auf der VII. Stufe von a moll aus zu modulieren: statt nach c moll nach

### Der verminderte Septaccord als Modulationsmittel.

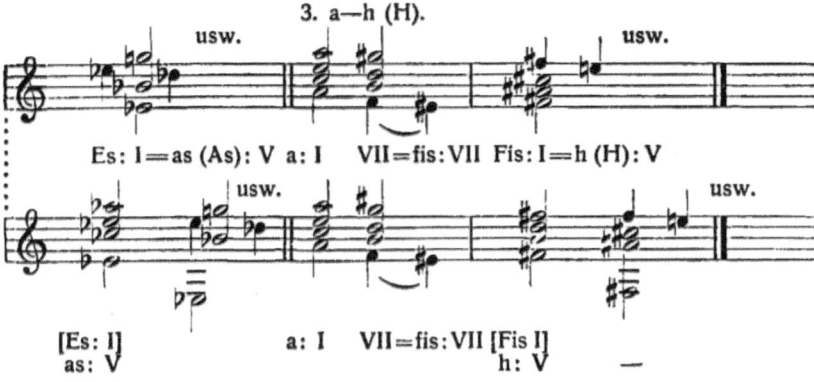

[307] f moll (F dur), statt nach es moll nach as moll (As dur) und statt nach fis moll nach h moll (H dur). Dabei wird die modulierende Cadenz dadurch noch wirkungsvoller gestaltet werden können, daß man den Eintritt des betreffenden Dominantdreiklangs (oder Dominantseptaccords) durch Einschiebung des Quartsextaccords verzögert.

Zieht man außerdem noch den schon auf dem Quartsextaccord sich vollziehenden Übergang von Moll nach Dur samt den übrigen Quartsextaccord-Auflösungen des verminderten Septaccords mit in Betracht, so ergeben sich fernerhin die folgenden Modulations-

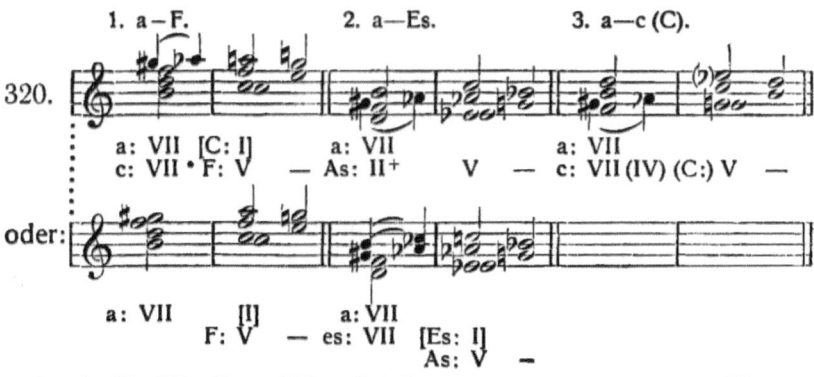

322  Die enharmonische Modulation.

[*308*] möglichkeiten, die zum Teil allerdings nur in Auffassung und Schreibweise von bereits angeführten diatonischen und chromatischen Auflösungen des verminderten Septaccords verschieden sind.

Es erlaubt also der verminderte Septaccord teils auf diatonischem und chromatischem, teils auf enharmonischem Wege den unmittelbaren Übergang von a moll (A dur) nach: h (H), c (C), d (D), es (Es), f (F), fis (Fis), as (As).

Über den Wert, den Beethoven dem verminderten Septaccord als Modulationsmittel beilegte, vergleiche man: Th. v. Frimmel, Beethoven-Studien II, S. 58 f. — S. a. S. 388 f. Beisp. 40.

Auf dieselbe Weise kann natürlich auch der **verminderte Dreiklang**, der ja (als VII. Stufe) nichts anderes ist als ein Ausschnitt aus dem verminderten Septaccord, enharmonisch umgedeutet werden. Er läßt zwar nur zwei enharmonische Umdeutungsmöglichkeiten zu, ist dafür aber schon diatonisch doppeldeutig, so daß also auch für ihn im ganzen vier verschiedene Auffassungen herauskommen.

## Enharmonische Umdeutung des verminderten Dreiklangs.

C (c): VII    a: II (IV)  fis: VII   es: VII

**§ 66.** [*309*] Eine gewisse Analogie mit dem verminderten Septaccord läßt der **übermäßige Dreiklang** darin erkennen, daß er aus **großen** — wie jener aus kleinen — **Terzen** sich aufbaut und von seinem Grundton bis zu dessen nächsthöherer Wiederholung ebenfalls den Raum einer Octav durchaus gleichmäßig ausfüllt.

Der Intervallabstand vom Grundton zur Terz wie von der Terz zur Quint des Accords beträgt in gleicher Weise eine **große Terz**, und die **verminderte Quart** zwischen der Quint und der Octav des Grundtons ist (wenigstens enharmonisch) gleichfalls mit diesem Intervall der großen Terz identisch. Wie der verminderte Septaccord eine dreifache, so muß also der übermäßige Dreiklang eine **doppelte enharmonische Umdeutung** zulassen, indem sowohl seine Terz wie seine Quint als **Grundton** aufgefaßt werden können. Während nun aber der in dieser Beziehung sich ganz analog verhaltende **verminderte Dreiklang** durch seine enharmonische Umdeutung zum (unvollständigen) verminderten Septaccord wird, gleicht der übermäßige Dreiklang auch darin ganz dem verminderten Septaccord, daß er gleichfalls nach der enharmonischen Umdeutung das bleibt, was er zuvor gewesen war — nämlich übermäßiger Dreiklang bezw. Umkehrung eines solchen.

324  Die enharmon sche Modulation.

323.

a: III   f: III   cis: III
F: V    Des: V   A: V

[*310*] Da der übermäßige Dreiklang, wie wir gesehen haben (S. 233 f.), häufiger als alterierter Accord in Dur (Dominantdreiklang mit übermäßiger Quint) denn als leitereigener Accord in Moll (III. Stufe = Dominantstellvertreter) angewendet wird, so bietet er vor allem das Mittel, durch enharmonische Umdeutung aus einer Durtonart in die beiden jeweils um eine große Terz (aufwärts oder abwärts) von ihr entfernten Durtonarten zu gelangen, ohne daß darum freilich die Möglichkeit, den Accord als leitereigenes Gebilde in Moll aufzufassen und demgemäß für die enharmonische Modulation zu benutzen, völlig ausgeschlossen wäre. Dabei zeigt es sich, daß ein und derselbe übermäßige Dreiklang jeweils in einer Molltonart (auf der III. Stufe) und zugleich auch in der gleichnamigen Durtonart (als alterierter Dominantdreiklang) vorkommt: z. B. e—gis—c (a III) = e—gis—his (A V), so daß die **Mollauffassung** des Accords den enharmonischen Übergang in eben die **Molltonarten** erlaubt, die mit den bei der **Durauffassung** des Accords in Frage kommenden **Durtonarten gleichnamig** sind.

Jede enharmonische Umdeutung des übermäßigen Dreiklangs ändert zwar an der klanglichen Beschaffenheit des Accords (wie selbstverständlich) rein gar nichts. Wohl aber wird das eigentlich charakteristische Intervall dieser Harmonie, die übermäßige Quint, in der Weise von der Stelle gerückt, daß der Ton, der zuvor übermäßige Quint gewesen war, nun zur Terz oder zum Grundton wird, während die Eigenschaft der übermäßigen Quint an einen Ton übergeht, den man vorher als Terz oder Grundton gehört hatte. Nun kommt aber gerade der übermäßigen Quint,

[*311*] wie wenig andern Intervallen, eine scharf ausgesprochene, mit unabweislicher Notwendigkeit sich geltend machende **Auflösungstendenz** zu (Leittonschritt aufwärts!). Diese Tendenz wird durch die enharmonische Umdeutung natürlich immer dementiert. Die übermäßige Quint macht **nicht** den erwarteten Leittonschritt, weil sie jetzt ja gar nicht mehr übermäßige Quint ist, und diese veränderte Sachlage stellt an das Ohr eine Zumutung, die begreiflicherweise nur sehr widerwillig acceptiert wird. Dieser Umstand bewirkt es, daß die enharmonische Umdeutung des übermäßigen Dreiklangs nicht entfernt dieselbe Rolle spielen kann wie die des so viel weniger scharfen und gegenüber den verschiedensten Lösungsmöglichkeiten weit indifferenteren verminderten Septaccords.

M. Schillings, Pfeifertag. Cl.-A. S. 171.

Um eine enharmonische Umdeutung des übermäßigen Dreiklangs handelt es sich im wesentlichen auch in der folgenden Stelle aus Fr. Kloses „Ilsebill" (Partitur S. 415 f.),

326        Die enharmonische Modulation.

[*312*] die im harmonischen Schema etwa folgendermaßen auszusehen hätte:

Dabei bringt die eigentliche Complication die freie Behandlung der Wechselnote ges, die in zwei Stimmen erscheint und erst auf dem d moll-Dreiklang sich nach f auflöst, wie der Umstand, daß der so entstehende Wechselnotenaccord: ges—a—des—f gleichklingend ist mit einem Gebilde, das wir in anderer Auffassung als Septaccord kennen (ges—heses—des—f bezw. fis—a—cis—eis = Des-Molldur IV oder fis-moll I).

Weitere enharmonische Auffassungsmöglichkeiten des übermäßigen Dreiklangs s. S. 333 f.

§ 67. Ziehen wir weiterhin auch die eigentlichen (d. h. ausschließlich als solche möglichen) alterierten Accorde in den Kreis unserer Betrachtung, so finden wir vor allem im Dominantseptaccord eine der enharmonischen Umdeutung ganz besonders willig sich darbietende Harmonie. Da nämlich das Intervall der kleinen Sept enharmonisch gleich ist dem der übermäßigen Sext, so kann jeder Dominantseptaccord auch aufgefaßt werden als übermäßiger Quintsextaccord.

Enharmonische Umdeutung des Dominantseptaccords.

C(c):V h:IV

[*313*] Der übermäßige Quintsextaccord ist hinsichtlich seiner tonalen Function meist erste Umkehrung des Septaccords der alterierten Unterdominante in Moll. Wir können also vermittels enharmonischer Umdeutung des Dominantseptaccords in den übermäßigen Quintsextaccord aus jeder Dur- und Molltonart in die um einen halben Ton tieferliegende Moll- oder Durtonart modulieren.

Gerade diese (schon durch die bei der Dreiklangsauflösung kaum zu vermeidenden Quintenparallelen nahegelegte) Quartsextaccordauflösung des als übermäßiger Quintsextaccord aufgefaßten Dominantseptaccords ist zu einer stereotypen Formel und namentlich auch mit dem Übergang von Moll nach Dur auf dem Quartsextaccord als Höhepunct von Steigerungen eingeführt, ein sehr wirkungsvolles, allerdings aber auch heute schon einigermaßen abgebrauchtes Ausdrucksmittel der neueren Musik geworden.

## Die enharmonische Modulation.

[*314*] Wenn wir auf S. 226 gesagt haben, daß die verminderte Terz im Laufe der Entwicklung unserer neueren Harmonik nicht so früh und nicht so häufig angewendet worden ist, wie die übermäßige Sext, so können wir dem jetzt hinzufügen, daß aus leicht

begreiflichem Grunde die Einführung der verminderten Terz [315] dann besonders glatt geschehen kann, wenn sie aus einer großen Secund durch enharmonische Umdeutung erst entstanden und nicht von vornherein schon als alteriertes Terzintervall aufgetreten ist.

330. a)    b) (vergl. Brahms, op. 9, Var. 4).

c: IV  V = h: IV  V ——  C: V = h: IV e: V    I

Auch die beiden anderen möglichen Auffassungen des übermäßigen Quintsextaccords (g—h—d—eis = fis VII oder D II) können für die enharmonische Umdeutung des Dominantseptaccords in Betracht kommen.

331. a)    b)    c)

C: V     C: V          C: V = D: II  [I]
fis: VII (V)  I  D: II+  V    I       G: V

Das letztere Beispiel (331 c) zeigt die Möglichkeit, scheinbar Dominantseptaccorde in der Fundamentfolge des Quintencirkels aneinanderzureihen, wobei jeweils der Dominantseptaccord in einen Unterdominant-Dreiklang mit hinzugefügter übermäßiger Sext umgedeutet wird.

Viel seltener als die Verwandlung des Dominantseptaccords in einen übermäßigen Quintsextaccord ist der umgekehrte Fall, daß dieser in jenen umgedeutet wird. Und zwar offenbar deshalb, weil die Dementierung der vom Ohr vorausgesetzten Auflösungstendenz, die bei jeder enharmonischen Umdeutung eines dissonierenden Intervalls eintritt, bei der (natürlichen und leitereigenen) kleinen Sept weniger choquiert als bei der (künstlichen, durch Alterierung entstandenen) übermäßigen Sext. Immerhin ergibt die Umdeutung [*316*] der übermäßigen Sext in die Dominantsept eine zwar frappierende, unter Umständen aber sehr wohl brauchbare Wirkung. Ein schönes Beispiel bietet der überraschende Eintritt des H dur zu Anfang der 2. Szene im ersten Acte des „Siegfried". (Beispiel 332.)

Daß dabei die Auflösung des in einen Dominantseptaccord umgewandelten übermäßigen Quintsextaccords in den Sextaccord der neuen Tonica erfolgt, erinnert uns übrigens an die weitere Beziehung, die zwischen den betreffenden Tonarten, im concreten Falle zwischen b moll und H dur besteht und die bei der enharmonischen Umdeutung des übermäßigen Quintsextaccords in den

Dominantseptaccord unverkennbar mithereinspielt. Es ist nämlich der Tonica-Sextaccord der Tonart (H dur bezw. Ces dur), deren Dominantseptaccord (fis—ais—cis—e) mit dem der alterierten Unterdominante angehörigen übermäßigen Quintsextaccord einer andern Tonart (ges—b—des—e in b moll) enharmonisch gleich ist, neapolitanischer Sextaccord in dieser zweiten Tonart (b moll), so daß der H dur-Sextaccord als b II$^{+6}$ (IV) in gewissem Sinne immer noch auf die erste Tonica wenigstens bezogen werden kann.

Keiner weiteren Erläuterung bedarf wohl die enharmonische Beziehung des **übermäßigen Sextaccords** zum Dominantseptaccord mit **ausgelassener Quint**: sie ist der, die zwischen den vollständigen Formen der beiden Accorde besteht, durchaus analog.

333.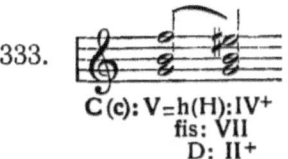
C (c): V=h(H):IV⁺
fis: VII
D: II⁺

§ 68. [*317*] Von den übrigen Accorden, die durch das Intervall der übermäßigen Sext begrenzt werden, kommt für die enharmonische Umdeutung in erster Linie der **übermäßige Terzquartsextaccord** in Betracht, der bekanntlich aus zwei durch das Intervall einer großen Secund voneinander getrennten großen Terzen besteht. Da nun die übermäßige Sext in der Octavversetzung eine verminderte Terz ergibt, die mit der großen Secund enharmonisch gleich ist, so können die beiden den Accord bildenden großen Terzen ihre Stellen vertauschen: aus Quart und Sext werden dann nach erfolgter enharmonischer Verwechslung Baßton und Terz eines **neuen** übermäßigen Terzquartsextaccords, dessen Quart und Sext im ursprünglichen Accord Baßton und Terz gewesen waren.

334.
a: II    es: II       a: I     II    (IV⁺)
C: VII Ges: VII             es: II   (IV⁺)    V
e: V     b: V

Der **übermäßige Quartsextaccord** ist in derselben Weise enharmonisch gleich einem Septaccord mit verminderter Quint und kleiner Sept, dem die Terz fehlt. Je nachdem man nun die fehlende Terz sich ergänzt denkt (als kleine oder große), kann dieser Accord einen gewöhnlichen „halbverminderten" Sept-

332    Die enharmonische Modulation.

accord, oder auch einen solchen (alterierten) Septaccord repräsentieren, dessen zweite Umkehrung einen übermäßigen Terzquartsextaccord gibt.

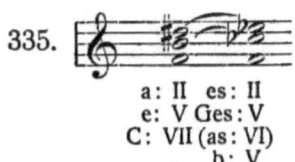

335.

a: II   es: II
e: V   Ges: V
C: VII (as: VI)
b: V

[*318*] Endlich seien noch die folgenden Möglichkeiten angeführt, bei denen gleichfalls die enharmonische Gleichheit von kleiner Sept und übermäßiger Sext zur Umdeutung benutzt wird:

336.

C: II    A: II+(IV)   Es: VII   A: VII fis (Fis): VII   G: IV+ As: V
a: IV          c: II        cis: V
F: VI         (f: VI)
(B: III)
d: I

a) Ernst Boehe, Symphon. Epilog.

337.

A: I ——————————————— V   C: II (IV)        I
[E: IV         VII (V)         (I)]

b) R. Strauß, Salome. Cl.-A. S. 136.

Ges: V ——————————————————————

Enharmonische Umdeutung zufälliger Harmoniebildungen. 333

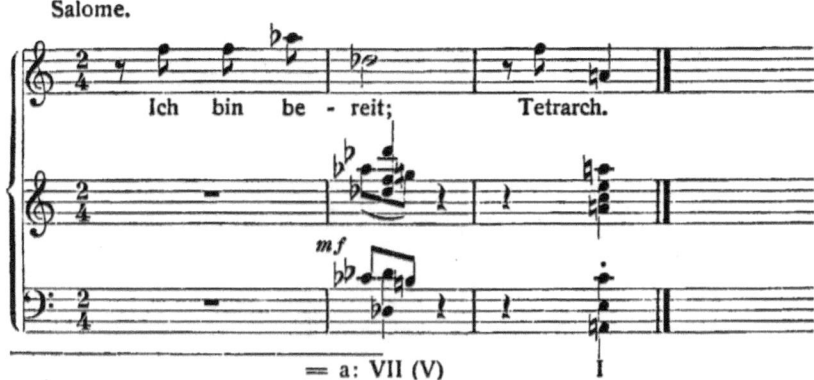

[319] Das Feld enharmonischer Umdeutungsmöglichkeiten erweitert sich noch bedeutend und wächst ins Unübersehbare, wenn man außer den selbständigen Accorden auch zufällige Harmonie-

334  Die enharmonische Modulation.

c) L. Thuille, Am Heimweg (op. 7 No. 7).

Du bist__ da - hin

d: I —— III fis: V    I

d) (Brahms, op. 10).

g: I    [III]    h: V

bildungen wie z. B. Vorhaltsaccorde mit in Betracht zieht. Da kann zunächst einmal jeder übermäßige Dreiklang in dreifacher Weise als Vorhaltsaccord angesehen und als solcher dann wieder enharmonisch umgedeutet werden. (Beisp. 338.)

Es verdient ausdrücklich angemerkt zu werden, daß der dreistimmig (also ohne irgendwelche Verdopplung) angewendete übermäßige Dreiklang am leichtesten so zu verstehen ist, daß man den tiefsten Ton des Zusammenklangs als Fundamentston, den höchsten Ton als Vorhalt (bezw. als Wechselnote) auffaßt, also den ganzen Accord nicht als Dreiklang, sondern als Sextaccord ansieht (ausgenommen den einen Fall, wo eine reine Quint vor unsern Ohren zur übermäßigen Quint hochalteriert wird). Diese Präsumtion für die Auffassung des dreistimmig gebrauchten übermäßigen Dreiklangs als eines vorhaltartigen (bezw. wechselnotenartigen) Sextaccords ist so stark, daß es z. B. an der oben angeführten Stelle aus Brahms' op. 10 (338 d) trotz des harmonischen Zusammenhangs kaum möglich ist, den übermäßigen Dreiklang so zu hören, wie er geschrieben ist, nämlich im Sinne der Dominante von g moll: vielmehr hat man sofort die Empfindung einer großen Terz: fis—ais, über der ein abwärts in die Quint strebender Sextvorhalt liegt.

[*320*] Ebenso lassen sich die oben (336 b) angeführten Umdeutungen des aus vermindertem Dreiklang und kleiner Sept bestehenden Septaccords vermehren, wenn man Vorhaltsbildungen berücksichtigt.

Für diesen letzteren Fall (339 f), wo ein Dominantseptaccord scheinbar in den eine kleine Terz höher gelegenen Durdreiklang sich auflöst, vergleiche man Beispiel 340 a und b.

336        Die enharmonische Modulation.

b) Fr. Klose, D moll-Messe, Gloria. Part. S. 23 f.
Alt. Solo.

Der Umstand, daß an beiden Stellen die Auflösung des Dominantseptaccords in den Quartsextaccord erfolgt, deutet schon darauf hin, daß eine enharmonische Umdeutung anzunehmen ist: [*322*] Grundton und Terz des Septaccords werden in Wechselnoten verwandelt, die bezw. in die Quint und den Grundton des nachfolgenden Dreiklangs hinabstreben. Bei Klose kann übrigens das Ganze, wie oben angedeutet (340 b), auch als eine freie Durchgangsbewegung über dem bis zum Wiedererscheinen der Dominantseptharmonie liegenbleibenden F-Fundament (bV) aufgefaßt werden.

## VI. CAPITEL.
## Zusammenfassender Überblick.

§ 69. Um eine möglichst erschöpfende Einsicht in die vielseitigen chromatischen und enharmonischen Beziehungen zu gewinnen, die zwischen den einzelnen Accorden bestehen, empfiehlt es sich, diesen mannigfaltigen Möglichkeiten systematisch nachzugehen, d. h. der Reihe nach durchzuprobieren, ob und wie irgend ein gegebener Accord mit andern Accorden einer bestimmten Art chromatisch oder enharmonisch in Verbindung treten könne. Würde man dabei auch noch die diatonischen Beziehungen mit in Rechnung ziehen, so könnte man auf diesem Wege zu einer annähernd vollständigen Tabelle aller möglichen Verbindungen der betrachteten Accordarten gelangen.

Wir wollen im folgenden versuchen, für die consonierenden Dreiklänge, den Dominantseptaccord und den verminderten Septaccord derartige Tabellen zu entwerfen. Wir fragen uns also zuerst: welche Durdreiklänge können auf einen bestimmten Durdreiklang folgen, dann ebenso: zu welchen Molldreiklängen kann man von einem gegebenen Durdreiklang aus fortschreiten, zu welchen Durdreiklängen von einem Molldreiklang aus und endlich: wie verhalten sich die Molldreiklänge in bezug auf diese ihre Verbindungsmöglichkeit untereinander?

Es wird sich dabei zeigen, daß von jedem consonierenden Dreiklang aus jeder andere consonierende Dreiklang in irgend einer Weise und Form erreicht werden kann, vorausgesetzt nur, [*323*] daß man enharmonisch gleiche Gebilde — wie es unserem modernen Tonsystem entspricht — als völlig identisch ansieht. Die Fortschreitungen unserer Tabelle sind immer so gedacht, daß der Ausgangsdreiklang jeweils als Tonica angenommen wurde. Die untergeschriebenen Stufenziffern wollen die durch die betreffende Fortschreitung herbeizuführenden Modulations- bezw. Ausweichungsmöglichkeiten nicht erschöpfen, sondern meist nur die wichtigeren und näherliegenden herausgreifen.

## Zusammenfassender Überblick.

**Die Verbindungsmöglichkeiten consonierender Dreiklänge untereinander.**

**1. Von Dur zu Dur.**

## Die Verbindungsmöglichkeiten consonierender Dreiklänge.

## Die Verbindungsmöglichkeiten consonierender Dreiklänge. 341

### 4. Von Moll zu Moll.

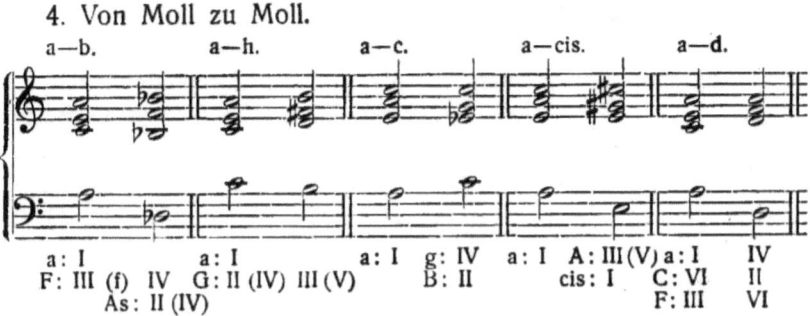

a—b.  
a: I  
F: III (f) IV  
As: II (IV)

a—h.  
a: I  
G: II (IV) III (V)

a—c.  
a: I   g: IV  
B: II

a—cis.  
a: I   A: III (V)  
cis: I   C: VI  
F: III

a—d.  
a: I   IV  
II  
VI

a—es.  
a: I   es: V —

a—e.  
a: I   b: IV   V  
e: IV   I  
C: VI   III (V)

a—f.  
a: I   (V)  
(C: VI!) (c) IV  
Es: II

a: I   c: IV

a—fis.  
a: I  
F: III (f) V —

a—g.  
a: I   D: III (V)  
cis: IV

a—gis.  
a: I   a: I  
E: II   F: III   II (d: V)   d: IV

a—as.  
a: I   a: I   es: IV  
E: IV III (V)

[327] NB! C—B, C—b: die Unterdominant als „eingeschobener Accord", oder aber es wird der Ausgangsdreiklang umgedeutet in einen Unterdominant-Stellvertreter (C I = B bezw. b II). Dabei ist der Ton der Unterdominant selbst hochalteriert. Bei der Fortschreitung nach Moll ist streng genommen nachträgliche Auflösung des g nach a erforderlich.

§ 70. Diese Tabelle der möglichen Dreiklangsverbindungen gibt Anlaß zu einigen Bemerkungen. Zwischen den Grundtönen zweier aufeinanderfolgenden Accorde sind die folgenden Verhältnisse möglich: ihr gegenseitiges Intervallverhältnis ist entweder **consonant** oder **dissonant**. Im ersteren Falle gibt es wieder zwei Möglichkeiten: entweder ist das betreffende Intervall eine (reine) **Quint**, bezw. die Umkehrung einer solchen, eine (reine) Quart, oder aber eine (große oder kleine) **Terz**, bezw. die Umkehrung einer solchen eine (kleine oder große) Sext. Ebenso kann auch im zweiten Falle das dissonante Verhältnis zwischen den beiden Grundtönen in zweifach verschiedener Weise bestehen: entweder beide Töne sind eine (große oder kleine) **Secund** (bezw. Sept) voneinander entfernt oder ihr gegenseitiges Intervallverhältnis ist der **Tritonus** (übermäßige Quart bezw. verminderte Quint). Beim Secundabstand herrscht zwischen beiden Tönen ein **Nachbarschaftsverhältnis** (vergl: S. 278 f.), während beim Tritonusverhältnis gar keine directe Beziehung mehr zwischen ihnen besteht.

Demgemäß erkennen wir also die Möglichkeit eines vierfach verschiedenen Verhältnisses zwischen zwei aufeinanderfolgenden Dreiklängen. Sie können nämlich sein:

1. Verwandt. a) Quintverwandt, wie z. B. C zu G, Es zu as, h zu fis usw.

   b) Terzverwandt, wie z. B. C zu E, Es zu c, h zu D usw.

2. Nicht verwandt. a) In Nachbarschaftsbeziehung, wie z. B. C zu D, Es zu d, h zu c usw.

   b) Ohne directe Beziehung, wie z. B. C zu Fis, Es zu a, h zu f usw.

Auf der Ausnützung der wechselseitigen Beziehungen, die zwischen quintverwandten Dreiklängen statthaben, beruht unser harmonischer **Begriff der Tonalität**, deren ursprünglichste Tatsache eben die [*328*] ist, daß einem als harmonisches Centrum fungierenden Dur- oder Molldreiklang zwei Dreiklänge, die im Verhältnis der Quintverwandtschaft zu ihm stehen, als seine Ober- und Unterdominante gegenübertreten (vergl. S. 8 f.). Weil das aber der Fall ist, liegt die Tendenz, jener andern Art der verwandtschaftlichen Beziehung, der Terzverwandtschaft, nachzugehen, eigentlich ganz außerhalb des Kreises, in dem sich unser tonales Empfinden von Haus aus bewegt; und zu einer größeren Bedeutung ist die Terzverwandtschaft in der Tat erst in einer Zeit gelangt, die sich auch sonst bestrebte, nicht nur den Tonalitätsbegriff bis an die Grenze seiner völligen Aufhebung zu erweitern, sondern auch geradezu auf die Anknüpfung solcher musikalischer Beziehungen auszugehen, die wenigstens streckenweise das Tonalitätsgefühl tatsächlich ganz verschwinden lassen.

So spielt die Terzverwandtschaft innerhalb des streng tonalen Musicierens nur eine verhältnismäßig untergeordnete Rolle. Und zwar in doppelter Weise:

a) Innerhalb der Tonart: Das Prinzip der Terzverwandtschaft wird dem der Quintverwandtschaft in der Weise untergeordnet, daß jeder zu einem Hauptdreiklang im Verhältnis der Terzverwandtschaft stehende Dreiklang aufgefaßt wird als Stellvertreter entweder dieses Hauptdreiklangs selbst oder eines andern mit ihm quintverwandten Dreiklangs. Soweit sich diese Beziehungen innerhalb der leitereigenen Harmonik halten, haben wir sie schon gleich zu Anfang im Capitel von den Nebenharmonien der Tonart (vergl. S. 92 ff.) kennen gelernt. Erweitert man den Tonalitätsbegriff aber so weit, daß man auch solche Accordbildungen als der Tonart angehörig betrachtet, die leiterfremde („alterierte") Töne verwenden, sofern sie dadurch nur nicht ihre Beziehung auf die Tonica verlieren, — dann vermehrt sich die Anzahl der Dreiklänge, die in dieser Art die Stelle von Hauptdreiklängen innerhalb der Tonart vertreten können, um ein Beträchtliches. Dann ist z. B. als Stellvertreter der Tonica in C dur nicht nur der a moll-, sondern auch der As dur- und A dur-Dreiklang möglich, als Stellvertreter der Oberdominante [*329*] außer dem e moll- auch der E dur-Dreiklang wie als Stellvertreter der Unterdominante neben den entsprechenden leitereigenen Dreiklängen der Des dur- und der As dur-Dreiklang. So ergeben sich cadenzierend wirkende Verbindungen wie die folgenden:

344    Zusammenfassender Überblick.

Ob und im Sinne welcher Dominante (Ober- oder Unterdominante) ein solcher Terzschritt cadenzähnlich wirken könne, wird in erster Linie immer von dem Vorhandensein des charakteristischen Leittons abhängen: der in die Tonica aufwärts führende Leitton charakterisiert die specifische Dominantwirkung, der in die Dominante abwärtsführende Leitton in ähnlicher Weise die Wirkung der Unterdominante.

Nun ist aber weiterhin zu bemerken, daß bei allen derartigen chromatischen Terzschritten noch ein weiteres Moment hinzukommt, ohne das ihr eigentümlicher Effect nicht zu verstehen wäre. Wir meinen die mehr oder minder latenten enharmonischen Beziehungen, die mit hereinspielen. So ist es in Beispiel 342a keineswegs gleichgültig, daß das gis enharmonisch identisch ist mit as, der oberen Halbton-Wechselnote von g; ebenso ist in 342b das es gleichzeitig auch dis (untere Halbton-Wechselnote von e), in 342c das cis gleichzeitig auch des (obere Halbton-Wechselnote von c) und in 342d endlich concurrieren tatsächlich zwei verschiedene Auffassungsmöglichkeiten, zwischen denen die in der Praxis gewöhnlich anzutreffende Schreibung Des—f—as = a—c—e vermittelt. Wenn daher z. B. Liszt namentlich da, wo solche Terzschritte sofort zu ihrem Ausgangspunct wieder zurückkehren, oft eine auf den ersten Blick

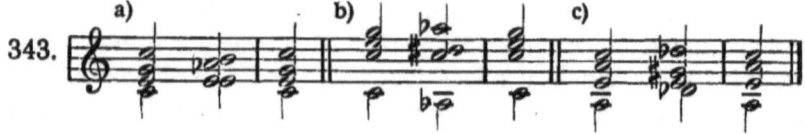

[*330*] barbarisch anmutende Orthographie (vergl. Beispiel 343) anwendet, so darf nicht verkannt werden, welch guter musikalischer Sinn in dieser scheinbaren Abstrusität sich kundgibt.

b) **Die Tonart verlassend**: Der durch einen Terzschritt erreichte Dreiklang führt vorübergehend oder für längere Zeit (ausweichend oder modulierend) in eine fremde Tonart, d. h. er wird aufgefaßt als ein Dreiklang (oder als Stellvertreter eines solchen), der einem andern Kreise von quintverwandten Beziehungen angehört. Wie in dieser Art Terzschritte von Dreiklängen modulierend wirken können, ist aus unserer Tabelle in genügender Weise ersichtlich.

Ohne sich dem Princip der Quintverwandtschaft irgendwie unterzuordnen oder anzubequemen, herrscht die Terzverwandtschaft dann namentlich unbeschränkt, wenn mehrere Terzschritte unmittelbar aufeinanderfolgen. Zwar bei der Dreiklangsfolge: C—E—G werde ich zunächst geneigt sein, den E dur-Dreiklang als „eingeschobenen Accord" aufzufassen und die Quintverwandtschaft zwischen C und G als das Wesentliche anzusehen. Erst wenn dann ein weiterer Terzschritt, etwa H oder B folgt, gerät das Tonalitätsgefühl wirklich ins Schwanken. Kommen aber innerhalb der Terzschrittreihe gar keine, weder unmittelbare noch durch einen Terzschritt vermittelte Quintbeziehungen vor, so wird von einer Nötigung, die Harmoniefolgen auf eine bestimmte Tonica zu beziehen, schon nach dem zweiten Schritte nicht mehr das geringste zu verspüren sein. Diese Beziehung, die auf die Dauer nicht fehlen darf, ohne daß die notwendige harmonische Einheit dem Musicieren ganz verloren ginge, kann nun wiederhergestellt werden, indem man entweder in einem gegebenen Augenblick das terzweise Fortschreiten aufgibt und auf der Quintverwandtschaft beruhende Beziehungen [*331*] wieder anknüpft, oder aber indem man einen vollständigen Terzencirkel beschreibt, der vermöge der enharmonischen Gleichheit der großen Terz mit der verminderten Quart (bezw. der kleinen Terz mit der übermäßigen Secund) zum Ausgangsaccord wieder zurückführt und eben mit dieser Rückkehr allem dazwischen Liegenden den Charakter bloß durchgehender („eingeschobener") Bildungen aufprägt. Folgen sich dabei immer gleichartige Dreiklänge in der gleichen Weise, so erhalten wir die folgenden Sequenzen im Terzencirkel.

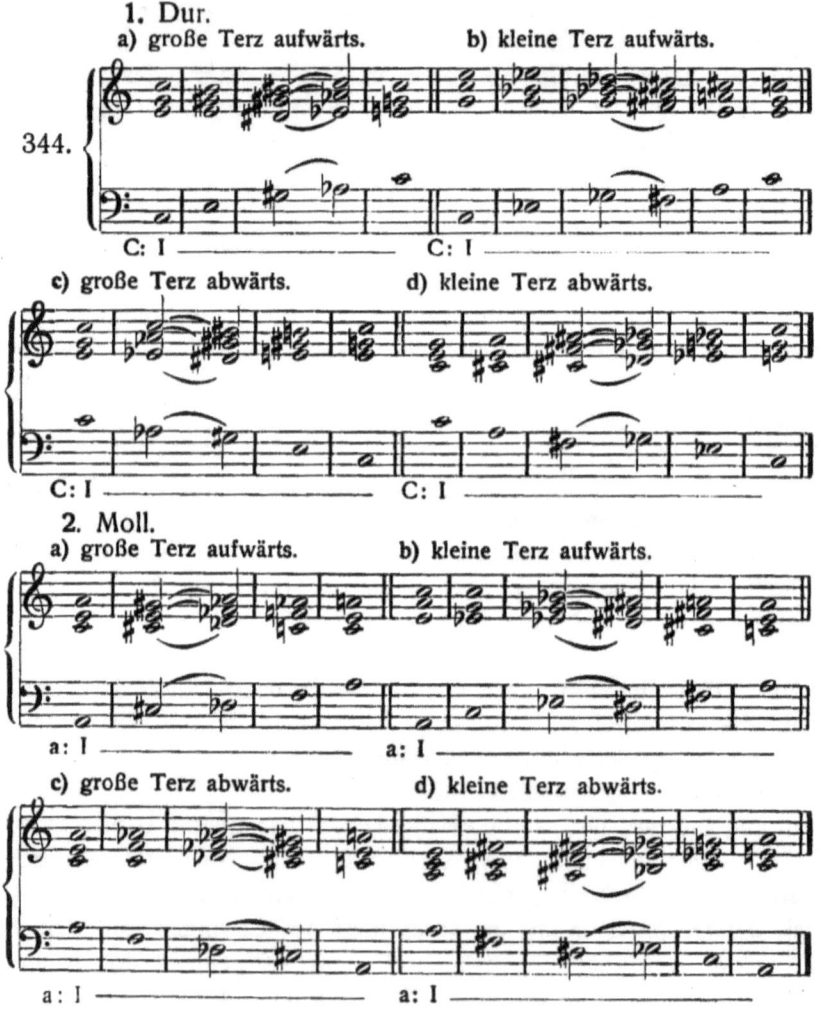

## Sequenzen im Terzencirkel. 347

[*332*] Als Beispiel für die praktische Anwendung derartiger Sequenzen im Terzencirkel vergleiche man etwa die unserem Beispiel 344 1b entsprechende Dreiklangsfolge am Schlusse des letzten Satzes von Liszts Faustsymphonie, Partitur S. 290 ff.

Vergleicht man die Dreiklänge, die mit Terzschritt der Grundtöne aufeinander folgen können, hinsichtlich ihrer Ähnlichkeit (des ihnen Gemeinsamen), so finden wir folgende Möglichkeiten. Die beiden im Terzverhältnis zu einander stehenden Dreiklänge haben gemeinsam: 1. zwei Töne (345a) — diatonische Terzverwandtschaft —, 2. einen Ton (345b) — chromatische Terzverwandtschaft —, 3. gar keinen Ton (345c) — chromatisch verdeckte Terzverwandtschaft. Der erste und dritte Ähnlichkeitsgrad kommt nur zwischen Dreiklängen verschiedenen Geschlechts vor (von Dur zu Moll und von Moll zu Dur), der zweite nur zwischen Dreiklängen gleichen Geschlechts (von Dur zu Dur und von Moll zu Moll).

345.

[*333*] Unter den neueren Componisten hat Franz Liszt das Gebiet der terzverwandten Dreiklangsbeziehungen mit besonderer Vorliebe gepflegt. Er folgte darin Anregungen, die ihm zweifellos aus der Harmonik Schuberts überkommen waren, wie er dann seinerseits wieder gerade in diesem Puncte Richard Wagner und durch ihn die ganze moderne Schule mächtig beeinflußt hat. — Literaturbeispiele zur Terzverwandtschaft siehe S. 372 ff.

§ 71. Besteht gar keine Verwandtschafts-, wohl aber Nachbarschaftsbeziehung zwischen zwei aufeinanderfolgenden Dreiklängen, so haben wir eine Accordbeziehung, die sich zwar auch der tonalen Harmonik einfügen kann, um so mehr als sie ja sogar zwischen Hauptdreiklängen der Tonart (IV—V) möglich ist, die aber, sobald mehrere derartige Schritte sich aneinanderreihen, gleichfalls eine Aufhebung des Gefühls einer notwendigen tonalen Bezogenheit zur Folge hat. Auch dieses Verhältnis kann zu Sequenzen benutzt werden, die den oben beschriebenen Terzfolgen durchaus analog sind, und auch hier ist es möglich, im Cirkel fortschreitend zum Ausgangsaccord wieder zurückzukehren. Dabei hat der Halbtoncirkel nichts Merkwürdiges: er besteht in der gewöhnlichen chromatischen Tonleiter. Dagegen [*334*] bekommen wir, wenn die Grundtöne fortlaufend in Ganztonschritten sich bewegen, eine ganz eigentümliche Reihe, die vermöge der enharmonischen Identität der großen Secund mit der verminderten Terz befähigt ist, sich gleicherweise im Cirkel abzuschließen.

346.

Das Ganze wirkt als eine Kette von durchgehenden Accorden, bezw. in langsamem Tempo und wenn jeweils der 1., 3., 5. usw.

(oder auch der 2., 4., 6. usw.) Dreiklang besonders hervortreten, als eine Folge terzverwandter Dreiklänge, die immer paarweise durch einen durchgehenden Dreiklang enger miteinander verbunden werden. Das Modell dieser beiden Sequenzen, zwei aufwärts bezw. abwärts im großen Secundintervall aufeinanderfolgende Dur-Dreiklänge, findet sich in der tonalen Harmonik bei den Schritten IV—V und V—IV. Dagegen findet sich das analoge Verhältnis zweier Molldreiklänge innerhalb der Tonart nicht, wenigstens nicht zwischen Hauptdreiklängen. Dies mag wohl der Grund sein, warum der Versuch, Molldreiklänge in dieser Art aneinanderzureihen, weit weniger befriedigende Resultate ergeben würde.

Man findet häufig für die das Intervall einer Octav im Cirkel durchlaufende melodische Ganztonreihe die Bezeichnung Ganztonleiter. Diese Bezeichnung ist zurückzuweisen. Denn eine ganztonige Scala ist innerhalb unseres Tonsystems überhaupt nicht möglich. Die enharmonische Verwechslung, die immer nötig ist, wenn diese Reihe in die Octav ihres Ausgangstons gelangen soll, verbietet es schon von vornherein, den Begriff der Tonleiter auf die in Frage stehende Erscheinung anzuwenden. Diese Überlegung läßt auch die in neuester Zeit von französischen und russischen Componisten gemachten Versuche, aus dieser angeblichen Ganztonleiter eine neue Tonart zu gewinnen, als das erkennen, was sie in Wahrheit sind, als dilettantische Spielereien. Wenn nun aber diese Reihe als Tonleiter nicht denkbar ist, so heißt das natürlich keineswegs, daß man sie nicht in der mannigfachsten Art mit vortrefflicher Wirkung anwenden könne, sondern nur so viel, daß man sie nicht für etwas halten solle, was sie in Wahrheit nicht ist.

Liszt hat die Sequenz von Durdreiklängen mit ganztonweise abwärtssteigenden Grundtönen (wie in Beispiel 346 b) mehrmals angewendet, am ausgedehntesten im 2. Schluß seiner Dante-Symphonie, wo die Bässe — jeder als Grundton eines Durdreiklangs — gleichmäßig von h bis des (bezw. cis) abwärts steigen, worauf dann [*335*] h zunächst als Baßton des (als Vorhalt vor dem H dur-Dreiklang zu verstehenden) Quartsextaccords folgt. Jene Eigentümlichkeit der kirchlichen A cappella-Musik des 16. Jahrhunderts — man denke z. B. an den Anfang von Palestrinas weltberühmtem Stabat mater — consonierende Dreiklänge im Ganztonverhältnis aneinander zu reihen — wobei übrigens die alten Meister wohl nie über die Anzahl von

350    Zusammenfassender Überblick.

drei in gleicher Richtung derartig aufeinanderfolgenden Dreiklängen hinausgegangen sind —, diese Eigentümlichkeit hat ohne Zweifel Liszt den Gedanken eingegeben, das, was bei den Alten sich eigentlich nur als zufälliges Resultat ihrer Art des Harmonisierens ergab, gewissermaßen zu einem Princip zu erheben und in einer grenzenlos erweiterten Form zur musikalischen Illustrierung des allen irdischen Beziehungen entrückten, frei im Unendlichen schwebenden Magnificat der himmlischen Heerscharen zu verwenden.

Rein als melodischem Durchgang\* begegnet man der Ganztonreihe häufiger: bei Liszt in der Ballade „Der traurige Mönch", bei R. Strauß in der „Salome", bei M. Schillings im „Moloch" und sonst. Als obstinate melodische Linie hat sie Hans Pfitzner in seinem Opus 18 („An den Mond" von Goethe) auf- und absteigend motivisch verwendet: mit bewundernswerter Kühnheit und ganz eigenartig eindringlicher Wirkung. Der Schluß des Liedes, den

\* Mit einer gewissen Notwendigkeit kommt man ja auf die Ganztonreihe, wenn man über einem übermäßigen Terzquartsextaccord oder auch einem Secundaccord mit übermäßiger Sext diatonische Durchgänge anbringen will!

## Vom Dreiklang zum Dominantseptaccord. 351

wir hersetzen, ist natürlich tonal als Durchgangsbewegung über dem Fundamente E aufzufassen.

§ 72. [*336*] Wir wenden uns wieder unserer tabellarischen Übersicht zu und veranschaulichen zunächst die wechselseitigen Beziehungen von Dominantseptaccord und consonierendem Dreiklang.

1. Von einem consonierenden Dreiklang zu einem Dominantseptaccord.

## Zusammenfassender Überblick.

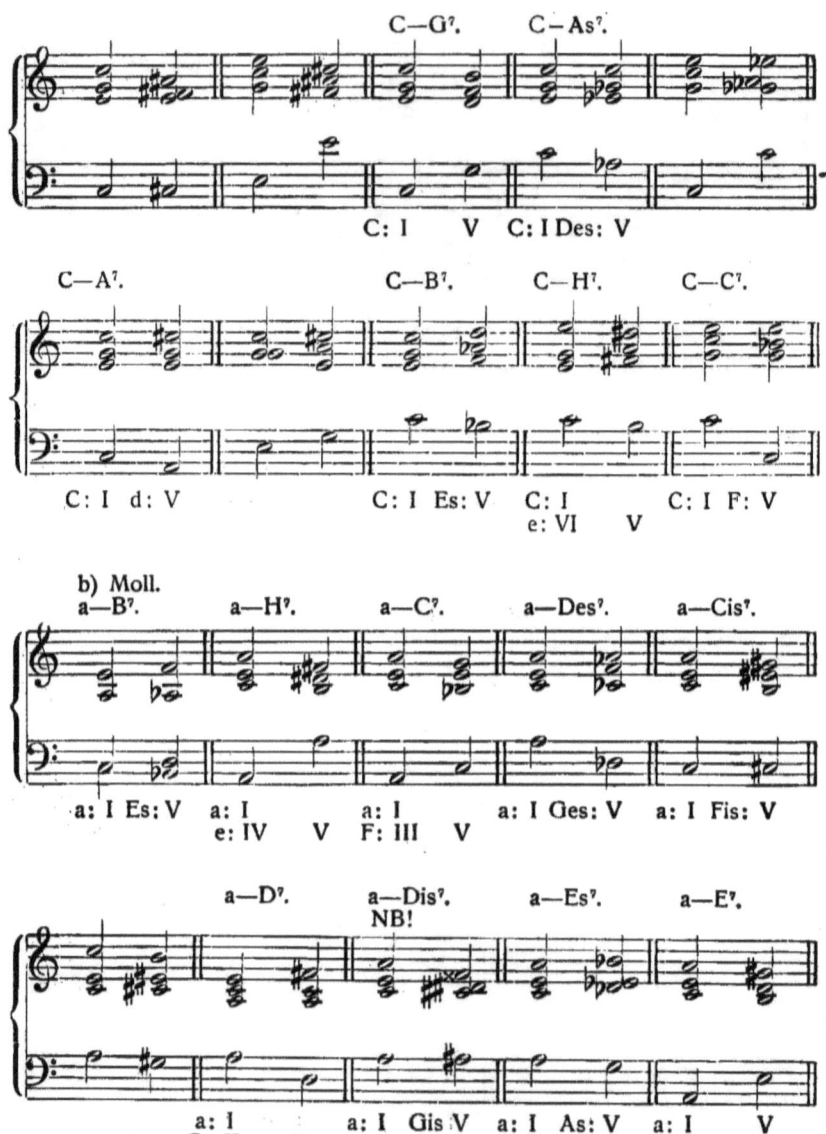

## Vom Dominantseptaccord zum Dreiklang.

[338] NB! Man bemerke, daß der A dur-Dreiklang „Stammform" des neapolitanischen Sextaccords in Gis ist. Eben deshalb ist auch die Möglichkeit des chromatischen Übergangs a I³—As V$_5^6$ zweifelhaft: wir verstehen das g (im Baß), weil es aufwärtsführender Leitton ist, besser als fisis.

2. Von einem Dominantseptaccord zu einem consonierenden Dreiklang.

Louis-Thuille, Harmonielehre. 4. Aufl.

354 Zusammenfassender Überblick.

Von Dominantseptaccord zu Dominantseptaccord.                355

[340] NB! G⁷—B: Der B dur-Dreiklang entweder als eingeschobener Accord (Durchgang) oder: Umdeutung des Dominantseptaccords, so daß das f aufhört, auflösungsbedürftige Dominantsept zu sein. Vergl. a. S. 335 f. — G⁷—D: die chromatische Alterierung der Dominantsept nur dann möglich, wenn nachträgliche Auflösung in der gleichen oder stellvertretend in einer andern Stimme erfolgt, sonst enharmonische Umdeutung. — G⁷—F: Der Unterdominantdreiklang kann auf den Dominantseptaccord folgen entweder als eingeschobener Accord (Durchgang, Vorhalt, Wechselnotenbildung) oder nach erfolgter Umdeutung des Dominantseptaccords etwa so, daß h—d—f—g als II. Stufe (Quintsextaccord über der hochalterierten Unterdominante) von F dur angesehen wird, was aber immer (ausgenommen bei der Auflösung in den Quartsextaccord, wo eben der F dur-Dreiklang zunächst nur als Vorhalt vor dem Dreiklang bezw. Septaccord über C auftritt) eine gewisse Gewaltsamkeit bedeutet. Als Beispiel einer ästhetisch hochberechtigten und sehr wirkungsvollen Anwendung dieser Rückung vergleiche man: Hans Pfitzner, „Die Rose vom Liebesgarten" Cl.-A. S. 6 f., wo nach dem Dominantseptaccord von D dur (A⁷) unmittelbar die Tonica G dur folgt. — G⁷—g: wohl nur durchgehend! — G⁷—b: erfordert nachträgliche Auflösung der Sept oder Umdeutung des Dominantseptaccords in eine Vorhaltsbildung vor dem B dur-Dreiklang. — G⁷—d. Falls g—h—d—f wirklicher Dominantseptaccord ist und bleibt, nachträgliche Auflösung des f erforderlich. In unserem Beispiel ist der d moll-Dreiklang Durchgang über G-Fundament. — G⁷—es: vergl. S. 361, Beispiel 1 a; zu beiden Fällen den Begriff des „Trugstillstands" S. 107. — G⁷—f: vergl. oben G⁷—F.

### 3. Von Dominantseptaccord zu Dominantseptaccord.

356 Zusammenfassender Überblick.

[*341*] NB! G⁷—Gis⁷: ohne die enharmonische Umdeutung nur im chromatischen Durchgang möglich. — G⁷—B⁷: Durchgehend mit nachträglicher Auflösung der Dominantsept; außerdem Umdeutung des g—h—d—f in g—ces—d—f (= Vorhalt vor as—b—d—f). — G⁷—H⁷: die chromatische Erhöhung der Dominantsept wohl nur im Durchgang möglich, sonst enharmonische Umdeutung. Vergl. S. 329. — G⁷—F⁷: h—d—f—g = Quintsextaccord über der (alterierten) Unterdominante von F dur.

§ 73. Das Ergebnis unserer systematischen Untersuchung war beim Dominantseptaccord das gleiche wie beim consonierenden Dreiklang: jeder Dominantseptaccord lässt sich von jedem Dur- und Molldreiklang aus erreichen und ebenso ist umgekehrt auch vom Dominantseptaccord aus die Fortschreitung zu jedem Dur- und Molldreiklang in irgend einer Weise möglich. Das gleiche gilt von den Beziehungen der Dominantseptaccorde untereinander: irgendwie ist der Übergang von jedem solchen Accord zu jedem andern ausführbar.

Daß es sich mit dem **verminderten Septaccord**, den wir schließlich noch in dieser Weise betrachten wollen, nicht anders verhalte, läßt die enharmonische Vieldeutigkeit dieses Accords schon von vornherein vermuten.

1. Durdreiklang—verminderter Septaccord.

## Dreiklang und verminderter Septaccord.

### 2. Molldreiklang—verminderter Septaccord.

### 3. Verminderter Septaccord—Durdreiklang (und Molldreiklang).

### 4. Verminderter Septaccord—Moll-
### dreiklang.

[343] NB! h⁷♭—d: Streng genommen nachträgliche Auflösung des h nach cis erforderlich (oder nach c, wenn man den verminderten Septaccord als F II auffaßt). — h⁷♭—f: Durchgehend oder mit Auffassung des verminderten Septaccords im Sinne der Unterdominante. Außerdem Quartsextaccord-Auflösung wie in dem ähnlichen Falle h⁷♭—as.

### Verminderter Septaccord und Dominantseptaccord.

#### 5. Verminderter Septaccord — verminderter Septaccord.

[344] NB! Außer im chromatischen Durchgang (vergl. S. 293) ist das halbtonweise Aufwärtsschreiten eines verminderten Septaccords in einen ebensolchen (als selbständiger Harmonieschritt) nur mit der angemerkten enharmonischen Umdeutung des Ausgangsaccords denkbar: d—f—as—h wird aufgefaßt als Quintsextaccord über der alterierten Unterdominante mit erhöhter Sext in As dur. Der nun zu erwartende As dur-Dreiklang wird gleich Dominante von Des und als solche ersetzt durch den entsprechenden verminderten Septaccord. — Dagegen ist beim halbtonweisen Abwärtsschreiten des verminderten Septaccords in einen ebensolchen, wie ersichtlich, mehrfache Auffassung möglich.

Von den Beziehungen des verminderten Septaccords zu andern dissonierenden Accorden wollen wir nur noch diejenigen herausgreifen, die die Auflösung eines Dominantseptaccords in einen verminderten Septaccord ermöglichen. Derartige Auflösungen kommen häufig mit trugschlußartiger Wirkung (als unterbrochene Cadenz) vor und sind deshalb von Wichtigkeit.

### Dominantseptaccord—verminderter Septaccord.

[345] NB! Man beachte, daß der Dominantseptaccord von C dur, enharmonisch umgedeutet, den übermäßigen Quintsextaccord in h moll (h IV+) ergibt. Es wäre also bei der Fortschreitung C V⁷—h VII⁷ auch das Mithereinspielen der enharmonischen Gleichheit der Dominantsept der Ausgangstonart mit der hochalterierten Unterdominante der Zieltonart in Betracht zu ziehen.

Demjenigen, der diese systematischen Durchprobierungen fortzusetzen wünscht, sei empfohlen, zunächst den kleinen Septaccord in den Kreis seiner Untersuchung zu ziehen, dann aber auch alterierte Accorde wie den übermäßigen Terzquartsextaccord, den übermäßigen Dreiklang u. s. f.

# Anhang.

## I.

### Literaturbeispiele zur Chromatik und Enharmonik.

1 a. Mozart, Clavierphantasie in c moll (Köchel No. 475).
Adagio.

1·a. Chromatische Durchgangsbewegung, die von der Dominante von H ausgeht und zu derselben Harmonie auch wieder zurückkehrt, also gewissermaßen die 6 Tacte hindurch „ideeller Orgelpunct" (vergl. S. 299) über Fis-Fundament. Obwohl die Folge $G^7$—ges⁶♭ (Tact 4—5) zweifellos (wie die analoge Folge $A^7$—as⁶ in Tact 2—3) als Fortschreitung eines wirklichen Dominantseptaccords zu verstehen ist, mag man sich doch daran erinnern, daß eine enharmonische Umdeutung des Dominantseptaccords C V in den übermäßigen Quintsextaccord h IV+ die Folge: h IV—H III (V) ergeben würde.

### 1 b. Beethoven, Missa solemnis. Gloria.

[*348*] 1 b. Unmittelbarer Übergang von F dur nach fis moll durch doppelte chromatische Alterierung.

### 2. Schubert, Gruppe aus dem Tartarus.

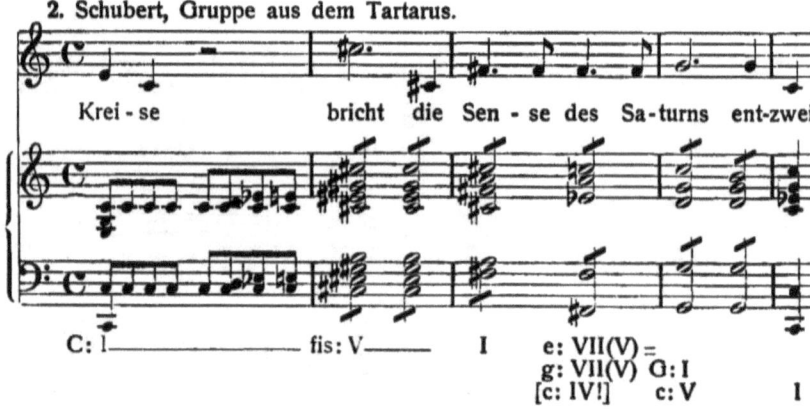

2. Chromatische Ausweichung von C dur nach fis moll mit Rückkehr nach c moll. Der verminderte Septaccord in Tact 3 wird eingeführt als VII. Stufe (Dominantstellvertreter) von e moll; darauf enharmonische Verwechslung des dis in es. — Statt der dreifachen chromatischen Alterierung des C dur-Dreiklangs könnte man auch die einfachere Folge: C—Des¹♭ annehmen (C I = f V—VI = ges V). — Ebenso könnte in Beispiel 1 b die Auffassung des fis moll als gesmoll in Frage kommen: der Quartsextaccord wäre dann nur als Vorhalt vor dem Des dur-Dreiklang (Dominant von ges moll) aufzufassen, der seinerseits zu dem F dur-Dreiklang in der nahen Beziehung der Terzverwandtschaft stünde.

### 3. Beethoven, Claviersonate, op. 7. Rondo.

[*349*] 3. Halbschluß (bezw. Plagalschluß) auf B. Der unmittelbare Übergang nach H wird dadurch ermöglicht, daß von der B dur-Harmonie nur der Grundton angeschlagen wird. Dieser wird, enharmonisch mit ais verwechselt, Leitton zum h. (Oder diatonisch: das B dur als Dominante von es moll führt nach Ces dur als VI. Stufe. — Tonica-Stellvertreter — von es moll, und dieses Ces dur = H dur ist dann Dominante von E dur). — Die Ausweichung nach E dur ist ganz vorübergehend. Nach wenigen Tacten wird nach Es dur zurückgegangen (3 b), indem aus dis—fis—h durch doppelte chromatische Erniedrigung und gleichzeitige enharmonische Umdeutung d—f—ces wird.

### 4a. Schumann, Bilder aus dem Osten, op. 66 No. 6.

364 Literaturbeispiele zur Chromatik.

I.

[350] 4a. Der Secundaccord im 2. Tacte ist Wechselnotenbildung über dem liegenbleibenden Fundamente B (also nicht etwa Umkehrung des Dominantseptaccords von F dur): e ist chromatische Wechselnote zu f, und in gleicher Weise gehören g und c als diatonische Wechselnoten bezw. zu f und b. Weil aber dieser Secundaccord nur eine zufällige, durchgangartige Bildung und das b im Baß nicht Sept zum Fundament, sondern der Fundamentston selbst ist, hat auch das Abspringen dieser Baßnote nichts Befremdendes. (Vergl. S. 68.)

4b. Schumann, Fis moll-Sonate, op. 11.

[*351*] 4b. Mit dem 2. Tacte beginnt eine stufenweise abwärtsführende Sequenz mit eintactigem Modell, die im 4. Tacte unterbrochen wird. (Bei dem c moll-Dreiklang im 4. Tact spielt unverkennbar die Nebenauffassung der kleinen Terz als übermäßige Secund mit herein: zurückkehrender Durchgang e—dis—e.) Das chromatische Auftreten der Dominante von Es in Tact 8 ist ganz vorübergehend und unwesentlich. Der eigentliche Fortgang der Harmonie ist: A II—E V (chromatische Erhöhung der Terz eines kleinen Septaccords).

5. Wagner, Parsifal. Vorspiel.

366   Literaturbeispiele zur Chromatik.

[352] 5. Der frappierende Eintritt des fis moll-Dreiklangs nach dem B dur-Sextaccord (Tact 5) erklärt sich ganz einfach: wir haben cis—e—g—b (Tact 4) als Stellvertreter der Dominante von d moll; der Sextaccord ist bloße Durch-

gangsbildung zu dem fis moll-Dreiklang hin, der zunächst als Modifikation der Dominante von D dur (D III) auftritt, dann als Unterdominant-Stellvertreter (II. Stufe) von E aufgefaßt und so zu der vorübergehenden Ausweichung nach e moll benutzt wird. Man beachte die strenge Wahrung der Tonalität trotz des Anscheins weitester modulatorischer Abschweifung.

[353] 6. Wir geben diese Stelle, deren Verständnis durch ungenaue Orthographie etwas erschwert wird, zunächst im Schema:

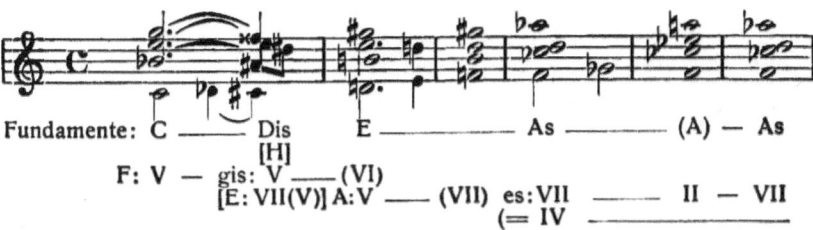

Der zuerst als Modifikation des Dominantseptaccords von F auftretende verminderte Septaccord e—g—b—des wird in e—fisis—ais—cis enharmonisch verwechselt und dadurch zum Stellvertreter der Dominante in gis moll gemacht. Trugschluß V—VI in gis moll (bezw. — was, im Grunde genommen, dasselbe heißt: E VII (V) — I). Zu dem so erreichten E dur-Dreiklang tritt die kleine Sept hinzu, die ihn zur Dominante von A macht. Ersetzung des Dominanttons durch dessen kleine Non = verminderter Septaccord gis—h—d—f; wird in as—ces—d—f enharmonisch verwechselt und ist dann es VII, die hier im Sinne der Unterdominante zu verstehen ist, ebenso wie der dann erscheinende alterierte Sept- (bezw. Terzquart-)Accord ces—es—f—a. (Weiterhin klingt dann die Auffassung ces—d—f—as = h—d—f—as = c VII vorübergehend etwas an, aber schließlich läuft die Periode doch auf den Quartsextaccord über B aus.) — Bemerkenswert ist, daß die chromatische Durchgangsbewegung im 1. (weiterlaufend) und 4. Tact (zurückkehrend), die im Baß des Motives wegen durch Abspringen unterbrochen ist, in der Singstimme (cis—d bezw. ges—f) aufgenommen und fortgeführt wird.

7. Chromatische Durchgangsbewegung über dem Fundamente G (C V). Zu Anfang des 4. Tactes ist die Dominantharmonie selbst (bezw. ihr Stellvertreter. C VII) wieder erreicht. Der Baß geht noch nach c weiter und auf dem Septaccord d—f—as—c erfolgt (diatonische) Umdeutung von C nach Es.

368    Literaturbeispiele zur Chromatik.

[354] 8. Die Accorde, wie sie aufeinanderfolgen (D'—h—es bezw. dis—g), stehen in Beziehung der Terzverwandtschaft. (Der Septaccord f—as—ces—es in Tact 3 ist reines Wechselnotengebilde zum Sextaccord ges—b—es). Das in tonaler Beziehung wesentliche ist, daß die Dominante von G (Tact 1) sich in die Tonica (Moll!) auflöst (Tact 5). Was zwischendrin vorgeht, ist tonal unwesentliche Aus-

8. Schubert, Das Heimweh.

weichung. Zunächst einmal bringt uns die als chromatischer Durchgang über der Dominante von G erscheinende Terz ais—cis eine Anspielung auf die Dominante von h moll. Und wirklich wird der folgende h moll-Dreiklang, den wir ursprünglich wohl im Sinne der zwischen Dominante und Tonica „vermittelnden" Mediante von G dur (als G III) aufzufassen geneigt wären, als Tonica behandelt (Durchgang cis im Baß!). Auch weiterhin weckt dann der Wechselnotenaccord f—as—ces—es (Unterdominantstellvertreter in es moll!) die Vermutung, als ob der durch Terzverwandtschaft mit dem h moll-Dreiklang verknüpfte es- (bezw.

[355] dis-) moll-Dreiklang gleichfalls Tonica werden solle. Aber es kommt ganz anders: mit einem Ruck geht es nach G (und zwar g moll) zurück, wobei mehr noch als die terzverwandte Beziehung der beiden Molldreiklänge über es und g der Umstand, daß ges (als fis aufgefaßt) und es im Wechselnotenverhältnis bezw. zum Grundton und zur Quint des g moll-Dreiklangs stehen, dieser in etwas sogar fast cadenzierend wirkenden Rückwendung zu statten kommt. —

9. H. Wolf, Beherzigung.

9. Chromatisch abwärtsführende Sequenz, in der die Molldreiklänge von h, b, a, as, g, fis im Durchgang aufeinanderfolgen. Die Quintenparallelen werden dabei jeweils dadurch verdeckt, daß der Eintritt des Grundtons und der Quint jedes Dreiklangs durch deren bezw. untere und obere Halbtonwechselnote verzögert wird. — Bemerkenswert ist die Grundton und Terz des Dreiklangs als Etappen benützende sprungweise Auflösung der Wechselnote es (3. Tact in der Singstimme) nach der höheren Octav ihres Auflösungstons.

10. H. Wolf, Wo wird einst . . .

[356] 10. Auch hier handelt es sich um eine durchgehende Bewegung (— alle Stimmen schreiten stufenweise fort —), die sich erst im 4. Tacte tonal festsetzt. Im ersten Tacte stehen die Dreiklänge von Ces und Eses in Beziehung der Terzverwandtschaft. Tact 2 bringt dann mit C$^{7}$ einen deutlichen Anklang an die Tonalität, die die herrschende werden soll (F). Der Trugschluß f V—VI wird, abgesehen vom Hinzutreten der Sept, noch dadurch alteriert, daß die große Terz von C (f V), enharmonisch verwechselt, als kleine Terz von Des (f VI) liegen bleibt; und nun sieht es im 3. Tact so aus, als ob man auf es moll lossteure (der Dreiklang fes—as—ces zwischen dem Dreiklang und Sextaccord von es moll wirkt als „Stammform" des neapolitanischen Sextaccords, und überdies legt sowohl die Erinnerung an den Ausgangsaccord — es$^{6\flat}$ — wie auch die Führung der Melodie in der Singstimme den Gedanken an es moll nahe). Aber eine chromatische Rückung führt nach C dur, das dann Dominante von F wird.

11. M. Schillings, Ingwelde. Cl.-A. S. 98.

A: V ———————————— I  a: V ————— (III)
[e: VI

I(VI) cis: V ——— (VII) ——— I ——————— V
IV]

11. Über die beiden ersten Tacte vergl. S. 290 f. Der Secundaccord in Tact 3 (Dominant von a moll) geht zunächst in den im terzverwandten C dur-Dreiklang. Der a moll-Dreiklang folgt erst in Tact 5, doch tritt sofort die (große) Sext zu ihm hinzu. Dieses terzweise Weiterschreiten der Fundamentstöne (E—C—A) drängt die tonalen Beziehungen in den Hintergrund. Die Relation auf die Tonica A geht freilich nicht ganz verloren und auch e moll klingt leise an. Aber erst

[357] wenn sich der Quintsextaccord a—c—e—fis nach enharmonischer Verwechslung des c in his in die Dominante von cis moll aufgelöst hat, fühlen wir wieder festen tonalen Boden unter uns.

12.. H Berlioz, Liebesscene aus „Romeo und Julie".

12. Der Septaccord im 2. Tacte ist Wechselnotenaccord, der zum cis moll-Dreiklang, von dem er ausgegangen, wieder zurückkehrt. Frappierend ist nur die so ganz tonartfremde Bildung dieser Wechselnoten (Fehlen des Tonica-Leittons). Gerechtfertigt wird diese Sonderbarkeit dadurch, daß das cis moll (obgleich es sich im Vorhergehenden zur Tonart verselbständigt hat) nichts anderes ist, als die III. Stufe (Dominantstellvertreter) von A dur, das wir trotz der Ausweichung nach cis moll, im Grunde genommen, gar nicht verlassen haben. Der Septaccord h—d—f—a ist eine deutliche Anspielung auf die Grundtonart A dur, in der er II. Stufe (Unterdominantstellvertreter) ist.

13. R. Strauß, Till Eulenspiegel.

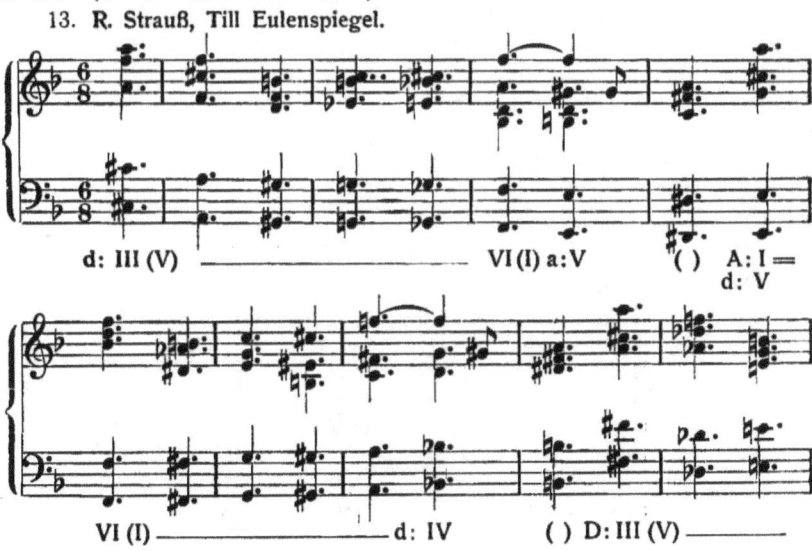

372        Literaturbeispiele zur Terzverwandtschaft.

[*358*] 13. Sehr bezeichnendes Beispiel für chromatische Durchgangsharmonik. Der übermäßige Dreiklang (Dominantstellvertreter) in d moll löst sich zu Anfang des dritten Tactes in den Septaccord b—d—f—a (Tonicastellvertreter) auf. Was dazwischen fällt, ist reine chromatische Durchgangsbewegung. Die Sprünge in der Oberstimme erscheinen durch die obstinate Durchführung des Themas melodisch hinreichend gerechtfertigt. Diese melodische Motivierung hilft auch darüber hinweg, daß das f im 3. Tact, nachdem es kleine Non geworden, ohne Auflösung bleibt (ebenso Tact 7, wo es Sept ist). Die Auflösung des Dominantseptaccords von A erfolgt in den Dominantseptaccord von D; der verminderte Septaccord ist eingeschoben. Ebenso verhält es sich mit dem Dominantseptaccord über h im 8. Tact. Das Weitere ist leicht zu verfolgen. Die letzten drei Tacte bewegen sich durchaus über dem Fundament A (d V). Die Stelle ist in doppelter Beziehung lehrreich: einmal dafür, wie innerhalb einer solchen scheinbar ganz außertonalen Chromatik durch wiederholtes Zurückkommen auf tonal deutlich bezogene Harmonien die Tonalität trotz allem gewahrt werden kann (man vergl. Tact 1, 3, 4, 5, 7, 11, 12, 13, 15); dann aber auch dafür, wie eine melodisch-contrapunctische Rücksicht (der Ostinato im Sopran) dazu führt, Töne, die in harmonischer Hinsicht Durchgänge sind, in der freiesten Weise zu behandeln. Dabei ist zu beachten, daß die Accordfolgen während der Durchgangsbewegung immer so sind, daß der eine Accord vom andern aus jeweils auch o h n e jeden Sprung erreicht werden k ö n n t e.

\* \* \*

## Zur Terzverwandtschaft.
14. Franz Liszt, Phantasie und Fuge über B-A-C-H.

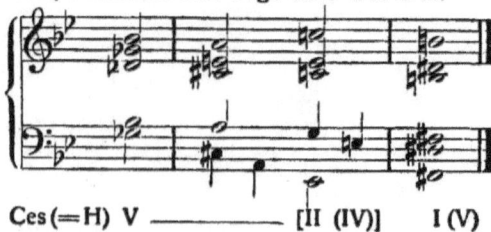

[359] 14. Tonale (Quint-) Beziehung zwischen dem 1. und 4. Accord; dazwischen zweimaliger Terzschritt von Fis (Ges) über A nach C. Der so erreichte Dursextaccord über E ist neapolitanischer Sextaccord in H.

15. R. Wagner, Parsifal. Cl.-A. S. 218.

15. Der H dur-Dreiklang ist Unterdominant von Fis (Ges). In zwei Terzschritten wird der es moll-Dreiklang erreicht, der VI. (in diesem Falle = IV) von Ges dur ist.

16. R. Wagner, Rheingold. Cl.-A. S. 118.

17. M. Schillings, Ingwelde. Cl.-A. S. 126.

374    Literaturbeispiele zur Terzverwandtschaft.

[360] 17. Die Haupttonart, in der auch der Act schließt, ist As dur. Der mit As dur terzverwandte C dur-Dreiklang wird vom f moll-Dreiklang aus (dem Parallelklang von As) gewonnen. In zwei großen Terzschritten geht es auf den As dur-Dreiklang zurück, der dann Unterdominante von Es wird.

18. R. Strauß, Salome. Cl.-A. S. 17.

18. Eine Reihe von Kleinterzschritten, die jegliches Gefühl der Bezogenheit auf eine bestimmte Tonica aufheben.

19. P. Cornelius, Der Cid.

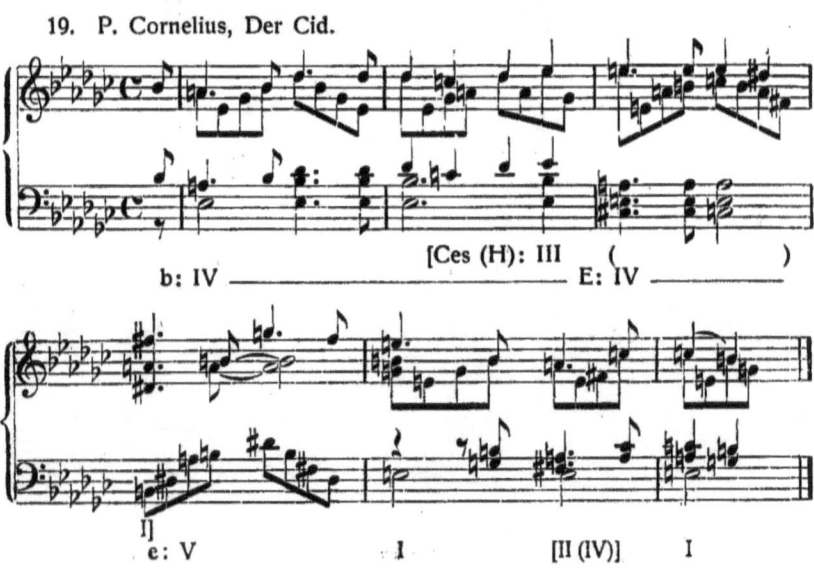

[*361*] 19. Modulation von b moll nach e moll, vermittelt durch die Terzverwandtschaft des es moll-Dreiklangs (b IV) mit dem Ces dur- bezw. H dur-Dreiklang (e V). Interessant ist die zwischen beiden Fundamenten als eingeschobener Accord auftretende Unterdominante von E, über der übrigens die beiden oberen Stimmen in der zweiten Hälfte des (3.) Tactes die Dominante schon vorausnehmen.

20. H. Pfitzner, Die Rose vom Liebesgarten. Cl.-A. S. 233.

20. Die Tonica, auf die alles zu beziehen, ist H. Doch weckt schon der zweite Accord h—cisis—fis—gis (Wechselnotenbildung zum H dur-Dreiklang) wegen seiner enharmonischen Gleichheit mit h—d—fis—gis (fis II bezw. IV) die Vermutung, als ob nach fis moll gegangen werden solle. Der mit H dur terzverwandte G dur-Dreiklang läßt dann noch — man beachte das c des durchgehenden a moll-Dreiklangs — die G dur-Tonart anspielen, worauf der G dur-Sextaccord (neapolitanischer Sextaccord in fis) zum zweitenmal und diesmal in noch verstärktem Maße die Erwartung eines Überganges nach fis moll (oder Fis dur) erregt. Statt dessen wird G dur als Stellvertreter für h moll (h VI) aufgefaßt und in h moll geschlossen.

21. W. Courvoisier, Lied des Harfenmädchens.

# 376 Literaturbeispiele zur Enharmonik.

21. Tact 1—2: Orgelpunct über es. Die Dominant mit tiefalterierter Quint wird zuerst (Tact 2) nach Dur aufgelöst (Halbschluß, Wendung nach der Unterdominante!), dann nach Moll (Tact 3). Vergl. S. 239.

\* \* \*

## Zur Enharmonik.

22. R. Wagner, Walküre, 2. Act.

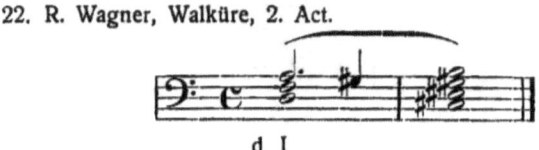

d I
fis VII       V

23. R. Wagner, Tristan. Cl.-A. S. 211.

f: VI (I)        V (VII)    As: II (IV)

[V]
Des (Cis): II (IV) ———————  VII (V) —
                            fis: (VI)   IV
                                      G: V

[362] 23. Die enharmonische Verwechslung von e in fes (im 2. Tact) ermöglicht den Fortgang des verminderten Septaccords e—g—b—des zu dem Terzquartaccord fes—as—b—des, den wir am leichtesten als Unterdominantharmonie in As verstehen. Die Dominante, in die er sich auflöst, wird durch doppelte chromatische Tiefalterierung (g—b in ges—heses) Unterdominant-Stellvertreter (II. Stufe) in Des bezw. Cis. Nochmalige Tiefalterierung (es in eses bezw. dis in d) macht den Accord zur Unterdominant-Harmonie in Fis. (Das cis im letzten Tacte wird als

Vorhalt vor his gehört.) Schließlich führt dann die enharmonische Umdeutung des übermäßigen Quintsextaccords dieser Tonart (d—fis—a—his in d—fis—a—c) nach G dur.

24. P. Cornelius, Der Cid.

25. Ebenda.

[363] 25. Halbtonweis aufwärtsrückende Sequenz, vermittelt durch die enharmonische Umdeutung des verminderten Septaccords es—fis—a—c in dis—fis—a—c mit Auflösung nach dis—fis—h, das zweitemal durch eine ebensolche Umdeutung des Secundaccords e—fis—ais—cis in e—fis—b—des (Vorhalt vor dem verminderten Septaccord e—g—b—des), mit Auflösung nach e—g—c. Der zweite

378  Literaturbeispiele zur Enharmonik.

Accord des 2. Tacts ist Wechselnotenbildung (zurückkehrende Durchgänge in drei Stimmen) zum H dur-Sextaccord. Demgemäß ist auch im 4. Tact das d als cisis zu verstehen.

26. Schubert. Du liebst mich nicht.

[364] 26. Der Anfang ist besonders dafür lehrreich, wie ungenaue Schreibung den wahren harmonischen Zusammenhang verschleiern kann. Die Stelle von „Was
[365] blüht mir" ab ist eine genaue, um einen halben Ton in die Höhe gerückte Wiederholung der ersten Takte. Das zweitemal hat Schubert richtig geschrieben, das erstemal (wohl um zu viele Vorzeichen zu vermeiden), nicht. Man tut daher gut, zuerst die zweite Stelle ins Auge zu fassen. Wir befinden uns auf der Dominante von C, in deren Sinn zunächst auch der verminderte Septaccord f—h—d—as aufzufassen ist. Dann aber wird dieser Accord auf das Fundament F (C IV) bezogen und so aufgelöst, daß die Unterdominante von C zur Dominante von b wird. Die erst vorübergehende, dann definitive Rückwendung nach a moll wird bewerkstelligt durch die enharmonische Gleichsetzung des Dominantseptaccords f—a—c—es (b V) mit dem übermäßigen Quintsextaccord f—a—c—dis (a IV).

27. R. Wagner, Tristan. Cl.-A. S. 135.

# 380  Literaturbeispiele zur Enharmonik.

c: II (IV)   E: III(V) VII(V)]   V

27. Zunächst eine Bemerkung zur Orthographie: wir lesen im 1. Tacte f—a—h—dis (= a II), das sich statt nach e—gis—h—d (a V) in das doppelt chromatisch alterierte eis—g—h—d (h IV) auflöst. Dieses eis—g—h—d findet seinen tonalen Anschluß erst im 7. Tacte, wo es nach dem gleich als Dominante von E auf-
[366] tretenden H dur weitergeht. Was dazwischen liegt, ist sozusagen eine Parenthese mit folgendem Inhalt: eis—g—h—d wird enharmonisch umgedeutet in f—g—h—d (c V), das f bleibt als Orgelpunct liegen; es folgt c VI, chromatischer Accorddurchgang, dann c II und endlich der as moll-Dreiklang, den wir im Sinne von c moll zunächst als as—h—es (es Vorhalt vor d) hören, der zugleich aber auch schon die folgende Dominante von E (als gis—h—dis, stellvertretend für fis—h—dis) vorausnimmt.

28. Chopin, h moll-Etude, op. 25.

gis: IV    V = g: IV    V

28. Sequenz halbtonweise abwärts, dadurch ermöglicht, daß der Dominantseptaccord einer Tonart enharmonisch identisch ist mit dem der Unterdominant angehörenden übermäßigen Quintsextaccord der um einen halben Ton tiefer gelegenen Tonart.

### 29. R. Wagner, Götterdämmerung.

[367] 29. Im Dominantseptaccord g—h—d—f wird das h enharmonisch in ces verwechselt, so daß der Accord bezogen werden kann auf F als II. Stufe in Es. — Oder aber man bezieht den zweiten Accord zunächst noch auf die Dominante von c als f—h—es—as (es Vorhalt vor d) und läßt dann erst die enharmonische Verwechslung und mit ihr die Umdeutung eintreten.

### 30. R. Wagner, Tristan. Cl.-A. S. 142.

30. Der erste Accord des zweiten Tacts, zunächst gis—his—d—f (A VII), wird durch enharmonische Umdeutung (as—c—d—f) Dominantstellvertreter in Es, bezw. Unterdominante in As.

### 31. Schubert, Claviersonate in a moll.

31. Der Dominantseptnonaccord von d moll: a—cis—e—g—b wird durch enharmonische Verwechslung des cis in des umgedeutet in eine Vorhaltsbildung vor dem Sextaccord der Tonica von F.

### 32. R. Strauß, Heldenleben. (Kl. Partit. S. 51.)

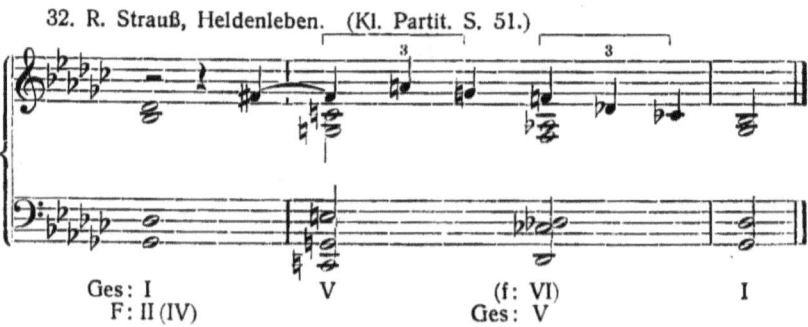

[368] 32. Innerhalb von Ges dur ist eine Ausweichung nach F dadurch herbeigeführt, daß der Tonicadreiklang von Ges aufgefaßt wird als Dreiklangsform des neapolitanischen Sextaccords von F. Dabei wird diese neapolitanische Sext (ges) in der Oberstimme enharmonisch nach fis verwechselt, so daß sie untere Halbton-Wechselnote der Quint der Dominante in F wird.

### 33. R. Strauß, Also sprach Zarathustra.

33. Um Einsicht in den eigentlich ganz einfachen harmonischen Zusammenhang dieser nur scheinbar complicierten Stelle zu gewinnen, beachte man: der 1. Tact steht über F-Fundament, der zweite über C, der dritte dann wieder [369] über F und der vierte entsprechend über C, der 5. und 6. endlich über F. 1. Tact: Unterdominante von c moll; sie geht weiter in die Tonica. Dazwischen erscheint als Durchgangsaccord fes—as—h—d (Tiefalterierung der Quint des im Sinne der Unterdominante aufzufassenden verminderten Septaccords c VII — enharmonischer Gleichklang mit dem Dominantseptaccord von A!). In der zweiten Hälfte von Tact 3 liegt klanglich dieselbe Bildung vor, aber nun haben wir im Baß tatsächlich e (nicht fes), das man als Vorausnahme der Terz des nächsten Fundaments (C) oder als abspringende Wechselnote deuten kann. Aber auch die Auffassung e—gis—h—d (Dominantseptaccord) mit Auflösung in den terzverwandten Dominant-Septnonaccord über C wäre jetzt nicht ganz unmöglich. Im 5. Tact ist bemerkenswert, daß über dem Baß- und Fundamentstone F zunächst nicht ein zu ihm harmonierender Accord, sondern nur Durchgänge erscheinen bis zum 4. Viertel des Tactes, wo (statt fis ist ges zu lesen) der Dominant-Nonaccord über F (b V) sich einstellt, aus dem durch Auflösung der Non (im chromatischen Durchgang in die kleine Sept) und Erniedrigung der Quint (ces statt h!) der Unterdominant-Stellvertreter in es moll wird. Dieser wird dann als der hochalterierten Unterdominante von Ces angehörig betrachtet und führt so nach h moll.

34. **J. Brahms, op. 24 (Variationen über ein Thema von Händel).**

[370] 34. Chromatische Durchgangsharmonik mit gelegentlicher Heranziehung enharmonischer Beziehungen. Alle Modulationen tragen den Charakter nur ganz vorübergehender Ausweichungen innerhalb der in den Grundzügen streng tonal gehaltenen Harmonik.

## 35. Chopin, F dur-Ballade op. 38.

a: II(IV)   c: IV V———   h: II(IV)   d: IV V———

cis: II (IV)   e: IV  V (I) ——————————————— V  a: II (V)  V (I)

[*371*] 35. Im übermäßigen Terzquartsextaccord wird die Sext dis in es enharmonisch verwechselt, so daß sie statt der aufwärtsstrebenden eine abwärtsführende Leitton-Tendenz bekommt. Gleichzeitig geht die Terz a im chromatischen Durchgang nach g abwärts, die Quart h geht im zurückkehrenden Durchgang nach c aufwärts und dann wieder hinunter nach h. So wird die Unterdominante von c berührt, die Dominante erreicht. Im zweiten Tact wiederholt sich das gleiche um einen Ganzton emporgehoben, im dritten Tact wieder um einen Ton höher. Nur setzt jetzt auf dem Quartsextaccord über h (e V!) eine chromatische Durchgangsbewegung ein, die erst auf dem vorletzten Achtel des nächsten Tactes in den Dominantseptaccord von e selbst ausmündet, der dann nach Tiefalterierung seiner Quint nach a moll zurückführt.

## 36. R. Wagner, Götterdämmerung.

H: II (IV) ——————— (Fis: VII) ——————— H: I (V)

Louis-Thuille, Harmonielehre. 4. Aufl.

36. Frei eintretende Vorhaltsbildung vor dem Terzquartaccord g—h—cis—e (H II). Der Accord im 3. Tact ist nur eine Modifikation von ihm. Auch er hat Unterdominantfunction in H, wenn schon die Hochalterierung des e in eis auf die Oberdominant-Tonart (Fis) anspielt. Die eigentliche Complication bringt das als Quasi-Orgelpunct im Basse liegenbleibende g. Denn nun hören wir den Accord für einen Augenblick als g—h—d—f—as (C V), eine Ablenkung von der richtigen tonalen Auffassung, die das geheimnisvoll Schwankende und Unbestimmte des Eindrucks dieser Harmoniefolge wesentlich mit bewirkt.

37. R. Wagner, Siegfried. Cl.-A. S. 216.

[372] 37. Die Schreibung legt nahe, den zweiten Accord als Dominantdreiklang mit erhöhter Quint von As dur aufzufassen, der dann (h—es—g in h—dis—fisis enharmonisch umgedeutet) Dominantdreiklang von E würde. Und in der Tat spielt diese Auffassung mit herein. Die Verdopplung des h gibt indessen schon von vornherein diesem Ton die klangliche Bedeutung des Fundaments, so daß man lieber das h—es—g als ces—es—g, d. h. als den mit As dur terzverwandten Dreiklang über ces mit hochalterierter Quint ansehen wird, dem eben diese Alterierung den Charakter einer Dominante verleiht.

38. L. Thuille, Lobetanz. Part. S. 182.

38. Der Accord zu Anfang des dritten Tactes ist der verminderte Septaccord ais—cis—e—g, der aber hier nicht der Oberdominante von H, sondern der Unterdominante von e angehört. Seine Quint ist ersetzt durch deren obere Halbton-Wechselnote, die sich nicht direct, sondern erst nachträglich (f—h—e bezw. f—dis—e) in die ihr zugehörige Accordnote e auflöst. Was der Stelle aber einen eigentümlichen Reiz gibt, das ist ihre **latente Enharmonik**. Wir hören (im [373] 2. Tact) den Dominantseptaccord von F, im 3. den Quintsextaccord b—des—f—g, den wir gleichfalls auf die Tonica F zu beziehen gewohnt sind: aber beide Accorde existieren als solche nur für das Ohr, nicht für die Auffassung; sie gehören hier beide nicht nach F, sondern nach e moll.

39. W. Courvoisier, Variationen und Fuge op. 21.

## Literaturbeispiele zur Enharmonik.

39. Die Erklärung für diese Harmoniefolgen ist weniger in den aus den beigeschriebenen Stufenzahlen ersichtlichen tonalen Beziehungen zu suchen, die zum Teil nur ganz leise anklingen, als vielmehr in dem contrapunctisch-melodischen Princip der steigernden Durchführung des Motivs in der Oberstimme, zu dem der Baß, immer stufenweise abwärts schreitend, eine Gegenlinie führt, während die Mittelstimmen einerseits in Sequenzanalogie (man bemerke die Ganztonschritte der Sechzehntel-Figur im 2., 4. und 6. Tact!), anderseits so geführt sind, daß sich Zusammenklänge ergeben, deren Aufeinanderfolge durchaus den Charakter der Durchgangsharmonik trägt. (Jeder Ton eines Accordes ist jeweils von einem Ton des vorangehenden Accordes mit einem **Stufenschritt** zu erreichen.)

40. R. Strauß, Elektra. Cl.-A. S. 169 f.

40. Geradezu ein „Schulbeispiel" für die enharmonische Umdeutung des verminderten Septaccords (vergl. S. 318 ff.). Bemerkenswert die freie Stimmführung bei der Auflösung des verminderten Septaccords (Abspringen des Leittons in Tact 1, 2 und 4, Terzsprung der — gewissermaßen im Sinne der Unterdominant, als deren Terz — aufgefaßten Sept in Tact 3 und 4). Die ganze Episode mit den verminderten Septaccorden ist „eingeschoben", steht sozusagen in Parenthese. Im 6. Tact erfolgt erst die eigentliche Auflösung der im 1. Tact erschienenen Dominante nach der Tonica.

## 390. Literaturbeispiele zur Enharmonik.

41. Brahms, Opus 9, Var. 7.

41. Im 1. Tacte geht das a, das man zunächst als abwärts strebenden Quartvorhalt zu verstehen geneigt ist, chromatisch aufwärts, der Leitton eis umgekehrt chromatisch abwärts: der der Dominante von fis angehörige Accord geht unmittelbar in die Dominante (bezw. VII. Stufe) von h über. Wie schon

hier die ganz eigenartige Wirkung dieser im besten Sinne raffinierten Harmonik zu einem Teil auf der Dreistimmigkeit beruht, die bei Septaccorden jeweils zum Weglassen eines Tones zwingt, so ist das noch mehr in Tact 3 der Fall, wo wir die merkwürdige chromatische Veränderung des Quartsextaccords über gis offenbar als: gis$^{\frac{4}{3}}$—g$^{2\sharp}$, also: fis V—h VII (V) zu deuten haben. Im 6. Tacte geht das h zunächst nach ais, dessen enharmonische Verwechslung in b dann die Ausweichung nach d moll und C dur ermöglicht. Rückwendung nach fis durch enharmonische Umdeutung von C V$^7$ in fis V mit d und fisis als harmoniefremden Tönen. Der Eintritt des Sept- bezw. Quintsextaccords im 9. Tact (fis IV bezw. II) als Folge von VII (= V)—II (= IV) merkwürdig (trugschlußartiges Zurückgreifen von der Dominante zur Unterdominante). Auch der folgende Accord, den Brahms gleich als Secundaccord schreibt, gehört anfänglich noch der (hochalterierten) Unterdominante von fis an. Die enharmonische Verwechslung des his in c macht ihn erst zum Dominantaccord der Tonart, deren Tonicasextaccord (h$^6$) dann neapolitanischer Sextaccord in fis ist.

## II.
### Zum Parallelenverbot.

Das Parallelenverbot ist von jeher eine der meist discutierten Fragen der musikalischen Theorie gewesen. Wie Dommer in seinem Lexikon (S. 316) mitteilt, sind allein in dem 4. Bande des 2. Teils der Mizlerschen Bibliothek (gegen die Mitte des 18. Jahrhunderts) sieben verschiedene Abhandlungen über den Grund des Octaven- und Quintenverbots zu finden. Und auch in neuerer und neuester Zeit haben die Theoretiker ihre Bemühungen um dieses alte Problem mit Eifer fortgesetzt,[*] ohne, wie uns scheinen will, bisher zu einer völlig und allseitig befriedigenden Lösung gelangen zu können.

---

[*] Zur Orientierung empfehlen sich die beiden Monographien: A. W. Ambros, „Zur Lehre vom Quintenverbote", Leipzig 1859, und W. Tappert, „Das Verbot der Quintenparallelen", Leipzig 1869, von denen namentlich die letztere ein reiches Material beibringt. Außerdem: Th. Uhlig, „Die gesunde Vernunft und das Verbot der Fortschreitung in Quinten" (o. J.; vor 1853), C. F. Weitzmann, „Die neue Harmonielehre im Streit mit der alten" (Beilage), Leipzig 1859, W. A. Rischbieter, „Die verdeckten Quinten", 1882, G. Weber, Tonsetzkunst (3. Aufl. 1830—32), IV., S. 52, H. Riemann, Von verdeckten Quinten und Octaven (in: Präludien und Studien 1895 ff., II).

Zwar über die offenen Octaven dürfte heute kaum mehr eine Meinungsverschiedenheit bestehen. Daß und warum sie im real mehrstimmigen Satze nicht möglich sind, haben wir auf S. 19 ff. auseinandergesetzt und dabei die Meinung wiedergegeben, in der man heute wohl allgemein übereinstimmt. Aber schon wenn wir uns von den offenen zu den sogen. verdeckten Octavenparallelen wenden, beginnt der Streit. Während die einen (wie z. B. Jadassohn in seinem „Lehrbuch der Harmonie" 1883 u. ö.) an dem Verbot der verdeckten Octaven principiell festhalten und die [374] zahlreichen Ausnahmen, die sie doch wohl gelten lassen müssen, durch eine eingehende Einzeluntersuchung aller möglichen Fälle zu bewältigen versuchen, sind viele andere heutzutage geneigt, dieses Verbot ganz fallen zu lassen. So auch H. Riemann, der (Präludien und Studien, II, S. 220 ff.) die Ansicht ausspricht, daß das ganze Verbot der verdeckten Octaven einzuschränken sei auf den Satz: gleiche Bewegung zweier Stimmen in einen Ton, der sich weniger gut zur Verdopplung eigne (Terz einer Hauptharmonie, Auffassungsdissonanz), sei im nicht mehr als vierstimmigen Satze von schlechter Wirkung und deshalb zu meiden. Daran ist ganz gewiß etwas Richtiges. Es gibt Verdopplungen, die, wenn sie unmotiviert auftreten, befremden, und Parallelbewegung läßt naturgemäß jede Verdopplung doppelt scharf als solche hervortreten. Trotzdem müßte die Riemannsche Formulierung des Verbots der verdeckten Octaven zu Consequenzen führen, die noch viel unhaltbarer wären als die des früheren, nur durch wenige Einzelausnahmen gemilderten Allgemeinverbots. Um nur eines anzuführen, müßten z. B. nach Riemann die verdeckten Octaven im

2. Tact von Beispiel 42a gut, dagegen die im 1. Tact von 42b schlecht sein, während die Aussage des Ohrs dahin geht, daß — wenn überhaupt ein Unterschied zu machen ist — eher vielleicht noch 42b (und zwar wegen des die ganze Accordverbindung flüssiger machenden Leittonschritts in der Oberstimme) zu bevorzugen wäre.

Die ältere Theorie suchte das Verbot der verdeckten Octaven dadurch plausibel zu machen, daß sie die verdeckten auf offene Octaven zurückführte. Es wurde verlangt: wenn zwei Stimmen, [*375*] die aus irgend einem Intervall in das der Octav in gleicher Bewegung so fortschreiten, daß die eine springt, während die andere einen Stufenschritt macht, solle man sich vorstellen, daß der Sprung der einen Stimme durch Stufenschritte ausgefüllt werde, wobei dann offene Octaven zum Vorschein kämen.

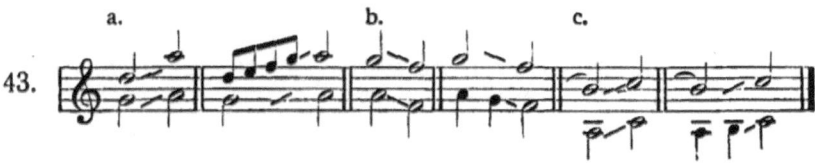

43.

Damit hatte man zwar insofern die verdeckten Octaven auf offene zurückgeführt, als man durch Variierung einer Stimme aus verdeckten Octaven offene gemacht hatte; aber was eigentlich zu beweisen war, daß darum nun auch die verdeckten Octaven selbst schon dasselbe oder nur etwas Ähnliches sein müßten wie offene, das war unbewiesen geblieben. Der springende Punct des Problems ist also die Frage: gibt es verdeckte Octaven, die offenen Octaven so ähnlich sind, daß ihre Wirkung nahezu die gleiche wie bei diesen ist, oder mit andern Worten: können verdeckte Octaven so auftreten, daß wir mit einem gewissen Zwang dazu geführt werden, sie gewissermaßen nur als Varianten der entsprechenden offenen Octaven anzusehen? — Ja, es gibt solche Fälle. Es sind die unter 43b und c angeführten, von denen namentlich der erstere praktisch wichtig ist. Wenn von zwei Stimmen die eine Sept, die andere deren Grundton ist und sie gehen so weiter, daß die Sept sich regelrecht stufenweise abwärts auflöst, während der Grundton mit einem Terzsprung abwärts die Verdopplung des Auflösungstons der Sept ergreift, so haben beide Stimmen im wesentlichen denselben Schritt gemacht; und zwar nicht nur deshalb, weil der Terzsprung hinsichtlich der räumlichen Distanz dem Stufenschritt so nahe kommt, sondern namentlich auch wegen des Umstandes, daß die Sept nicht irgend ein, sondern der einzige zwischen dem Ausgangs- und Zielton der springenden Stimme [376] überhaupt mögliche Stufenton ist; d. h. weil die Sept (in 43b das g) zu ihrem Grundton (dem a) und dessen tieferer Terz, ihrem Auflösungston (dem f), im Verhältnis eines Durchgangstons, einer Wechselnote steht. Das Analoge gilt von dem weniger wichtigen Falle 43c, wo eine stufenweise aufwärts sich auflösende Secund und ihr mit einem Terzsprung aufwärtsgehender Grundton im Octaven- (bezw. Einklangs-)Intervall zusammentreffen.

Verdeckte Octaven wie die folgenden sind demnach da, wo es sich um die Fortschreitung selbständiger Stimmen im real mehrstimmigen Satz handelt, immer schlecht, und zwar auch dann, wenn etwa eine chromatische Rückung (wie bei 44b) den übeln Eindruck mildert.

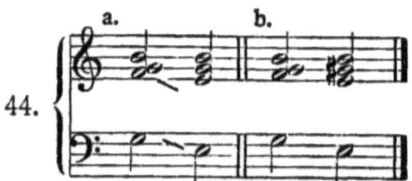

44.

Für alle übrigen verdeckten Octaven kann freilich nur das Ohr von Fall zu Fall entscheiden, ob das durch Parallelbewegung herbeigeführte Auftreten einer Verdopplung unangenehm wirkt oder nicht. Nur die beiden Fälle seien noch ausdrücklich angeführt, die von jeher auch bei den strengsten Octavenjägern als durchaus erlaubt galten: das Zusammentreffen des von Accordgrundton zu

Accordgrundton im Quartsprung aufwärtsgehenden Basses mit einer oberen Stimme, die von der Terz des ersten Accords aus stufenweise gleichfalls den Grundton des zweiten Accords erreicht (45a), und ebenso auch jene verdeckten Octaven, die entstehen, wenn [377] eine obere Stimme von der Quint eines Accords aus in den Grundton eines zweiten herabsteigt, während der Baß im Quintschritt abwärts wiederum von Grundton zu Grundton geht (45b).

An den drei Accordfolgen bei 45a möge man den Unterschied ersehen, den das Vorhandensein bezw. das Fehlen von Halbtonschritten bewirkt: g V—I, zwei Halbtonschritte, am flüssigsten; G V—I, ein Halbtonschritt, und zwar bei der im Octavintervall mit dem Baß zusammentreffenden Stimme, merklich härter, aber durchaus gut; d I—IV, ein Halbtonschritt, aber in einer andern Stimme: wird von manchen beanstandet; C II—V am wenigsten flüssig.

---

In der Geschichte der Begründung des Verbots **paralleler Quinten** lassen sich drei Etappen unterscheiden: zunächst versuchte man, was ja ohne Zweifel das nächstliegende war, denselben Grund für das Quintenverbot geltend zu machen, den man auch für das Verbot paralleler Octaven vorbrachte. Octav und Quint hatten das Gemeinsame, daß sie beide als **vollkommene Consonanzen** galten. Nun muß man sich erinnern, daß der Consonanzbegriff von jeher mit dem Begriff des Wohlklangs (zu dem er allerdings in enger Beziehung steht) in der Art verquickt worden war, daß man sagte: je stärker die Consonanz eines Intervalls, um so größer sein Wohlklang. Für einen, der mehr vom traditionellen Dogma als vom lebendigen Eindruck seiner Sinne sich leiten ließ, war es daher wohl möglich, zu dem Theorem zu kommen, das wir im Verlauf des 16. und 17. Jahrhunderts immer wieder in den Lehrbüchern vorgetragen finden und das uns freilich seltsam genug bedünken will. Eine Octav oder Quint, so meinte man, klinge als vollkommene Consonanz so herrlich, daß es dem Ohr ganz und gar unmöglich sei, zwei solche Herrlichkeiten unmittelbar hintereinander zu hören, ohne Ekel und Überdruß zu empfinden, — wobei immerhin angemerkt zu werden verdient, daß z. B. gleichlaufende Terzen- und Sextenfolgen nach Art der älteren italienischen Oper dem Ohr des ernsten Musikfreundes von heute nur deshalb so unausstehlich klingen, weil sie trivial geworden, d. h. weil ein ursprünglich Schönes und Erfreuliches durch Mißbrauch unmöglich [*378*] geworden ist. Die andern Ansichten, denen man in jener Zeit (z. B. bei Zarlino) begegnet, beweisen meist zuviel, indem sie den Satz aufstellen: daß alle Harmonie nicht aus Gleichartigem, sondern nur aus unter sich Verschiedenem, einander Entgegengesetztem hervorgehen könne — was, auf die Accordverbindung angewendet, consequenterweise doch zu einer Verurteilung nicht nur aller und jeder Parallelbewegung, sondern auch aller Folgen von gleichartigen (gleichgebauten) Zusammenklängen führen müßte.

Soweit wir sehen können, war D. G. Türk (1750—1813) der erste, der den Grund der üblen Wirkung paralleler Quinten in etwas wesentlich anderem vermutete, nämlich in dem „harmonischen Sprunge", der in dieser Art von Parallelbewegung zutage trete. Dasselbe meint wohl der theoretisch von Türk stark beeinflußte Zelter mit seiner nicht eben sehr klar formulierten Bemerkung gegenüber Goethe (Briefwechsel, Reclam III, 141 f.). Scharf pointiert hat dann M. Hauptmann die Anschauung vertreten, daß der Grund des Quintenverbots ein anderer sei als der des Octavenverbots. „In der Quintenfolge", sagt er (Harmonik S. 70), „vermissen wir die Einheit der Harmonie, in der Octavfolge Verschiedenheit der Melodie", d. h. die Octavenparallele verstößt gegen die Forderung des selbständigen Gangs realer Stimmen, die Quintenparallele gegen die Regel, daß man nicht Accorde nebeneinander stellen solle, ohne sie miteinander zu verbinden, will sagen, sie zueinander in Beziehung zu setzen. Dies die zweite Etappe.

Die dritte wurde erreicht, als man allmählich wieder mehr darauf zurückkam, den Grund für beide Verbote, wie die Alten, in einer und derselben Eigenschaft des Octav- und Quintintervalls selbst zu suchen, nämlich in ihrem besonders starken Consonanzgrade. Man sagte: von allen consonanten Intervallen ist die Verschmelzung zu einer Klangeinheit, das eigentliche Kriterium der Consonanz, am vollkommensten bei der Octav: Octavtöne gelten uns geradezu als identisch. Sie ist weniger stark bei der Quint, aber immerhin noch so groß, daß von zwei in parallelen Quinten sich bewegenden Stimmen die eine von ihrer Selbständigkeit etwas einbüßt und fast [379] zu so etwas wie einer bloß klangverstärkenden Dublierstimme herabsinkt, wie ja denn auch in der Tat Begleitung in parallelen Quinten (z. B. bei den Orgelmixturen) gelegentlich als rein dynamisches Mittel angewendet wird. Noch geringere Verschmelzung eignet der großen Terz, aber immerhin noch so viel, daß gelegentlich auch große Terzenparallelen sehr übel wirken können.

Diese namentlich von H. Riemann vertretene Theorie kann zwar dem Einwurf, warum parallele Quinten direct unangenehm klingen, während man das von parallelen Octaven als solchen nicht sagen kann, wohl damit begegnen, daß sie darauf hinweist, daß eben dieser mittlere Verschmelzungsgrad des Quintintervalls, der nicht so groß ist, um wie bei der Octav die beiden Töne ganz zu identificieren, aber auch nicht so klein, um sie wie bei der Terz als eine gut unterschiedene Zweiheit erscheinen zu lassen, daß diese Zwitterstellung zwischen Einheit und Zweiheit dem Quintintervall seine besondere Eigentümlichkeit verleihe. Schlimmer scheint es uns zu sein, daß die Riemannsche Theorie, consequent angewendet, zu einem absoluten und ausnahmslosen Verbot aller reinen Quintenparallelen führen muß, wodurch sie in einen bedenklichen Widerspruch mit der musikalischen Praxis gerät.

Wenn man sich daher auch entschließen wollte, die Riemannsche Erklärung für die üble Wirkung paralleler Quinten als solcher gelten zu lassen, so meinen wir doch, daß es notwendig sei, die Hauptmannsche Ansicht zum mindesten als Hilfstheorie mit heranzuziehen, wenn es gilt, das factische Vorkommen von Quintenparallelen innerhalb eines harmonischen Zusammenhangs zu beurteilen. Demgemäß könnte man das Verbot etwa so formulieren: Wegen des hohen Verschmelzungsgrades ihres Intervallverhältnisses können parallele reine Quinten (wie auch in geringerem Masse parallele große Terzen) unter Umständen sehr übel wirken. Das ist namentlich dann der Fall, wenn diese Art der Fortschreitung vorkommt bei der directen Folge zweier Accorde, die ohne Verwandtschaftsbeziehung unvermittelt nebeneinander stehen.

Wir fragen nun: wann und wo kann ein solches unbezogenes [380] Nebeneinanderstehen vorkommen? Eigentlich und streng genommen nur in einem einzigen Falle, wenn nämlich die Dominante auf die Unterdominante folgt. Denn alle Verhältnisse, bei denen Nebenharmonien in Frage kommen, sind nicht ursprünglich, sondern abgeleitet, und unter den harmonischen Elementarbeziehungen I—V, I—IV, V—I, IV—V ist eben nur bei der letzteren Folge kein Gemeinsames, Vermittelndes zwischen den miteinander zu verbindenden Harmonien vorhanden. Durchaus fehlerhaft sind also nur diejenigen Quintenparallelen, die zwischen Grundton und Quint der unmittelbar aufeinanderfolgenden Dreiklänge (eventuell auch Septaccorde) der Unterdominante und Dominante entstehen. Man wird sie nur dann schreiben, wenn man die besondere Wirkung, die sie machen, geradezu beabsichtigt. Ob eine solche Absicht bei Monteverde vorhanden war, als er die von Tappert (a. a. O.) citierte Stelle (46 a) schrieb, mag manchem vielleicht zweifelhaft erscheinen; aber sie ist ganz zweifellos zu erkennen in der leitmotivisch verwendeten parallelen Quintenfolge in H. Pfitzners „Der

a. Monteverde, Ariadne (1608).

46.

d: IV V I

Quintenparallelen von der Unterdominant zur Dominant. 399

b. H. Pfitzner, Der arme Heinrich. Cl.-A. S. 77 (u. öfter).

cis: IV   V   I

arme Heinrich" (46 b), die zeigen mag, daß schlechterdings alles, auch das, abstract betrachtet, unbedingt Fehlerhafte, möglich wird, wenn einer, der weiß, was er schreibt, damit eine besondere Wirkung anstrebt.

[*381*] Für beide Beispiele ist es wesentlich: 1. daß sie in Moll stehen (Leittonschritt von der Terz der Unterdominante zur Dominante!), und 2. daß die Oberstimme nach dem parallelen Quintenschritt wieder in die Tonica zurückkehrt, so daß die Quint der Dominante (rein melodisch betrachtet) geradezu als Wechselnote der Tonica auftritt.

Wir können also allgemein zunächst einmal sagen: von allen möglichen Arten von Quintenparallelen sind von vornherein diejenigen die bedenklichsten, die je zwischen **Grundton** und **Quint** zweier aufeinanderfolgenden Harmonien stattfinden. Erfolgt dabei die parallele Bewegung in stufenweiser Fortschreitung der beiden Stimmen, so ist sie immer schlimmer, als wenn sie springend geschieht. Denn im ersteren Falle wird es sich um zwei Accorde handeln, die tatsächlich keinen (Dreiklangs-)Ton gemeinsam haben, im zweiten um solche, wo ein Gemeinsames tatsächlich vorhanden ist, nur eben in der Fortschreitung der betreffenden beiden Stimmen gerade nicht zum Ausdruck kommt.

47.

Bei stufenweise eintretenden Quinten ist wieder zu unterscheiden, ob es sich um die Folge zweier Hauptharmonien handelt, oder ob Nebenharmonien mit im Spiele sind. Im letzteren Falle können Quintenparallelen namentlich dann oft ganz ohne Gefahr gemacht werden, wenn die tonale Function der betreffenden Nebenharmonien sehr deutlich zutage tritt, d. h. wenn ihre Auffassung als Grundharmonien ausgeschlossen ist (vergl. Beispiel 51 b Tact 1 und 2).

Handelt es sich nicht um zwei Tonpaare, die beidemale im Verhältnis des Grundtons und der Quint eines selbständigen Accords zueinander stehen, sondern etwa um Grundton und Quint eines Dreiklangs, die parallel in die Terz und Sept eines Septaccords (bezw. Quint und Non eines Nonaccords) oder umgekehrt aus [*382*] diesem Verhältnis in jenes fortschreiten, so wird das Unangenehme des Parallelismus noch weiter gemildert (48a). Ganz unbedenklich sind schließlich alle Quintenparallelen, die durch harmoniefremde Töne (Vorhalte, Durchgänge, Wechselnoten) entstehen: sie sind selbst von den strengsten Meistern geschrieben worden (48b).

48.

Ist eine der beiden Quinten keine reine, so kann eigentlich überhaupt nicht mehr von Quintenparallelismus gesprochen werden. Selbstverständlich klingt die Folge, bei der die reine Quint an zweiter Stelle steht (49a), „quintiger" als die mit umgekehrtem Verhältnis (49b). Quinten der letzteren Art sind ausnahmslos gut.

[*383*] Alle Quintenparallelen werden gemildert: 1. durch Gegenbewegung und liegenbleibende Töne in anderen Stimmen, 2. durch Halbtonschritte, die die ganze Accordverbindung flüssiger machen

Erlaubte Quintenparallelen.

und 3. durch plötzliche modulatorische Rückungen, namentlich chromatischer und enharmonischer Art, die die Aufmerksamkeit des Ohrs nach einer ganz anderen Richtung hin ablenken.

ad. 2. Namentlich ist das der Fall, wenn die Quintenparallele **selbst** im Halbtonschritt erfolgt. — Die sogenannten Mozartquinten (50a) dürfte heute wohl niemand mehr beanstanden.

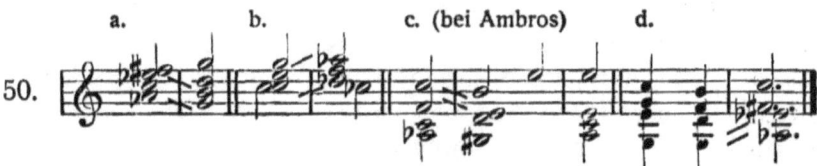

Nach den hier mehr flüchtig angedeuteten als ausgeführten Grundsätzen möge man die folgenden beiden kleinen Beispiele mit ihren gehäuften Quintenparallelen beurteilen.

Die Frage, inwieweit nachschlagende oder durch Verzierung verdeckte Quinten als Quintenparallelen anzusehen sind, kann nur von Fall zu Fall entschieden werden. Immer wird es darauf ankommen, ob die Parallelen als solche [384] gehört und unangenehm empfunden werden oder nicht. Das Tempo und der harmonische Zusammenhang spielen dabei die ausschlaggebende Rolle. — Durch Accordbrechung entstehende nachschlagende Quintenparallelen sind ebenso zu beurteilen, wie wenn die betreffenden Stimmen im Zusammenklang gleichzeitig einträten. Doch sind sie oft nur scheinbar und verschwinden, wenn man das Figurationsmotiv richtig phrasiert. (Vergl. Riemann, Lexikon 7. Aufl. S. 1049.)

## III.
### Über Kirchentonarten und Exotik.

Wir haben uns bei unseren harmonischen Untersuchungen durchaus auf den Boden des musikalischen Empfindens gestellt, das bei dem musikalisch begabten und musikalisch gebildeten Menschen unserer Zeit und unserer Race vorherrscht. Die Aussagen dieses Empfindens, soweit es sich auf harmonische Dinge bezieht, waren für uns die Erfahrungstatsachen, deren zusammenfassende Beschreibung und Systematisierung uns oblag.

Nun ist dieses Empfinden weit davon entfernt, in der specifischen Ausbildung, wie es der heutige Musiker besitzt, als etwas allgemein Menschliches und in der Natur der Dinge selbst Begründetes derart gelten zu dürfen, daß es an allen Orten und zu allen Zeiten in der gleichen Weise anzutreffen wäre. Vielmehr gibt es nicht nur viele Natur- und Cultur-Völker, die ganz anders musikalisch empfinden als wir, sondern auch beim Europäer hat sich das moderne musikalische Empfinden im Laufe der Zeit erst allmählich entwickelt. Wir haben nicht immer musikalisch so empfunden, wie wir es heute tun, und es kann auch gar nicht zweifelhaft sein, daß die Entwicklung, die dieses unser gegenwärtiges Empfinden als ein gemeinsames Product der Factoren: Natur und Geschichte zeitigte, noch lange nicht abgeschlossen ist, daß also voraussichtlich das musikalische Fühlen und Denken unserer Nachkommen von dem unsern sich dereinst einmal ebenso scharf unterscheiden werde, wie [385] das mit dem unsern im Vergleich zu dem unserer Vorfahren der Fall ist.

Es lag in dem praktischen Zwecke dieses Buches begründet, daß wir das Durchschnittsempfinden des musikalisch gebildeten Europäers der Gegenwart als etwas fertig Gegebenes unsern Ausführungen zugrunde legten und die Frage nach der historischen Entstehung dieses Empfindens, wie auch nach den Möglichkeiten und Wahrscheinlichkeiten seiner Weiterentwicklung ganz außer Betracht gelassen haben. Da aber dieses Empfinden sich, wie gesagt, allmählich herausgebildet hat, und sich auch allmählich weiterentwickelt, so ist es unausbleiblich, daß einerseits Überbleibsel der Vergangenheit in unsere Zeit noch hineinragen, anderseits aber auch Ansätze zu Kommendem sich heute schon bemerkbar machen. In diesen Überbleibseln einer gewesenen alten und diesen Ansätzen zu einer werdenden neuen Musik sind Vergangenheit und Zukunft auch in der musikalischen Gegenwart lebendig, und soweit sie das sind, haben auch wir uns mit ihnen auseinanderzusetzen. Weiterhin sind aber auch die Äußerungen eines uns geographisch-ethnologisch fernstehenden und fremden musikalischen Empfindens nicht ohne Einfluß auf unser eigenes musikalisches Recipieren und Producieren geblieben, und diese mannigfaltigen exotischen Einflüsse sind gleichfalls ein Moment, das selbst der nicht ganz außer acht lassen darf, der, wie wir es getan haben, sich von vornherein auf einem zeitlich und räumlich genau abgegrenzten „Gegenwarts-" und „Heimats"-Standpunct postiert hat.

Der musikalische Mensch irgend einer bestimmten Zeit und Cultur wird, wenn er dem ihm Fremden und Ungewohnten begegnet, zunächst überrascht und in dem Maße, als dieses Fremde mit den Grundtatsachen seines gewohnten musikalischen Empfindens sich in Widerspruch setzt, mehr oder minder unangenehm berührt werden. Den Conflict, der die Ursache dieses unangenehmen Eindrucks ist, überwindet man, indem man sich mit dem als widrig Empfundenen auseinandersetzt. Das kann [386] in doppelter Weise geschehen. — Entweder man sagt: „das mutet mich nicht an" und lehnt es kurzerhand ab, — das weitaus bequemere, aber auch sterilere Verfahren. Oder aber man versucht, sich mit dem eigenen Empfinden dem Fremden anzupassen, das eigene Empfinden allmählich so zu modificieren, daß jener Conflict verschwindet. Dieser Versuch kostet immer Arbeit und Anstrengung, aber sein Gelingen kann möglicherweise als wahrhaft fruchtbar sich erweisen, indem es zu einer Bereicherung und Erweiterung unseres musikalischen Empfindungsvermögens selbst führt. Zudem ist das Erleben dieses allmählichen Anpassungsprocesses als solches ein Vorgang von ganz apartem Reiz, und von all den Genüssen, die wir der intensiven Beschäftigung mit dem Künstlerischen verdanken, ist gewiß der einer der feinsten und eigenartig intimsten, der uns zuteil wird, wenn wir Schritt vor Schritt anfangen, etwas zu verstehen, das uns anfänglich nicht eingegangen war, sei es, daß wir uns einleben in den Geist einer längst vergangenen Zeit, oder sei es, daß ein kühner Neuerer uns in den Bann seines Genius zieht, gegen dessen Herrschaft wir zuerst uns gesträubt haben.

Aber all das sind Dinge der concreten persönlichen Erfahrung, deren Behandlung schon deshalb, weil sie keine Verallgemeinerung zulassen, nicht wohl Aufgabe eines Lehrbuches sein kann, und zumal nicht eines solchen, dessen Gegenstand die Beschränkung auf eine bestimmte, wenn man will, sogar einseitige Ansicht mit sich bringt — nämlich eben die Betrachtung, Beschreibung und Erklärung der musikalischen Zusammenhänge unter dem ausschließlichen Gesichtspunct des Accordlich-Harmonischen. — Was wir an dieser Stelle allein tun können und wollen, das ist: anhangsweise ein paar kurze Hinweise zu geben auf einige wichtigere Erscheinungen aus den Grenzgebieten der harmonischen Musik, die Elemente eines musikalischen Empfindens enthalten, das uns (schon oder noch) fremd ist, ohne jedoch der verstehenden Aneignung durch einen auf dem Boden unseres heutigen Empfindens stehenden Musiker sich völlig zu entziehen.

1. Die Kirchentonarten.

[387] Von den Überresten der musikalischen Vergangenheit, die in unserer Zeit erhalten geblieben sind, ist das extensiv wie intensiv Bedeutendste der heute noch in der katholischen Kirche lebendige Gregorianische Choral. Er ist seinem Wesen nach absolut homophon im extremen Sinne des Wortes: nicht nur weil er in seiner ursprünglichen Gestalt einstimmig und ohne jegliche harmonische Begleitung vorgetragen wird, sondern vor allem deshalb, weil er sich gegen die harmonische Deutung und namentlich auch gegen die Harmonisierung ganz eigentümlich widerstrebend verhält. Wir sind gewohnt, eine jede Tonfolge in der Art tonalharmonisch zu hören, daß wir die einzelnen Töne nicht nur nach ihrem gegenseitigen Intervallverhältnis (ob nah oder entfernt, consonant oder dissonant) auffassen, sondern jedem von ihnen auch ganz unwillkürlich eine tonale Function, d. h. eine bestimmte Beziehung zu einem der Hauptdreiklänge zuweisen, die für uns das Grundgerüst alles musikalischen Verstehens sind. Wir hören, indem wir eine Melodie verstehend aufnehmen, immer sozusagen die latente Harmonisierung mit, die sich in der Reihenfolge ihrer Töne offenbart: ein selbständig (d. h. nicht als bloßer Durchgang) auftretendes d in C dur ist uns nicht bloß 2. Stufe der Tonleiter, sondern immer auch Quint der Dominante oder Sext der Unterdominante, ein a Terz der Unterdominante oder Sext der Tonica usw. Je weniger Schwierigkeit es uns macht, eine Melodie derart unbewußt zu harmonisieren, desto leichter geht sie uns ein.

Nun eignet gewiß auch dem Gregorianischen Choral eine Art latenter Harmonik, aber eine solche, die eben, weil sie rein homophoner Natur ist und nur ein Nacheinander, kein Übereinander

der Töne kennt, unserem harmonischen Empfinden, dem als „Urphänomen" das Wechselverhältnis dreier quintverwandter consonierender Dreiklänge (Tonica, Dominante, Unterdominante) zugrunde liegt, in vieler Hinsicht durchaus widerspricht. Zeigt sich das schon daran, daß es uns, wenn wir zuerst derartige Melodien [*388*] hören, schwer fällt, sie überhaupt als Melodien, d. h. als gesetzmäßig geordnete Einheiten zu verstehen, so wird dieser Widerspruch ganz offenbar, wenn wir versuchen, diese Melodien zu **harmonisieren**. Gleich bei den ersten Schritten wird man sich da einem Dilemma gegenüber befinden, sich genötigt sehen, entweder dem Charakter der alten Melodien Gewalt anzutun zugunsten möglichster Befriedigung des tonal-harmonischen Bedürfnisses, oder aber umgekehrt auf eine natürliche Harmonik bei tunlichster Conservierung des Geistes jener Melodien zu verzichten. Eine beiden Teilen in gleicher Weise gerecht werdende Lösung dieses Dilemmas ist durch die Natur der Sache selbst ausgeschlossen. Nur mehr oder minder befriedigende Compromisse sind möglich. Und einen solchen Compromiß stellt auch das dar, was man die **Harmonik der Kirchentonarten** nennt.

Bevor wir über diese reden, müssen wir zuerst das **System der Kirchentonarten** kennen lernen. Dieses ist in seinem Wesen nichts anderes als der Versuch, die verwirrende Fülle der in den liturgischen Büchern der katholischen Kirche enthaltenen Choralmelodien mit Hilfe feststehender Schemata zu ordnen und unter einheitliche Gesichtspuncte zu bringen. Gewisse Übereinstimmungen in vielen Melodien mußten schon früh auffallen und Veranlassung geben, solche Melodien, die diese Übereinstimmung aufwiesen, jeweils in eine Gruppe zusammenzufassen. Derartige Übereinstimmungen waren die folgenden: Eine ganze Reihe von Melodien glichen einander darin, daß sie alle auf demselben Tone endeten. Aus jeder solchen Reihe konnte man wieder eine Gruppe herausgreifen, die nicht nur in bezug auf ihren **Endton** übereinstimmte, sondern auch hinsichtlich des Umfanges, innerhalb dessen die Melodie sich bewegte, und in bezug auf einen **zweiten**

Ton, der durch öfteres Wiedererscheinen, und zwar namentlich als „Spitze" der Melodie eine besonders hervorragende Rolle spielte.

So gewann man zunächst vier Paare zusammengehöriger Gruppen, d. h. acht verschiedene **Kirchentöne**, von denen zwei jeweils insofern in engerer Verbindung standen, als sie den gleichen [*389*] Endton (die gleiche „*Finalis*") hatten, während sie in bezug auf den Melodieumfang (den „*Ambitus*") und jenen im Verlaufe der Melodie öfter wiedererscheinenden Ton (die *Repercussa* oder Dominante) differierten. Von den durch die gleiche Finalis enger verbundenen Tönen nannte man den, bei dem die Finalis gleichzeitig auch tiefster Melodieton war **authentisch** (griechisch αὐθεντικός = ursprünglich), während man den, bei dem die Melodie (und zwar um eine Quart) unter die Finalis hinabstieg, durch die Bezeichnung **plagal** (griechisch πλάγιος = *obliquus*, „zur Seite stehend") als jenem untergeordnet bezw. von ihm abgeleitet kennzeichnen wollte. Es sind also diese abstracten Schemata, unter die man alle kirchlichen Melodien einordnen konnte, die folgenden.

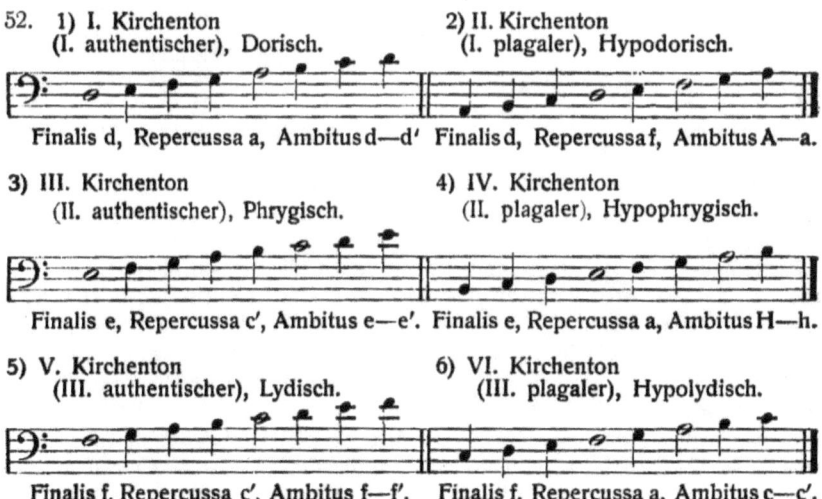

52. 1) I. Kirchenton (I. authentischer), Dorisch.
Finalis d, Repercussa a, Ambitus d—d'

2) II. Kirchenton (I. plagaler), Hypodorisch.
Finalis d, Repercussa f, Ambitus A—a.

3) III. Kirchenton (II. authentischer), Phrygisch.
Finalis e, Repercussa c', Ambitus e—e'.

4) IV. Kirchenton (II. plagaler), Hypophrygisch.
Finalis e, Repercussa a, Ambitus H—h.

5) V. Kirchenton (III. authentischer), Lydisch.
Finalis f, Repercussa c', Ambitus f—f'.

6) VI. Kirchenton (III. plagaler), Hypolydisch.
Finalis f, Repercussa a, Ambitus c—c'.

7) VII. Kirchenton  
(IV. authentischer), Mixolydisch.  
8) VIII. Kirchenton  
(IV. plagaler), Hypomixolydisch.

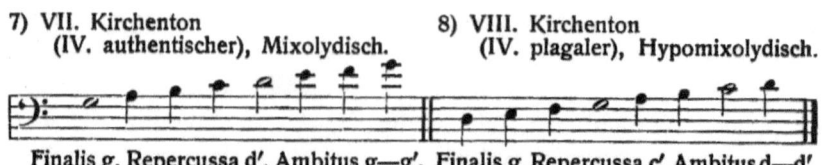

Finalis g, Repercussa d', Ambitus g—g'.   Finalis g, Repercussa c', Ambitus d—d'.

[*390*] Wie man sieht, entspricht keine dieser Scalen genau einem der beiden Typen, die wir als Moll- und Durtonleiter kennen. Erst eine spätere, mit ihrem musikalischen Empfinden der Gegenwart schon näherstehende Zeit (das 16. Jahrhundert) hat diese als 5. und 6. authentischen Ton dem System eingefügt, so daß man (mit Hinzurechnung der entsprechenden plagalen Töne) nun im ganzen 12 Kirchentöne zählte.

9) IX. Kirchenton  
(V. authentischer), Ionisch.  
10) X. Kirchenton  
(V. plagaler), Hypoionisch.

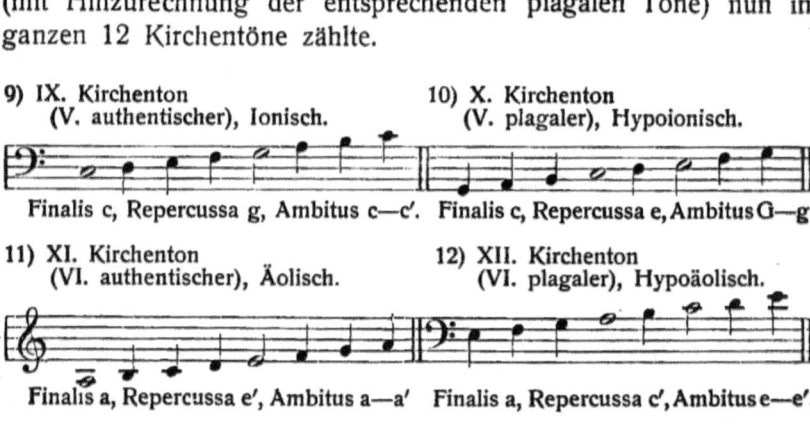

Finalis c, Repercussa g, Ambitus c—c'.   Finalis c, Repercussa e, Ambitus G—g.

11) XI. Kirchenton  
(VI. authentischer), Äolisch.  
12) XII. Kirchenton  
(VI. plagaler), Hypoäolisch.

Finalis a, Repercussa e', Ambitus a—a'   Finalis a, Repercussa c', Ambitus e—e'.

Die Kirchentöne, die wesentlich nichts anderes sind als verschiedene Octavausschnitte aus derselben Grundscala, stimmen durchaus mit den Tonarten überein, die schon die Musik der alten Griechen als Typen der Melodiebildung gekannt hatte. Es war daher naheliegend, auch die Namen der hellenischen Tonarten auf die Kirchentöne zu übertragen. Leider geschah dabei eine Verwechslung derart, daß man den Kirchentönen zwar die griechischen Namen zuerteilte, aber nicht die ihnen entsprechenden, so daß das kirchlich Dorische z. B. die Tonart ist, die bei den Griechen phrygisch hieß und umgekehrt: die Octavgattung, die wir heute, dem Sprachgebrauch des Mittelalters folgend, phrygisch nennen, war das Dorische der Alten usf. Auch den Begriff der Nebentonart (der plagalen) konnte man dem altgriechischen System entlehnen, das nicht nur Hypo- (tiefer als die Haupttonart gelegene), sondern auch Hyper-

(höher gelegene Neben-) Tonarten kannte. Während aber der Abstand des tiefsten Tons der Nebentonart von dem tiefsten Tone der Haupttonart (der Finalis) bei den plagalen Kirchentönen eine Quart beträgt, war das betreffende Intervallverhältnis bei den griechischen Hypo-Tonarten eine Quint.

Der gregorianische Choral war nun der melodische Stoff, mit dem die Componisten des ausgehenden Mittelalters, also der Zeit, in der sich die mehrstimmige Musik immer reicher und [*391*] selbständiger zu entwickeln begann, fast ausschließlich zu arbeiten hatten. Die eigentliche Kunstmusik blieb anfänglich durchaus auf das Gebiet der Kirchenmusik beschränkt, und es war nur natürlich, daß die Kirchenmusik sich zunächst streng an den gregorianischen Choral anlehnte, daß die Tonsetzer dem liturgischen Schatz der Kirche entnommene Weisen als gegebenes Thema (Cantus firmus) ihren Arbeiten zugrunde legten und auch da, wo das nicht der Fall war, sich durchaus vom melodischen Geiste des Chorals durchdrungen zeigten. Die Polyphonie, die sich bald zur höchsten Kunst, ja Künstelei steigerte, war wesentlich contrapunctisch, im Unterschied von der unsern, die in ihrem Grundprincip durchaus accordlich-harmonisch ist. Das heißt das, wovon die Alten ausgingen, war nicht der Accord und seine tonalen Beziehungen, sondern die einzelne Stimme in ihrem melodischen Verlauf. Die Stimmen, die zu der (zunächst immer im Tenor gelegenen) Hauptstimme als Gegenstimmen hinzutraten, wurden gleichfalls so geführt, daß auf melodisch-sangliche Gestaltung der horizontalen Linie das hauptsächlichste Gewicht fiel. Die Zusammenklänge, die sich dabei ergaben, waren dann das gewissermaßen zufällige Product des Gangs der einzelnen Stimmen und jedenfalls ganz etwas anderes als unsere Accorde mit ihren bestimmt ausgeprägten tonalen Functionen. Die consonanten Dreiklänge wurden bevorzugt; man reihte sie entweder stufenweise oder mit Quint- und Terzschritten aneinander, aber ohne jene uns geläufige enge Bezogenheit auf den Tonicadreiklang und somit auch, ohne eine Unterscheidung zwischen Haupt- und Nebendreiklängen zu machen. Dissonanzen wurden nur vorbereitet (als Vorhalt) oder im Durchgang eingeführt, der melodische Charakter des zugrundeliegenden Kirchentons auch in den contrapunctierenden Stimmen nach Möglichkeit gewahrt, so daß also eine strenge Diatonik, mit Ausschluß aller im eigentlichen und engeren Sinne des Wortes chromatischen Schritte sich ergab.

Der Punct nun, bei dem zuerst das Princip unseres modernen harmonischen Empfindens in dieser wesentlich contrapunctisch mehrstimmigen Musik zur Geltung gelangte, war der Schluß. [*392*] Daß man, an der Stelle angelangt, wo die Melodie (oder ein Melodieabschnitt) in der Finalis zur Ruhe kam, die Tonart durch den entsprechenden Dreiklang über der Finalis auch harmonisch zum Ausdruck zu bringen sich gedrungen fühlte, mußte ganz unmittelbar zur Folge haben, daß man diesem Dreiklang, dem Tonicadreiklang, einen andern Dreiklang vorausgehen ließ, der geeignet war, die Empfindung eines befriedigenden Abschlusses hervorzurufen. Dazu erwies sich nur ein mit der Tonica quintverwandter Dreiklang, also deren Oberdominante oder Unterdominante als völlig geeignet und sobald man diese Entdeckung gemacht hatte, waren die Grundpfeiler der harmonischen Tonalität gelegt. Das Nächste war dann, daß sich bei dem Schlusse V—I das Leittonbedürfnis geltend machte und demzufolge die Einführung des Subsemitoniums für den Schluß auch in den Tonarten freigegeben werden mußte, die es als leitereigenen Ton nicht besaßen. So wurde aus der dorischen Scala unser (melodisch aufwärts steigendes) d moll, aus dem Mixolydischen unser G dur, aus dem Äolischen unser a moll. Nur dem Phrygischen blieb diese Alterierung fremd, die hier übrigens nicht einmal einen authentischen Schluß hätte ermöglichen können, wenn man nicht gleichzeitig auch noch die 2. Stufe der Scala erhöht und damit den eigentümlichen Charakter der Tonart ganz verwischt hätte. Der authentische Schluß blieb im Phrygischen unmöglich und man begnügte

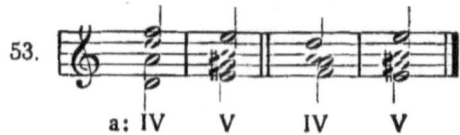

sich als Surrogat mit einer Art des Schlusses, die wir nach unserer heutigen Terminologie als Halbschluß in a moll bezeichnen würden.

Andere Licenzen, die teils rein melodischen, teils gleichfalls harmonisch-melodischen Bedürfnissen ihre Einführung verdankten, waren: die gelegentliche Erniedrigung der großen Sext im Dorischen [*393*] (abwärtsführender Leitton zur Dominante in Moll!) wie auch die der übermäßigen Quart im Lydischen (reine Unterdominante!).

Die Kirchentöne wurden durch die Licenzen unserem modernen Dur und Moll angenähert, aber keineswegs sofort schon in diese verwandelt. Denn man darf nicht vergessen, daß die Licenzen zunächst immer nur gelegentlich eingeführt wurden, wo augenblicklich das Bedürfnis dazu vorlag, während im übrigen die Tonart ihren Charakter durchaus bewahrte. Es behielt das Mixolydische sein f, an dessen Stelle einzig und allein beim authentischen Schluß das fis trat, das Dorische sein h und sein c überall da, wo man nicht mit einer gewissen Notwendigkeit zur Einführung des b oder cis gedrängt wurde usf. So trägt die Harmonik der Kirchentonarten einen eigentümlich schwankenden und für unser Gefühl unbestimmten Charakter. Das Vermeiden aller cadenzierenden Schritte außer am Schluß hat für uns, denen eigentlich jeder selbständige Accordwechsel in gewissem Sinne einen Cadenzschritt bedeutet, etwas seltsam Unbefriedigendes, das aber freilich, wenn es einem nur erst einigermaßen vertraut geworden ist, auch einen ganz außerordentlichen Reiz auszuüben vermag.

## 2. Die Exotik.

Man nennt exotisch eine solche Musik, die aus einem uns fremden musikalischen Empfinden hervorgewachsen ist. Dieses Empfinden kann das von Völkern sein, die durch keinerlei Racenverwandtschaft oder Culturzusammenhang mit uns verbunden sind. Es kann sich aber auch in der Volksmusik uns sehr nahestehender Nationen — wie der Schotten, Scandinavier u. a. — zeigen, sofern diese Volksmusik unberührt von Einflüssen der abendländischen Kunstmusik sich selbständig und eigenartig erhalten hat. Mit dem gregorianischen Choral und den uns erhaltenen wenigen Überresten der altgriechischen Musik haben viele Arten exotischer Musik das gemein, daß die betreffenden Nationen gleichfalls absolut homophon empfinden und eine Mehrstimmigkeit entweder überhaupt [*394*] nicht kennen, oder doch wenigstens nicht im Sinne unserer tonalen Harmonik. Es ist nun merkwürdig, daß an den verschiedensten Orten das absolut homophone musikalische Empfinden ohne jegliche gegenseitige Beeinflussung die gleichen Erscheinungen gezeitigt hat. So ist — um nur einen, gerade in harmonischer Hinsicht besonders wichtigen Punct hervorzuheben — der in die Tonica a b w ä r t s führende Leitton der homophonen Musik ebenso eigentümlich wie der *horror subsemitonii*, die Scheu vor dem a u f w ä r t s f ü h r e n d e n Tonica-Leitton — wogegen unser harmonisches Empfinden den Leitton in die Tonica aufwärts geradezu verlangt und umgekehrt einen abwärtsführenden Leitton lieber als zur Dominante überleitend betrachtet. Eine andere Eigentümlichkeit, die uns immer wieder begegnet, ist die wichtige Rolle der tonalen Sext, die oft geradezu eine Art von melodischer „Dominante" wird, — eine Rolle, die wir die Sext ja auch im Phrygischen spielen sehen.

Wird exotische Musik innerhalb unserer Kunstmusik als melodisches Material verwendet, so kann das in doppelter Weise geschehen: entweder man bestrebt sich, unserem modernen harmonischen Empfinden möglichst Rechnung zu tragen, wobei man dann freilich nicht umhin können wird, dem Geist der exotischen Melodie einigermaßen Gewalt anzutun — als Beispiel dieser Art kann etwa Beethovens Bearbeitung schottischer Volkslieder dienen —; oder aber man ist bemüht, die charakteristischen Eigentümlichkeiten des Exotischen, soweit es nur irgend geht, intact zu erhalten selbst auf die Gefahr hin, daß man dem, was unser heutiges Ohr verlangt, direct zuwiderhandle. Auf diese Weise kann dann eine e x o t i s c h e  H a r m o n i k entstehen, zu der in gewissem Sinne auch jene Behandlung der Kirchentonarten zu rechnen ist, die jedem Compromisse abhold denselben Grundsatz befolgt: lieber

Eigentümlichkeiten exotischer Musik. 413

etwas zu schreiben, was unserem Empfinden ganz und gar wider den Strich geht, als Form und Wesen der alten Melodie auch nur im geringsten anzutasten, d. h. mit andern Worten: das Musicieren in den Kirchentönen mit Verschmähung jeglicher Licenzen nicht [395] nur im Cantus firmus, sondern auch in den begleitenden bezw. contrapunctierenden Stimmen. Ein ähnliches, streng stilisiertes Archaisieren trifft man gelegentlich wohl auch dort an, wo der Componist vor die Aufgabe gestellt war, mit musikalischen Mitteln dem Zuhörer die herbe Größe und Gewalt altgriechischen Tragödiengeistes zu suggerieren. Im übrigen ist die **Harmonisierung fremdländischer Volksmusik** das eigentliche Gebiet für die exotische Harmonik, wie sie z. B., um nur einen Namen zu nennen, in E. Grieg einen geistvollen, wenn auch arg manierierten Vertreter gefunden hat.

Einige besonders in die Ohren fallende Eigenheiten exotischer bezw. „exotisch" anmutender Harmonik mögen die folgenden wenigen Beispiele illustrieren:

414    Über Kirchentonarten und Exotik.

Literaturbeispiele zur Exotik.    415

[397] In Frankreich hat Saint-Saëns schon vor längeren Jahren auf die Exotik hingewiesen als auf eine Quelle der Ver-

jüngung für [398] unsere alternde Kunstmusik, die alle in ihr selbst ruhenden Entwicklungsmöglichkeiten bereits erschöpft habe und nur durch Zuführung ganz fremder Elemente vor dem Verfall bewahrt werden könne. Unter den jüngeren französischen Componisten hat Saint-Saëns' Hinweis vielfach Beachtung gefunden und manches Interessante neben sehr vielem höchst Unerfreulichen gezeitigt. Ob diese Experimente wie auch allerneueste Bestrebungen, die Harmonik ganz von den Gesetzen tonaler Logik zu emancipieren und nur noch in stimmungscoloristischem Sinne anzuwenden (Debussy), eine große Zukunft haben, mag dahingestellt bleiben. Eher will es uns scheinen, als ob wir vor einer Wandlung bezw. Entwicklung unseres musikalischen Empfindens nach der Richtung hin stünden, daß wir — ohne die tonal-harmonische Basis ganz zu verlassen — uns wieder mehr gewöhnten, im eigentlichen Sinne des Wortes contrapunctisch, d. h. also so zu hören, daß mehrere nebeneinander herlaufende melodische Linien in horizontaler Richtung verfolgt und die Zusammenklänge nur oder doch in erster Linie als zufällige Ergebnisse dieses Nebeneinanderlaufens betrachtet werden. Wie dem auch sei: jedenfalls wäre jede Entwicklung zu beklagen, die einen Fortschritt, oder richtiger gesagt, eine Neuerung damit erkaufte, daß sie wertvolle Errungenschaften der vergangenen Zeiten ohne zwingende Notwendigkeit preisgibt.

# Sachregister.

Äolisch 146, 408, 410, 413 f. (s. a. Moll).
Alterierte Accorde 220 f. (Hochalterierung 221, 223, 233 f., Tiefalterierung 235 f., 240 f. — Neapolitanischer Sextaccord 240 ff. — Combination mehrfacher Alterierung 248 ff. — Chromatische Veränderung alterierter Accorde 271).
Ambitus 407 f.
Anticipation s. Vorausnahme.
Antiparallelen 24 f., 33.
Auffassungsdissonanz 46, 102, 175 f.
Authentisch 12, 407 ff. (s. a. Schluß).
Baß als Träger der Harmonie 33 (50 f.).
Bezifferung s. Generalbaßbezifferung.
Cadenz 81 f. (s. a. Schluß).
Cantus firmus 409.
Choral, Gregorianischer 405 f.
Choralsatz 109, 113.
Chromatik, latente und offenbare 216. (Chr. Töne und chr. Schritte 215 f., 280. Chr. Orthographie 282 ff., 294, Chr. verschiedene Tonwerte für die gleiche Tonstufe combiniert 286 ff., Chr. Verbindungsmöglichkeiten consonierender Dreiklänge 338 ff., 351 ff., 356 ff. des

Dominantseptaccords 353 ff., 360 des verminderten Septaccords 357 ff. (s. a. Alterierte Accorde, Modulation).
Consonanz 1, 8, 46 f., 50 (vollkommene und unvollkommene 16). (s. a. Scheinconsonanz).
Contrapunkt 14, 113, Anm.
Diatonisch, 10, 213 ff., 314, 410 (s. a. Modulation).
Dissonanz 1, 44, 46, 67, 69 (s. a. Consonanz).
— „charakteristische" 208.
Dominante 8 f., 26 (s. a. Oberdominante, Unterdominante, Wechseldominante).
Dominantmoll 236 (s. a. Phrygisch).
Dominantseptaccord 67 ff., 197. Lagen und Umkehrungen 70 f., Einführung 72, Auflösung 67 f., 73 ff., Auffassung der Sept als Fundamentston 68, 76 f., über der Unterdominant im dorischen Moll 150, 156, 208; VII. im äolischen Moll 150, 153, vergl. 413; als Modulationsmittel 208 f., 264 f., mit übermäßiger Quint 233; mit verminderter Quint 237 ff.; seine enharmonische Umdeutung 326 ff., 335.

Dominantseptnonenaccord 84 ff.
(Lagen und Umkehrungen 87, Einführung und Auflösung 89 f.)
Doppelklang 77, 310.
Dorisch, 31, 145 f., 407 ff., 415. (s. a. Moll).
Dorische Sext 31, 146, 148 f., 155 f., 415.
Dreiklang, consonierender 1, 7 f., 50 (als Modulationsmittel 199 f., 257 f).
—, durchgehender 64.
—, übermäßiger 51, 130 f., 197, 323 f., 333.
—, verminderter 111 (VII. in Dur 111 f.) II. in Moll 127, VII. in Moll 135, 197, als Modulationsmittel 210, 263 f., 322).
—, hartverminderter 224, 227, 262.
—, doppeltverminderter 224, 226. (s. a. Durdreiklang und Molldreiklang).
Dur 1, 8 f., 50. (Molldur 30, 158 f.; Terzdur 236; Übergang nach Moll 198.)
Durchgang 49, 181 ff.
—, chromatischer 280 ff.
—, unregelmäßiger 183.
—, zurückkehrender 50, 182.
Durchgangsaccorde 49 f., 184.
—, chromatische 290 f. (s. a. Quartsextaccord, Sextaccord, Zwischenharmonien.
Durdreiklang 1, 7 ff. (als Oberdominant 9 ff., 28, 146; als Unterdominant 9 ff., 31, 146, 150; VI. in Moll 132, III. und VII. im äolischen Moll 150, 152 f., IV. im dorischen Moll 150, als Modulationsmittel 199 ff., 261 f.) (s. a. Neapolitanischer Sextaccord).

Durmoll 29, 146.
Durtonleiter 10 (chromatische 282, 286).
Eingeschobene Accorde 292 f.
Einklangsparallelen 19.
Enharmonik 136, 194, 213 ff.
Enharmonische Accordverbindungen 338, 344—49, 353—60.
—, Schreibweise 316 f., 367, 379 ff.
—, Umdeutung 314 f. (als Modulationsmittel 318 ff.)
—, Verwechslung 313 f. (als Modulationsmittel 315 ff.)
Exotik 403, 411 ff.
Finalis 407 ff.
Fundament 20, 36 f., 92.
—, primäres und secundäres 123.
Ganztonreihe 348 ff.
Generalbaßbezifferung 40, 70 f., 88, 177 f., 251.
Gravitation, musikal. 164, 221, 279.
Grundscala 213.
Harmoniefremde Töne 44, 162 ff., 279. (s. a. Durchgang, Vorhalt, Wechselnote usw.)
Harmonielehre V ff., 1, 14.
Haupt- und Nebenharmonien 8 ff., 28 ff., 92, 122 ff., 126, 142 ff., 154, 158.
Kirchentonarten 9, 31, 146, 405 ff.
Leitaccord 113 Anm.
Leitton (natürlicher und künstlicher 28, 132, 220 f., 258, 279 f., 325, 330; zur Tonica aufwärts 10, 15, 18, 25 f., 28, 31, 57, 73, 75 f., 97, 99, 103 f., 110 f., 113 f., 129, 138, 139 ff., 148, 195, 214, 236 f., 252, 258, 280, 344, 410, 412; zur Tonica abwärts 235 f., 412, 414; zur Dominant aufwärts 221 ff.; zur Dominant abwärts 29, 31 f., 57, 127 f.,

129, 132 f., 138, 147, 158, 237 f., 258, 280, 344, 411; zur Tonica-Terz aufwärts 233 f.; zur Tonica-Terz abwärts in Dur 69; derselbe in Moll 247.) (s. a. Alterierte Accorde, übermäßige Quint, übermäßige Sext, verminderte Terz).
Liegende Stimme (Liegeton) 81, 118, 160, 176, 306 f. (s. a. Orgelpunct).
Lydisch 407, 411.
Lydische Quart 415.
Mediante 249, 368.
Mixolydisch 408, 410 f.
Modulation 193 f. (diatonische 194 ff.; chromatische 194, 255 ff.; enharmonische 194, 314 ff.; unausgesprochene 110 Anm., 123).
Moll 1, 8, 27 ff. (gewöhnliches 29; äolisches 28, 145 ff., 150 f., 154; dorisches 31, 145 ff., 150 f., 155 ff.; Dominantmoll 236; Ober- und Unterdominantmoll 156; Übergang nach Dur 198).
Molldreiklang 1, 8, 27 ff., 50 (II. in Dur 93, 99; III. in Dur 100; VI. in Dur 105 ff.; IV. in Moll 29; IV. in Molldur 158 f.; V. im äolischen Moll 28, 150; II. im dorischen Moll 150 f.; als Modulationsmittel 200, 204 ff., 262 ff.).
Molldur 30, 158 ff.
Mollseptaccord s. Septaccord, kleiner.
Molltonleiter 30, 32, 146 ff. (chromatische 285, 286) (s. a. Zigeunertonleiter).
Mozartquinten 401.
Nachbarschaftsbeziehung 18, 278 ff., 342, 348 ff.

Neapolitanischer Sextaccord s. Sextaccord.
Nebenharmonien s. Hauptharmonien.
Nebenseptaccorde 92 ff., 127 ff. (als Modulationsmittel 197, 210 f., 267 ff.) (s. a. Septaccorde).
None 84 ff. (als Vorhalt 165 ff., 170 f.) (s. a. Dominantseptnonaccord und Vorhalt).
Oberdominante 8 f., 28 f. (Verhältnis zur Tonica 10, 28 f.; Verhältnis zur Unterdominante 11, 48, 50.)
Octavenparallelen 20 ff., 391 ff.
Orgelpunct 297 ff. (ideeller 39, 298).
Orthographie 282 ff., 286 ff., 289, 294, 379 f.
Parallelen s. Einklangs-, Octaven-, Quinten- und Terzparallelen, Antiparallelen.
Phrygisch 235 f., 407 f., 410 ff.
Phrygische Secunde 235, 414.
Plagal 12. (s. a. Schluß.)
Quarte als Consonanz und Dissonanz 51 ff.
Quartencirkel s. Quintencirkel.
Quartquintaccord 45.
Quartsextaccord (als Umkehrungsaccord 34, 37 f., 64; als Vorhaltsbildung 45 f., 54 ff., als Wechselnotenbildung 49, 61 f.; als Durchgangsbildung 49, 61 ff., 64; über der Dominante [cadenzierend] 54 f., 57; über der Tonica 56; über der Unterdominante 56 f; als Modulationsmittel 57, 207 f., 209 f.).
Quartsextaccord, übermäßiger 227, 237, 262, 332.
Querstand 217 ff., 240.
Quintencirkel 312 f.

Quintenparallelen 22 ff., 231, 391, 395 ff., 399 ff. (s. a. Mozartquinten, Scarlattiquinten).
Quintsextaccord 70, 79 (über der Unterdominant 95, 128, 210).
—, übermäßiger, 226, 237, 266, 270, 272, 326 ff., 329 f.
Quintverwandtschaft 6, 101 Anm., 342 f.
Repercussa 9, 407 ff.
Retardation 308. (s. a. Synkopierung, Vorhalt).
Scarlattiquinten 400.
Scheinconsonanz s. Auffassungsdissonanz.
Schluß 8, 12 f., 98 (authentischer 12, 28 f., 54, 81, 343 f; plagaler 12, 29, 151, 343 f.; authentischer und plagaler combiniert 77, 139; vollkommener und unvollkommener 81 f.; phrygischer 410; Trugschluß 106, 113, 132, 359; exotische Schlüsse 413 ff.).
Secund, übermäßige 30, 32, 136, 146, 148, 171, 214 f.
Secundaccord 71, 77, 80 f., 96, 115 (mit übermäßiger Sext 350 Anm.).
Septaccord echter 71 Anm., großer 116 ff., 134, 150, 153, 197 f., 210, 268 f. (mit übermäßiger Quint 232 f., 265 f., 270).
—, kleiner 95 ff., 104, 109 f., 140 f., 150 f., 156, 197, 210, 267 f.
—, verminderter 135 ff., 140, 159 (mit erhöhter Quint 227 f., 231; als Modulationsmittel 185, 211, 270 f.; enharmonische Umdeutung 318 ff.).
—, doppeltverminderter 223 f., 226.
—, halbverminderter 114 ff., 127 ff., 210, 269 f. (mit großer Terz 224, 227, 233, 237 f. 264 ff., 269 f., 331 f. (s. a. Dominantseptaccord.)

Sequenzen 121 (in Dur 119 ff.; im gewöhnlichen Moll 141 f.; im äolischen Moll 154; von Dominantharmonien 268 f., 272; chromatische 293 f.; im Terzencirkel 346 f.; in der Ganztonreihe 348 ff.; rhythmische 309.).
Sext als Consonanz und Dissonanz 51 ff., 93 f.
—, beigefügte (sixte ajoutée) 96, 104, 109 f., 128, 209.
—, tonale 107 f., 132, 412.
—, übermäßige 225 (enharmonische Umdeutung 326 ff.).
Sextaccord 34 (als Umkehrungsaccord 35 ff.; als Vorhalt 45, 57 f.; als Durchgang 49 f., 64 f.; als Wechselnotenbildung 48, 63 f.).
—, neapolitanischer 240 ff., 252, 331 als Modulationsmittel 243 ff.).
—, übermäßiger 226, 228, 233, 237, 262 f. (enharmonische Umdeutung 331).
Signaturen 40. (s. a. Generalbaßbezifferung).
Sopran als prädestinierte Melodiestimme 33.
Stimmbewegung, Arten der 17 f.
Subdominante s. Unterdominante.
Subsemitonium modi s. Leitton (zur Tonica aufwärts).
Synkopierung 308.
Terz, verminderte 224 ff., 229, 233, 237 f. (enharmonische Beziehung zur großen Secund 224 f., 328 f.) s. a. Sext, übermäßige).
Terzdur 236. (s. a. Phrygisch).
Terzenparallelen 22 ff., 398.
Terzquartsextaccord 71 f., 80.
—, übermäßiger 227, 265, 267, 270,

272, 293 (enharmonische Umdeutung 331).
Terzverwandtschaft 6, 101 Anm., 342 ff.
Theorie V f., VIII.
Tonalität, Gesetz der 7, 193 f., 342.
Tongeschlecht 7 (s. a. Dur, Moll, Kirchentonarten).
Tonica, melodische und harmonische 7, 236, 406 f., 410.
Tonleiter s. Durtonleiter, Grundscala, Molltonleiter, Zigeunertonleiter.
Tritonusbeziehung 117, 121, 342.
Trugschluß 106, 113, 132, 359.
Trugstillstand 107, 355.
Umkehrungen des Dreiklangs 34 (als Modulationsmittel 207 f.).
—, des Septaccords 70 f.
—, des Septnonaccords 88.
Unterdominante 9, 29, 97 f., 222. (Verhältnis zur Tonica 11, 29, 146, 155, 159; zur Oberdominante 11, 29, 48, 50, 146, 152, 159).
Verdoppelung 15, 20, 35 f., 55, 57 f., 70, 80, 89, 98 f., 105, 110, 114, 121, 129 ff., 132, 140, 156, 166 f., 208, 228, 334, 392, 394.
Versetzung s. Umkehrung.
Verwandtschaftsbeziehung (der Töne und Accorde) 6, 8, 18, 342; s. a. Nachbarschaftsbeziehung, Quintverwandtschaft, Terzverwandtschaft.
Vierstimmiger Satz 13 f.
Vorausnahme 64 Anm., 186, 309.
Vorhalt 44 ff., 163 ff. (doppelter und mehrfacher 45 f., 173 ff.). Einführung 47, 49, 163; Auflösung 164 ff., 175 f.; Unregelmäßigkeiten 167 f.; vor dem Grundton, der Terz, Quint und Sept 170 ff.; Vorhalt vor dem Vorhalt 175, 289.
Wechseldominante 97, 223, 239.
Wechselnote 44 f., 48 f., 185 (abspringende [Fuxische W.] 64, 187; chromatische 280 f., 364).
Wechselnotenaccord 48 f., 61 f., 118, 371.
Zigeunertonleiter 232, 236.
Zwischenharmonien 292.
Zwitteraccorde 238.

# Namenregister.

Ambros, A. W. (1816—1876) 391, 401.
Ambros-Kade 188.
Bach, J. S. (1685—1750) 75, 77, 102,
  149 f., 153, 168 f., 188, 219 f., 241,
  287, 303 ff., 307, 401.
Beethoven, L. van (1770—1827) 16,
  38, 56, 78, 102, 115 f., 168 f., 219 f.,
  242 f., 246, 308—312, 316, 322, 327,
  334, 362 f., 412.
Berlioz, H. (1803—1869) 371, 414.
Bischoff, K. J. (1823—1893) 298.
Boehe, E. (1880— ) 239, 332.
Brahms, J. (1833—1897) 103, 287,
  289, 329, 335, 383 f., 390 f.
Braunfels, W. (1882— ) 415.
Bruckner, A. (1824—1896) 16, 120,
  231, 246, 328.
Caus, S. de (1576—1626) 9.
Chabrier, E. (1841—1894) 287.
Chopin, Fr. (1810—1849) 118, 133,
  159 f., 246, 285, 287, 289, 305, 380,
  385, 415.
Cornelius, H. (1863— ) IV.
—, P. (1824—1874) 367, 374 f., 377.
Courvoisier, W. (1875— ) 375 f., 387 f.
Debussy, Cl. (1862— ) 416.
Dent, E. J. (1876— ) 240.
Dommer, A. v. (1828— ) 391.
Fétis, Fr. J. (1784—1871) 115, 121.

Frank, C. (1822—1890) 100.
Frimmel, Th. v. (1853— ) 322.
Fux, J. J. (1660—1741) 64, 185, 187.
Goethe, J. W. v. (1749—1832) III,
  V, 51, 350, 396.
Grieg, E. (1843—1907) 413, 415.
Händel, G. F. (1685—1759) 66, 383.
Hauptmann, M. (1792—1868) 222,
  396 f.
Haydn, J. (1732—1809) 102.
Jadassohn, S. (1831—1902) 392.
Kade, O. (1819—1900) s. Ambros-
  Kade.
Klose, Fr. (1862— ) 288, 307, 325 f.,
  336.
Lanner, J. (1801—1843) 37.
Liszt, Fr. (1811—1886) 16, 74, 103,
  185, 243, 288 f., 302, 335 f., 344,
  347, 349, 350, 372 f., 413.
Louis, R. (1870— ) IX, 64.
Marx, A. B. (1795—1866) 12.
Mizler, L. Chr. (1711—1778) 391.
Monteverde, Cl. (1567-1643) 398.
Mozart, W. A. (1756—1791) 37, 198,
  218, 242, 286, 361, 401.
Palestrina, G. P. (1514—1594) 349.
Pfitzner, H. (1869— ) 230, 306, 350,
  355, 375, 398 f.
Rameau, J. Ph. (1683—1764) 9, 96.

Reger, M. (1873— ) 239, 244.
Riemann, H. (1849— ) 25, 46, 55, 93, 298, 391 f., 397, 402.
Rischbieter, W. A. (1834—1910) 391.
Rousseau, J. J. (1712—1778) 9.
Saint-Saëns, C. (1835— ) 415 f.
Scarlatti, A. (1659—1725) 240.
—, D. (1685—1757) 400.
Schillings, M. (1868— ) 102, 289 ff., 325, 350, 370 f., 373, 414 f.
Schopenhauer, A. (1788—1860) 122.
Schubert, Fr. (1797—1828) 57, 171. 218, 347, 362, 368, 378 f., 382.
Schumann, R. (1810—1856) 77, 363 f.
Sechter, S. (1788—1867) 50, 238, 318.
Sekles, B. (1872— ) 414.
Sgambati, G. (1843— ) 78.
Sinding, Chr. (1856— ) 156.
Stoltzer, Th. (ca. 1450—1526) 188.
Stradella, A. (ca. 1645—1682) 241.

Strauß, J. (1825—1899) 39.
—, R. (1864— ) 103, 234, 250 f., 288, 333, 350, 371, 374, 382 f., 388 f., 414.
Stumpf, K. (1848— ) 51 f.
Tappert, W. (1830—1907) 391, 398.
Thuille, L. (1861—1907) IX, 251, 328, 334, 386.
Türk, D. G. (1750—1813) 396.
Uhlig, Th. (1822—1853) 391.
Wagner, R. (1813—1883) 16, 108, 129, 232, 234, 243, 247, 303, 306, 330, 335, 347, 365 f., 373, 376, 379 f., 381, 385 f.
Weber, G. (1779—1839) 391.
Weißmann, J. (1879— ) 250, 335.
Weitzmann, C. F. (1808—1880) 391.
Wolf, H. (1860—1903) 369 f.
Zarlino, G. (1517—1590) 396.
Zelter, K. Fr. (1758—1832) 396.

## Verzeichnis der im Druck erschienenen Compositionen Ludwig Thuilles:

- Op. 1. Sonate f. Viol. u. Kl. (1879/80) R. F. *
- „ 2. Sonate f. Orgel (1881/82) K. Nchf.
- „ 3. Drei Klavierstücke (1883) B. & H.
- „ 4. Fünf Lieder f. hohe Singst. (1878/80) B. & H.
- „ 5. Drei Frauenlieder (1889) B. & H.
- „ 6. Sextett f. Klav., Fl., Ob., Klarin., Horn u. Fag. (1886/88) B. & H.
- „ 7. „Von Lieb und Leid", ein Liederkreis nach Gedichten v. Karl Stieler f. hohe Singst. (1888/89) B. & H.
- „ 8. Vier Männerchöre a cappella (1890/91) U.
- „ 9. Drei Männerchöre (P. Cornelius) (1892 u. 1895) H.
- „ (10.) Lobetanz. Ein Bühnenspiel in 3 Aufzügen (1896) (Kl.-Auszug von Hermann Bischoff) Sch.
- „ 11. Zwei Männerchöre a cappella (1897) H.
- „ 12. Drei Lieder f. mittlere Singst. (1898) B. & B.
- „ 13. Zwei Männerchöre a cappella (1898) H.
- „ 14. Weihnacht im Walde, f. 5st. Männerchor a cappella (1898) H.
- „ 15. Drei Lieder f. hohe Singst. (1899) K.
- „ 16. Romantische Ouverture f. Orchester (1896) K.
- „ 17. Drei Männerchöre a cappella (1900) H.
- „ (18.) Gugeline. Ein Bühnenspiel in 5 Aufzügen (1898/1900) (Kl.-Auszug vom Komponisten) Sch.
- „ 19. Fünf Lieder f. hohe Singst. (1900/01) K.
- „ 20. Quintett f. Klav., 2 Viol., Va. u. Vc. (1897/1901) K.
- „ 21. Drei Männerchöre a cappella (1901) H.
- „ 22. Sonate f. Violoncell und Klavier (1901/02) S. M.
- „ 23. Drei Männerchöre a cappella (1902) L.
- „ 24. Drei Lieder (1902) L.
- „ 25. Traumsommernacht f. vierst. Frauenchor, Soloviol. u. Harfe (1902) L.
- „ 26. Drei Lieder f. mittlere Singst. (1902) K.
- „ 27. Vier Lieder f. mittlere Singst. (1901/02) K.
- „ 28. Drei Männerchöre a cappella (1902/03) L.
- „ 29. Rosenlied f. 3stimm. Frauenchor m. Klav.-Begl. (1902) L.
- „ 30. Sonate f. Viol. u. Klav. (1903/04) S. M.

---

\* R. F. = Robert Forberg; K. Nchf. = Kahnt Nachfolger; B. & H. = Breitkopf & Härtel; U. = Universal-Edition, Wien; H. = Gebr. Hug & Co.; L. = F. E. C. Leuckart; Sch. = B. Schott's Söhne; B. & B. = Bote & Bock; K. = Fr. Kistner; S. M. = Süddeutscher Musikverlag, Straßburg; G. = C. Grüninger, Stuttgart.

Op. 31. Drei Gesänge f. 3 Frauenstimmen m. Klav.-Begl. (1904) L.
„ 32. Drei Lieder f. tiefe Singst. (1904) K.
„ 33. Drei Klavierstücke (1903/04) K. Nchf.
„ 34. Drei Klavierstücke (1904) G.
„ 35. Drei Männerchöre a cappella (1905) H.
„ 36. Drei Mädchenlieder (1906) K.
„ 37. Zwei Klavierstücke (1905/06) K.
„ 38. Symphon. Festmarsch f. gr. Orchester (1906) K.

## Ohne Opuszahl.

Russischer Vespergesang nach einer Melodie des D. Bortnyanski f. 6st. gem. Chor gesetzt (1893) L.
Neujahrslied f. eine Singst. (1900) Musik-Woche 1901.

## Von **Rudolf Louis** sind erschienen:

Der Widerspruch in der Musik. Bausteine zu einer Ästhetik der Tonkunst auf realdialektischer Grundlage. Leipzig, Breitkopf & Härtel. 1893.
Die Weltanschauung Richard Wagners. Leipzig, Breitkopf & Härtel. 1898.
Franz Liszt. (Vorkämpfer des Jahrhunderts. 2. Bd.) Berlin, Georg Bondi. 1900.
Hector Berlioz. Leipzig, Breitkopf & Härtel. 1904.
Anton Bruckner. München und Leipzig bei Georg Müller. 1905.
Die deutsche Musik der Gegenwart. München und Leipzig bei Georg Müller 1909. 2. Ausgabe 1912.

Proteus (nach Hebbel). Symphonische Phantasie für großes Orchester und Orgel ad libitum. Partitur. Stuttgart, Julius Feuchtinger.

Wie ich wurde, was ich ward. Von Julius Bahnsen. Nebst anderen Stücken aus dem Nachlaß des Philosophen herausgegeben von Rudolf Louis. München und Leipzig bei Georg Müller 1905.

Aufgabenbuch für den Unterricht in der Harmonielehre. Im Anschluß an die Harmonielehre von Rudolf Louis und Ludwig Thuille. Stuttgart. Verlag von Carl Grüninger. 1910.
Schlüssel zur Harmonielehre. Lösungen der in der Harmonielehre von Louis und Thuille und dem Aufgabenbuch von Louis enthaltenen Aufgaben. Stuttgart. Verlag von Carl Grüninger. 1912.

www.ingramcontent.com/pod-product-compliance
Lightning Source LLC
Chambersburg PA
CBHW051202300426
44116CB00006B/416